企業統治と成長戦略

宮島英昭
［編著］

東洋経済新報社

は　し　が　き

　企業統治という言葉が，日本の経済メディアに定着したのは，1990年代後半のことと思われる．不良債権問題の深刻化，グローバル化の進展といった経済環境の変化と規制緩和の進展の結果，株式相互持ち合いや，従来の企業・銀行間関係が急速に解体する中で，日本企業は，取締役会制度や報酬制度，事業・組織に関して大規模な改革に取り組み始めた．以来，ほぼ20年にわたって企業統治の問題は，米国型モデルへの接近を賛否の軸として，攻守ところを変えながらも，一貫して経済問題の焦点の1つであり続けた．しかも，アベノミクスが企業統治改革を成長戦略の一環に位置づけてから，企業統治改革は，日本企業の稼ぐ力を引き上げる有力な手段として大きな期待がかけられてきた．スチュワードシップ・コード，コーポレートガバナンス・コードの導入によって制度整備は急速に進展している．

　もっとも，こうした期待にはやや過大な面があるのかもしれない．米国型の企業統治を導入することによって本当に企業価値は上昇するのか，上昇するとすれば統治構造改革は，どのような経路を通じて，どの程度企業行動に影響を与えるのか．また，現在課題とされる2つのコードの実効性は，いかなる形で，どのようにして実現すべきなのか．こうした問題に解答を与えるためには，これまでの日本の企業統治制度の変化の実態とその機能についての正確な評価が不可欠である．

　本書では，改革が始まる以前の1990年代から現在に至る期間について，可能な限り実証的なエヴィデンスに基づき，できる限り厳密に日本の企業統治の変化とその機能について分析することを試みた．

　この企業統治という主題については，2000年に入ってから，数多くの研究が内外で公刊され，筆者も独立行政法人経済産業研究所（RIETI）のプロジェクトの一環として，いくつか成果を編集してきた．最初の成果である Aoki, M., G. Jackson and H. Miyajima eds., *Corporate Governance in Japan: Institutional Change and Organizational Diversity*（Oxford University Press, 2007）は，不

良債権問題がピークに達していた2000年代初頭までを対象に，日本型企業統治制度が，いかなる要因によって，どの程度変化したかを検討し，日本の企業統治制度が，米国型の市場ベースの外部統治制度と日本型の関係ベースの雇用制度が結合したハイブリッドな構造をとり始めたという見方を示した．その後，このハイブリッドという用語を使用するかどうかはともかくとして，日本企業において生じている事態が，単純な米国モデルへの収斂でもなく，また，日本型の特性の持続でもないことについてはほぼ大方の見方は一致したように思われる．

本書の直接の前提をなす『日本の企業統治』（東洋経済新報社，2011年）では，銀行危機後の再編成がほぼ終息した時点に立って，2000年代半ばの景気回復期の進化を中心に，リーマン・ショック後の時期もある程度までカバーして，企業統治制度の変化を追跡する一方，そうした企業統治の変化が企業行動・パフォーマンスに与える影響の分析に取り組んだ．

本書は，こうした分析の上に立って，リーマン・ショック後の新たな状況に焦点を合わせ，この間の企業統治制度の変化をアップデートする一方，特に変化の大きかった外部ガバナンスや，強い関心を集めた独立取締役導入の機能に注目した．資金調達の変化に伴う企業・銀行間関係の再編成，増加した機関投資家，資本市場における新たな制度や独立取締役の選任が，企業成長，パフォーマンス，事業再組織化，経営者の交代，不祥事の発生確率に実質的な影響を与えたかを明らかにすることが，本書の具体的な課題であった．

かつて日本の企業統治の中心といわれたメインバンク制の現状，増加する外国人投資家の機能，従業員持ち株制の生産性効果を解明したことは，本書の1つの特色といえよう．また，資本市場の影響力の上昇がもたらす新たな問題，近視眼の問題やそれに対する種類株導入の意義，ポスト持ち合いにおける新たな所有構造の設計の解明にも取り組んだ．

さらに，本書は，メインバンクに代わる新たな私的整理のメカニズムや，MBOの実態と機能を明らかにする一方，多角化がリスクヘッジのメカニズムとして機能していたことや，上場企業を見る限り雇用削減活動は確実に変化したことなどの新たな事実を明らかにした．また，近年，注目を集めた企業不祥事と企業統治制度の関係，あるいは，業績悪化と経営者の交代の関係，さらに，日本の企業の国際的な低パフォーマンスと企業統治の関係について，厳密な実

証結果を示したことも本書の貢献といえよう．

　もっとも，厳密さを求めた実証研究から引き出せる政策的インプリケーションは実はシンプルなものではない．企業統治に関する変数（例えば，機関投資家の保有比率，独立取締役比率）の企業行動や企業価値に対する関係は単調ではなく，ある変数を強めるべきか否かは，企業のライフサイクルや事業・組織特性，他の企業統治要因に依存する．そのためすべての企業に妥当する（ワンサイズ・フィッツ・オールの）企業統治改革のひな型はありえない．こうした認識に立つ本書が示唆する企業統治改革の方向は，一言でいえば，単純な株主主権モデルの実現ではなく，ハイブリッドな統治構造のファインチューニング，つまり，中核部で維持される長期雇用の仕組みとの整合を図りながら，各社の事業・組織特性にフィットした企業統治制度を丹念に整備すること，ということになろう．その要点として，本書の分析から導かれるのは，次の点にある．

- 主要行のメガバンクへの再編成が進み，企業の負債圧縮が進展した企業・銀行間関係については，従来の長期的な関係の再活用であり，これがM&Aの促進や，規模の相対的に小さい企業のモニタリングを維持することにつながる．
- 持ち合いの解消が進み，機関投資家が増加した株式所有構造面では，ポートフォリオ投資家とブロック株主の適切な組み合わせの実現であり，これは，長期経営を確保したい企業の観点からすれば，ポスト持ち合い後の安定した所有構造の設計ということになる．
- 徐々に形成されつつある経営権市場に関しては，事業法人，プライベート・エクイティ，アクティビストファンド等からなる多様なメカニズムの整備であり，これが今後の事業再組織化の鍵となる．
- コーポレートガバナンス・コードの導入によって独立取締役の選任が求められた取締役会組織については，事業特性・他の企業統治の特性とフィットした設計，特に，従来のマネジメントボードか，モニタリングボードの選択が重要である．
- 変化の緩慢な報酬制度については，従業員の処遇と整合的な業績連動報酬制度の漸進的な導入が必要であり，これによりリスクテイクの向上が現実的となろう．

本書は，筆者がリーダーを務める RIETI のコーポレート・ガバナンス・プロジェクトの成果である．同プロジェクトは，2002年に青木昌彦元所長の下で組織されて以来，この分野の第一線の研究者，および実務家の参加を得て，日本企業における統治構造の改革の実態と，その企業パフォーマンスに対する影響の解明を主要なテーマとして研究を続けてきた．これまで，すでに触れた2著作や，急増する M&A の決定要因とその経済的役割を検討した『日本の M&A：企業統治・組織効率・企業価値へのインパクト』（東洋経済新報社，2007年），さらに，多くのワーキング・ペーパーを公刊してきた．

　本書は，これらに続く単行本としては本プロジェクトの4作目の成果となる．本書につながるプロジェクトは，前著が出版された翌年の2012年から始まった．当初は，今期のプロジェクトで分析すべき課題を特定化することから出発し，このために「企業統治分析のフロンティア」に関する月例研究会を開催し，経済産業省産業組織課の方々の参加・協力を得て，まず，何がアカデミック，ならびに政策的に見て検討されるべき課題かを改めて洗い直した．また，2014年には，オックスフォード大学のコリン・メイヤー教授を迎えて，METI-RIETI シンポジウム「日本の企業統治構造改革について考える：イギリスの経験からの教訓」を開催した．このシンポジウムにより，リーマン・ショック後の欧米の企業統治改革の課題が株主の「強すぎる」ガバナンスの解決に移動したのに対して，日本の課題は，いぜん株主の「弱すぎる」ガバナンスにあるという見方を再確認した[1]．

　本書の構成が確定したのは，2015年初頭と記憶する．その後，数次にわたる研究会の報告を経て，翌16年半ばには，本書を構成する論文の大部分が完成し，執筆者同士の相互コメントを通じてブラッシュアップを図った．また，2016年6月には，本書の内容のうち政策インプリケーションの強い論文の報告を中心に，RIETI 政策シンポジウム「企業統治改革と日本企業の成長」を開催した[2]．

　本書が執筆過程にあった2015年夏，思いがけずも，青木昌彦元 RIETI 所

---

1) このシンポジウムの詳細は，http://www.rieti.go.jp/jp/events/14101601/info.html 参照．
2) このシンポジウムの詳細は，http://www.rieti.go.jp/jp/events/16061001/info.html 参照．

長・スタンフォード大学名誉教授の訃報に接した．青木先生は，既述の通り本プロジェクトの生みの親であり，編者を含め執筆者の多くは，先生から直接・間接に大きな影響を受けてきた．企業統治に対する関心そのもの，そして，日本型企業統治の様式化は青木先生によって切り開かれたものであり，ハイブリッドな統治構造への変化という日本企業に関する我々の理解も先生との対話の中から生まれた[3]．不良債権問題に示されるメインバンク制の負の側面が注目された2000年代半ば，青木先生は，状態依存ガバナンスというメインバンクの機能が実は厳密な条件に支えられ，それが満たされないと容易に過剰貸出にも過少貸出にも陥ることを強調する一方，将来，銀行の財務健全性が回復した後，再び顧客との長期関係がポジティブな機能を果たすのではないかと展望されていた．また，先の共編著の終章で先生は，ハイブリッドな構造が過渡的か，安定的かは，海外機関投資家が長期雇用を含む日本企業のビジネスモデルを的確に評価できるか否かに懸かっていると指摘し（external monitoring of internal linkage）[4]，機関投資家の役割の分析を筆者に促していた．従業員持株制の役割についても，先生は，本書の共著者である加藤隆夫氏らにしばしばその検討を求めていたと聞く．本書がこうした青木先生の求めにすべて応えられているとは到底言えないが，その公刊の前に急逝され，我々なりの解答に対する先生のご意見を聞く機会を失ったことはまことに痛恨の極みというほかない．執筆者一同より，心から哀悼の意を表したい．

　本書の執筆者は，経済学，経営学，金融論，会社法の分野で企業統治に関心を寄せる気鋭の研究者であり，各章はいずれも独自のデータセットの構築や最新の計量モデルによる推計成果に基づいている．英文ジャーナルへの投稿が研究者の関心の大部分を占める中で，厳密な実証を，日本の文脈に限定し，邦語で執筆して頂くことのハードルは上昇している．そうした環境の下，それぞれ

---

3) 企業統治の分析に関する青木先生の貢献，また本プロジェクトの関係については，青木昌彦先生追悼シンポジウム「移りゆく30年：比較制度分析からみた日本の針路」2015年10月6日で報告する機会があった．http://www.rieti.go.jp/jp/events/15100601/info.html

4) Aoki, M. "Conclusion: Whither Japan's Corporate Governance," in Aoki, M. G. Jackson and H. Miyajima eds., *Corporate Governance in Japan*, Oxford University Press, 2007, pp. 439-440. その後の展開については，Aoki, M., *Corporations in Evolving Diversity*, Oxford University Press, 2010, Chap. 5を参照．

の主題に関して，近年の日本の企業統治について何が変わり，何が改革されるべきなのかについて，オリジナルな実証分析に基づく論稿をご寄稿頂いた執筆者の方々に心より感謝申し上げる．

　もちろん，プライベート・エクイティの活動など，近年多様な形をとり始めた事業再組織化の実態は十分に解明されていないし，新興企業のガバナンス問題にも本書は触れていない．報酬制度の分析や，近年注目を集める経営陣・取締役会構成の多様性や，さらに CSR 活動の決定要因や機能について言及がないことも，現在企業統治を問題とする以上，不十分なのかもしれない．また，日本企業の統治制度の支配的な形としてハイブリッドの構造を主張するのであれば，企業統治制度と雇用制度の関係にももっと十分な考慮が払われる必要があったかもしれない．これらは，いずれも我々の今後の重要な課題である．

　本研究プロジェクトの実施にあたっては，経済産業研究所の藤田昌久前所長，矢野誠所長，中島厚志理事長，森川正之理事・副所長，小田圭一郎，五十里寛，前・現研究コーディネーター，並びに小林雅代氏をはじめとするスタッフの方々から多大な支援を受けた．また，経済産業省産業組織課の方々にはプロジェクトに積極的に参加頂き，特に三浦聡，中原裕彦，川村尚永前課長，安永崇伸課長からは，研究会における実務家招聘などでお世話になるばかりでなく，企業統治の実態や現場の関心について多くの知見・助言を頂いた．本書の出版準備の過程では，本プロジェクトの RA であった小川亮，生形香織氏の助力を得た．同氏の行き届いた配慮に本書は多くを負っている．最後に，東洋経済新報社の佐藤朋保，菅野康代，堀雅子諸氏に大変お世話になった．佐藤氏とは前2著からのお付き合いで，同氏の寛大で，適切なご助言には大いに勇気づけられた．お世話になった皆様に心より感謝申し上げたい．

　2017年1月

宮島英昭

目次

はしがき

序章　企業統治制度改革の20年 ──── 1
宮島英昭

1　企業統治制度改革：2つの見方…… 1
2　企業統治制度改革小史：20年の経験…… 4
3　企業統治制度の進化と国際的特徴…… 10
4　企業統治制度・企業行動・パフォーマンス…… 24
5　企業統治制度改革の進展に向けて：4つの焦点…… 33
6　本書の構成…… 46

第Ⅰ部　外部統治制度の進化と企業行動

第1章　メガバンク成立後の企業・銀行間関係 ──── 63
蟻川靖浩／宮島英昭／小川　亮

1　はじめに…… 63
2　1990年代以降の銀行部門の変化の概観…… 66
3　メインバンク関係の変化の様式化・事実の様式化…… 69
4　メインバンクの企業への関与の程度は何が決めるか？…… 76
5　メインバンク関係と貸出・企業救済の関係…… 86
6　結論：メインバンク関係の影響力の低下…… 92

第2章 海外機関投資家の企業統治における役割とその帰結 —— 97
宮島英昭／保田隆明／小川　亮

1. は　じ　め　に……97
2. 海外機関投資家の役割……101
3. 株式所有構造の劇的な変化……103
4. 海外機関投資家はどのような銘柄を選好するのか……108
5. 海外機関投資家は統治制度の整備を促進させるか……113
6. 海外機関投資家は経営政策に影響を与えるか……116
7. 海外機関投資家は企業パフォーマンスに影響を与えるか……120
8. 海外機関投資家が企業統治に影響を与えるメカニズム……125

第3章 従業員持株会は機能するか？ —— 133
従業員持株会状況調査25年分のデータに基づくエヴィデンス
大湾秀雄／加藤隆夫／宮島英昭

1. はじめに：今なぜ従業員持株会が重要か？……133
2. 先　行　研　究……138
3. 理　論　的　背　景……139
4. デ　ー　タ……140
5. 奨励金の決定要因……143
6. 推　計　方　法……147
7. 推　計　結　果……149
8. 追加的考察：株主からの圧力や企業属性と従業員持株会の効果……154
9. 結　　　論……160

目次 xi

第4章 近視眼的株主と種類株 ───── 165
小佐野　広

1. はじめに……165
2. 1株1投票権の普通株のみの証券──投票権構造の最適性を示すモデル……167
3. 1株1投票権の普通株のみの証券──投票権構造の最適性を示すモデルの限界……170
4. 実証研究……177
5. おわりに……180

付録A……181
付録B：Grossman and Hart（1988）の各ケースに対応する結果……185

第II部 企業統治と事業再組織化

第5章 日本企業の非公開化型MBOに関する実証分析 ───── 191
齋藤隆志／河西卓弥／川本真哉

1. はじめに……191
2. ＭＢＯ概観……193
3. 先行研究と作業仮説……197
4. 何が非公開化型MBOを決めるのか……202
5. 非公開化型MBOはパフォーマンスを引き上げるか……212
6. 結論……217

第6章 ADR（裁判外紛争解決手続）による私的債務整理 ————— 225
市場活用型の新たな企業再編
猿山純夫／胥　鵬

1　は　じ　め　に……225
2　ADR手続の流れと法的整理との比較……227
3　事例研究：銀行主導の私的整理とどこが違うか……231
4　ADRと法的整理……239
5　結　　び……251

第7章 日本企業の雇用削減行動は変化してきたのか ——— 253
久保克行

1　は　じ　め　に……253
2　これまでの研究によると長期雇用には大きな変化がない……255
3　どの産業・企業で雇用が減少・増加しているのか……258
4　雇用の削減：第1期（1988-1999年）と第2期（2000-2011年）の比較……265
5　雇用削減行動の決定要因：多変量分析による実証分析……268
6　ま　と　め……275

第8章 日本企業の多角化と財務政策 ————— 281
牛島辰男

1　は　じ　め　に……281
2　多角化と財務政策……284
3　サンプルとデータ……288
4　回　帰　分　析……293
5　おわりに（多角化の効率性と非効率性）……300

目　次　xiii

第III部 企業統治の有効性と統治制度改革の課題

第9章　企業統治制度の変容と経営者の交代 ―― 305
齋藤卓爾／宮島英昭／小川　亮

1　は じ め に…… 305
2　経営者交代に関する先行研究…… 307
3　経営者の交代：事実の様式化…… 309
4　経営者交代の業績感応度は変化しているのか…… 314
5　統治制度の変化の影響：メインバンクの影響…… 320
6　機関投資家の役割…… 323
7　独立社外取締役の役割…… 328
8　結び：多元的構造の出現…… 331

第10章　企業統治と会計不正 ―― 335
企業のガバナンス改革は有効か？
青木英孝

1　はじめに：背景と問題意識…… 335
2　分析の枠組み…… 338
3　会計不正の概略…… 348
4　ガバナンス特性が会計不正に与える影響：
　　マッチング・サンプルによる分析…… 351
5　頑健性テスト：追加分析…… 358
6　まとめとインプリケーション…… 364

第 11 章 企業統治改革の現状と展望 ―― 369
取締役会制度を中心に
田中 亘

1 はじめに……369
2 モニタリング・モデル……370
3 取締役会に関する制度改正の内容……373
4 コンプライ・オア・エクスプレイン・ルールの機能についての考察……381
5 CGコード施行後の企業統治の状況……389

第 12 章 日本企業の低パフォーマンスの要因 ―― 397
国際比較による検証
蟻川靖浩／井上光太郎／齋藤卓爾／長尾耀平

1 はじめに：問題意識と分析の視点……397
2 日本企業の現状と潜在的な要因：企業統治構造と労働者保護……400
3 注目する説明変数：株式所有構造・取締役会・雇用制度……406
4 分析サンプルと注目する制度・企業経営に関する指標の状況……408
5 日本企業の低パフォーマンス要因の分析……414
6 経営者の基本的態度の考慮……422
7 まとめと政策への示唆……424

索 引 429
執筆者紹介 435

序章
企業統治制度改革の20年

宮島英昭

1　企業統治制度改革：2つの見方

　2015年は,「企業統治元年」とも呼ばれる．スチュワードシップ・コードの実施で,金融機関のエンゲージメント（目的を持った対話）が進展した．また,会社法の改正,コーポレートガバナンス・コード（以下,CGコード）の実施によって,取締役会改革が進展し,独立社外取締役の積極的な関与が期待されている．さらに,CGコードは,新たに有価証券保有（いわゆる政策保有）の見直しを迫り,これまでの日本企業を特徴づけた株式相互持ち合いに対しても大きなインパクトを与えている．では,2つのコードを軸に進められる日本企業の統治制度改革は,本当に企業成長,企業の「稼ぐ力」の向上につながるのであろうか．また,つながるとしたらいったいどのような経路を通じてか．

　企業統治制度改革が成長戦略の一環として提唱されるロジックは,ほぼ次のように要約できよう[1]．近年の日本経済停滞のミクロ的な要因の1つは,企業統治制度の不備にある．国際的に見て低い収益性（ROE）,投資の低迷,M&Aや事業再組織化の遅れ,負債の圧縮と過度な現預金保有は,日本企業の長期的な低迷の要因であり,その背景には,機関投資家の低いコミットメント,

---

1)　例えば,内閣府（2015）,経済産業省（2014）．

銀行の強い関与，従業員の強い影響力といった日本の企業統治制度の特性がある[2]．したがって，企業統治制度の整備は，ROE を重視した経営，企業のリスクテイク，株主を重視した経営政策の採用を促進する．一方で，機関投資家による経営者との目的を持った対話が，経営の規律の向上を実現する．他方で，独立社外取締役（以下，独立取締役）による，的確なアドバイスとモニタリングが，既述の経営政策の採用を促す．さらに，こうした企業統治制度の整備は，粉飾決算などの不祥事の発生確率を引き下げる一方，経営者の株式保有やストック・オプションなど企業業績に連動した報酬体系が，株主の利害と経営者の利害のアライメントを実現する．しかも，こうした整備は，経営効率の改善・財務政策の転換（現預金保有）をもたらすばかりでなく，資本市場の活性化（海外機関投資家の増加，家計の株式投資拡大），さらに，資金調達の容易化，投資の拡大，M&A 活性化，事業再組織化を促進して，成長の好循環を形成する．

　もっとも，こうした認識と見方に対して異論も多く，企業統治制度改革に過度の期待が寄せられているという側面もある．以下の一連の論点が指摘できよう．

　第 1 に，確かに，低い ROE や，負債の圧縮が2000年代の日本企業を特徴づけていることは事実である．しかし，こうした低パフォーマンスや，保守的な経営の主要な原因が本当に企業統治制度の整備の遅れによるのかは経験的な問いであり，いまだこの点が十分に実証されているわけではない．例えば，企業パフォーマンスは総合的な指標であり，パフォーマンスを規定する様々な要因の中から企業統治制度の純粋な効果のみを引き出すことは容易ではない．また，投資が低迷しているのは，本質的に投資機会が枯渇しているためであり，同様に，負債比率が急速に低下したのは資金需要が低迷しているからかもしれない．また，しばしば問題視される現預金保有の増加は，環境の不確実性が上昇したため，予備的動機の現金保有がこれまでに比べて上昇した可能性も高い．

　第 2 に，現在の企業行動の問題点の少なくとも一部が，日本企業の企業統治制度に起因しているにしても，2 つのコードを柱とする株主重視の統治制度改革によって，問題を本当に解決できるか否かも慎重な検討が必要である．

---

[2] その強いバージョンは，バブル期の過剰投資と，1990年末の事業再組織化の遅れが企業統治の空白に起因しているという理解であろう．

例えば，海外機関投資家は，深刻な非対称情報に直面し，十分なモニタリング能力を欠いているかもしれない．また，内外機関投資家の多くは，ポートフォリオ投資家であり，企業経営にコミットしないことがむしろそのビジネスモデルである．したがって，機関投資家との対話には大きな期待をかけることはできないし，機関投資家の増加は，むしろ企業経営に近視眼的な圧力を加え，日本企業の強みである長期経営に悪影響を与えるかもしれない．

　また，独立取締役は，選任された企業の特性について知識が乏しく，モニタリングやアドバイスの実質をあげることができない可能性がある．企業の特性に整合した取締役会の制度設計や適切な独立取締役の選任を欠けば，選任は単なる外観のみ（いわゆるウインドウ・ドレッシング）に終わるか，逆に，独立取締役の攪乱的介入をもたらすという過小，あるいは過剰な介入の双方の問題が発生するおそれがある．

　さらに，ストック・オプション制度や株式の提供などの株価と結び付けた報酬制度は，内部昇進者を中心とする日本企業の経営者の動機づけとしては，必ずしもフィットしていない可能性がある．実際に利用されていないのはそのためであるし，無理に導入しても効果は乏しい．むしろ，株主の強い圧力や，株価と過度に結び付けたスキームは，かえって利益の過剰申告（粉飾決算）などをもたらすし，企業の内部情報が乏しい独立取締役が不祥事の抑制の鍵となる可能性は低い．

　本書の課題は，以上の2つの見方の対立を念頭に置きながら，過去20年間について日本の企業統治制度の進化とその機能を可能な限り実証的に解明し，今後の企業統治制度改革の方向をめぐる議論に寄与する点にある．前著，宮島編著（2011）では，主として企業統治の進化・多様化の過程を解明した．本書の課題は，その多様化した企業統治制度が，企業行動や企業統治の有効性にいかなる影響を与えているかを解明する点にある．具体的な課題は，以下の点に求められる．

・現在の日本企業の統治制度は，どのように変化し，いかに理解できるのか．かつて日本の上場企業の企業統治の担い手といわれたメインバンクシステムはもはや解体したのか．株式所有構造の中心を形成することになった機関投資家，特に海外機関投資家は企業統治においてメインバンクに代替し

つつあるのか．
- 他方，かつて支配的であった銀行，事業法人の株式保有や従業員持株会の長期保有はどのような役割を演じているのであろうか．それはポジティブな役割を果たしていないのか．
- 銀行危機後の企業統治制度の変化は，実際に日本企業の行動にどのような影響を与えたのか．急速に増加した機関投資家は，しばしばリスク回避的で，保守的と呼ばれる近年の企業経営の特性に対して，どの程度改善効果を持つのか．
- メインバンク制度の後退と並行して形成された資本市場をベースとした新たな事業再組織化，私的整理のスキーム（MBOやADR）の実態は，いかなるものであり，どのような機能を果たしているのか．特に，2000年代の日本企業については，選択と集中の遅れが指摘されるが，企業統治制度の変化は，多角化，事業リストラクチャリングのあり方にどの程度影響を与えているのか．
- 企業統治制度の有効性は，経営者の交代，パフォーマンス，企業の不祥事の確率などによって測られるが，外部ガバナンスや，取締役会制度の変化が，それらにいったいどの程度の影響を与えているのか．

　以下この序章では，本書全体の分析の前提となる事実を整理し，さらに各章の分析成果や政策的含意を整理しておこう．第2節では，過去20年間の企業統治改革の経過を振り返る．第3節はこの間の統治制度の変化に関する基本的事実を確認する．第4節では，企業統治制度と企業行動・パフォーマンスに関するこれまでの研究成果を整理する．第5節は，本書の分析から引き出される政策的含意を提示する．第6節では，以下の各章のエッセンスを要約する．

2　企業統治制度改革小史：20年の経験

2.1　企業統治制度改革の第1の波

　まず，この20年間の企業統治制度改革の歴史を簡単に回顧しておこう．かつて日本の企業統治制度の特性は，メインバンク制，安定株主，内部者からなる

大きな取締役会，業績に非感応な報酬，従業員主権にあった．こうした日本型の企業統治制度の有効性に強い懐疑が示され，その本格的な改革に着手されたのは，1997年の銀行危機からであった[3]．同危機から2000年代前半までは，米国型の統治制度をモデルとした改革が提示され，賛否の強い対立を伴いながら，そのモデルに沿った改革が実施された統治制度改革の第1の波とも呼ぶべき時期であった．

　第1に，1997年11月の北海道拓殖銀行の破綻に端を発した銀行危機を契機に企業統治における銀行（メインバンク）に対する信頼が大きく後退した．不良債権問題の深刻化は，財務危機に陥った企業に関与することが期待された銀行部門が財務危機に直面したことを意味し，メインバンク制の機能に対する強い懐疑が生じた．長期化した不良債権処理がようやく軌道に乗ったのは，不良債権処理の工程を明示した小泉政権期の2002年10月の金融再生プログラムの実施であった．その間，銀行部門の再編成，民事再生法の制定，産業再生機構の設立など従来と異なった私的・公的整理の枠組みが形成された．この再編成の重要な帰結は，債務者区分の厳格化などにより，業績が悪化した企業（要注意先債権）を顧客に抱え続けることが困難となり，顧客企業の不良債権をメインバンクがより多く負担するという暗黙のルールが変化したことである（本書第1章）．

　第2に，かつて促進的，少なくとも中立的であった銀行・事業法人の株式保有に対する規制が転換し，機関投資家の保有が促進された．銀行危機を契機に，企業・銀行間の株式保有に対する法的規制は，銀行・事業法人の保有を抑制する方向に明確に変化した．BIS規制，時価会計の導入は，銀行の株式保有の圧縮を促進した．決定的な措置は，銀行等株式保有制限法（2001年）であり，同法により2003年度末までに，銀行部門は株式保有を事実上半減することが要求された．この措置を促進するために，銀行等保有株式取得機構が設立され，日銀の株式買取も始まった．また，2001年には自社株買い・金庫株が原則解禁され，銀行の株式売却に対応する措置がとられた．

　2000年の年金制度改正によって，厚生年金・国民年金の積立金が，それまでの資金運用部への預託から市場運用に抜本的に変更するという制度変化のイン

---

[3] この改革過程については，Jackson and Miyajima（2007），宮島編著（2011）序章参照．1997年の法制度面の画期性については，Shishido（2007）に詳しい．

パクトも大きかった．2001年には年金資金運用基金（現，年金積立金管理運用独立行政法人：GPIF）が設立され，国内株への運用が本格化した．この結果，2003年度末には，国内の機関投資家の株式保有比率は，急増して20％を超えた．この内外の機関投資家保有の増加と並行して，運用機関の議決権行使体制が本格的に整備されることになった．

第3に，銀行危機と前後して，内部統治制度，すなわち，報酬体系や取締役会組織の再設計に関する議論が始まった．1997年の商法改正によりストック・オプションの導入が初めて可能となり，制度整備が終了した1999年以降，その導入は一種のブームの様相を呈した．さらに，モニタリングを主要な機能とする米国型の取締役会への移行の当否についての論議がメディアで大きな高まりを見せた．一方で，機関投資家の保有比率の増加と，銀行の後退が進展する中で，そうした変化に対応した取締役改革（モニタリング機能の強化）が歴史的傾向であり，それ以外に日本の競争力を維持する道はないという主張と，米国型の仕組みの導入は，雇用制度を中心とした日本の他の経済制度と不整合であり，単純な収斂はかえって効率性を低下させるという反論との間で激しい論争が展開された[4]．そうした対立の下で，会社法改正の論議が進み，最終的に2002年には，その成果として米国型のモニタリングボードをモデルとした委員会等設置会社（現，指名委員会等設置会社）の選択を可能とする法改正が実現された[5]．

2.2　間奏曲：アクティビズムと逆コース

一連の商法改正に対応した統治制度改革の収束，金融再生プログラムによる不良債権処理の進展，主要銀行の株式売却目標の達成と内外の機関投資の株式保有の増加などによって，2005年前後には，日本企業の統治制度は，特に外部ガバナンスを中心に大きく変容した．それを背景として敵対的買収案件が現れ，外部からの規律が機能し始めた．

第1に，機関投資家の議決権行使が実質的な意味を持ち始めた．2000年代前半には厚生年金基金連合会（現，企業年金連合会）のガイドラインの公表，日

---

[4]　詳しくは，宮島編著（2011）序章参照．
[5]　なお，前年の法改正では，社外監査役の定義を厳格とし，半数以上の就任を義務付けた．

本証券投資顧問業協会「議決権行使に関する自主規制ルール」の決定に対応して，委託を受ける信託銀行・投資顧問会社では，議決権行使委員会が詳細な基準を定め，それを事前に企業に提供し始めた．また，2001年には議決権行使助言会社（ISS）がわが国でも活動を始めた．こうした議決権行使基準の整備とともに，2000年代半ばからは，機関投資家の反対行使比率が上昇し，この結果，会社提案の議案の否決の可能性が現実的となった[6]．

並行して第2に，2000年代に入って，キャッシュリッチな中規模企業を中心に大量買い付け事件が発生した．特に注目を集めたのは，2001～2005年の村上ファンドの活動，2005年のライブドアによるニッポン放送の大量買い付けである．また，2006年の王子製紙による北越製紙の株式公開買付け（TOB）は，事業法人による初の敵対的買収案件として注目を集めた．さらに，2007年のブルドックソース事件では，買収防衛策が初めて発動された[7]．こうした一連の大量買い付け事件における裁判所の判断や企業価値研究会の報告により，公開買付けや買収防衛にかかわるルールが形成された[8]．

2007年夏からのサブプライム問題の発生と，翌年9月のリーマン・ショックの発生は，1997年以降，一貫して続いた米国型の市場経済化の流れに対する懐疑を一挙に高める画期となった．海外機関投資家による売却が進む中で，行き過ぎた「市場経済化」が強調された[9]．実態的にも，後述のようにアクティビストの介入が急減し，ストック・オプションの利用が低迷した．民主党政権も格差の拡大の側面を重視して，米国型の統治制度の強化には消極的となった．他方，安定的な企業・銀行間関係の価値が再評価され，特に流動性の危機に直

---

[6] 詳しくは，宮島・保田（2012）23頁参照．
[7] 詳しくは，田中（2012），Buchanan et al.（2012），ブカナン（2015），Kubo（2014）参照．
[8] 2005年には，経済産業省及び法務省「企業価値・株主共同の利益の確保又は向上のための買収防衛策に関する指針」が策定された．2006年には，証券取引法の改正により，公開買付け後の買付者の保有割合が3分の2以上となる場合，全部買付義務を導入するなど，公開買付規制が強化された（田中，2012，第1章）．さらに，翌2007年には，経済産業省が「企業価値の向上及び公正な手続確保のための経営による企業買収（MBO）に関する指針」（MBO指針）を発表し，第三者機関による企業価値算定書の取得を要請した．
[9] 不良債権の債務者区分が変更されたことも，一時的な逆コースの証拠といえるかもしれない．

面した企業にとって，銀行との長期関係が意義を持つという見方が影響力を強めた．さらに，2011年には，オリンパスによる巨額損失の処理を試みた粉飾決算が発覚する事件が発生した．企業統治において先進的と見られていた企業において不祥事が発生したことによって，独立取締役の役割に対する懐疑が生じた．2011年から会社法の再改正が検討されていたが，この局面では，米国モデルに対する期待は後退し，企業統治は主として不祥事をいかに回避するかという側面に焦点が移動した．

もっとも，海外機関投資家は，2010年には静かに日本市場に復帰していた．また，戦略的連携などを名目とした単純な持ち合いの復活は，株価が低迷する中で，減損処理を強いられ，維持可能なモデルではないという認識が広がった．さらに，2010年から議決権行使の結果の開示，セグメント情報公開におけるマネジメント原則の導入，役員報酬の個別開示（ただし1億円以上）など，資本市場における制度の整備も進展した．

2.3　改革の第2の波

「格差の拡大」が注目され，企業統治制度改革の議論が後退するという状況を再び変化させたのは，民主党政権に代わって2012年末に成立した安倍政権が，企業統治制度改革をその成長戦略の一環に位置づけてからであった．もっとも，企業統治制度改革を成長促進の手段とする動きは，実は必ずしも日本独自のものではなかった．リーマン・ショック後，経済の低迷が深刻化する中で，EU諸国を中心に，企業成長を促進する統治制度の検討が進んでいた．例えば，OECD（2012）は，企業統治と企業成長の関係を正面に据えて分析している．また，英国のケイ・レビュー（Kay, 2012）は，英国のコーポレート・ガバナンスの問題を近視眼的な市場に求めたうえで，その改革を論じた．

安倍政権は，企業統治制度の改革を成長戦略の第三の矢に位置づけ，一連の政策を実施した．2013年6月の「日本再興戦略」では，「機関投資家が，対話を通じて企業の中長期的な成長を促すなど，受託者責任を果たすための原則（日本版スチュワードシップコード）」について検討を進めることが閣議決定され，翌年2月には実施に移された．また，翌14年の「日本再興戦略」改訂2014――アベノミクスの企業統治に対する姿勢を最も明瞭に示している――は，「日本の『稼ぐ力』を取り戻す」という明確な目的からコーポレート・ガバナ

ンスの強化を提案し，成長戦略の筆頭項目に位置づけた．その成果として，2015年に CG コードの策定・適用，改正会社法の施行が進み，改革は急進展を見せた．さらに，「日本再興戦略」改訂2015では，制度改革の進展を前提として，実効的なガバナンス構造の定着が最優先課題と位置づけられている[10]．

アベノミクスの時期の企業統治制度改革をめぐる議論の特徴は，本書第11章に詳しいが，以下の4点に求められる．

第1に，依然として従業員（インサイダー）に偏っていた企業のステークホルダー間の影響力のリバランスを図った．CG コードは，全面的に株主主権モデルをとる点については，慎重に留保を付しているが，全体として株主主権の方向に再び舵を切ったことは疑いがない．リーマン・ショック後，従業員主権モデルの再評価が進む中で，改めて，弱すぎる株主の影響力の強化，米国型のモニタリング・モデルへの接近が，政策サイドでは基本的な改革の方向として共有された．

しかし，第2に，改革は，敵対的買収などの経営権市場，対決的なアクティビズムの活性化に対しては周到な留保が付けられている．例えば，英国のスチュワードシップ・コードは，投資家の協働エンゲージメントを推奨し，また「エンゲージメントの強化」の内容として，株主権行使，株主提案や，場合によっては取締役の交代を求める点を例示しているが，日本では，こうした規定は周到に除かれ，代わって，企業との長期的観点に立つ「対話」の重要性が強調されている（田中，2014）．

第3に，アベノミクスの政策体系の中で，企業統治制度改革は，単なる不祥事の抑制ではなく，企業成長の促進の手段として位置づけられた．既述の通り，統治制度改革を企業成長と結び付けるのは国際的動向であったが，米国・欧州では，株価に密接に結び付けた報酬体系による過度のリスクテイクや，近視眼的圧力（株主の強すぎるガバナンス）が問題とされたのに対して，わが国では株主の影響力を強化することによって「企業の持続的成長」が実現できると想定された．目標として ROE が改めて強調され，リスクテイクの促進などの「攻め」のガバナンスが提唱された（経済産業省，2014）．

最後に，改革を促進する枠組みとしては，すべての企業に一定の仕組みを義

---

10) 具体的には，①「攻め」のガバナンス体制の強化，②企業と投資家の建設的な対話の促進，③金融機関における経営支援機能の強化等の一層の推進などが提示された．

務づける強行法規ではなく，ベストプラクティスを提示して，それにコンプライ・オア・エクスプレイン・ルールを導入することが合意となった．企業統治制度に対する強行法規の導入は，改革を必要とする企業に対してそれを強制する点でメリットを持つ反面，必要としない企業には多くの副作用を持つ可能性がある．それに対して，同ルールは，企業の柔軟な選択を保障しつつ，改革を促進する点で，優れた仕組みということができる．また，強行法規の導入に対して，それを促進する行政側と，反対する経済界とが対立するという2000年以来の長い議論に終止符を打つ1つの解決方法でもあった．

3 企業統治制度の進化と国際的特徴

3.1 上場企業の優位と連結規模の成長

　では，こうした法制度・政策環境の変化を背景として，日本企業の統治制度は，過去20年間に実態的にどの程度変化したのか．リーマン・ショック前後の時期までに関して，日本型と呼ばれた統治制度の特徴は大きく変容したこと，しかも，その変化は米国モデルへの収斂ではなく，多様化とハイブリッド化を伴っていたことについては，宮島編著（2011）で解明した．しかも，1990年代に入って米国・英国だけでなく，大陸欧州諸国の上場企業の企業統治制度も大きく変化した．そこで，本節では，多様化した日本企業の統治構造の特徴を，国際比較の観点から要約しておこう．

　第1に，これまでほとんど注目されていないが，日本企業は，国際的に見て上場傾向が著しく強い．各国の売上高上位1000社のうちどの程度の企業が上場しているかを比較した表序-1によれば，その比重は英国ですら約28％であるのに対して，日本では，2013年でも50％を超え，2社に1社が上場している．しかも，日本では上場企業が2007年まで傾向的に増加し，その後大幅に減少する兆候は見られない．図序-1の通り1990年以降，米国・英国では，機関投資家の圧力，あるいは，サーベンス・オクスリー（Sarbanes-Oxley）法による内部統制の整備などの上場のコストが上昇し，ニューヨーク証券取引所・ロンドン証券取引所のプレミアム市場などの既存市場では，プライベート・エクイティ（以下，PE）による非上場化の傾向が強く，公開企業の減少が深刻な問

表序-1　各国の上場企業の比重（売上高上位1000社）

(単位：社，%)

	英国	ドイツ	フランス	イタリア	日本	
	1996年				2006年	2013年
上場企業数	272	134	132	80	559	531
同上構成比	27.8	14.5	13.6	8.4	58.4	54.2
非上場企業数	708	789	838	874	399	449
同上構成比	72.2	85.5	86.4	91.6	41.6	45.8
所有構造の判明した企業数	980	923	970	954	958	980
全企業						
分散保有	27.4	9.9	8.9	5.6	46.3	42.3
家族所有企業	21	38.6	43.8	33.1	7.4	7.6
公開企業						
分散保有	85.3	21.6	20.5	2.5	76	73.8
家族所有企業	7.7	34.3	48.5	16.3	3.4	4.5

(注)　対象は，各国の売上高上位1000社．日本については，小川亮氏との共同研究による．東京商工リサーチ「TSR 企業情報ファイル」および東洋経済新報社『会社四季報 未上場会社版』より作成．日本以外の4カ国については，Franks et al. (2012) から転載．分散保有は，20％以上を保有する首位株主のいない企業．家族所有企業は，家族およびその財産管理会社が20％以上を保有する企業．

図序-1　3カ国の上場企業数の推移

（出所）　世界銀行「World Development Indicators」より筆者作成．

題になっている[11]．それに対して，東京証券取引所では，1990年代末以降，統合，破綻，MBOなどによる上場廃止・非公開が進展したものの，いぜん退出した企業よりも，新規上場企業数が上回っている．この点で，上場企業を対

象とするコーポレートガバナンス・コードがカバーする領域は広く，改革を通じて成長を促進するというのは自然な発想である．また，日本の上場企業が多様な企業統治制度を並存させている理由の1つもこの強い上場傾向に求めることができる．

もっとも，第2に，歴史的に見れば，公開・非公開の点で過去20年間に日本企業の経験した変化は極めて大きい．1949年の東京証券取引所の再開以来，2部市場の開設（1961年）による上場企業の増加を除けば，毎年，コンスタントな新規上場が観察される一方，上場廃止は，持続的な経済成長とメインバンクや株式持ち合いによる財務危機企業の救済などのために，毎年数社を数えるのみであった．4分の1以上の企業でインタレスト・カバレッジレシオが1を下回った1975年でさえ，上場廃止企業はわずか7社にとどまる[12]．その結果，1990年代末までは，傾向的に上場企業が増加したのである．

しかし，銀行危機に直面して，メインバンク制による救済や，株式相互持ち合いの解消が急速に進む中で，ゼロ成長が継続した2000年代には，MBOを含むM&Aや法的整理による上場廃止が急増する（1997～2004年の廃止件数合計は330社，年平均41.5社に上る）一方，IT産業を中心に新規上場・上場市場替えが増加した（同時期には794社，年平均99.3社）．この新規上場の増加と上場廃止の並存の水準が高いか否かは，国際比較の観点からは慎重に検討される必要があるが，少なくとも歴史的に見れば，平時では最大の再編成が進行した時期であった．

第3に，「失われた20年」というマクロレベルの評価から見ればやや意外に見えるが，過去20年の日本のリーディング企業の連結ベースの資産，ないし売上げで見た企業の成長は着実であった．表序-2の通り，2014年度の連結総資産上位10社の合計資産額は，1997年度の約2倍に達し，上位30社でも1.8倍に増加した．全世界の大企業リストに占める日本企業の地位が後退しているのは事実であるが，過去20年にわたって海外進出，同業他社との統合，グループ化

---

11) 米国では1995年の7888社から2010年には38％減少し，英国のロンドン証券取引所でも同期間に46％減少した（*The Economist*, May 19th 2012, pp. 27-29）．Jensen（1989）は，この現象に早期に注目し，株式会社の衰退（eclipse of the public corporation）と呼んだ．

12) 東証資料による．1974～77年の上場廃止企業は，平均5社である．

序章　企業統治制度改革の20年

表序-2　連結総資産上位企業の連単倍率と海外売上高比率

(単位：10億円, 倍, %)

		2007年度		
	会社名	連結総資産額	連単倍率	海外売上高比率
1位	トヨタ自動車	32,458	3.11	76.7
10位	松下電器産業	7,443	1.62	49.9
20位	キヤノン	4,512	1.62	78.9
30位	ブリヂストン	3,359	1.93	76.4
上位10社		134,918(145)	2.60	65.4
上位20社		186,010(131)	2.17	55.2
上位30社		223,456(132)	2.01	48.5

		2014年度		
	会社名	連結総資産額	連単倍率	海外売上高比率
1位	トヨタ自動車	47,729	3.15	77.6
10位	住友商事	9,021	2.12	—
20位	デンソー	5,283	1.45	58.9
30位	INPEX	4,499	1.28	46.5
上位10社		191,204(205)	3.29	70.5
上位20社		260,121(183)	2.70	54.8
上位30社		308,136(182)	2.31	53.4

(注)　対象は, 東証第1部上場企業（非金融事業法人）. 括弧内は, 1997年の連結資産を100とした指数. INPEXは, 国際石油開発帝石の略.
(出所)　日経NEEDS-FinancialQUESTより筆者作成.

を通じて，日本のリーディング企業の規模は急速に拡大したのである[13]．規模の成長が停滞したのは，総合電機部門であり，それらを除けば，上位企業は，持続的な成長を実現した．その過程で持株会社の設立，事業単位の分権化が進み，このことは，企業統治の問題としては親会社・持株会社の経営陣とその株主との間のエージェンシー問題だけでなく，親会社・持株会社と傘下子会社・事業単位（事業部・カンパニー）との間のエージェンシー問題とその解決が重要性を増したことを意味する[14]．例えば，傘下企業への権限の付与と，成果に結び付いた報酬システムの導入は，傘下子会社・事業単位間のインセンティブの向上に寄与する反面，傘下子会社・事業単位間のシナジーの低下や，その暴走を誘発するというトレードオフに直面した[15]．

---

13)　フォーチュン500社（非金融法人，売り上げベース）の日本企業は，ピークの1995年149社から，2001年104社，2009年68社，2015年52社である．

14)　Bolton and Scharfstein (1998), Belenzon *et al.* (2009) 参照．

3.2 負債の圧縮

次に，過去20年間の企業・銀行間関係，所有構造・経営権市場などの外部ガバナンスの進化の特徴を確認しておこう．

2000年代に入っても日本企業の負債依存度は継続的に低下した．1975年のピークには75％に達した負債比率は，図序-2の通り石油ショック後の「減量経営」の結果，企業間の分散の拡大を伴いながら急速に低下した．1980年代後半のバブル期には，エクイティ・ファイナンスの進展の結果，さらに負債比率が低下し，この傾向は，銀行危機後にもう一度加速し，2006年には負債依存度は50％を下回った．しかも，この時期の大きな特徴は，負債比率の標準偏差が2003年をピークに低下傾向に転じたことであり，負債の影響力が全般的に後退したことを示唆している．2008～2009年には，リーマン・ショックによる一時的な流動性の危機によって，銀行との間の緊密な関係が見直されたが，潤沢な通貨供給，低金利など，資金過剰な状況の下で，負債，あるいは，メインバンク関係の企業行動に対する影響の低下傾向に変化は生じなかった（本書第1章）．2010年代に日本企業の負債比率は，46～48％まで低下している．

米国の企業の負債比率は，1970年代の40％から1980年代後半のレバレッジド・バイアウトの盛行の時代に50％を超え，さらに1990年代半ばには65％まで上昇していた[16]．したがって，強い銀行依存と高いレバレッジの日本企業と，強い資本市場への依存，低いレバレッジの米国企業という対照は，すでに1990年代前半には過去のものになっていた．その後，米国では，徐々に負債の低下（deleveraging）が進展し，2000年代は50％台後半で安定的に推移しているから，日本の図序-2の動向は，この動向と軌を一にし，さらにより急速な程度で負債の縮小，経営の規律における負債の影響力の低下が進展していると見ることができる．今や，日本企業では，低いレバレッジが焦点である．

---

15) 東芝の不正会計問題の主因の1つは，この内部統制にあると見られる．ただし，この問題について，本書は直接には取り扱わない．分権化と内部統制のトレードオフについては，青木・宮島（2011）参照．

16) Graham *et al.*（2014）Fig. 1, Panel B 参照．

図序-2 負債比率(負債／総資産)

(注) 対象は，東証第1部上場企業(非金融事業法人)．1を上回る場合は，異常値として除去．
(出所) データは日経NEEDS-FinancialQUESTより蟻川靖浩氏の協力を得て作成．

3.3 所有構造の多様化

　過去20年間で，所有構造も大きく変化した．ここで株主を，保有の目的が純粋な投資収益の最大化にあるアウトサイダー(機関投資家・個人投資家)と，投資の目的が必ずしも投資収益の最大化にあるのではなく，投資先企業との長期的な取引関係を維持することが主であるインサイダー(銀行，保険会社，事業法人)に区分すれば，かつて支配的であったインサイダーの保有比率は，1997年の銀行危機以降，急速に低下し(本書第2章，図2-1参照)，2000年代半ばには，東証時価総額加重で，ほぼ65％対35％と1990年代前半までの構成と逆転した．東証第1部上場企業全体を見れば，もはや日本企業の所有構造がインサイダー中心と捉える認識は的確ではない．しかも，興味深いことに，その後2006年からアウトサイダーとインサイダーの比重はほぼ前記の水準で安定し

表序-3 タイプ別企業特性

	MSCIインデックス組入企業	MSCIインデックス非組入企業	ファミリー企業・創業者企業
企業数	262	1,113	349
企業数・シェア（％）	15.2	64.6	20.2
時価総額・シェア（％）	79.5	17.0	3.5
1社当たり時価総額（10億円）	14,266	717	478
売上高・シェア（％）	70.6	25.2	4.2
1社当たり売上高（10億円）	1,809	152	80
従業員数・シェア（％）	67.4	28.3	4.4
1社当たり従業員数（人）	34,478	3,404	1,679
アウトサイダー（機関投資家保有比率の平均値）	42.4	21.8	17.9
インサイダー（安定保有比率の平均値）	27.8	39.6	43.7

(注) 対象は，2015年3月末時点の東証第1部上場企業1724社（非金融事業法人）．ファミリー企業・創業者企業は，役員持株比率が5％以上の企業で定義．MSCIインデックス組入企業には，ファミリー企業・創業者企業が含まれる．MSCIインデックス非組入企業には，ファミリー企業・創業者企業は含まれない．
(出所) 日経 NEEDS-FinancialQUEST および日経 NEEDS-Cges より筆者作成．

た．海外機関投資家の売買回転率は，1990年の1前後から2008年以降には4.5前後に上昇し，頻繁に銘柄入れ替えが進んでいるが，その保有比率は30％前後で推移している．

　日本の所有構造については，次の2点を確認しておこう．第1に，インサイダー優位からアウトサイダー優位へという以上の動向は，海外機関投資家の投資対象となる企業に限定されている点である．海外機関投資家の投資対象は，基本的に Morgan Stanley Corporate International Japan（以下，MSCI）インデックスの組入銘柄に限られる．これらの企業——宮島編著（2011）序章のハイブリッド企業にほぼ対応している——が東証時価総額に占める比重は，表序-3の通り80％近くに達する．他方，MSCIインデックスの非組入銘柄企業は，インサイダー，つまり，安定株主が有意に高い——宮島編著（2011）では伝統的日本企業——も，企業数や従業員から見れば，いまだ無視できない比重を占める．また，創業者およびその家族が5％以上を保有するファミリー企業も企業数では上場企業の20％を占める．

　第2に，各国の保有構造を比較した表序-4によれば，2000年代に65％前後まで上昇したアウトサイダーの日本の保有比率は，米国・英国に比べて依然低い．同表は，創業者一族・経営者・従業員の保有分が個人に含まれているため，アウトサイダーが過大評価される傾向がある点は注意を要するが，2011～13年の米国・英国では，アウトサイダーの保有比率は90％を超えている[17]．もと

表序-4　株式所有構造の国際比較

	インサイダー	アウトサイダー	海外機関投資家など	国内機関投資家	個人
日本（1990-92年平均）	62.3	37.4	5.7	11.3	20.5
日本（2010-12年平均）	32.4	67.4	27.0	20.1	20.3
米国	1.0	98.6	13.3	46	39.2
英国	5.2	91.8	46.0	35.4	10.3
ドイツ	55.8	44.2	18.4	17.2	8.6
韓国	56.1	40.3	34.3	15.8	20.3

（注）　日本は上場企業の時価総額加重．米国は2011-13年平均，英国は2008，2010，2012年平均，ドイツ・韓国は2011-13年平均．ドイツのインサイダーは，銀行・事業法人・政府（地方を含む），韓国のインサイダーは，個人・機関投資家に関連企業を含むため集計資料からは推計不可能なため，ソウル国立大学Park教授の推計（2013）による．アウトサイダーは，100－（インサイダー＋政府・行政機関保有），そのため，他国のアウトサイダー（海外・国内機関投資家・個人の合計）とは一致しない．原資料は，Board of Governors of the Federal Reserve System, *Financial Accounts of the United States*, Office for National Statistics, UK, *Historical Annual Tables 2005-2013*, Deutsche Bundesbank, *Special Statistic Publication 4*, Korean Exchange, *Annual Report*, Park, S., "Korean Capitalism," 2013.

もと，銀行・事業法人の株式保有に制約の大きい両国では，20世紀の初頭からアウトサイダー優位の構造にあり，1980年代以降の変化は個人から機関投資家へのシフトが進んでいた．両国の差は，英国では近年海外機関投資家の保有比率が急速に増加した点にある[18]．それに対して，大陸欧州・アジア諸国の株式所有構造は，近年海外機関投資家の保有比率は上昇したが，依然として創業者一族・他の事業法人などのインサイダーが優位であり，インサイダー保有の粘着性は高い[19]．その意味で，日本は，ほぼ中間的な位置にあるということができる．

日本の所有構造のいま1つの国際的特徴としては，日本ではブロック株主の保有比率が低い点が指摘できる．5％以上保有のブロック株主の累積値の平均は，米国では30％後半，英国でも25％を超え，その中心は機関投資家，アクティビストファンドである．それに対して日本のそれはわずか15％弱にとどまり，

---

17)　米国の20世紀後半の株式所有構造の進化は，Gordon（2007），特にp.1568，英国・ドイツについては，Franks *et al.*（2015）を参照．
18)　1990年の10％強から2010年には40％を超えた．Franks *et al.*（2015）Fig.1参照．
19)　アジア諸国の所有構造を初めて包括的に扱い，ファミリー所有の優位性を強調したのは，Claessens *et al.*（2000）であり，その後，Carney and Child（2013）が2008年まで対象時期を拡張し，政治的変化が少ない国は所有構造に大きな変化がないこと，国家所有，国内企業，海外機関投資家の比重が増加しつつあることを指摘している．

その中心は事業法人である[20]．日本では，集計されたアウトサイダー保有は増加したものの，ブロック株主が少ないことが大きな特徴といえる．このことは，リーマン・ショック以降安定した日本のリーディング企業の所有構造は，たとえ集計されたアウトサイダーの保有比率が65％を超えていても，このうち10～15％が個人株主で，30％程度を占める海外機関投資家の多くが，国際分散投資の一環として日本市場に投資し，企業経営にコミットすることが小さいとすれば，35％のインサイダーがいまだ大きな影響力を持つ構造であることを意味する．

3.4 議決権行使と経営権市場

過去20年間の外部統治における最後の注目すべき変化は，議決権行使の影響力が強まり，また経営権市場が経路依存的な形で形成されたことである．1990年代末には，カルパースが議決権を積極的に行使したものの，国内機関投資家が議決権を行使することはまったくなかった[21]．機関投資家が会社提案に異議を唱えた事例としては，1998年の旧三井信託銀行が初めてといわれる[22]．しかし，所有構造の変化，議決権行使基準の整備を背景として，機関投資家の反対行使比率が上昇し，会社提案の議案の否決の可能性が現実的となった[23]．

2005年には，既述の通りファンドの大量買い付けが社会的注目を集め，買収防衛策の導入が争点となったが，そうした環境の中で，ファナックの株主総会で発行可能株式総数を引き上げる定款変更議案が，買収防衛策導入の準備とみなされて否決された．これが会社提案の否決された最初のケースであり，同年にはほかに東京エレクトロン，横河電機の定款変更議案が否決された[24]．さ

---

20) Holderness (2009) Fig. 2. 推計には，事業法人のブロック株主が含まれているから，アウトサイダー大株主の比重で見れば，米国・英国と日本との差はさらに大きいと推定される．

21) Jacoby (2009), Buchanan *et al.* (2012) Chap. 8 参照．

22) 反社会的行為を行った企業の退任役員への退職慰労金支給の議案に対する棄権である．

23) 2004年の厚生年金基金連合会のインハウス運用分の反対行使比率は25％に達し，投資顧問（投資一任会員会社）業でも，2004年に10％，2005年には15％に達した．詳しくは，宮島・保田（2012）参照．

24) 翌2006年には，任天堂の剰余金処分権限を取締役会に移譲する定款変更議案が事実上否決された．

らに，2007年には，東京鋼鐵による大阪製鐵の経営統合議案が否決された[25]．この案件は，経営者同士で合意したM&A案件であっても，株主の反対により否決されることがわが国でも起こりうることを示した点で注目を集めた．今や一部の企業では，総会議案が否決される可能性が生まれ，そのため議案が通る見込みがないため，議案を撤回する事例も発生した．こうして機関投資家の議決権行使が日本の企業統治に組み込まれた．

　他方，1990年まで低調であったM&Aが2000年代に入って増加し，2006年には2174件でピークに達した．その後2009年から減少したものの年間1000件以上を維持し，企業成長・事業再組織化の両面で経営戦略として定着した．またこの間，取引の形態としては，公開買付けが増加する一方，プライベート・エクイティ（PE）が新たな買収主体として登場し，2005年のアパレルメーカーのワールドや飲料メーカーのポッカといったMBO案件が注目を集めるなど，事業再建の新たな担い手となった．

　また，1990年代まで，ほとんど見られなかった敵対的買収やアクティビストの介入が，2000年代に入って，既述の通りキャッシュリッチな中規模企業を中心に増加した[26]．Hamao *et al.* (2010) によれば，2004～2007年にはアクティビストファンドの介入の件数は665件に上り，日本における敵対的買収，アクティビズムの小さいブームが発生した．それは，世界的にはアクティビズムの高揚とほぼ同調していた（Becht *et al.*, 2015）．もっとも日本では，王子製紙による北越製紙などの敵対的買収はいずれも失敗に終わり，アクティビストの活動も大きな成果を生まなかったといわれる（Buchanan *et al.*, 2012; 田中, 2012）．しかも，2008年のリーマン・ショック後にはM&Aは急速に退潮し，スティール・パートナーズなどの対決的姿勢のアクティビストも撤退した．

　この一連の大量買い付け案件が失敗に終わった経験は，買収側，企業側に教訓を残した．買収側は，対象企業の経営陣，少なくとも従業員の支持を事前に取り付けない限り，公開買付けを通じたM&Aが実現しないこと，あるいは，仮に実現しても，企業価値の上昇が困難なことを理解した．その結果，2008年

---

25) もっとも，この否決は，大株主であるいちごアセットマネジメントの反対に，個人株主が同調したケースであり，機関投資家との関係は乏しい．

26) Buchanan *et al.* (2012) Chap. 8 によれば，アクティビストの介入の対象となった企業は負債比率が低く，含み資産が多く，持合比率が低いという特徴があった．

以降，日本で活動を継続・拡大したファンドは，友好的な姿勢に転ずることになった[27]．

他方，企業側は，急速な所有構造の変化の中で，外部からの介入の脅威が初めて現実的となったことを学習した．企業側は，こうしたアクティビズムに対応して財務政策を再検討する一方，一部の企業は買収防衛策を導入し，また，事業法人間の持ち合いや，自社株購入を通じて自社の株式所有構造の調整を図った．

こうして2010年前後には日本にも M&A 市場，経営権市場が形成され，1990年代までとは異なる状況が生まれていた．もっとも，日本の M&A 市場は，国際的にはいまだ小さい[28]．また，買収の主体としては事業法人が多く，増加した公開買付けもグループ内統合が大きな比重を占めていた[29]．反面，特に競合的買い付けや敵対的買収など競争的側面を伴う TOB が少なく（井上・小澤，2016），前述した通り米国・英国に比べて PE による案件もいまだ少ないなどの特徴を持ち[30]，Jackson and Miyajima（2008）が指摘した，日本の M&A 市場，経営権市場のコーディネートされた市場（coordinated market for corporate control）とも呼ばれる特徴については2010年代に入っても大きな変化は生じていない．

3.5　取締役会の進化と報酬制度

株式所有構造を中心に外部ガバナンスの変化が大きかったのに対して，雇用制度との補完性の高い取締役会・報酬などの内部ガバナンスの変化は CG コードの実施が日程に上った2014年までは漸進的であった．よく知られているように，かつて日本企業の取締役会は，役員数が多く，銀行派遣の役員を除けば，内部昇進の取締役が中心であり，この「大きな取締役会」が多数の案件（重要

---

27) この動向を，Buchanan *et al.*（2012）Chap. 11は，"quiet activism" と呼んでいる．

28) ピークの2005年でも，日本の M&A の名目 GDP に対する比重は2％前後にとどまり，2010年代海外企業の買収を含めても，1％程度である．データは，以下，『M&A 専門誌 MARR』各号による．

29) 2002〜15年までの国内 M&A 取引に占める TOB の比重は金額ベースで23％にとどまり，他方，TOB に占めるグループ内 M&A，子会社取得の比重は30％を占めた．

30) 2000年代の PE の実態は，杉浦・越編（2010）参照．近似的な数値として，例えば，2002〜15年累計の投資会社の関与した MBO 総額の TOB による M&A 案件総額に対する割合は，18％程度である．

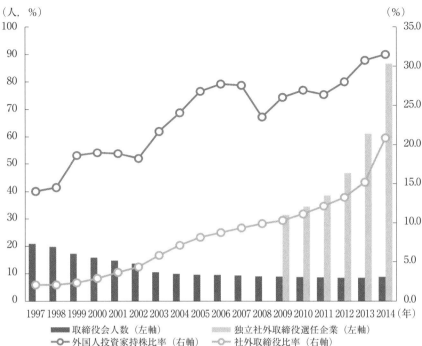

図序-3　取締役会構成の推移

(注)　対象は，東証第1部上場企業（非金融事業法人）．取締役会人数と社外取締役比率は単純平均，外国人投資家持株比率については時価総額加重平均である．独立社外取締役は，社外取締役のうち銀行出身者と関係会社出身者を除いた者で定義している．2002年度までの数値は，齋藤 (2011) より転載．
(出所)　日経 NEEDS-Cges より筆者作成．

事項）の決定にあたるマネジメントボードという特色を持っていた[31]．この取締役会構造が変化するのは，1997年の銀行危機前後であった．ソニーを嚆矢として監督と執行を組織的に分離する執行役員制の導入が進展し，並行して図序-3の通り取締役会の規模が急速に縮小した．さらに，委員会等設置会社制の採用が可能となった2003年からは，同機関に移行する企業は少数にとどまったものの，執行役員制への移行が加速し，また，独立社外取締役の選任が徐々に進展した．図序-3によれば，独立取締役を選任する企業（独立社外取締役選任企業）は，2004年の35％から2013年には61％に増加した[32]．独立取

31)　例えば，1990年の時価総額上位500社の取締役平均人数は23.1人，社外役員の平均人数は，3.5人にとどまり，しかも，そのほとんどが銀行，親会社出身の役員であった．

締役の選任は，内外の機関投資家の増加という急速な所有構造の変化に後続する形で，漸進的に進展したということができる．

しかし，国際的に見れば，この独立取締役比率の水準は諸外国に比べて著しく低い．2013年の日本企業の独立取締役比率の平均値が15.2％であるのに対して，2008年の米国は74％，カナダは71％，英国は60％，ドイツは46％，フランスは62％である．アジア諸国においても，韓国は27％，中国は36％，インドは47％となる．日本の独立取締役比率が低水準であることは歴然としていた[33]．これが，企業統治上の問題の１つと理解され，その改革によって日本企業の「稼ぐ力」の改善が期待されていた．

他方，報酬制度の変化はその継続的な論議にもかかわらず，相対的には小さい．1980年代までの日本企業の経営者の報酬の水準は低く，その業績（正確には当期の業績）に対する感応度が低かった．Kato and Rockel（1992）によると，1985年の日本企業の社長の平均報酬（4400万円）は，平均雇用者所得の13倍と推定され，米国（１億400万円）の35倍に比べて著しく低い．日本企業は，経営者の動機づけに報酬制度を利用しない点を特徴としていた．

しかし，銀行危機の前後から，経営者の動機づけに報酬制度を利用する動きが強まった．既述の通り1997年の商法改正によりストック・オプションの導入が初めて可能となり，その後，制度面の整備が図られた．また，米国で1990年代後半に急速に拡大したストック・オプションが株主と経営者の利害の調整を通じて，企業の効率性の改善に寄与したという認識が広がったこともその導入を促進した要因と見られる[34]．東証第１部上場ベースで，導入企業は1999年171社，ITブーム直後の2001年には450社を超え，そのシェアは24％に達した．

もっとも，導入企業は急激に増加したものの，大企業で導入されたストック・オプションは，米国のそれとは大きく異なる特徴を持った．例えば，早期の導入事例であるトヨタの制度は，オプションの行使価格が低い，付与割合が

---

32) ただし，2004年は社外取締役・取引銀行，親会社を除く厳密な独立取締役の割合は，2009年からしか得られない．

33) Gordon（2007）によれば，米国では買収防衛策の導入と並行して増加した．他方，英国では1990年のキャドベリーコードの導入後，急増した（Guest, 2008）．

34) Holmstrom and Kaplan（2001）．この業績連動報酬の拡大が米国企業の効率性の改善に寄与したと評価している．しかし，ストック・オプションの普及は，経営者の行動にバイアスを生み出し，エンロン事件などを誘発したという側面もある．

小さい，権利行使期間が短い（4年程度），付与対象が広いという特徴があり，こうした特徴は他の大企業の導入事例でもほぼ共有されていた（宮島・黒木，2004）．しかも，導入企業のシェアも，東証第1部上場企業では，2005年に35％を超えた後は頭打ちとなり，リーマン・ショック後の2011年には減少に転じ，2015年の導入比率は29％にとどまっている[35]．より広く，業績連動給が報酬に占める割合も，2015年時点で日本の大企業では25％にとどまり，米国の89％，英国の75％，ドイツの72％に比べてはるかに小さい[36]．

その結果，報酬制度に関する広範な議論の展開にもかかわらず，過去20年間に，報酬制度で生じた変化は非常に小さい．2015年時点の日本の大企業の経営者報酬額の平均は1.27億円にとどまり，同規模の米国企業の14.3億円，英国の7.1億円，フランスの5.1億円，ドイツの6.3億円に比べて著しく低い[37]．近年の業績感応度の推計は得られないが，久保・齋藤（2008）の分析によれば，自社の株式投資収益率が1％向上したときの社長の資産の変化（業績連動度）は，1991年の49.7万円から2003年には12.9万円とむしろ低下していた．この変化は，企業規模や業績では説明できないほど報酬水準の上昇が発生した米国の動向とは対照的である（Bebchuk and Grinstein（2005））．

以上，要するに1990年代末からの議論の高まりと，ストック・オプションの導入にもかかわらず，日本では報酬制度の実体的変化は驚くほど小さく，むしろ米国・欧州諸国との差は拡大したのである[38]．

---

35) 日経 NEEDS-Cges による．対象は，東証第1部上場，非金融事業法人．ピークは，2010年の37.3％である．
36) ウイリス・タワーズワトソン「日米欧 CEO 報酬比較（2015年度）」による．2010～13年について報酬1億円以上の役員延べ703人を対象とした久保（2016）の試算でも，日本の業績連動部分（賞与，ストック・オプション）は，23％程度である．
37) 同上「日米欧 CEO 報酬比較（2015年度）」．
38) 米国の報酬（給与＋ボーナス）は，1980年代の103万ドルから，2000年代初頭には248万ドル，交付オプションを考慮すると133万ドルから411万ドルに急上昇した．また，業績連動度（報酬＋自社株保有部分）は，1980年代の1.7万ドルから5.3万ドルに上昇し，交付オプションを加えると13.8万ドルに達する（Frydman and Saks, 2010）．ドイツでは，大企業の平均報酬は，1990年の54万7000ユーロから2015年には333万4000ユーロに上昇し，平均雇用者所得に対して14倍から50倍に上昇したという（Waldenberger, F., "Management in Germany: Control and Incentive mechanism," 2016，日独比較コーポレート・ガバナンス会議報告論文，2016年11月，一橋大学）．

4 企業統治制度・企業行動・パフォーマンス

4.1 相互依存関係

　では，1997年以来の企業統治制度の進化は，失われた20年といわれた時期に，日本企業の成長・パフォーマンスに実質的な影響を与えてきたのだろうか．本当に，企業統治制度の整備はパフォーマンスを改善し，その遅れはパフォーマンスの低迷を招くのか．また，もしそうであれば，それはいかなるメカニズムを通じてか．この点を過去20年間の上場企業のデータをもとに実証的に示すことが，本書の課題である．本節では，各章の分析成果のエッセンスをこれまでの内外の他の研究成果と合わせて概観しておこう．

　株式所有構造，企業統治制度，パフォーマンスの関係は，本質的に相互規定的関係にある．そこで，以下では，図序-4の関係を想定して整理を進めよう．また，海外の研究の多くは，アウトサイダー株主（機関投資家・個人投資家）が支配的な米国，あるいは，家族が支配株主である新興国を対象とした分析を中心としており，その結果が既述のように独自の進化を遂げた日本企業にすべて妥当するわけではない．そこで，米国，および先進国・新興国をプールしたクロスナショナルな分析成果と比較する形で，日本企業に関するこれまでの主要な分析成果を整理しておく．

　株式所有構造とパフォーマンスの関係について（図序-4のⅠ），Shleifer and Vishny（1986）による先駆的業績は，米国企業を対象にブロック株主の存在が株主間のフリーライダー問題を解決して有効なモニタリングを担う可能性を示した．米国では，海外機関投資家の保有比率は相対的に低いため，上記のShleifer and Vishny（1986）以来，主としてアウトサイダー株主のブロック保有や，個人投資家に比べて情報面で優位（informed）な機関投資家の保有比率が分析の焦点となった．ブロック株主の存在や機関投資家保有比率の高低が，エージェンシー問題を緩和して高いパフォーマンスを実現するかが実証的に検証された．もっとも，こうした理論的な想定に反して，米国企業を対象とした実証研究では，必ずしも明確な結果が得られているわけではない[39]．

　他方，前節で見た通り米国・英国を除くと，大陸欧州・アジア諸国では，家

図序-4 株式所有構造・企業統治制度・企業行動

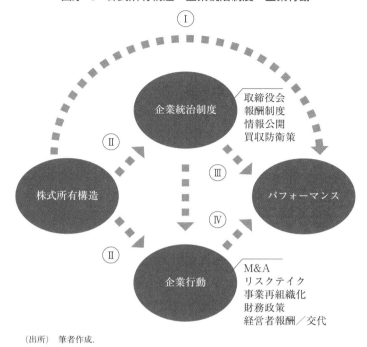

(出所) 筆者作成.

族・事業法人などが支配株主であるインサイダー株主の優位な構造が一般的であるから,アウトサイダー株主,特に海外機関投資家の保有比率の高低が,有意なパフォーマンス効果を持つかが焦点となった.Ferreira and Matos (2008) は,新興国を含む世界27カ国の上場企業について,海外機関投資家の保有比率がトービンの q と ROA で測ったパフォーマンスに正の効果を持つことを明らかとした.

日本に関しては,Miyajima and Kuroki (2007) は,1990~2004年について企業のパフォーマンスが,銀行・保険会社の株式保有比率に負に感応していることを明らかにし,この推計結果は,2013年まで期間を拡大した推計でも確認

---

39) 明確な関係が得られなかった主要な理由として,外部のブロック株主が,アクティビスト,投資信託,保険会社などの多様な主体から構成されるため,それらを区別しないと,それぞれの効果が相殺されてしまう可能性が指摘されている.詳しくは,Cronqvist and Fahlenbrach (2009) を参照.

されている（宮島・保田，2015）．他方，先駆的には岩壺・外木（2007）が，その後，宮島・新田（2011），宮島・保田（2015）が，海外機関投資家の保有比率の上昇が，トービンの q，ROA などのパフォーマンスにポジティブな影響を与えていることを示した．本書第2章でも，海外機関投資家の正のパフォーマンス効果を強調している．

　株式所有構造とパフォーマンスの関係については，次の2点に注意を喚起しておこう．第1に，こうした主張には，逆の因果関係を捉えているにすぎないという有力な批判がある．Demsetz and Lehn（1985）は，最適な株式所有構造が選択されているのであれば，ある特定の株式所有構造が必ず企業価値を引き上げる理由はないと強調し，ポジティブな関係を主張する多くの研究は，所有構造と企業価値の同時決定関係を十分にコントロールしていないためであると主張した．この見方は，その後の研究に大きな影響を与え，多くの研究は様々な計量的手法を利用して，機関投資家がパフォーマンスの高い企業を選択するという逆の因果関係をコントロールしても，機関投資家保有比率の上昇がパフォーマンスに正の効果をもたらすか否かの検討に精力を傾けてきた．前記の日本に関する研究も様々な計量的手法を利用して，この逆の因果関係を慎重に考慮している．もっとも，内生性の処理には，決定的な方法はなく，結果については含みを持って解釈する必要がある．

　第2に，米国以外を対象とする分析では，投資収益の最大化を目的とするアウトサイダー株主のうち，海外機関投資家は，国内の機関投資家に比べて投資対象企業からの独立性が高いため，後者に比べて経営の規律における役割が大きいとみなされてきた．また，機関投資家のタイプ別に見れば，投資信託，投資顧問（資産運用会社）は独立性が高いのに対して，銀行・保険会社は独立性が低い灰色の機関（gray institutions）と想定されてきた（Ferreira and Matos, 2008）．それに対して，日本では，これまで前記の国内機関投資家のうち，投資顧問（資産運用会社）も大手金融機関（銀行・保険会社）のグループ会社であるケース（例えば保険会社の子会社の投資顧問会社や銀行系列の信託銀行など）が少なくないため，親会社や関連会社である銀行・保険会社の利害に沿った投資スタイルをとる可能性が指摘されてきた[40]．しかし，宮島・保田（2015）は，いまだ検討の余地を残すものの，国内機関投資家に関して，Del Guercio（1996）のいう質の高い株式（high quality stock，時価総額が大

きく，流動性，収益性，安定性，財務健全性の高い銘柄）を選好する点で海外機関投資家の銘柄選択行動と有意な差はなく，また，高い保有比率が有意なパフォーマンス効果を持つという点でも内外の機関投資家に差はないことを示した．ただし，後述するように，議決権行使や投資家の対話の姿勢に関して，海外機関投資家との間に差があるか否かは，今後の検討課題である．

4.2　企業統治制度の整備

　以上のように逆の因果関係を十分にコントロールしてもなお，所有構造，例えば，高い機関投資家保有比率がパフォーマンスを引き上げるとすれば，そのメカニズムはいかなるものか．前記の研究は，所有構造とパフォーマンスを結ぶ関係をいわばブラックボックスとして投資家の発言（voice），または退出（exit）を通じてパフォーマンスを引き上げると想定してきた．そこでその後の研究は，このブラックボックスを開き，企業パフォーマンスを引き上げる具体的なメカニズムの解明を課題とした．

　株式所有構造とパフォーマンスを結ぶ1つの経路は，機関投資家の増加が，退出の脅威や，アクティビズムを介して，企業統治制度の整備をもたらして，これが最終的に企業パフォーマンスの向上をもたらすという経路である（図序-4のⅡ，Ⅲ）．ここで，企業統治制度の整備とは，細部は論者によって異なるが，①取締役が支配的な取締役会構成，②業績連動報酬の導入，③積極的な情報公開，④買収防衛策の抑制などである．Gompers et al.（2003）は，独自のインデックスを構築し，整備された企業統治制度は，企業パフォーマンスを引き上げる点を明らかとした．

　わが国でも，日経 NEEDS に組み込まれているコーポレート・ガバナンス評価システム（Corporate Governance Evaluation System: Cges）を利用して，整備された企業統治制度と高いパフォーマンスとの間には強い正の相関があることが知られている[41]．例えば，Aman and Nguyen（2008）は，日経 NEEDS-

---

40）　Flath（1993），宮島・保田（2012）を参照．また2004年時点の見方であるが，当時厚生年金基金連合会専務理事だった矢野朝水氏は，日本の機関投資家は，系列や企業グループに属しているため「独立性に乏しい」と指摘している（「座談会　わが国のコーポレートガバナンス革命に向けて」(財)資本市場研究会編『株主が目覚める日』商事法務，2004年，36頁）．

Cges に含まれる 3 カテゴリー・15変数の合成変数を作成し，インデックスが企業価値と正の相関のあることを示している．また，牛島（2015）は，Amanらの手法を利用して，ガバナンス・インデックスとパフォーマンスとの間に強い正の相関があることを確認した[42]．

企業統治制度の整備の核心は，報酬制度と取締役制度である．そのためストック・オプションなどの業績連動報酬制度や取締役会の構成（例えば，独立取締役比率）が企業パフォーマンスにポジティブな影響を与えるかについても内外の大きな関心を集めた．特に，米国では，エンロン事件（2001年）を契機とする取締役会の機能強化（過半数の独立取締役の義務化）を背景に取締役会の分析が急進展した．そこでは，取締役会にすべての企業に妥当する（one size fits all の）理想的な構成がない点については大方の合意があり，実証的にはどのような特性を持つ企業において，独立取締役の選任（高い独立取締役比率）がプラスのパフォーマンスを生むかが検討されてきた．

日本企業についても，独立取締役の選任が一般的に企業パフォーマンスを引き上げたという事実は確認されていない．独立取締役が効果を持つケースとしては，①現預金保有比率の高い企業（齋藤，2011），②海外機関投資家保有比率の低い企業，つまり，外部からのモニターの代替（内田，2012），③独立取締役が社内の情報を容易に収集できる企業（宮島・小川，2012）において効果が確認できる．他方，ストック・オプション制度については，既述の通り，その導入企業の比重は著しく低く，また導入のパフォーマンス効果に関して明確な結果は得られていない（宮島・黒木，2004; 花崎・松下，2008）．

ところで，企業統治制度の整備に対して機関投資家の増大はどのような経路で影響を与えているのか[43]．一般に，①機関投資家がこのように整備された企業統治制度を選好する経路と，②機関投資家の保有比率が上昇した企業では，

41）本評価システムは，2004年より提供が開始されており，2016年10月より買収防衛策導入の有無，独立取締役数，政策保有比率を追加した VER2.0 が提供されている．

42）さらに，牛島（2015）は，このガバナンス・システムの価値向上効果が，多角化により低められる傾向があることを見出した．この結果は事業の多角化による企業の複雑化と不透明化が，株主や取締役会による経営者の規律付けを難しくすることを示唆している．

43）2000，2002年に行われたマッキンゼーのアンケート調査は，海外機関投資家が企業統治制度の優れた日本企業に対して20％程度のプレミアムを払うとしている（宮島・新田，2011，137頁）．

そうした統治制度の整備が進むという経路が考えられよう．

本書第2章は，海外機関投資家が整備された企業統治制度に選好を持つかをテストし，海外機関投資家は，取締役会規模が小さく，取締役を多く選任し，政策保有株の相対的に小さい企業を選好することを示した．他方，機関投資家がいったん増加した企業では，確実に企業統治制度の整備が実現した．例えば，宮島・小川（2012）は，外国人・機関投資家の保有比率が高ければ，他の事情を一定として，取締役の導入確率が高いこと，さらにより重要な点だが，そうした企業では，取締役会の構成はファンダメンタルな要因（事業の複雑性，株主と経営者の利害対立の深刻度等）によって決定される傾向が強いことを示した[44]．

以上のように，①機関投資家が，整備された企業統治制度を選好する経路と，②ホームバイアス等の要因によって，いったん機関投資家の保有比率が上昇すれば，企業統治制度の整備が進むという経路とがあり，日本企業ではいずれの経路とも確認できる[45]．この意味で，日本では海外機関投資家の上昇が2000年代に入ってグローバル・スタンダードに沿った企業統治制度への接近を促進してきたことに疑いがなく，Aggarwal *et al.*（2011）の言葉を借りれば，海外，特に米国の機関投資家が，企業統治制度を「輸出」したということができる．

4.3 企業統治制度と企業行動

株式所有構造・整備された企業統治制度が，企業パフォーマンスを引き上げる第2の経路は，企業行動を介した経路である（図序-4のⅡ，Ⅳ）．

ここで，企業行動としては，投資行動や財務選択などの様々な側面が注目されている．第1は，高い機関投資家の保有比率，あるいは整備された企業統治制度が，リスクテイク（通常，事後的な収益性のボラティリティ（volatility）で測定される），R&D支出，M&A活動，投資活動などの成長戦略の選択を促すか否かである．このうち，新興国を中心とした多国間比較では，高い機関投資家の保有比率，あるいは整備された企業統治制度が，リスク，M&Aに対し

---

44) 齋藤（2011）も同様の結果を得ている．
45) Colpan and Yoshikawa（2012）は，1997-2007年について製造業大企業を対象に外国人保有比率が高いと，ボーナスなどの業績連動報酬の比重が高いという関係を指摘している．

て促進的であることが知られている．例えば，John *et al.*（2008）は，各国，および米国内の企業では，機関投資家保有比率が高いか，企業統治制度が整備されているほど，収益のボラティリティで測ったリスクテイクに積極的であることを示した．

　日本企業に関しても，David *et al.*（2006）は，海外機関投資家の保有が企業のリスクテイクを促進し[46]，R&D支出，資本支出を引き上げていることを示した．前者については，2000年代以降，海外機関投資家がリスク（ボラティリティ）の高い銘柄に対する選好を強めているという本書第2章の結果も，前記の海外機関投資家によるリスクテイクの促進という理解と整合的である．他方，後者のR&D支出については，蟻川ほか（2011）によるR&D集約7部門の2000-08年に関する分析がある．同論文は，R&D支出のキャッシュフロー感応度に対する外国人投資家保有比率の影響をテストし，その結果，連結総資産3000億円以上の大企業のR&D投資はキャッシュフローに影響されることが少なく，外国人保有比率の水準はこの感応度に影響を与えなかったのに対して，1000億円以下の成熟企業，新興企業では，R&D支出のキャッシュフロー感応度は高いが，外国人投資家保有比率はその感応度を引き下げ，機関投資家が，R&D投資を促すという結果を得ている．また，第2章の分析も，機関投資家の存在が投資を促進したことを示し，この結果は，機関投資家の存在が，有意に資本支出を引き下げるとしたFerreira and Matos（2008）とは対照的である．この対照は，新興国の場合，機関投資家は主として過大投資を抑制してパフォーマンスの向上に寄与したのに対して，わが国の場合，むしろ過少投資問題を解決してパフォーマンスの向上に寄与したという解釈と整合的である．他方，池田ほか（2016）は，株式相互持ち合いが，経営者の安逸な行動（quiet life）を可能として，低い実物投資やR&D，消極的なM&A，遅い事業組織化をもたらしていることを示した．

　第2の焦点は，整備された企業統治制度が，事業再組織化，すなわち多角化ディスカウントの削減，過剰設備の圧縮を促すかであり，米国の多くの研究は，経営権市場やブロック株主の存在が事業再組織化を促進すると強調している．

　他方，牛島（2015）は，2000年代の日本企業について7〜8％の多角化ディ

---

[46]　ROAの一定期間（5ないし10年間）の標準偏差で測定される．

スカウント（複数の産業に多角化した企業が，同じ産業で活動する代表的な専業企業のポートフォリオに比べて市場から低く評価される）が存在することを確認したうえで，企業統治制度の多角化行動への影響を分析した．牛島は，多角化の始まり（専業企業による多角化）と終わり（多角化企業による専業化）に注目し，日経 NEEDS-Cges から作成したコーポレートガバナンス・インデックスの高い企業（ガバナンス機能に優れた取締役会と所有構造を持つ多角化企業）ほど，専業企業となる確率が高く，逆に多角化の始まりにおいては，ガバナンス・システムの強い影響は見られないことを示した．また，Ahmadjian and Robbins（2005）は，海外機関投資家の保有比率の高い企業の方が，雇用調整で測った事業再組織化に積極的なことを指摘している．ただし，その程度は米国に比べて小さい．同様に野田・平野（2010）も，外国人持株比率の高い企業で，雇用削減の傾向が強いことを明らかにしている．また，1990年代に比べて，2000年代の方が大企業の雇用削減傾向が上昇していることを示した本書第7章の分析も前記の見方と整合的である．

　第3に，資金調達手段の選択に関しては，ポートフォリオ投資を通じてリスクを分散できる株主は，倒産リスクの上昇によって資本コストが急激に上昇しない限り，外部資金の調達にあたって高いレバレッジを要求するとして，その推論に従った実証分析が進んでいる．この点に関する日本の実証研究はまだ少ないが，2000年代に入って日本企業の負債圧縮が急激に進み，こうした財務選択が過度に保守的と批判されているだけに，この点の検討は重要である．本書第2章は，この点を検討し海外機関投資家が，銘柄選択にあたっては財務構成の健全な（自己資本比率の高い）企業を選好する傾向がある一方，いったん海外機関投資家の保有比率が上昇した企業では，負債を選択する傾向が高いことを報告している．

4.4　財務政策と経営者の交代

　機関投資家が企業統治に実質的な影響を与えているか否かは，その配当・現預金保有などの財務政策に対する影響によって判断することができる．もっとも，機関投資家が支配的な米国では，明確な影響は検出されていない．例えば，Grinstein and Michaely（2005）は，米国の機関投資家には，高配当を選好する傾向はなく，有配会社に対して効果は中立としている．それに対して，英国

を対象としたShort et al. (2002) は，機関投資家の高い保有は，配当を引き上げる傾向があり（経営陣の保有は負），Jeon et al. (2011) は，韓国を対象に，同様に機関投資家の保有が配当を引き上げるとしている（自社株買いに中立）．

日本に関しては，本書第2章は，機関投資家が配当政策に実質的な影響を与えているか否かを検討し，機関投資家が，配当性向の高い企業を選好するという逆の因果関係を考慮しても，機関投資家の保有比率の高い企業のDOE（配当／自己資本比率）が高いことを示した．また，Franks et al. (2016) は，2001年から急増した自社株買いに対して機関投資家の保有が促進的な影響を持つという暫定的な結果を得ている．2000年代の配当性向の上昇，より広くいえば，ペイアウトの上昇の背後には，機関投資家の保有比率の上昇があったと判断することができる．

一般に，企業統治の有効性は，業績が悪化した企業の経営者の交代を促すか否かによってテストされる．そのため，高い機関投資家の保有比率，あるいは，整備された企業統治制度が，経営者の適切な交代を促すかが検証されてきた．米国では，Kaplan and Minton (2012) が改めて1990年代以降の経営者の交代と企業業績の関係を分析し，経営者の交代頻度の上昇，業績感応度の上昇の事実を確認したうえで，そうした変化が近年の企業統治の変化に起因した点を指摘している．また，Aggarwal et al. (2011) が新興国23カ国を対象に，機関投資家の保有が経営者交代の業績感応度を引き上げることを指摘している．

日本に関しては，本書第9章が，1990年から2013年について，東証第1部上場企業からランダムに抽出した500社を対象として経営者交代の決定要因を分析した．その結果，経営者交代が感応する企業業績指標が，1997年の銀行危機以降，ROAからROEならびに株式リターンに移りつつあること，また，メインバンクが強い影響力を及ぼしていると考えられる企業では経営者交代のROAに対する感応度が高いのに対して，海外機関投資家の持株比率が高い企業ではROEに対する感応度が高いことを明らかにした．ただし，その影響は，もともと経営者交代が株式リターンに感応し，その感応度が近年上昇した米国ほどには強くはない．

4.5　小括

以上，米国，あるいは発展途上国と対比した日本における機関投資家や企業

統治制度の整備の役割の大きな特徴は，次の点に求められよう．

- 機関投資家，特に海外機関投資家の増加が統治制度の整備の1つのドライバーとなっている．
- 企業成長・リスクテイク（投資・R&D）に対して，機関投資家の促進的な役割は日本でも概ね確認できる．
- 事業ポートフォリオの集約促進効果や，M&Aの促進効果も確認できるが，その規模は中程度にとどまる．
- 財務政策（配当・自社株買い）における機関投資家の促進効果も確認できる．
- 経営者交代の促進効果はある程度まで確認できる．
- 企業パフォーマンスに対して機関投資家，特に海外機関投資家はポジティブな影響を持つ．

　事業再組織化や経営者の交代に対する影響が必ずしも明確でないことは，企業における機関投資家の関与が，主として退出（vote with their feet），議決権行使による圧力に基づき，直接の対話や介入，敵対的買収の圧力を利用していないこと，また，日本の企業統治制度がいぜん長期雇用制度と補完的な関係に立つことを反映していると見ることができる．

5　企業統治制度改革の進展に向けて：4つの焦点

　以上のように機関投資家の保有の増加は，日本企業の統治制度の選択や経営政策に影響を与え，企業パフォーマンスにポジティブな効果を及ぼしてきた可能性が高い．逆に，インサイダー保有の高い企業では，統治制度の革新が遅れ，M&Aや事業再組織化には積極的でなく，パフォーマンスも低迷する傾向にあった．したがって，スチュワードシップ・コードによる機関投資家による企業との対話の促進と，CGコードによる取締役会の整備と政策保有の見直しは基本的に正しい政策方向と評価できる．2016年以降は，そうした枠組みの下で，日本企業が自社の特性（事業・組織構造，雇用制度）と整合した企業統治制度を定着させていく局面に入ったといえよう．以下では，本書が主として取り扱

5.1 ブロック株主の重要性

今後の企業統治制度改革の成否を決める第1の焦点は，経営者のモニタリングに十分なインセンティブを持つブロック株主の存在である．第2節で述べたように，銀行危機以降，日本企業の所有構造は多様化し，海外売上高比率が高く，時価総額が大きく，海外機関投資家の比重の高い企業——宮島編著（2011）序章のハイブリッド企業にほぼ対応する——と，逆に，海外売上高比率が低く，相対的に時価総額が小さく，海外機関投資の保有比率の低い企業——伝統的日本企業・ファミリー企業に分化した（表序-3）．

このうち機関投資家の保有比率の高い企業群では，特に，アウトサイダーのブロック株主の出現が望ましい．例えば，株式所有構造が高度に分散し，事業法人，銀行が上場企業の株式を保有することが少ないと理解されている米国でも，既述の通りブロック株主の存在は大きい[48]．このアウトサイダーのブロック株主が，買収，株主提案，委任状争奪戦，議決権行使などを通じて（Shleifer and Vishny, 1986），あるいは退出（Admati and Pfleiderer, 2009）によって企業統治の向上に貢献する．しかし，わが国の場合，表序-5によって，海外機関投資家が投資のユニバースとするMSCIインデックス組入銘柄に近い，時価総額第1五分位の企業に限ってみても，機関投資家が3％以上保有する企業は東証第1部上場企業の49％，5％以上を閾値とすると29％にとどまる[49]．2000年代に入って出現しつつある機関投資家を中心とした経営の規律の仕組みは，今のところ，主としてポートフォリオ投資家の退出のメカニズムに依存しており，投資先企業の情報獲得と対話に資源を投入し，影響力を行使

---

47) 企業統治制度改革としては，さらに，持株会社化に伴う2重のエージェンシー問題，労働市場との関係などの論点があるが，ここでは触れない．

48) ホルダーネスによれば，S&P500社のうち89％の企業には5％以上のブロック株主が存在すると報告されている（Holderness, 2009, p. 1378）．

49) 理論的には，ブロック株主とは，モニタリングに十分なインセンティブを持つ株主と定義される．他方，実証的には，5％以上を保有する株主をブロック株主とすることが通例となっており，それはもっぱら各国の保有報告（大量保有報告書）の義務の閾値が5％あることによる（La Porta *et al.*, 1999）．もっとも，モニタリングのインセンティブは保有比率の増加関数であり，したがって，その企業価値，企業行動に対する関係は連続的な関係が想定され，一定の閾値を事前に決定する理由はない（Edmans, 2014）．

表序-5　時価総額規模別株式所有構造

	中央値(億円)	海外機関投資家保有比率(%)			3%以上ブロックを保有する企業のシェア(%)		
		1991年3月期	2014年3月期	機関投資家保有比率	内外機関投資家	保険会社	メインバンク
単純平均	428	3.3	15.4	23.7	40.8	22.5	25.9
第5五分位	4,824	5.2	30.1	40.6	49.1	30.8	15.2
第4五分位	1,016	4.0	19.5	30.3	56.6	17.4	20.8
第3五分位	428	3.0	13.4	21.8	46.4	24.1	29.3
第2五分位	205	2.8	9.0	16.5	36.1	23.9	33.9
第1五分位	93	1.6	5.0	9.3	16.0	16.2	30.2

(注)　小川亮氏との共同研究による．日経 NEEDS-Cges，日経 NEEDS 大株主データ，FactSet より作成．対象は，2014年3月末時点の東証第1部上場企業1612社（非金融事業法人）．同様に，1991年3月期の対象は1187社．各分位の保有比率は，単純平均．メインバンクの特定は，日経 NEEDS-Cges による．

する株主（ブロック株主）が十分存在しない．そのため，株主が他の株主のモニタリングに依存して，誰も自らはモニタリングに関与しないという古典的なフリーライダー問題が深刻化する可能性がある．

もっとも，この問題の解決は容易ではない．政策保有株の売却は，リーディング企業では，もはやその余地が縮小しているし，売却が直ちにブロック株主の形成につながるわけではない．また，国際分散投資の一環として日本株を保有する海外機関投資家に日本企業に対する強いコミットメントを求めるのは難しい．この面で期待されるのは，後述の保険会社や，年金基金を最終的なアセットオーナーとし，インデック運用を中心とする信託銀行・投資顧問，海外顧客向けに日本株のアクティブファンドを組成する海外機関投資家であろう．

この文脈で，近年，内外の機関投資家が，「投資家フォーラム」を形成して，エンゲージメントに対して情報交換や，投資家の関心の啓蒙活動を行い始めたことは，機関投資家の緩い協調行動として注目されよう[50]．今後，時価総額規模の大きな企業群に対して，機関投資家を中心とする経営の規律の仕組みが機能するためには，ポートフォリオ投資家による退出の圧力に加えて，モニタリングに十分なインセンティブを持つブロック株主が形成されるか否かが重要な注目点となろう．

他方，相対的に企業規模が小さく，海外売上高比率が低く，そのため機関投資家（アウトサイダー）の保有比率が低い企業群（伝統的日本企業）でもブロ

---

50)　2015年6月設立．その活動は http://investorforum.jp 参照．

ック株主の役割の重要性は高い．というのも，強行法規ではなく，コンプライ・オア・エクスプレイン・ルールに基づく CG コードは，その実効性を基本的に企業の取り組みに対する株式市場の評価や株主の態度に強く依存しているからである．こうした機関投資家の保有比率が低い企業では，株主による発言や退出のペナルティが加わらないために，コードの実施によっても容易に変化が起こりにくい．ここに，企業の選択の自由を保障した CG コードの大きなジレンマがある．

このジレンマを克服するうえで，これらの企業では株式の流動性が低いだけに退出のメカニズムよりも，投資先のモニタリングに十分なインセンティブを持つブロック株主の発言が重要である．そうしたブロック株主の候補は3つあろう．

第1に，対象企業の株式保有に長期にコミットする集中型ファンドである．内外の機関投資家によって3％以上保有される企業のシェアは，表序-5の通り平均で時価総額第3五分位以下の企業群ではいまだ低いが，企業規模が小さいだけに外部のファンドがブロックを保有することが相対的に容易である．このブロック保有の中心となるのは，国内企業に対して情報優位があり，企業価値の創出能力を備えたPEや，企業との対話の姿勢を強めたアクティビストファンド，少数の銘柄に投資する集中型のファンドであろう．これを促進するためには，GPIFなどのアセットオーナーである公的年金が，こうしたオルタナティブ投資に対する運用割合の増加を検討していることは望ましい方向といえる．

第2に，事業法人のブロック保有である．これまで事業法人のブロック保有が，企業パフォーマンスに対してポジティブな影響を持ってきたことが確認されている．例えば，Yafeh and Yosha（2003）は，化学産業を対象として，ブロック株主の株式保有がポジティブな効果を持つことを明らかとした．また，しばしば，少数株主の利益の毀損が指摘される親子上場は，これまでパフォーマンスにポジティブな効果を持っていた．宮島ほか（2011）は，上場子会社が，同産業，同規模の独立企業に対してパフォーマンスが高い，少なくとも低くはないことを示した[51]．

日本企業におけるインサイダーのブロック株主は，実は，米国・英国で増加している PE と共通の機能を果たしているとも見ることができる．英国の PE

は，TOB を通じた非上場化によって，投資先企業の経営陣を短期的な株主の圧力から解放し，対象企業の経営やモニタリングに積極的に関与する（Acharya et al., 2012）．これと同様に，わが国の事業法人は，長期保有にコミットすることによって経営の安定に寄与し，財務危機に陥った場合，経営に介入し，救済に当たる可能性がある．

　第 3 の候補は，これまで「物言わぬ」株主とされていた保険会社である．表序-5 によれば，現在保険会社の株式保有合計が 3 ％を超える企業は，上場企業の約22％を占め，中規模の企業（第 2 ・ 3 五分位）でもシェアが高い．スチュワードシップ・コードを受け入れた保険会社では，現在，行使前の精査対象の拡大，議決権行使基準の強化，議決権行使結果の公表などの動きが続いている．今後，保険会社が，さらに保険契約業務から明確に独立した運用体制を築く一方，許容されるリスク分散の範囲内で，保有銘柄の整理・集中を進め，「物言う」長期保有主体としての実質を強化することが期待される．

　同様に，一見意外かもしれないが，メガバンクも今後のモニターを担う候補となりうる．もともと債権保全・取引関係維持の側面が強かったメガバンクの株式投資行動には近年重要な変化が生じており，投資対象企業の選別が強まっている（本書第 1 章）．メガバンクは，取引先の収益性と成長性に基づいて銘柄選択を進めること，政策保有株の議決権行使にあたっては，発行会社が適切な統治体制を構築しているかを判断基準の 1 つとすること，また，会社提案に賛成できない場合は売却の選択肢を排除しないとの方針を明示している[52]．現在，メインバンクの株式保有比率が 3 ％を超える企業の上場企業に占めるシェアは，時価総額第 3 五分位以下の相対的に小さい企業では依然として30％前後を占める．今後，メガバンクがブロック保有を維持する企業に対して前記の方針を徹底すれば，企業価値の上昇につながる統治制度改革の促進に大きなインパクトを与える可能性がある[53]．

　以上，企業間，および，企業と金融機関が相互に株式を保有するという持ち

---

[51] 相対的に高いパフォーマンスは，親会社によるモニターに基づき，親会社が搾取する可能性が低いのは，親会社が上場されており，新興国家族企業のように支配株主である家族が，私的利益のために影響力を行使することがないことに求められる．

[52] 「持ち合い株巡る深謀遠慮，眠れる『50兆円』の行方」『日本経済新聞』2015年 6 月 4 日，「三井住友FG，持ち合い株削減へ数値目標　保有リスク抑える」『日本経済新聞』2015年 7 月 3 日．

合いの解消の合理性が高いとしても，そのことは，インサイダー保有のすべてを否定することを意味しない．特に，機関投資家の保有比率が低く，流動性の低い企業では，経営のモニタリングに十分なインセンティブを持つインサイダーのブロック保有は重要であるといえる．

5.2 近視眼的圧力

2000年代以降，企業統治制度改革の一環として，持ち合いの解消を図る政策方向が提示されている．しかし，こうした政策方向は，2000年代に入って導入された時価会計，四半期ベースの財務報告，さらにROE重視などの効果と相まって，経営者に対する近視眼的な圧力を高め，日本企業の競争上の基礎を掘り崩すと指摘されている．こうした指摘は，特に機関投資家の保有比率が50%を超えた企業では部分的には妥当するかもしれない．

一般に近視眼的な圧力には，非対称情報などの存在のために効率的な市場が実現されていない状態が前提とされる[54]．典型的には2つの事態が想定されよう．① 投資家の期間認識が（経営者）より短く，そのため長期的に利益を生む投資プロジェクトよりも，短期的に利益を生む投資プロジェクトを選好する．そのため，経営者もそれを読み込んで長期的に利益を生むプロジェクトを回避する傾向が生ずる．② 投資家と経営者の間に非対称情報があり，市場（株主）が，配当を企業のパフォーマンスの指標とみなすとしよう．その場合，経営者は，長期的には内部留保が合理的であることを認識していても，その選択を回避する可能性がある．

しかし，これまでのところ日本企業に関する実証結果は，以上の①，②の意味のように定義された近視眼的な行動が効率化の問題をもたらしているという見方を支持する証拠を提供していない．第1に，逸話的には，期間認識の短い投資家としてヘッジファンドが挙げられるが，日本市場におけるその活動は低調であり，経営に近視眼的な影響を与えているとは考えにくい．また，システ

---

53) そのためには，貸出業務との間にどのように実効的なファイヤーウォールを築くかが重要な条件となる．
54) 1990年代初頭に注目を集めたこの問題は，近年，資本市場が，R&Dや人的資本に対して過小評価する傾向があるという観点から注目されている（Big Innovation Centre, 2016, pp. 102-106; Edmans, 2011）．

マチックな分析として近視眼をチェックできる経営行動の1つは，長期的視点を要求されるR&D投資である．しかし，第4節でも確認した通りこれまでの研究からは，海外機関投資家の保有がR&D支出を引き下げている事実は確認できず，むしろR&D支出を引き上げている場合もある．2010年時点のインタビュー結果も，機関投資家にとってR&D投資の減少は，長期的な成長可能性を引き下げるものとして「悪い」材料とみなされている[55]．

　第2の近視眼の罠は，過度の配当支払いである．既述の通り機関投資家の高い保有が，上場企業の配当性向，DOEを引き上げる点については広い認識の一致がある．しかし，成長可能性が高い企業で，機関投資家の圧力の結果，過度の配当を支払えば，長期的な成長可能性を失うことになる．そこで，本書第2章は，サンプルを成熟企業と，成長企業に分割して推計を試み，機関投資家の投資促進効果は成熟企業では観察できないのに対して，配当の引き上げ効果は成熟企業に観察できることを示した．

　しかし，資本市場に非対称情報が存在すること，2000年代を通じて売買回転率が上昇したこと，また，一部の非合理な株主が企業経営に対して攪乱的影響を与える危険があることも事実である．他方，議決権行使の意義が上昇する中で，機関投資家が議案に対する実質的な精査を欠いたままISSなどの議決権行使助言会社の助言に追随する可能性もある．それに対応して企業が，新たな長期保有の主体を検討することは，特に機関投資家の保有比率が過半を超えた企業では，自然な動きということができる．もっとも，単純な持ち合いの復活は，BIS規制の制約に直面する金融機関，時価会計の下にある事業法人のいずれにとってもはや非現実的である．

---

[55] 宮島・保田（2012）から，いくつかの発言を引用しておく．
　　・R&D支出と効果は業績予想に織り込む．急な変動は注意して見る．安定している方が成果は出ているのではないか．急に増やしても，成果が出た会社はあまり見たことがない．自動車産業では，リーマン・ショック後に研究開発費を急激に落としたが，3年後，韓国勢に燃費で抜かれた．これは研究開発費削減の悪影響の典型事例．減らすと収益は一時的に良くなるため，上方修正したくなるが，我慢すべきだろう（海外機関投資家D）．
　　・経済環境が悪くなってもR&Dや広告費をきちんとかけている企業は長期的にはプラスに評価している．R&Dをきちんとしている企業は過小評価になる可能性もある(海外機関投資家A)．
　　・R&Dは成長投資と無駄遣いの違いを検証する（国内機関投資家D）．

では，こうした新たな経済・制度環境の下で，ポスト持ち合いにおける望ましい所有構造の形成に関していかなる主体が考えられるか．本書の分析は以下の点を示唆している．

　第1の選択肢は，経営者や従業員などの株式保有の促進である．日本企業の経営者の持株比率は低く，株式対価の報酬は，単に株主との利益アライメントだけではなく，所有構造の調整にも意味を持つ．また，本書第3章が示したように，生産性，トービンの q, ROA のいずれの指標も，従業員持株会の保有比率に有意に正に感応しており，予想以上に大きなパフォーマンス効果が確認できる．他方，従業員持株会の保有比率が，1〜2％の現状では，塹壕効果が発生する危険も少ない．もちろん，従業員が人的資産だけでなく金融資産にまで，就業する企業にコミットすることになるこのスキームを過度に促進することは，慎重であるべきであるが，奨励金による従業員保有の増加は1つの重要な選択肢である．

　第2の選択肢は，株主優待や，投資家が長期的視点から購入するメリットを与える種類株やロイアリティ株主の導入である．例えば，トヨタは2015年 AA 型種類株を発行してそうした方向の先鞭をつけた．本書第4章の理論的分析は，短期的な視点からプロジェクトを選択する競争相手が現れたため，既存経営者が，長期的な視点からは正当化されえないプロジェクトを選択せざるをえないケースや，長期的保有を好む大株主による経営者に対するモニタリング行動のインセンティブを強める必要があるケースでは，種類株が正当化されることを示している[56]．

　第3の選択肢は，2001年から全面的に自由となった自社株買いである．これまで，自社株買いは，株主還元政策の一環としてもっぱら理解されてきたが[57]，上場企業の株式所有構造の調整に利用されていることも注目されよう．東証第1部上場企業のうち，2001年から14年に，上場企業の約半数の企業（観察企業2335社のうち1227社）が1回以上自社株買いを行い，この1回以上自社株買いを行った企業の期間累計自社株買い比率は8.4％に達した（Franks et al., 2016）．しかも，概算であるが，この自社株買いのうち消却されるのは

---

[56] ただし，トヨタ AA 型種類株は，議決権について差をつけていない．この点，本書第4章参照．

[57] 例えば，Grinstein and Michaely (2005), 石川 (2007) 補章．

35～40％程度で，その他は金庫株として保有され，その一部は第三者割当に利用される場合もある[58]．つまり，自社株買いは，①アウトサイダーからの株式を購入するばかりでなく，②友好的な提携企業への株式の売却や，③不測の事態に対応した裁量を経営者に与える点で，自社の株式所有構造の調整に寄与している可能性がある．

　以上，今後の統治制度改革の第2の焦点は，機関投資家の比重が過半を超えた企業では，ポスト持ち合いにおける長期株主の創出であり，その整備が不十分にとどまれば，日本企業は，資本市場の攪乱的影響にさらされるおそれがある．しかし，逆に過度な，従業員所有，種類株の導入，自社株買いを介した安定化が進めば，塹壕効果が強まり，企業統治の低下につながる危険性もある．こうした新たな試みの今後の動向が注目されよう．

5.3　モニタリングボードとマネジメントボードの選択

　1997年以降，徐々に経営と監督の組織的未分離，大きな取締役会，内部昇進者からなる取締役会の構成といった日本企業の取締役会の特徴は変化してきた．しかも，2015年の会社法の改正により，監査等委員会設置会社の選択が可能となり，CGコードは，2人以上の独立取締役の選任をベストプラクティスとして求めた．いずれも日本企業の取締役会の構造をモニタリングボードの方向に接近させる試みと見てよい．この結果，CGコードの実施が日程に上った2014年に独立取締役は急増し，コードが実施された2016年時点で80％弱が2人以上の独立取締役を採用している[59]．2015年には，534社が新たに選択可能となっ

---

58)　金庫株がどの程度第三者割当に利用されたかは今後の研究課題である．一例としては，任天堂が，創業者の死去に伴って購入した自社株（金庫株，発行株1.24％）を，DeNAに売却し，その受け取り代金を利用してDeNAの発行株を10％購入した事例がある．

59)　象徴的な変化は，トヨタ自動車の2013年の3人の独立取締役の選任である．これまで同社は，会社法改正によって委員会等設置会社制の選択が可能となった2003年以降も，重要事項の意思決定に当たる取締役会メンバーには「現場の知識」が不可欠であるため，監督は社外監査役が過半数を占める監査役会が担うとして，あえて独立取締役は選任せず，また，取締役と執行役員との兼任も意識的に進めていた．しかし，海外展開が一段と進展し，また，米国でのリコール問題の経験を経て，トヨタは，監査役設置会社制を維持しながら外国人（元GM副社長），金融機関（日本生命）から3人の独立取締役を迎えた．図序-5でいえば，マネジメントボードを採用する企業が差し当たりアドバイスの側面に重点を置いて独立取締役を選任したものと見られる．

た監査等委員会設置会社に移行した．CGコードの実施は，これまで漸進的であった取締役改革を加速することとなった（本書第11章）．もっとも，機関設計を変更し，また，取締役会に複数の独立取締役を追加するだけで，直ちに日本企業の取締役会の性格がモニタリングボードに変化し，企業行動やパフォーマンスに変化が生じると想定するのはやや短絡的であろう．

　取締役会構成には，すべての企業に妥当する one size fits all の構成があるわけではなく，その組織と独立取締役の比重は，当該企業の事業特性，直面するエージェンシー問題の深刻度，所有構造などの外部ガバナンスによって異なる．コンプライ・オア・エクスプレイン・ルールは，自由な選択を許容し，企業による自社の特性に対応して慎重な再設計を促進する点にあった．

　一般に，独立取締役に期待されている機能は，経営執行陣に対するアドバイスとモニタリングにある．アドバイスには，経営戦略，経営計画の策定から事業ポートフォリオの選択，M&A，財務政策などが含まれる．それに対して，モニタリングとは，通常，執行役員が設定した経営計画の承認と，経営執行陣の経営成果の評価からなる．このうち前者の経営計画の承認のプロセスは，前記のアドバイスと重複する側面があるが，事業再組織化や配当政策は重要な審議・決定事項である．他方，後者の中心は経営者の選任と報酬の設定であり，特に日本企業の場合，経営者の選任が取締役会によるモニタリングの鍵である．ボードの性格をモニタリングボードと規定する場合には，原理的には，独立取締役が過半数を占めることが要件となる．もっとも，経営者の評価という場合，もっぱら，努力水準・経営能力の低い経営者の更迭や過大な報酬の抑制と結び付けられて考えがちだが，その評価のポイントは，経営成果のうちどこまでが，環境要因に基づき，どこまでが経営者の資質・努力に基づくかを識別することにあり，その的確な評価が独立取締役の重要な役割となる[60]．

　さらに，この独立的な第三者によるモニタリングは，単に少数株主の利益保護だけでなく，従業員などのステークホルダーの利益を保護することが期待される．既述の事業再組織化や配当政策は，外部株主とインサイダーの利害が直接に対立する事案であるが，独立取締役は，単に外部株主の利害のみを代表するのではなく，会社の明示する目的に照らして適切な政策が選択されることに

---

[60] この点，「コーポレートガバナンス・コードの策定に関する有識者会議」の池尾和人座長も強調している（第7回議事録，第8回添付資料参照）．

図序-5　モニタリングボードとマネジメントボード

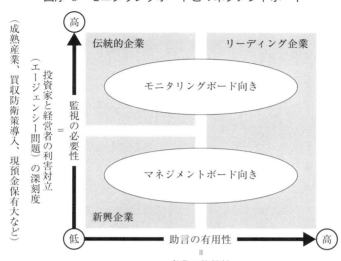

（出所）　筆者作成．

責任を負う[61]．この役割は，従業員の企業へのコミットを競争力の源泉に置く日本企業では特に重要である．したがって，独立取締役の導入の必要性・合理性は，企業の事業特性，所有構造などによって規定され，すべての企業に共通の機関設計の姿があるわけではない．

　これまでの分析は，取締役会構成の決定要因を，①事業の複雑性，②モニタリングの必要度，③外部者による情報獲得の困難度に求めてきた（Coles et al., 2008）．この点を図示すれば，図序-5の通りである．独立取締役の必要性は，アドバイスを必要とする事業の複雑性（図の横軸）が高いほど，また，モニタリングを必要とする企業のエージェンシー問題の深刻度（縦軸）が強いほど，高い．したがって，事業の専業度が高く，内部成長を中心とする企業（新興企業）では，独立取締役の役割は小さく，現行のマネジメントボードで十分かもしれない．しかし，事業ポートフォリオの多角化・グローバルなグループ化が進み，また，多様な資金調達手段の選択の可能な企業では，アドバイスの側面

61）　この点を強調するのは，Mayer（2013）である．

から，独立取締役の必要性が高い．また，事業が成熟し，現預金の保有が多いか，買収防衛策を導入している企業ではモニタリングの必要性が高い．さらに，潜在的に従業員などのステークホルダーと外部投資家の利害対立が深刻な企業，つまり，人的資本の重要性が高く，外部資金への依存度が大きい，M&Aを通じた成長が合理的であるような企業群では，特に独立取締役の役割は大きく，モニタリングボードへの移行の合理性が高いといえよう．

CGコードの実施後の課題は，企業が取締役会に期待する機能を明確とし，それに沿った多様な人材を選任することである．事業特性やエージェンシー問題の状況から見て必要がない場合は，従来のマネジメントボードを維持することに躊躇する必要はなく，重要な点は，明確な説明を与えることにある．

また，2014年の会社法改正により選択可能となった監査等委員会設置会社への移行についても，企業が，どのような理由からこの新たな機関設計を選択したかを明確に説明することが不可欠であり，この点を欠けば，監査等委員会への移行が，単に監査役を取締役に選任することによって人材問題を解決するためだけのウインドウ・ドレッシングに終わる可能性もある．もっとも，東証第1部上場企業（非金融・非公益法人）1184社に関する暫定的な試算によれば，移行企業184社中，① 単に社外監査役を取締役に選任しただけのケースは35社（20％）にとどまり，② 74社（40％）では，社外監査役が取締役に就任するだけでなく，新たに独立取締役を増員し，その結果独立取締役が3人以上となった．しかも，そのうち52社は任意の委員会（指名・報酬委員会など）を設置している．②のケースは，資産規模が大きく，海外売上高比率が高く，機関投資家の保有比率が高い傾向があるから，会社法の改正は，こうしたリーディング企業の統治制度改革を促す契機となっている．

このように，企業がいったんモニタリングボードを選択した場合，取締役会の選任に関わる機能の整備が最も重要であり，指名委員会の設置，また，3人以上の独立取締役の選任が不可欠のように思われる．後者の点に関して，本書第9章の経営者交代の分析結果は，これまでの日本企業の経験では，独立取締役が，モニターとして経営者交代の業績感応度を引き上げるには，3人以上の選任が必要であることを示唆している．

5.4 インセンティブスキームの利用

　今後の企業統治制度改革における第4の課題は，経営者・従業員に対する報酬制度の適切な利用である．第3節でも触れた通り2015年の時点でも日本の経営者の報酬水準は低く，報酬決定に占める業績連動部分は小さく，その業績感応度も低い．

　報酬制度は，取締役機関の設計と並んで，企業統治における重要なメカニズムである．業績に対応した賞与，株価に連動した報酬，あるいは，株式保有は，経営者の努力水準を引き上げ，株主の利益に沿った経営者の行動を促進する重要なインセンティブとなる．特に，株式に連動した報酬は，日本企業の成長との関係で経営者のリスクテイクを促進するうえで，重要である．もっとも，過度の報酬制度の利用は，過度のリスクテイク，利益の過大表示（公表利益の平準化）などの多くの弊害を伴う．実際，第10章が明らかにしたように，ストック・オプションの導入が不適切な会計の発生確率を引き上げる可能性が日本企業の間にも確認されている．また，分権化に伴う業績連動報酬が，適切な設計を欠けば事業単位の利益の不正な申告をもたらす可能性もある．

　ただし，日本企業の平均的な姿から見ると，また規模が大きく報酬水準の高いリーディング企業に限定しても，過度の報酬の支払い，報酬委員会の機能不全といった米国・英国で問題にされる事態は例外的であり，ほとんど問題とならない．私見によれば，これが非現実的な程度は，機関投資家の増加が近視眼的な経営をもたらすという批判よりも，さらに大きいと思われる[62]．

　その意味で，報酬制度の当面の課題は，業績に非感応な現行の制度をより感応的な方向へ変更することであり，その方向にいかに軌道づけるかである．

　1998年以来，報酬制度の議論が積み重ねられ，法制・税制の整備も進んでいるから，制度面で改善の余地は少ない．最大の問題は，この方向を実現する主体を欠いている点であろう．機関投資家は，業績連動報酬に導入を支持しているが，議決権行使の材料とするとか，対話の際の主要な論点としている形跡はまだ見られない．他方，経営者は，業績連動報酬の導入に消極的である．

---

62) 海外の取締役会の主要な任務の1つは，過度の報酬支払いを抑止することにあるが，日本では，そうした可能性は低く，報酬委員会は，株主ではなく，主として，従業員に対して，許容できる範囲に賃金を抑えているかを正当化する機関になっている．

業績連動報酬がリスクテイクに寄与するのは明らかであるにしても，現在までその拡大を推進する主体が未形成であるとすれば，報酬制度の改革に関して現実的なのは，中間管理職の報酬体系の整備や，持株制度の拡充と並行して，徐々に連動度を高めていくことであろう．企業がマネジメントボードをとり，社内出身の取締役が，従業員出身者によって占められるという慣行が劇的に変化しない限り，日本企業で，経営者の報酬水準を，従業員の報酬体系からかけ離れた形で設計することは難しい．経営者の報酬水準や，業績連動度の上昇は，中間管理職の報酬水準の分散の拡大や，業績連動度の向上と結び付けるほかない．実際，第3章の従業員持株会の分析は，持株会の生産性効果は，中間管理職において強く観察されることを示しており，こうした方向の合理性を示している．

6 本書の構成

本書は，株式所有構造，企業・銀行間関係の変化を扱う第Ⅰ部，事業再組織化への影響を扱う第Ⅱ部，企業統治の有効性を検討する第Ⅲ部からなる．

第Ⅰ部「外部統治制度の進化と企業行動」では，先ず，**第1章「メガバンク成立後の企業・銀行間関係」**（蟻川・宮島・小川）が，1997年の銀行危機以降の企業・銀行間関係の変化を包括的に解明し，かつて日本の企業統治において中心的な役割を演じていたメインバンクシステムの現状と，その企業統治における将来の役割を展望する．

同章は，まず1990年以降の企業・銀行間関係について，これまでメインバンク制の特徴として様式化されてきた融資関係，株式保有，社債引き受けの主幹事等の事実を整理し，銀行再編成後のメガバンクと顧客企業の関係が，かつての様式化されたメインバンク関係と，どこがどの程度違うのかを解明する．

第2に，今世紀に入ってからの企業・銀行間関係の大きな変化が，銀行の株式保有の低下と役員派遣の減少にあることを確認して，その決定要因を分析する．株式所有に関しては，銀行再編成後には，1990年代に見られた収益性が低く，デフォルトリスクが高い企業でも，自行がメインバンク関係にある顧客企業の株式保有は維持するというバイアスを伴った投資行動は消失し，銀行の株式投資行動は中立化したこと，また，銀行の役員派遣行動も，業績が悪化した

企業に対して，役員を派遣する関係が弱くなったことを指摘する．

　第3に，財務危機に直面した企業に対するメインバンクの関与について，2つの側面から分析する．1つは，メインバンク関係が，企業の借入行動に影響を与えているかであり，1990年代に見られたメインバンク関係が，業績が悪化した企業に対する貸出を増幅するという関係は，銀行再編成後には消失したことを指摘する．もう1つは，財務危機に陥った企業に対するメガバンクの関与が変化したかであり，銀行再編成後には，銀行は顧客企業への関与を弱めたことを指摘する．

　以上要するに，メインバンク関係は，1990年代に入って，バイアスを伴う貸出行動，株式投資行動をもたらしたあと，メガバンクの成立とともに，弱い意味の長期関係を維持しながらも，顧客とより距離を置く関係に移行したというのが本章の結論である．

　メインバンクの後退の反面で，急速な機関投資家保有の増加は，日本企業の近年の企業統治制度における最も重要な変化である．**第2章「海外機関投資家の企業統治における役割とその帰結」**（宮島・保田・小川）では，この点を取り上げる．機関投資家の役割をめぐっては，そのモニタリングにおける積極的な役割を強調する見方と，逆に，ホームバイアスを強調して，その役割に懐疑的な見方，さらに，過度に経営に短期的な圧力を与えて，経営の短期化を促しているという批判的な見方との対立がある．

　第1に，持ち合いの解消の過程，内外機関投資家の保有比率の増加，銀行，保険，事業法人の保有動向について基本的な事実を整理したうえで，海外機関投資家の銘柄選択行動を分析し，その投資行動には，①時価総額が大きい，②流動性が高い，③海外売上高比率が高い，④株価ボラティリティが低い，⑤MSCIインデックス組入銘柄に強い選好を持つというバイアスが確認されるが，2006年以降には，④はむしろ逆転し，⑤が後退したことを示す．

　第2に，機関投資家保有の増加が，企業統治制度の整備を促すかを解明する．ここで，企業統治制度として，取締役会制度の選択に焦点を当て，日本企業の場合でも，いったん増加した外国人機関投資家は，企業統治制度の整備を促したことを示す．

　第3に，近年の日本企業の株式所有構造の変化が，企業行動・企業統治に影響を与えるかを検討する．ここでは，日本企業の保守的な行動を代表する変数

として投資，財務政策，株主への直接的な利益配分を示す変数として配当を取り上げ，機関投資家の存在が，投資，レバレッジ，配当を引き上げる傾向の高いこと，投資の促進効果は成長企業に観察でき，配当の引き上げ効果は成熟企業に観察できることを示した．最後に，海外機関投資家の増加が，パフォーマンスを引き上げるかを，逆の因果関係を慎重に考慮して，分析した結果を報告する．

以上の分析を通じて，日本のリーディング企業では，機関投資家が企業統治について徐々にその役割を高めたというのが本章の主要なメッセージである．

第3章「従業員持株会は機能するか？」（大湾・加藤・宮島）の目的は，従業員持株会への従業員参加の程度が，企業の生産性向上や株式市場への私的情報開示（シグナリング効果）を通じて，企業価値にどのような影響を与えるかを明らかにすることである．

同章では，東京証券取引所，および証券各社の協力を得て，1989～2013年度までの長期にわたる包括的なデータを構築し，この点を実証的に検討した．これまで，欧米における研究を含め，単なる相関関係ではなく，厳密な因果関係を立証した初めての研究ということができる．

第1に，分析の前提として，各社の奨励金が従業員の保有額・参加の決定にどの程度効果を持つかを確認した．第2に，従業員持株会への参加が生産性や企業業績に対して，平均的には正の効果を持つことが確認できた．第3に，この従業員持株会の効果は，主として，1人当たり保有金額の増大を通じて発生していた．生産性や，業績に対する参加率や持株会保有比率の上昇の関係は，いずれも弱い正か負の効果を持つが，負の効果を持つ場合でも，1人当たり保有金額増大の正の効果によってほぼすべて相殺されている．以上の結果は，従業員持株会の効果を引き上げる方向として，参加率を上げるより，中核的な人材の保有金額を高めることが効果的である点をも示唆している．

2000年代に入って，日本においても，投資株式の保有期間が短期化し，株主が投資企業のパフォーマンス指標として株価を利用する傾向が見られ，経営者に対する近視眼的圧力は以前よりは増加している．こうした事態に対応して，サイバーダインやトヨタなどで種類株の導入も始まった．**第4章「近視眼的株主と種類株」**（小佐野）は，こうした問題意識から普通株を修正して，投資家が長期的視点から購入するメリットを与える種類株式やロイアリティ株式の導

入が，株主の視点が近視眼的である場合に，それを矯正するメカニズムとして機能するかを主として理論的な観点から分析する．

まず，株主や経営陣の時間の経過に伴う行動まで考慮しない静学的な枠組みに立った分析結果を解説する．この枠組みの世界では，1株1投票権の普通株のみの証券―投票権の構造が，最適でかつその頑強性は高い．唯一，そこからの逸脱が合理化できるのは，既存株主，あるいは経営権の取得側の双方にとって経営権の私的便益が十分に大きい場合であって，オーナー（家族）系企業や（新興国のものも含めた）政府系の企業が絡んだ経営権争いなどが想定される．

次に，株主や経営陣の時間の経過に伴う行動を考慮した動学的な証券構造が検討される．種類株が正当化される1つの可能性は，短期的な視点からプロジェクトを選択する競争相手が現れた結果，既存経営者が経営権コントロール競争を回避するために，防御的な投資行動あるいは経営戦略をとる可能性がある場合である．もう1つのケースは，長期的保有を好むブロック株主による経営者に対するモニタリング行動，ないしは，アクティビスト活動のインセンティブを強める効果が期待できる場合である．このケースでは，ロイアリティ株式は企業価値増分の株主間での配分を変えて，モニタリングをしない株主からモニタリングをするブロック株主に企業価値の増分の一部を移転する役割を果たしていることになる．

以上のように，本章のエッセンスは，理論的角度から見る限り，種類株は長期的経営の促進，長期株主のモニタリングの促進に寄与する可能性はあるが，それが実現される条件はかなり限定されているという点にある．

第II部「企業統治と事業再組織化」では，事業再組織化に焦点を当てて分析する．財務危機に陥った企業に対しては，かつてはメインバンクを中心とした私的整理が中心であったといわれるが，銀行危機以降，民事再生法などの公的整理，バイアウト・ファンドによる再建への関与が増加した．さらに，私的整理に関してADRといわれる紛争当事者間の裁判所を利用しないスキームが登場した．この第II部では，まず2000年代に入って新たに登場した資本市場を通じた事業再組織化のスキームの実態を検討する．

第5章「日本企業の非公開化型MBOに関する実証分析」（齋藤・河西・川本）は，経営陣が自発的に株式市場からの退出を選択する「非公開化（Public to Private: PTP）型」のMBOを取り上げ，その実施の決定要因，株式非公開

に伴う買収プレミアムの決定要因，さらに非公開化後における企業パフォーマンスの決定要因について実証分析を行う．

　一般に非公開の動機としては，公開のメリットに対する上場に伴うコストの上昇と，エージェンシー・コストの削減の2つが考えられる．この点を考慮したモデルを通じて同章は次の3点を明らかとした．

　第1に，非公開化型MBOを決定する要因は，主として，公開のコスト，特に株式の過小評価が重要であり，エージェンシー・コストの削減を主たる動機としているとはいえない．第2に，それに照応して，株式の過小評価が，非公開時の買収プレミアムの源泉になっているといえるが，同時にファンドの関与や，役員の持株が買収プレミアムを引き下げることが確認できる．前者はアラインメント効果が存在し，後者はファンドの関与が，価値創造効果を持つよりファイナンシャル・バイヤーの側面が強いことを示している．第3に事後パフォーマンスの分析では，強い結果ではないが，収益力の強化に寄与する傾向が確認でき，事後的には，ファンドの価値創造効果も確認できる．

　以上，本章では，MBOが資本市場を通じた再編成のスキームの1つとして，徐々に定着し始めたという見方を提示する．

　第6章「ADR（裁判外紛争解決手続）による私的債務整理」（猿山・胥）は，2000年代半ばにメインバンクによる私的整理に並ぶ仕組みの1つとして創設されたADR制度の実態を，ケースと定量分析を通じて解明する．

　ケース分析では，債務整理が事実上の買収となったケース（コスモスイニシア）と，資金調達の多様化を反映して社債のデフォルトが処理されたケース（日本エスコン）が紹介される．同じ私的整理であっても，メインバンクによる整理と異なる形をとることが示される．

　さらに，ADRによる債務整理が，法的整理と異なる点を示すために，2008年から2013年について，潜在的に債務整理の必要な企業（注記企業），法的整理企業，ADR企業からなる新たなデータベースを構築して，整理後のパフォーマンスの変化，債務整理に要する期間，ADRに対する株価の反応が包括的に分析される．

　最後に，債務整理の必要に直面した企業が，ADRによる私的整理と法的整理をいかに選択したかをシステマチックに分析し，ADRを利用した企業は，イベント前の負債比率が法的整理ケースより高く，債務整理の必要性はより高

い．債務構成については，金融債務が多く，主力行や上位3行の融資比率が高いか，または前期にかけて上位行に融資が集中する傾向がある．また，社債償還の延期や買入消却の利点を生かし，社債発行企業の利用も多いという特徴が明らかとされる．

　第Ⅱ部の続く2つの章は，事業再組織化と多角化を取り上げる．**第7章「日本企業の雇用削減行動は変化してきたのか」**（久保）の目的は，企業統治制度の変化が企業のリストラクチャリング行動に与える影響を実証的に分析することである．近年のメディアの間では，長期雇用が崩壊しつつあるという論調が目立っている．しかし，他方で，「就業構造基本調査」の個票データを用いた近年の労働経済学の成果は，大企業の正社員，特に中堅社員に関して長期雇用が変化しているという兆候は見られないという点で一致した結果を得ている．本章は，こうした対照的な観察が，いかに両立するかを，上場大企業の事業再組織化に焦点を当てることによって解明する．

　丹念に抽出された1988年から2011年までの東証第1部上場企業552社のデータを利用し，さらに，一連の法制度改革や，株式所有構造の変化に注目して，計測期間を第1期（1988～1999年）と第2期（2000～2011年）に分割することによって，企業がどのような状況で大規模な雇用削減を行うかを解明している．会社法の改正，金融商品法の導入による企業結合の促進，資本市場の活発化による株主の力の相対的な上昇，純粋持株会社の解禁や連結決算への移行が進展すると，経営者と従業員の距離は以前よりも遠くなり，企業が分社化される際には労働組合が分割されることがしばしば見られる．こうした事態は，事業再組織化における従業員の力は弱まると想定されるため，その見方の妥当性がテストされた．

　その結果，1990年代までと，2000年代以降では，雇用削減行動に大きな違いがあることが示される．例えば，業績が悪化したときに雇用を5％以上削減する確率は，第1期には25％程度であったのに対して，第2期には35％程度まで上昇している．一方，雇用を20％以上削減する確率については，第1期の1％から第2期には3％程度と2倍以上増加している．以上の結果は，企業統治制度の変化とともに日本企業の雇用削減行動が変化しているという考え方と整合的であるというのが，本章の結論である．

　第8章「日本企業の多角化と財務政策」（牛島）では，企業の多角化行動が，

財務政策について持つ意味を分析する．2000年代の日本企業の財務政策における重要な特徴は保守化，あるいは債務の圧縮である．この財務の保守化が進んでいる背景としては，①株式と比べた負債の重要な特徴は，ハードな契約として経営者を律する効果を持つことにあり，このため経営者が私的便益を追求するためにレバレッジを低め，規律圧力の軽減を図るという経営者のエージェンシー問題によるシナリオと，②予期せざる投資機会の到来や破綻のリスクに備えて，負債の調達能力を保持しておく（借入余力に対し負債を少なくする），あるいは現金をはじめとする予備的な流動性を多く持つ必要性が強まっているシナリオとの2つがありうる．本章では，多角化行動の分析を通じてこの財務柔軟性への配慮が，日本企業の財務政策に真に影響を与えている要因なのかを解明する．

観測期間を通じて，多角化企業の負債比率は専業企業のそれよりも高く，流動性比率は低い．純負債の総資産比で見ると，多角化企業と専業企業には平均で10%ポイント弱もの違いがある．この多角化企業と専業企業の財務の違いは，観測期間を通じて安定的に観察される．こうした結果は，多角化がデフォルトリスクと過小投資リスクへのヘッジとして機能するため，多角化企業は本来的に財務柔軟性が高く，財務政策上のリスクテイクがしやすいという仮説と整合的である．

こうした本章の分析結果は，少なくともエージェンシー問題だけでなく，財務柔軟性への配慮が近年の企業の財務政策に系統的な影響を与えていることを示すこと，また，日本の経営者は多角化を進め，容易に修正（refocusing）しないことの理由として，多角化の保険（コインシュランス）効果への強い需要が経営者と従業員に存在することを示唆している．

第Ⅲ部「企業統治の有効性と統治制度改革の課題」では，日本の企業統治制度の有効性を検討し，今後の改革の課題を展望する．

本書では，企業統治制度と日本企業の成長との関係，つまり，どのような企業統治制度が企業価値の最大化，企業の長期的・持続的な成長に寄与するか，といった車のアクセルの側面に注目して分析してきたが，それと同時に経営者の暴走を抑止し，業績の上がらない経営者を交代させる仕組みの有効性や，内部統制の整備，企業不祥事の防止といったブレーキの側面も重要である．この面の企業統治の有効性を測る基準の1つは，業績が悪化した企業の経営者の交

代を促す仕組みが形成されているか否かである．**第 9 章「企業統治制度の変容と経営者の交代」**（齋藤・宮島・小川）は，この問題を取り扱う．そのために，同章では1990年から2013年について，東証第 1 部上場企業からランダムに抽出した500社を対象とし，統治制度の進化の影響を捉えるために，計測期間を，3 期に区分して分析を進める．

こうしたセッティングによる経営者交代の決定要因分析の結果，第 1 に，1990年代に入っても日本の経営者交代は，業績に有意に負に感応しており，この20年間，業績の悪化した企業で経営者交代がシステマチックに発生する関係が失われたわけではない．むしろ，この間の最大の変化は経営者交代の感応する業績指標が，これまでの金利支払い前の指標，ROA から，株主利益に直接関連する ROE や株式リターンに移動したことである．この結果は，株式相互持ち合いの解消，海外機関投資家の保有比率の上昇，取締役会改革の進展といった企業統治制度の進化と整合的である．

第 2 に，1990年代末以降，急速に増加した機関投資家，特に海外機関投資家の保有水準は，経営者の交代の頻度を高めるだけでなく，その業績感応度を高めていた．この点で，機関投資家がメインバンク制に代替して，経営の規律付けのメカニズムとして機能し始めたと見ることができよう．

最後に，2000年代半ばから増加した独立取締役が経営者交代に与える影響や，その影響と内外機関投資家のとの補完・代替関係がテストされ，独立取締役は，3 人以上の場合に限って，交代の業績感応度を引き上げること，海外機関投資家と独立取締役との間には補完関係があり，国内機関投資家との間には見られないことなどの興味深い事実が指摘される．

ブレーキの側面として，いまひとつ重要なのは，粉飾決算などの企業不祥事の抑制である．近年，毎年のように企業不祥事が発生し，その中でも，オリンパス，東芝など大型の不祥事は大きな社会的注目を集め，そのたびに再発防止策として企業に対する監視メカニズムの強化が謳われてきた．**第10章「企業統治と会計不正」**（青木）の課題は，株式所有構造，取締役会の構成，ストック・オプションなどの報酬制度が，企業不祥事に与える影響を解明する点にある．同章は，不祥事を会計不正に絞り，この会計不正を，動機が正反対である可能性の高い，2 つのタイプ，粉飾決算（利益の過大申告）と，申告漏れ（節税を目的とする利益の過小申告）とに区分し，分析を進めた．

その結果，第1に，経営に対するモニタリング機能の強化を図る統治制度改革は，不正の発生確率を引き下げる効果があることを示した．その場合，特に，公認会計士など会計の専門知識を持つ独立取締役の存在が会計不正の抑止に重要である．

　第2に，経営者インセンティブの向上は，申告漏れ等の抑止に作用する点で，不正防止に一定の効果を持つ可能性も示された．しかし，同じインセンティブの向上は，会計不正の誘発リスクもある．経営者による株式保有が大きいほど会計不正の発生確率が高いという関係が明確であり，また，ストック・オプション制度は，粉飾決算の一因になる可能性がある．

　第3に，機関投資家の増加が，会計不正の発生確率に持つ効果も諸刃の剣であった．外国人株主や機関投資家の存在は，粉飾決算を抑止するという意味で規律付け効果を持つ一方，申告漏れ等を誘発するという意味で過度の利益圧力を与えている可能性も示唆された．これに対して，安定株主の持株比率が高いほど会計不正，特に粉飾決算の発生確率が低いという関係は明白であった．青木は，この点を，「会計不正という愚かな行為の自制に関しては，無理な会計処理をする必要がないことや大切なパートナーに迷惑をかけてはいけないという心理が，意外にも大きな意味を持つ」と解釈している．

　要するに，以上の分析は，企業統治制度は会計不正の発生確率に重要な意味を持つが，そこには，粉飾決算の可能性を抑制する制度（株式市場による圧力）は申告漏れを誘発する可能性があり，逆に申告漏れを抑制する制度（ストック・オプションや経営者の株式保有）は粉飾決算を誘発する可能性を持つというトレードオフがあることを示しており，今後の制度設計にはこの点の慎重な考慮が必要である．

　第Ⅲ部の最後の2つの章は，アベノミクス以降の企業統治制度改革の理解と今後の改革方向を直接に取り扱う．**第11章「企業統治改革の現状と展望」**（田中）は，会社法改正と，コーポレートガバナンス・コード実施を中心とする企業統治制度の改革に焦点を当て検討を試みる．同章では，まず，近年の統治制度改革のモデルでもある，米国で提唱され世界各国に広まった企業統治のモニタリング・モデルの基本構造について簡潔にそのエッセンスを説明する．次に，制度の構造と制定過程の分析から，今回の制度改正の特徴が，①上場会社に対してモニタリング・モデルを志向した企業統治改革を求めた点，②そうした企

業統治改革を，強行法規ではなく，原則を実施しない会社に対してその理由の説明を求めるというコンプライ・オア・エクスプレイン・ルールによって行うという方向性を明確に打ち出した点にあることを強調する．

そのうえで，本章は，このコンプライ・オア・エクスプレイン・ルールという規制方法にどのような存在意義（機能）があるのかについて検討する．強行法規とは異なり，原則に従わなかった場合，株価の低下や経営者の評判の低下以外に明示的なペナルティのないこの原則が，いったいどのような経路で規制の目的を実現できるのかが設定された問題であった．これに対して，本章では，とりわけ企業統治は，多くの会社が同じものを採用するほど価値が高まるというネットワーク外部性を有していることから，コンプライ・オア・エクスプレイン・ルールが人々の行動をコーディネートすることによって，望ましい企業統治の採用を誘導することができるという可能性を指摘する．ネットワーク外部性に注目した初めての仮説的な解釈である．

第12章「日本企業の低パフォーマンスの要因」（蟻川・井上・齋藤・長尾）は，近年の統治構造改革で，政策担当者・企業経営者の側の強い問題意識となっていた日本企業の低収益性やリスク回避的な行動の問題を包括的に検討する．日本の収益性は，本当に国際的に見て低いのか，この低さは企業統治要因によっていったいどの程度説明できるのかが同章の主題である．その点を明らかにするために，新たに世界の主要企業をプールした独自のデータベースを構築し，丁寧な分析を進めている．

分析によれば，第1に，収益性，株価水準，リスクテイクを被説明変数としたすべてのモデルにおいて，日本ダミーが負の有意な係数を持つ．企業固有の性格と産業ならびに所在国のマクロ環境を考慮した後でも，他国に比較して日本企業のROAは4.1％，トービンのqは1.15だけ低く，実質的な差であることが確認される．

第2に，企業統治要因を導入して，この日本ダミーの負の係数をテストすると，日本企業の低パフォーマンスを説明できるのは，社外取締役比率と雇用調整度の柔軟性である．もっとも，本章の分析によれば，この社外取締役比率と雇用調整の柔軟性という2つの要因を合わせても，日本企業の相対的な低収益性や低株価の要因のうち，一部しか説明できていないという．

そこで第3に，この残された部分を説明する要因として，日本企業の経営者

の相対的に悲観的な態度が一定の影響を持っている可能性があるとして，近年の行動経済学の成果を利用しながら，経営者の態度（楽観度）に注目する．筆者によれば，この経営者の態度を考慮すると，日本企業は，相対的に低収益，低株価とはいえなくなるという．経営者の態度が何によって決定されるか，それをいかに変更するかなど，残された問題は多いが重要な問題提起といえよう．

> 本章作成にあたっては，小川亮，加藤木ノ実，栗本瑞月，小林優子諸氏の助力を得た．また，蟻川康浩，小倉義明，小本祥熙，井上光太郎，久保克行の各氏から貴重な助言を頂いた．記して感謝申し上げる．本研究は，JSPS 科研費，(15H01958)，日本学術振興会「課題設定による先導的人文学・社会科学研究推進事業グローバル展開プログラム」の助成を受けたものである．

【参考文献】

Acharya, V., O. Gottschalg, M. Hahn and C. Kehoe (2013) "Corporate Governance and Value Creation: Evidence from Private Equity," *Review of Financial Studies*, Vol. 26, pp. 368-402.

Admati, A. and P. Pfleiderer (2009) "The 'Wall Street Walk' and Shareholder Activism: Exit as a Form of Voice," *Review of Financial Studies*, Vol. 22, pp. 2445-2485.

Aggarwal, R., I. Erel, M. Ferreira and P. Matos (2011) "Does Governance Travel Around the World? Evidence from Institutional Investors," *Journal of Financial Economics*, Vol. 100, pp. 154-182.

Ahmadjian, C. and G. Robbins (2005) "A Clash of Capitalisms: Foreign Shareholders and Corporate Restructuring in 1990s Japan," *American Sociological Review*, Vol. 70, pp. 451-471.

Aman, H. and P. Nguyen (2008) "Do Stock Prices Reflect the Corporate Governance Quality of Japanese Firms?" *Journal of the Japanese and International Economies*, Vol. 22, pp. 647-662.

Bebchuk, L. and Y. Grinstein (2005) "The Growth of Executive Pay," *Oxford Review of Economic Policy*, Vol. 21, pp. 283-303.

Becht, M., J. Franks, J. Grant and H. Wagner (2015) "The Returns to Hedge Fund Activism: An International Study," ECGI, Finance Working Paper, No. 402/2014.

Belenzon, S., P. Bolton and U. Tsolmon (2009) "Intracompany Governance and Innovation," NBER Working Paper, No. 15304.

Big Innovation Centre (2016) "The Purposeful Company: Interim Report," London.

Bolton, P. and D. Scharfstein (1998) "Corporate Finance, the Theory of the Firm, and Organizations," *Journal of Economic Perspectives*, Vol. 12, pp. 95-114.

Buchanan, J., D. Chai and S. Deakin (2012) *Hedge Fund Activism in Japan: The Limits of Shareholder Primacy*, Cambridge University Press.

Carney, R. and T. Child (2013) "Changes to the Ownership and Control of East Asian Corporations between 1996 and 2008: The Primacy of Politics," *Journal of Financial Economics*, Vol. 107, pp. 493-513.

Claessens, S., S. Djankov and L. Lang (2000) "The Separation of Ownership and Control in East Asian Corporations," *Journal of Financial Economics*, Vol. 58, pp. 81-112.

Coles, J. N. Daniel and L. Naveen (2008) "Boards: Does One Size Fit All?" *Journal of Financial Economics*, Vol. 87, pp. 329-356.

Colpan, A. and T. Yoshikawa (2012) "Performance Sensitivity of Executive Pay: The Role of Foreign Investors and Affiliated Directors in Japan," *Corporate Governance: An International Review*, Vol. 20, pp. 547-561.

Cronqvist, H. and R. Fahlenbrach (2009) "Large Shareholders and Corporate Policies," *Review of Financial Studies*, Vol. 22, pp. 3941-3976.

David, P., T. Yoshikawa, M. Chari and A. Rasheed (2006) "Strategic Investments in Japanese Corporations: Do Foreign Portfolio Owners Foster Underinvestment or Appropriate Investment?" *Strategic Management Journal*, Vol. 27, pp. 591-600.

Del Guercio, D. (1996) "The Distorting Effect of the Prudent-man Laws on Institutional Equity Investments," *Journal of Financial Economics*, Vol. 40, pp. 31-62.

Demsetz, H. and K. Lehn (1985) "The Structure of Corporate Ownership: Causes and Consequences," *Journal of Political Economy*, Vol. 93, pp. 1155-1177.

Edmans, A. (2011) "Does the Stock Market Fully Value Intangibles? Employee Satisfaction and Equity Prices," *Journal of Financial Economics*, Vol. 101, pp. 621-640.

Edmans, A. (2014) "Blockholders and Corporate Governance," *Annual Review of Financial Economics*, Vol. 6, pp. 23-50.

Ferreira, M. and P. Matos (2008) "The Colors of Investors' Money: The Role of Institutional Investors Around the World," *Journal of Financial Economics*, Vol. 88, pp. 499-533.

Flath, D. (1993) "Shareholding in the Keiretsu, Japan's Financial Groups," *Review of Economics and Statistics*, Vol. 75, pp. 249-257.

Franks, J., C. Mayer and H. Miyajima (2014) "The Ownership of Japanese Corporations in the 20th Century," *Review of Financial Studies*, Vol. 27, Issue 9, pp. 2580-2625.

Franks, J., C. Mayer and H. Wagner (2015) "The Survival of the Weakest: Flourishing Family Firms in Germany," *Journal of Applied Corporate Finance*, Vol. 27, pp. 27-35.

Franks, J., C. Mayer, H. Miyajima and R. Ogawa (2016) "Share Repurchases and Control of the Corporate: The Evidence from Japan," Mimeo.

Franks, J., C. Mayer, P. Volpin and H. Wagner (2012) "The Life Cycle of Family Ownership: International Evidence," *Review of Financial Studies*, Vol. 27, pp. 2580-2625.

Frydman, C. and R. Saks (2010) "Executive Compensation: A New View from a Long-term Perspective, 1936-2005," *Review of Financial Studies*, Vol. 23, pp. 2099-2138.

Gompers, P., J. Ishii and A. Metrick (2003) "Corporate Governance and Equity Prices," *Quarterly Journal of Economics*, Vol. 118, pp. 107-156.

Gordon, J. (2007) "The Rise of Independent Directors in the United States, 1950-2005: Of Shareholder Value and Stock Market Prices," *Stanford Law Review*, Vol. 59, pp. 1465-1568.

Graham, J., M. Leary and M. Roberts (2014) "A Century of Capital Structure: The Leveraging of Corporate America," NBER Working Paper, No. 19910.

Grinstein, Y. and R. Michaely (2005) "Institutional Holdings and Payout Policy," *Journal of Finance*, Vol. 60, pp.1389-1426.

Guest, P. (2008) "The Determinants of Board Size and Composition: Evidence from the UK," *Journal of Corporate Finance*, Vol. 14, pp. 51-72.

Hamao, Y., K. Kutsuna and P. Matos (2010) "U.S.-Style Investor Activism in Japan: The First Ten Years," ECGI, Finance Working Paper, No. 290/2010.

Holderness, C. (2009) "The Myth of Diffuse Ownership in the United States," *Review of Financial Studies*, Vol. 22, pp. 1377-1408.

Holmstrom, B. and S. Kaplan (2001) "Corporate Governance and Merger Activity in the United States: Making Sense of the 1980s and 1990s," *Journal of Economic Perspectives*, Vol. 15, pp. 121-144.

Jackson, G. and H. Miyajima (2007) "Introduction: The Diversity and Change of Corporate Governance in Japan," in M. Aoki, G. Jackson and H. Miyajima eds., *Corporate Governance in Japan: Institutional Change and Organizational Diversity*, Oxford University Press, pp. 1-48.

Jackson, G. and H. Miyajima (2008) "A Comparison of Mergers and Acquisitions in Japan, Europe and the United States," in R. Strange and G. Jackson eds., *Corporate Governance and International Business*, Palgrave Macmillan, pp. 186-207.

Jacoby, S. (2009) "Foreign Investors and Corporate Governance in Japan: The Case of CalPERS," in H. Whittaker and S. Deakin eds., *Corporate Governance and Managerial Reforms in Japan*, Oxford University Press, pp. 93-133.

Jensen, M. (1989) "Eclipse of the Public Corporation," *Harvard Business Review*, Sept-Oct, pp. 61-74.

Jeon, J., C. Lee and C. Moffett (2011) "Effects of Foreign Ownership on Payout Policy: Evidence from the Korean Market," *Journal of Financial Markets*, Vol. 14, pp. 344-375.

John, K., L. Litov and B. Yeung (2008) "Corporate Governance and Risk-taking," *Journal of Finance*, Vol. 63, pp. 1679-1728.

Kaplan, S. and B. Minton (2012) "How Has CEO Turnover Changed?" *International Review of Finance*, Vol. 12, pp. 57-87.

Kato, T. and M. Rockel (1992) "Experiences, Credentials, and Compensation in the Japanese and U.S. Managerial Labor Markets: Evidence from New Micro Data," *Journal of the Japanese and International Economies*, Vol. 6, pp. 30-51.

Kay, J. (2012) "The Kay Review of UK Equity Market and Long-term Decision," Investor Management Association.

Kubo, K. (2014) "Japan: Limits to Investment Activity," H. Gospel, A. Pendleton and S. Vitols eds., *Financialization, New Investment Funds, and Labour: An International Comparison*, Oxford University Press, pp. 290-312.

La Porta, R., F. Lopez-de-Silanes and A. Shleifer (1999) "Corporate Ownership Around the World," *Journal of Finance*, Vol. 54, pp. 471-517.

Mayer, C. (2013) *Firm Commitment: Why the Corporation is Failing Us and How to Restore Trust in It*, Oxford University Press（宮島英昭監訳，清水真人・河西卓弥訳『ファーム・コミットメント——信頼できる株式会社をつくる』NTT出版，2014年）.

Miyajima, H. and F. Kuroki (2007) "The Unwinding of Cross-Shareholding in Japan: Causes, Effects, and Implications," in M. Aoki, G. Jackson and H. Miyajima eds., *Corporate Governance in Japan: Institutional Change and Organizational Diversity*, Oxford University Press, pp. 79-124.

OECD (2012) "Corporate Governance, Value Creation and Growth: The Bridge between Finance and Enterprise," OECD Publishing.

Shishido, Z. (2007) "The Turnaround of 1997: Changes in Japanese Corporate Law and Governance," in M. Aoki, G. Jackson and H. Miyajima eds., *Corporate Governance in Japan: Institutional Change and Organizational Diversity*, Oxford University Press, pp. 310-329.

Shleifer, A. and R. Vishny (1986) "Large Shareholders and Corporate Control," *Journal of Political Economy*, Vol. 94, pp. 461-488.

Short, H., H. Zhang and K. Keasey (2002) "The Link between Dividend Policy and Institutional Ownership," *Journal of Corporate Finance*, Vol. 8, pp. 105-122.

Yafeh, Y. and O. Yosha (2003) "Large Shareholders and Banks: Who Monitors and How?" *Economic Journal*, Vol. 113, pp. 128-146.

青木英孝・宮島英昭（2011）「多角化・グローバル化・グループ化の進展と事業組織のガバナンス」宮島編著（2011）第6章，245-288頁.

蟻川靖浩・河西卓弥・宮島英昭（2011）「R&D投資と資金調達・所有構造」宮島編著（2011）第8章，341-366頁.

池田直史・井上光太郎・渡部翔（2016）「コーポレートガバナンスが企業の意思決定に与える影響——Quiet life仮説の検証」日本ファイナンス学会2016年大会報告論文.

石川博行（2007）『配当政策の実証分析』中央経済社.

井上光太郎・小澤宏貴（2016）「公開買付けにおける支配プレミアムと株主の応募行動」田中亘・森・濱田松本法律事務所編『日本の公開買付け——制度と実証』有斐閣.

岩壷健太郎・外木好美（2007）「外国人投資家の株式所有と企業価値の因果関係——分散不均一性による同時方程式の識別」『経済研究』第58巻第1号，47-60頁.

牛島辰男（2015）「多角化ディスカウントと企業ガバナンス」『フィナンシャル・レビュー』第121号，60-90頁.

内田交謹（2012）「社外取締役割合の決定要因とパフォーマンス」『証券アナリストジャーナル』第50巻第5号，8-18頁．
久保克行（2016）「コーポレートガバナンスと役員報酬」『賃金事情』1月合併号，49-54頁．
久保克行・齋藤卓爾（2008）「日本の経営者は株価を最大化するインセンティブを持っているのか」宮島英昭編『企業統治分析のフロンティア』日本評論社，44-60頁．
経済産業省（2014）「伊藤レポート『持続的成長への競争力とインセンティブ～企業と投資家の望ましい関係構築～』」，http://www.meti.go.jp/press/2014/08/20140806002/20140806002.html
齋藤卓爾（2011）「日本企業による社外取締役の導入の決定要因とその効果」宮島英昭編著『日本の企業統治──その再設計と競争力の回復に向けて』東洋経済新報社，181-213頁．
杉浦慶一・越純一郎編（2010）『プライベート・エクイティ──勝者の条件』日本経済新聞出版社．
田中亘（2012）『企業買収と防衛策』商事法務．
田中亘（2014）「日本版スチュワードシップ・コードの検討──機関投資家の役割についてのアンビヴァレントな見方」『月刊監査役』第629号，66-75頁．
内閣府（2015）「平成27年度年次経済財政報告」．
野田知彦・平野大昌（2010）「失われた10年と日本企業の雇用調整行動──企業の規律付けメカニズムは変化したのか」『経済分析』第183号，25-58頁．
花崎正晴・松下佳菜子（2008）「ストック・オプションと企業パフォーマンス──日本企業を対象としたインセンティブ効果の実証分析」DBJ Discussion Paper Series, No. 0803.
ブカナン，ジョン（2015）「不安定なシステムへの局所的な対応策としての企業統治」田中亘・中林真幸編『企業統治の法と経済──比較制度分析の視点で見るガバナンス』有斐閣，213-240頁．
宮島英昭編著（2011）『日本の企業統治──その再設計と競争力の回復に向けて』東洋経済新報社．
宮島英昭・小川亮（2012）「日本企業の取締役会構成の変化をいかに理解するか──取締役会構成の決定要因と社外取締役の導入効果」『旬刊商事法務』第1973号．
宮島英昭・黒木文明（2004）「ガバナンス構造と企業パフォーマンスとの関係について」『コーポレート・システムに関する研究報告書』7-75頁．
宮島英昭・新田敬祐（2011）「株式所有構造の多様化とその帰結──株式持ち合いの解消・『復活』と海外投資家の役割」宮島編著（2011）第2章，105-149頁．
宮島英昭・保田隆明（2012）「変貌する日本企業の所有構造をいかに理解するか──内外機関投資家の銘柄選択の分析を中心として」金融庁金融研究センター，ディスカッションペーパー，DP2011-11.
宮島英昭・保田隆明（2015）「株式所有構造と企業統治──機関投資家の増加は企業パフォーマンスを改善したのか」『フィナンシャル・レビュー』第121号，3-36頁．
宮島英昭・新田敬祐・宍戸善一（2011）「親子上場の経済分析──利益相反問題は本当に深刻なのか」宮島編著（2011）第7章，289-337頁．

第 I 部
外部統治制度の進化と企業行動

第1章
メガバンク成立後の企業・銀行間関係

蟻川靖浩／宮島英昭／小川　亮

1　はじめに

　かつて日本企業の企業統治においては，メインバンクが中心的な役割を担っているとされてきた．財務状況が良好なときは，銀行は企業経営に介入しない．しかし，財務状況が中低度に悪化するとメインバンクは経営に対するモニタリングを強め，財務状況が危機的となったときには，清算か経営再建を決定するという関係が，典型的な企業とメインバンクの関係と考えられた[1]．こうした関係は，金融市場で規制緩和が進展した1980年代以降に徐々に変化する．1980年代には規模の大きな企業を中心に企業の資金調達が借入から社債にシフトし，さらに相対的に強いメインバンク関係の存在がそうした社債へのシフトを促進したケースも観察された（Hoshi and Kashyap, 2001; 宮島・蟻川, 1999）．1990年代には，不良債権の顕在化を恐れて業績の悪化した企業に対する貸出を増加させる政策をとったことが知られている[2]．銀行の企業統治における役割に大きな疑問が投げかけられたのもこの時期である．財務危機に陥った企業に対して介入が期待されているメインバンク自体が不良債権問題で財務危機に陥った

---

1)　このような仕組みは状態依存型ガバナンスと呼ばれる（Aoki, 1994a; 1994b）．メインバンクシステムに関しては，Aoki and Patrick eds.（1994）に詳しい．
2)　Peek and Rosengren（2005），Caballero et al.（2008）に詳しい．

以上，企業金融・経営の規律におけるこれまでの役割はもはや期待できないためである．

不良債権問題は，メガバンクの成立や2002年の金融再生プログラムの実施を画期としながら徐々に解決に向かった．銀行部門の不良債権の整理が進捗する一方，メガバンクが相次いで増資を行った結果として自己資本比率も向上した．さらに，不良債権処理の原資を確保するために銀行が保有株の売却を進めたことから，企業・銀行間の株式相互持ち合いがこの時期に急速に減少していった[3]．

では，不良債権問題解決および銀行部門の再編成後において，日本企業と銀行の関係は具体的にどこがどのように変化したのだろうか．本章の課題は，1990年代以降の企業・銀行間関係の特徴を様式化し，とりわけ銀行危機を経た2000年代以降に新たに形成されたメガバンクと企業との関係がどのように理解できるかについて検討する点にある．したがって本章で注目するのは，銀行の中でもかつての都市銀行，現在のメガバンクであり，中小企業金融については本章の分析の対象外とする[4]．

本章は以上の点を解明するために，次の手順をとる．第1に，1990年から2014年までの企業・銀行間関係の変化を概観する．この時期に日本の銀行部門が経験した変化は大きい．不良債権の累積と処理，主要銀行間の統合と業界全体の再編成，自己資本規制の強化と株式の売却，銀行自身のコーポレート・ガバナンスの変化，フィナンシャルグループの形成と新たなビジネスモデルの定着など，この時期の銀行側の変化を整理する．

第2に，これまでメインバンクの特徴とされてきた長期的な企業・銀行間関係が，銀行危機後の再編成を挟んでどう変化したかについて，事実を様式化する．これまで企業・銀行間関係は，①顧客企業の資金調達での主導的な役割，②顧客企業の株式保有，③決済口座の集中，④役員派遣，⑤財務危機時の救済によって特徴づけられてきた．しかし1990年代から2010年代の間に企業の負債比率は急速に低下した．2015年度末において，現金および短期有価証券からな

---

[3] 政府も銀行等保有株式取得機構を設立するなどしてこの持ち合いの解消を促進している．

[4] 中小企業金融に関する日本のデータを用いた実証分析については，渡辺・植杉編著（2008）や内田（2010）が詳しい．

る手元資金が有利子負債を上回る実質無借金企業は，上場企業の56.1％に達している[5]．また，銀行による顧客企業の株式保有および役員派遣が著しく低下した．1990年の銀行の顧客企業の株式保有は，平均が4.1％，中央値が法的上限の5％に近い4.6％を示していた．しかし急速な持ち合いの解消の結果，2013年には，銀行の持株比率の平均および中央値が2.2％まで低下した．さらに，1990年に銀行からの役員派遣を受け入れた企業の割合は44％であったが，2013年にはその値は24％まで低下している．

　第3に，以上のような企業・銀行間関係の変化の要因を解明する．企業・銀行間の株式相互保有は，銀行危機後に急速に解消したが，この解消はこれまでも強調してきたように企業間で均等に進んだわけではない（Miyajima and Kuroki, 2007）．本章の分析結果によれば，1998-2005年の時期の主要銀行は，時価総額が大きく，トービンのqで測った成長可能性の高い企業を売却し，規模が小さく，トービンのqが低い企業の保有を継続・維持した．しかし，銀行再編が終了した2006年以降，メインバンクの株式保有は，以上のような企業の成長可能性に対する負の感応を示さなくなった．これは，銀行部門の再編成後には，銀行の株式保有行動のバイアスが消失したことを示唆する．

　他方，銀行の役員派遣の決定要因に関する分析によれば，2006年以降，それ以前には確認できた業績悪化と銀行からの役員派遣との相関が失われた．しかも，役員派遣の業績悪化に対する感応は，銀行が株式保有を維持する企業に限定しても確認できない．これは，メガバンクが業績の悪化した顧客企業への関与を弱めたことを示唆する．

　第4に，2006年以降，企業と銀行の間で緊密な関係を維持している場合に，メインバンクがどのような機能を果たしたかを検証する．1つ目の論点は，銀行の貸出行動に対するメインバンクの影響である．1990年代から2000年代初頭までには，不良債権の顕在化の回避を目的にメインバンクがパフォーマンスの低い企業に対して貸出を増加する傾向が強いという問題が指摘されていた（Peek and Rosengren, 2005）．ここでは，こうしたメインバンクの行動が，銀行部門の再編成後も継続しているかどうかを検証した．その結果，2006年以降，メインバンク関係の有無の貸出への影響は確認できなかった．

---

[5]　「手元資金，過去最高109兆円　上場企業の56％が実質無借金」『日本経済新聞』2016年6月11日の記事より．

いま1つの論点として，業績が悪化した企業に対するメインバンクの関与の仕方が，どの程度変化したのかを検証した．メインバンクによる救済は，メインバンクが他行に比して大きな負担を負う形で進めると理解されていたが，こうした慣行がいかに変化したかが焦点である．分析の結果，業績が悪化した企業にメインバンクが資金を追加的に供給するという関係は，銀行部門の再編後にも確認できるものの，顧客企業の事業再組織化に際してのメインバンクの役割は大幅に縮小していることが明らかとなった．また，銀行が株式を保有するケースでも，業績が悪化した場合に，新規，あるいは追加的に役員を派遣するなど関与を強めるケースは著しく少なかった．

最後に，以上の事実発見を前提とすると，メインバンクが株式保有や役員派遣などを通じて借り手企業の行動に影響を与えるとされる従来のメインバンク関係は，そこから銀行に生じる収益の減少や企業の負債比率の低下とともに縮小した，という考え方を提示する．

本章は，次のように構成される．続く第2節では，1990年代以降の銀行部門の変化を概観する．第3節では，メインバンク関係の変化に関する事実を様式化する．第4節では，メインバンクの企業への関与の程度について，その決定要因を，株式保有，役員派遣の観点から分析する．第5節では，企業の借入行動に対してメインバンク関係が与える影響，そして，業績が悪化した企業に対するメインバンクの関与の仕方について分析する．第6節は，それまで得てきた実証結果についての解釈を改めて示す．

2 1990年代以降の銀行部門の変化の概観

1990年代以降，銀行部門は大きく変容した．ここでは，かつて都市銀行と呼ばれ，その後はメガバンクと呼ばれるようになった銀行群について，サンプル期間を3つに分けてその変化を概観しておこう．

▶ **期間Ⅰ（1990-1997年度）：バブル経済の崩壊後**

第Ⅰ期間は，1990年から1997年までである．1980年代には，規制緩和の進展の結果，企業の資金調達において借入から社債へのシフトが生じた．とりわけ規模が大きい企業を中心に資金調達手段として社債への依存が急速に進展し，

銀行借入での調達比率がこの時期，急速に低下した．そのため，銀行部門の貸出は大企業から中小企業，製造業から非製造業，また土地担保融資に基づく貸出にシフトし，結果として各行の貸出構成はリスクの高い企業に偏ることになった（Hoshi, et al., 1993; 宮島・蟻川, 1999）．そのため1990年代に入っての資産価格の低下は，建設，不動産業界などを中心に企業業績に大きな影響を与えた．Kang and Stulz（2000）は，1989年時点で銀行借入比率が高い企業の方が，1990年から1993年の間で測った株式のリターンが相対的に低いことを明らかにしている．他方で，銀行がこの時期に業績が悪化した企業への資金供給を増加させたことが，その後の不良債権問題に伴う大規模金融機関の破綻へとつながった．

▶ 期間Ⅱ（1998-2005年度）：銀行危機後の再編

この期間の銀行による不良債権処理の速度は遅く，ソフトな予算制約 soft budgeting と厳格な予算制約 hard budgeting が並存したと指摘されている（Arikawa and Miyajima, 2007）．すなわち，本来退出すべき企業が低利資金の供給や追い貸しにより生きながらえる一方，貸出の固定化のために優良な投資案件にも貸出が供給されないという非効率な事態も一部に生じたと考えられる（Caballero et al., 2008）．

また，この時期，とりわけ1998年から2000年までの私的整理に基づく債権放棄の主な事例を見ると，そのほとんどすべてでメインバンクの債権放棄負担比率が，放棄前の融資比率を大きく上回っており，依然としてメインバンクを中心とした少数の主力行が非対称な負担を担うことを通じた企業再建が行われていたこと，またこうした「メイン寄せ」により迅速な企業再建が敬遠されたことが指摘されている（鯉渕, 2013）．

その後，2002年の金融再生プログラムによって債権処理の行程表が示されることや，民事再生法の施行（2000年），私的整理ガイドライン（2001年），産業再生機構の設立（2003年）などを通じて，不良債権問題の処理と業績不振企業の再編成が進展した．とりわけ，産業再生機構という顧客企業と過去からの関係性を持たない中立機関が債権者調整を行う再建スキームの登場は，債権放棄負担と放棄前融資比率に乖離が生じない，いわゆるプロラタ配分に基づく損失負担を実現するうえで，大きな効果を持ったとされる（鯉渕, 2013）．すなわ

ち，産業再生機構は，伝統的なメインバンクの超過負担を伴う債権者調整の方法を転換させ，企業再建に伴うメインバンクの負担の大幅な低下を実現したのである．この時期以降，各行の不良債権額は低下し，さらには増資によって自己資本を積み増した．不良債権問題は，2004年にほぼ終息したと考えられるが，この時期，不良債権問題に直面した銀行部門の再編成が進展し，かつて十数行あった主要行は2006年には3つのメガバンクに統合された．

▶ **期間Ⅲ（2006-2013年度）：メガバンクの総合ビジネス化**

この時期には，メガバンクは新たなビジネスモデルの構築を開始する．第1に，各行はフィナンシャルグループ（以下，FG）を形成し，従来の貸出から手数料収入への収益基盤の移行を試みた．実際，企業の借入需要の低下に対応する形で，銀行の総資産に占める貸出の割合は徐々に低下している．みずほ銀行，三菱東京UFJ銀行，三井住友銀行の3行の貸出金の総資産に占める割合の単純平均は，2006年では52.7%だが，その後この値は低下し，2014年度には43.5%となっている[6]．

2008年からは信託・証券の完全子会社化を進めさらなる総合ビジネス化を図った．三菱UFJFGはモルガン・スタンレー証券を傘下に収め，三井住友FGは日興証券を完全子会社化，みずほFGも2011年には信託・証券を完全子会社化した．金融持株会社が，戦略設定・資源配分に特化する一方，銀行による貸出，預金，為替業務，証券子会社による証券発行，M&A仲介業務，信託による証券代行業務などのサービスを総合的に供給する体制が構築された．

第2に，規制の強化などもあり，銀行による事業会社の株式保有を低下させるような圧力が強まった．2006年および2007年には，一部の顧客企業に対して銀行による株式保有が漸増したが，リーマン・ショックによる株価急落は，改めて銀行部門の株式保有のリスクを意識させた．2013年には，金融機関への自己資本規制の厳格化を求めるバーゼルⅢへの移行が決定し，銀行の株式保有に対する圧力がさらに上昇し，メガバンクは保有株の一層の圧縮に取り組んでいる．

第3に，メガバンク自身の株式所有構造も変化した．1990年代においては，

---

6) 各行の財務諸表から計算した．

都市銀行の株主の上位は生命保険会社や事業会社が名を連ねていた．例えば，1991年の三菱銀行の上位20位までの株主で全体の36.7％の株式が所有されている[7]．そのうち，生命保険会社の持株比率の合計は15.5％，事業会社の持株比率の合計は13.7％であり，大株主の大部分を生保・事業会社が占めていた．ところが，リーマン・ショック後の公募発行増資などもあり，こうした事業会社やさらには生命保険会社の保有株式の比率は2000年代後半以降は大幅に低下し，上位には機関投資家が並ぶようになっている．例えば，三菱UFJFGの場合，2014年の株式所有構造は，日本トラスティ・サービスなどのカストディアンが17.1％，海外機関投資家が8.8％を占めるのに対して，生命保険会社はもはや2.2％，事業会社は1％にすぎない．このように，メガバンクの株式所有構造は，従来の生命保険会社および事業会社を中心とした構造から機関投資家中心に大きく変化したと考えられる．

3 メインバンク関係の変化の様式化・事実の様式化

3.1 サンプル

以上のように，主要銀行の組織や株式所有構造が大きく変化する中で，これまでの主要銀行と顧客企業の関係はどのように変化したのだろうか．この点を明らかにするために本章で用いるサンプルを，以下の手続きに従って抽出する．まず，1990年時点で東証第1部市場に上場した非金融・非公益事業法人，1070社から，ランダムに400社を抽出する．ただし，破綻，解散，吸収合併，同業他社による買収，完全子会社化などにより，400社のうちで2013年にも観察される企業数は279社である．これに加えて，1991-2006年の期間に東証第1部に新規上場したか，上場変更した非金融・非公益事業法人計393社からランダムに100社を抽出する．以上の操作により，1990-2013年の上場企業の構成にほぼ照応したサンプルを抽出できる．以下の分析で用いる財務データは，日本政策投資銀行「企業財務データバンク」から得た．

---

7) 各行の株式所有構造のデータは，東洋経済新報社「大株主データ」から得た．

3.2 メインバンクの特定化

以上の手続きで抽出された企業群について，これまで様式化されてきたメインバンクの特徴がどの程度観察されるのかを確認する[8]．

第1に，企業の取引先としてのメインバンクの安定性をチェックする．Gibson（1995）などの研究にならって，企業が自ら特定したメインバンクが5年前（前期）と同じ場合に，「メインバンク関係あり」とみなす．メインバンクの特定化にあたっては，1999年以前は，東洋経済新報社の『会社四季報』，2000年以降は，日本経済新聞社の『日経会社情報』の筆頭銀行を利用した．

第2に，前記手続きにより「メインバンク関係あり」とされる企業について，メインバンクからの借入が銀行中1位であるか，メインバンクの株式保有が銀行中1位であるかを確認した．また少数株主権の閾値である保有比が3％以上を超える企業数も確認した．なお，各金融機関からの借入比率については日経Value Searchからデータを得た[9]．

第3に，前記「メインバンク関係あり」とされる企業について，メインバンクが役員を派遣しているかどうかを確認した．役員のデータは東洋経済新報社『役員四季報』から得た．

以上の各指標に該当する企業数の時系列的推移について，1990，1996，1999，2001，2006，2009，2013年度の7時点について表1-1に整理した．注目されるのは，次の2点である．

▶ 貸出関係

第1に，メインバンクを変更する企業の割合は，銀行危機後に徐々に増加している．表1-1に示される通り，1996年度まではメインバンクのうち96％から97％前後は，5年前と同じ銀行であった．しかし，1997-2001年の銀行危機後には，メインバンクが破綻（北海道拓殖銀行，日本長期信用銀行，日本債券信用銀行）したり，あるいは金融機関の統合が行われた結果，メインバンクを変

---

8) 広田（2011）は，三菱総合研究所『企業経営の分析』掲載の約500社をサンプルに，1970年代から2009年までの日本の企業・銀行間関係の特徴を分析している．
9) メインバンクからの借入の情報は，2000年度以降，アンケート調査に基づくこととなるため，悉皆調査とはならない．

第 1 章　メガバンク成立後の企業・銀行間関係　71

表 1-1　メインバンク関係を持つ企業数とその割合

年度	企業数	「メインバンク関係あり」企業数と割合		「メインバンク関係あり」企業のうちメインバンクからの借入が銀行中 1 位の企業数と割合	
1990	395	383	97.0%	273	86.1%
1996	395	381	96.5	286	89.1
1999	402	383	95.3	258	85.7
2001	408	391	95.8	259	83.5
2006	389	354	91.0	202	83.1
2009	397	361	90.9	198	82.2
2013	375	347	92.5	143	79.9

(注)　サンプルは，(1) 1990年時点で東証第 1 部に上場する非金融・非公益事業法人からランダムに抽出した400社，および，(2) 1991-2006年の間に東証第 1 部に新規上場・上場変更した非金融・非公益事業法人からランダムに抽出した100社．5 年前とメインバンクが同一の銀行である場合に「メインバンク関係あり」とする．主要取引銀行の特定には，1999年以前は東洋経済新報社の『会社四季報』，2000年以降は日本経済新聞社の『日経会社情報』の筆頭銀行を利用した．

更するケースがやや上昇した．2006年度時点で見ると，5 年前と同じメインバンクである企業の割合は91％となっており，メインバンクの変更を行う企業が 5 ％程度増加している．その後もこの傾向は変わっておらず，企業とメインバンクの関係は少しずつ流動化していると見られる．

　なおサンプル企業の大半のメインバンクが，2001年度までは旧都市銀，それ以降はメガバンクである点について大きな変化は生じていない．1996年度は76.7％がのちにメガバンクに統合される主要 8 行をメインバンクとするのに対して，2013年度にはサンプル企業の78.7％がメガバンク 3 行をメインバンクとしている．

　第 2 に，銀行からの借入に依存している企業に限定してみると，メインバンクからの借入が銀行からの借入中 1 位のケースは，1990年度の約86％から2013年度の約80％へやや低下した．ただし表には示していないが，1990年度時点で上場していた企業にサンプルを限ると，メインバンクからの借入が銀行中 1 位を占めるケースのシェアはほとんど変化がない一方で，1991-2006年の期間に東証第 1 部に新規上場した企業の場合には，メインバンクからの借入が銀行中 1 位を占めるケースが，例えば2013年度には68％程度にとどまる．つまり，比較的新しい企業ほど，メインバンクからの借入が銀行中 1 位である比率が低く，全サンプルの低下のほとんどを説明している．

　第 3 に，サンプル期間中の大きな変化は，企業の負債および借入に対する依存度が大きく低下したことである．図 1-1 の通り，「銀行借入（長期）なし・

図 1-1　資金調達方法ごとの企業数の割合

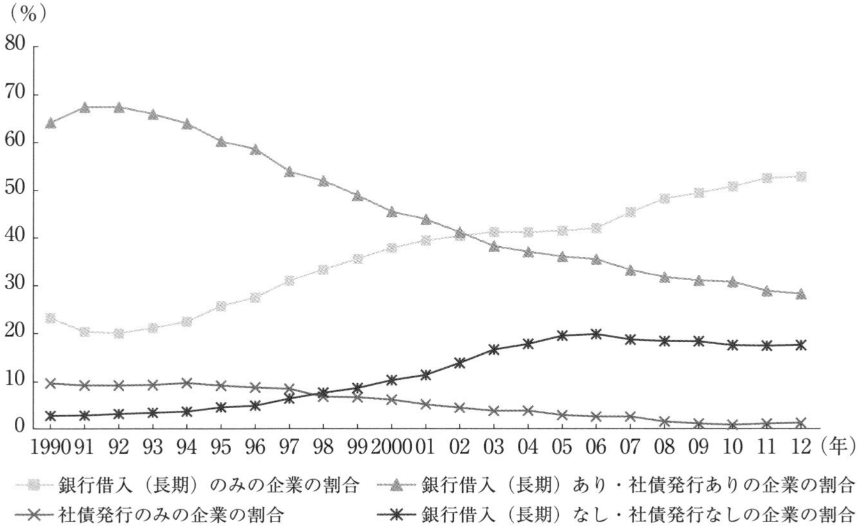

凡例：
- 銀行借入（長期）のみの企業の割合
- 銀行借入（長期）あり・社債発行ありの企業の割合
- 社債発行のみの企業の割合
- 銀行借入（長期）なし・社債発行なしの企業の割合

（注）サンプルは，表1-1の対象である500社．

社債発行なしの企業の割合」である企業のシェアは，1990年の3％弱から2000年には10％を超え，2006年には20％近くにまで上昇した．これは，2000年代に入り各企業が負債の削減を行った結果であると考えられる[10]．

最後に，メインバンクの融資比率の長期動向を確認する．ここでは先に示した方法で抽出した500社から，最初に推計期間中一貫してデータのとれる企業45社を選び，さらにその中から平均借入額が200億円以上である企業22社を選び，それらの企業について，メインバンクの融資比率，上位3行の融資集中度（以下，C3），上位3行融資集中度ハーフィンダール指数（以下，HI）を計測する．分析結果は，図1-2の通りである[11]．

メインバンクからの融資比率は，1990年代を通じて19％程度で推移していたが，1999年には21.3％と2％ポイント上昇し，メガバンクに統合された2002年

---

[10] また1990年代は社債から借入の再シフトが進展し，社債に依存する企業が減少している．

[11] サンプル企業数が少ない理由は，借入明細が任意開示となったことによるデータの制約のためである．

第1章　メガバンク成立後の企業・銀行間関係　73

図 1-2　メインバンクの融資比率と上位3行の融資集中度

パネルA：メインバンクの融資比率

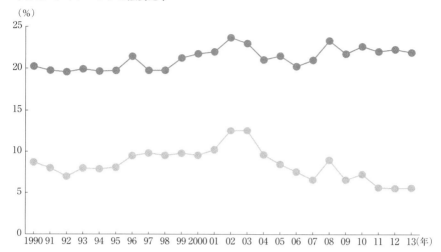

パネルB：上位3行の融資集中度（ハーフィンダール指数）

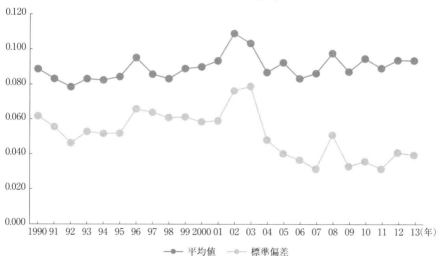

（注）　サンプルは，表 1-1 の対象である500社のうち，推計期間中に，(1) 一貫して借入明細のデータが取得できる企業，かつ，(2) 平均借入額が200億円以上の企業，22社である．

には，23.7％まで上昇した．いわゆる「メイン寄せ」である[12]．注目すべきは，メインバンクからの融資比率の標準偏差が上昇したことであって，1992年の0.080から2002年には0.126まで上昇した．すなわち統合過程で，メインバンクの融資比率が平均的には上昇する一方で，企業間の分散は大幅に拡大したことになる．同様の傾向は，上位3行の融資集中度，および，上位3行融資集中度ハーフィンダール指数でも確認できる．C3は1992年の45.1％（標準偏差10.1％）から2002年には49.3％（同15.4％）まで，HIは，0.078（同0.046）から0.109（同0.076）に上昇した．C3とHIのどちらで見ても，1990年代末から2002年の間に融資の集中度が，一部の企業で急上昇を伴いつつ進展したことがわかる．

メガバンクへの統合後になると，メインバンクからの融資比率は1％ポイント程度低下したものの21％から23％の水準で平均的には高止まりしている．さらに，その標準偏差について低下している点が注目される．2013年のメインバンクの融資比率の標準偏差は，0.056であり，ピークの2002年時点の0.126の2分の1以下である．このことは，メガバンク成立後，メインバンクからの融資依存度の高い企業がメインバンクからの借入を低下させる一方，メインバンクの融資依存度の低い企業は，メインバンクからの借入を上昇させたことを意味する．言い換えれば，メガバンク3行体制になって以降，企業がメインバンクを含む主要行からの借入比率を全般的に平準化させ，メインかメインでないかにかかわらず，同じ程度の金額を調達するようになったことを示唆している．

▶ 証券関係ビジネス

各銀行は企業の借入減少が進展する中で，証券関連ビジネスに展開したといわれている．そこで，銀行系証券子会社の関与を確認しておこう．1990年代には，規制緩和の下で，各行とも証券子会社を設立した．この証券子会社は，親会社の統合とともに大まかには，三井住友FGではSMBC日興証券，三菱UFJFGでは三菱UFJ証券，みずほFGではみずほ証券に統合された．Yasuda（2007）は1990年代の日本の銀行の証券業務参入に関して分析し，1994年から1998年の間に，債券発行のアンダーライター業務に関して，上位11

---

12) メイン寄せについては，小佐野・堀（2011）に詳しい．

表 1-2 増資および社債発行における主幹事証券会社

パネル A：増資

	2000-2007	構成比(%)	2008-2014	構成比(%)	合計	構成比(%)
主幹事	57		27		84	
銀行系(1)	24	42.1	12	44.4	36	42.9
うちMB一致(2)	11	19.3	11	40.7	22	26.2
(2)/(1)		45.8		91.7		61.1
独立系	19	33.3	14	51.9	33	39.3
外資系	14	24.6	1	3.7	15	17.9
幹事行	192		73		265	
銀行系(1)	107	55.7	39	53.4	146	55.1
うちMB一致(2)	36	18.8	14	19.2	50	18.9
(2)/(1)		33.6		35.9		34.2
独立系	58	30.2	24	32.9	82	30.9
外資系	27	14.1	10	13.7	37	14.0

パネル B：社債

	2000-2007	構成比(%)	2008-2014	構成比(%)	合計	構成比(%)
主幹事	428		486		914	100.0
銀行系(1)	254	59.3	248	51.0	502	54.9
うちMB一致(2)	144	33.6	164	33.7	308	33.7
(2)/(1)		56.7		66.1		61.4
独立系	109	25.5	221	45.5	330	36.1
外資系	64	15.0	17	3.5	81	8.9
幹事行	697		1,122		1,819	
銀行系(1)	450	64.6	650	57.9	1,100	60.5
うちMB一致(2)	142	20.4	191	17.0	333	18.3
(2)/(1)		31.6		29.4		30.3
独立系	84	12.1	354	31.6	438	24.1
外資系	162	23.2	118	10.5	280	15.4
受託会社の表示あり	64		24		88	
うちMB一致	59	92.2	11	45.8	70	79.5

(注) 増資，社債に関するデータは QUICK 社 Astra Manager から取得した．
MB はメインバンクを意味する．

の銀行系の証券子会社が全体の55％を占めるまでに成長した一方，4大証券会社（野村，大和，日興，山一）のシェアが45％であったと報告している．そしてこのような参入成功の要因として，債券発行を行う企業と貸出関係がある銀行ほど，その系列の証券子会社が債券のアンダーライターとして選択されやすいことを指摘している．

そこで第1に，増資において銀行系証券会社がどのようにかかわっているかを見ておく．表1-2のパネルAに示される通り，まず2000年代においては増

資件数自体は多くなく，フィナンシャルグループ化が進んだ2008-2014年には減少している．そして，銀行系の証券会社が増資引き受けの主幹事になっているケースは，全体のうちの40％強で，この比率には2000年代を通じて変化は生じていない．次に銀行系の中でも発行体企業のメインバンク系証券会社が主幹事になっているケースを調べると，銀行系が主幹事となっているケースでメインバンクと一致しているケースは，19.3％から40.7％まで上昇している．ただしこれは，先に述べた通り，かつての都市銀行がメガバンク3行へと集約され，さらに各フィナンシャルグループ内でも証券子会社が一定程度集約されたことが大きな要因であると考えられる．

第2に，社債発行の主幹事に関しては，銀行系の証券会社が引き受け主幹事となるケースは約55％，かつその中でもメインバンク系の証券会社が主幹事となっているケースは約34％である．リーマン・ショック後，銀行系のシェアはやや低下しているが，このうちで銀行系主幹事証券がメインバンクの子会社と一致するケースの割合はほとんど変化していない．

以上要するに，証券関連ビジネスにおいても，1990年代以降においてメインバンク関係は一定の影響力を持つようになったといえる．他方で，時系列的な変化については，アンダーライター業務のシェアを見る限りは，1990年代に大きく伸びて以降は，それほど変化してはいないように見える．

4 メインバンクの企業への関与の程度は何が決めるか?

4.1 株式保有

銀行危機後の企業・銀行間関係の最大の変化の1つは，1997年までほぼ30年間安定していた銀行の株式保有が急速に低下したことである．この間の変化を表1-3を使って確認しておく．同表には，毎年のメインバンクの株式保有比率の変化が示されている[13]．

分析の出発点である1990年度には，メインバンクの株式保有比率の平均値は

---

[13] 銀行による株式保有は，これまで日本のメインバンクの特徴の1つとされており，その利点として銀行が株主になることで，債権者と株主との間の利害対立を防ぐことができることなどが指摘されてきた（Hoshi and Kashyap, 2001）．

表 1-3　メインバンクの株式保有比率の推移

年度	企業数	平均値(%)	中央値(%)	標準偏差
1990	383	4.19	4.60	1.31
1996	404	4.07	4.60	1.37
1999	402	3.88	4.50	1.43
2001	400	3.42	4.20	1.78
2006	393	2.47	2.50	1.89
2009	366	2.40	2.50	1.90
2013	346	2.28	2.25	1.84
全体	9,200	3.28	3.90	1.83

(注)　サンプルは，表 1-1 と同じ．

4.19%，中央値が4.60%であり，ほとんどの企業が法的規制（独占禁止法・銀行法）の上限近傍にある．また1996年度で見ても，平均値がやや低下する一方で中央値は1990年度と同じ値のままである．ところが銀行危機発生後の1999年度からは，メインバンクの株式保有比率は低下し始める．2001年度には，サンプルのうち半数の企業でメインバンクによる株式保有比率が低下するとともに，その標準偏差が急拡大した．これは，メインバンクが株式を売却する企業と保有を維持する企業とに分化したことをうかがわせる[14]．そして，2006年度には平均値は2.47%，中央値は2.50%まで低下している．その後はメインバンクによる株式保有比率の低下スピードは緩慢になり，2008年度には若干の増加が観察されるがそれは一時的現象であり[15]，2013年度には平均値は2.28%，中央値は2.25%まで低下している．

　では，メインバンクによる保有株式の売却はいかなる要因によって決定されているのだろうか[16]．既述のように銀行危機以降，メインバンクは保有株の売却を行うインセンティブを高めることとなった．これは，不良債権処理の原資確保の必要からだけではなく，1999年の時価会計の導入，自己資本比率規制の強化などにより，顧客企業の株式保有のコストが上昇したためである．もっとも，メインバンクが保有株式を均等に圧縮したわけではない．メインバンクの株式保有比率の変動係数で見ても，1997年の0.35から2005年の0.77まで上昇

---

14)　例えば，東京三菱銀行のトヨタ株の保有はゼロとなり，また，みずほ銀行もソフトバンクの保有比率は同様にゼロとなっている．

15)　これは当時「持ち合い復活」とも呼ばれた．

16)　この点については，Miyajima and Kuroki (2007) が分析しているが，メインバンクに焦点を絞っているわけではない．また推計期間も，2002年までにとどまる．

しており，売却対象となる企業とそうでない企業があったことがわかる．そこで，メインバンクの株式売却行動について明らかにするため，以下のモデルを用いて分析する．サンプルは，5年前とメインバンクが同一という意味で安定した銀行との関係の確認できる企業（MBダミー＝1）に限定する．推定方法はOLSである．

$$\Delta MBSH_{it} = a_0 + a_1 \times LASSET_{i,t-1} + a_2 \times SVOL_{i,t-1} + a_3 \times VOL_{i,t-1} + a_4 \times ICR_{i,t-1} + a_5 \times HIGHq_{i,t-1} + a_6 \times BOR_{i,t-1} + a_7 \times BOARD_{i,t-1} \tag{1}$$

被説明変数は，前記の意味のメインバンクによる事業会社の株式保有比率の前年からの変化分（以下，$\Delta MBSH$）である．なお，$\Delta MBSH$は1990-1997年の間では，平均0.00％，標準偏差が0.22％，1998-2005年では平均が－0.17％，標準偏差0.79％，2006-2013年の間については，平均が－0.03％，標準偏差0.49％である．したがって，最も銀行の株式保有について変化が大きかったのは，1998-2005年の間（期間Ⅱ）ということになる．

他方，説明変数については，機関投資家の銘柄選択行動に影響を与える変数として，総資産対数値（LASSET），流動性を示す売買回転率（SVOL），株価ボラティリティ（VOL）を用いる．銀行が株式を保有する企業のパフォーマンス変数については，まずインタレスト・カバレッジレシオ（営業利益／金利支払い）の値が1を下回った場合に1を与えるダミー変数（ICR）を用いる．これにより，財務危機に陥った企業の株式を売却するのか，保有を維持するのかを検証する．また，トービンのqが四分位以上であれば1を与えるダミー変数（HIGHq）を用いる．メインバンクの株式保有行動がトービンのqと相関しているかがここでの焦点である．さらに銀行の企業に対するコミットメントを示す変数としては，銀行借入の総資産に対する比率（BOR）を用いる．銀行借入ではなくメインバンクからの借入のデータを用いることがより望ましいが，2000年以降はメインバンクの貸出比率のデータがすべての企業について得られないためこの変数を利用した．また，メインバンクの役員派遣の有無も変数として用いた（BOARD）．銀行の株式保有の継続を促進しているとすれば，その符号は正であることが予想される．

推計は，全期間についてサンプルをプールした推計と，期間ごとの推計であ

表1-4 メインバンクの株式保有比率の決定要因

被説明変数：ΔMBSH	(1) 1990-2013	(2) 1990-1997	(3) 1998-2005	(4) 1999-2004	(5) 2006-2013
総資産対数値	-0.0214***	-0.0005	-0.0396***	-0.0465***	-0.0186***
	(0.0049)	(0.0042)	(0.0120)	(0.0152)	(0.0069)
借入比率	0.0013***	0.0008**	0.0024***	0.0026**	0.0007
	(0.0004)	(0.0004)	(0.0009)	(0.0011)	(0.0005)
ICR	0.0141	0.0032	0.0513	0.0856*	-0.0202
	(0.0142)	(0.0128)	(0.0349)	(0.0437)	(0.0203)
トービンのq（四分位）	-0.0637***	-0.0223*	-0.1095***	-0.1354***	-0.0339
	(0.0169)	(0.0132)	(0.0411)	(0.0504)	(0.0228)
株価ボラティリティ	-0.0035***	-0.0024***	-0.0049***	-0.0051***	-0.0035***
	(0.0007)	(0.0008)	(0.0015)	(0.0019)	(0.0011)
売買回転率	0.0000	0.0000	-0.0000	0.0001	0.0000
	(0.0001)	(0.0002)	(0.0002)	(0.0002)	(0.0000)
メインバンク役員派遣	0.0293*	0.0070	0.0889***	0.1214***	0.0050
	(0.0157)	(0.0131)	(0.0341)	(0.0442)	(0.0241)
メインバンク持株比率	-0.0619***	-0.0273***	-0.1054***	-0.1243***	-0.0446***
	(0.0056)	(0.0069)	(0.0125)	(0.0157)	(0.0063)
定数項	0.8361***	0.2901**	1.2982***	1.1267***	0.3906**
	(0.1228)	(0.1167)	(0.2513)	(0.3067)	(0.1563)
R^2	0.0622	0.0383	0.0615	0.06	0.0309
サンプル数	7,837	2,071	2,960	2,220	2,806

(注) 推定方法はOLSを用いている．上段は係数，下段の括弧内は頑健な標準誤差である．***, **, *は，それぞれ1％，5％，10％水準で有意であることを示している．被説明変数は，各年のメインバンクによる事業会社の株式保有比率の前年からの変化分（ΔMBSH）である．サンプルは，5年前とメインバンクが同じケースのみに限定されている．説明変数はすべて1期前の値を用いている．

り，推計結果は，表1-4に要約されている．

全体として，銀行が株式をこの期間に売却している企業の特徴は，規模が大きい，借入比率が低い，トービンのqが高い，株価のボラティリティが高い，という特徴がある．逆に，規模が小さく，トービンのqが低く，借入比率が高く，役員派遣などの取引関係が強い企業の株式を銀行は保有している[17]．

期間ごとに見れば，以上の傾向は期間Ⅱ（1998-2005）において明確に確認できる．すなわち，全サンプルの推計結果はほぼこの期間によって規定されていたといってよい．期間Ⅰ（1990-1997）では，メインバンクの株式保有の変化は，借入比率に有意に正，トービンのqに対して負に感応しているがその係数は小さい．それに対して，株式持ち合いが急速に解消した期間Ⅱ（1998-2005）では，メインバンク持株比率のトービンのqに対する負の感応度

---

[17] 海外機関投資家の銘柄選択行動とはほぼ正反対である．この点については，本書第2章参照．

は上昇した．さらに，持ち合いの解消が最も急速に進展した1999-2004年にサンプル期間を限定するとその傾向はより明確になり，トービンの q がサンプルの上位25％に属する相対的に成長機会が高い企業では，毎年のメインバンクの株式保有比率が0.14％低下する．これは平均的なメインバンクによる株式保有比率の毎年の変化（－0.2％）の6割以上に当たる．

また，この1999-2004年の時期には，ICR ダミーの係数も10％有意水準で正であり，財務危機に直面した企業ほどメインバンクが株式を保有する傾向があることがわかる．Miyajima and Kuroki（2007）でも指摘した通り，財務危機に直面した企業の株式を売却すれば，メインバンクが顧客企業を見放したというシグナルを市場に対して発することになり，一層の株価の低下や，さらには貸出債権の価値が毀損される可能性を考慮したものと考えられる．すなわち，この時期の銀行部門の証券投資行動は，1990年代の貸出に見られたように業績の悪い企業の株式ほど保有する，というものだったと考えられる．

他方，2006年以降の期間Ⅲには，不良債権問題の処理が終わったこともあり，以上のような傾向は観察されなくなる．メインバンクの株式保有比率を規定する要因は，資産規模と株価のボラティリティのみであり，規模が大きく売却の容易な企業，あるいは，ボラティリティの高い企業を売却する傾向はあるものの，財務危機に陥った企業やトービンの q の低い企業を優先的に維持する傾向は見られなくなったのである．

以上の結果の頑強性を確認するために，ICR を1.5以上に変更した推計，トービンの q を連続数に代えた推計，メインバンク持株比率を除いた推計も行った．基本的な傾向はいずれの場合でも同じであり，銀行危機以降のメインバンクによる持ち合い株式の解消は，規模が大きく，負債依存度が低く，トービンの q が高い，財務的に健全な企業との間で優先的に進展したことが確認される一方，このような株式投資行動は，メガバンクへの統合が終了した2006年以降は観察されない．

4.2 役員派遣

次に，メインバンクからの役員派遣について検討する．メインバンクによる借り手企業のモニタリングや規律付けを可能にするものとして，メインバンクからの役員派遣の役割が注目されてきた．Kaplan and Minton（1994）は，

表 1-5　銀行の役員派遣

年度	企業数	銀行からの役員派遣総数（人）	構成比	1人→0人	1人→1人
1990-1997	405.14	100.43	0.25	16.71	85.43
1998-2005	417.25	90.13	0.22	14.13	75.00
2006-2013	394.50	54.75	0.14	12.88	44.88
全体	405.65	80.96	0.20	14.48	67.70

年度	0人→0人	0人→1人	平均（人）
1990-1997	288.00	15.00	−1.71
1998-2005	313.00	15.13	1.00
2006-2013	326.88	9.88	−3.00
全体	310.22	13.26	−1.22

（注）　ここでは入社5年以内の派遣役員に限定している．「1人→0人」は，取引銀行から派遣された役員数が1人から0人になった企業数の期間平均．「1人→1人」は，取引銀行から派遣された役員数が1人から1人で変化がなかった企業数の期間平均．「0人→0人」は，取引銀行から派遣された役員数が0人から0人で変化がなかった企業数の期間平均．「1人→0人」は，取引銀行から派遣された役員数が1人から0人になった企業数の期間平均．「0人→1人」は，取引銀行から派遣された役員数が0人から1人になった企業数の期間平均．

1980年代の日本企業のデータを用いた分析により，株式のリターンが低下した場合や収益が悪化した際にメインバンクから役員が派遣されていること，また，役員が派遣された際には，社長の交代も行われていることなどを示している．他方で，役員が派遣された後の，雇用の成長率の減少幅などを見ると，メインバンク関係が弱い企業の方がその値が大きく，メインバンクによる役員派遣が企業に対してリストラクチャリングを強く促す結果にはつながっていなかった，との指摘もある（Morck and Nakamura, 1999）．

　ここでは，業績が悪化したときに役員を派遣する関係が継続しているかどうかが分析の焦点である．2000年代以降は，取締役改革（取締役の規模縮小，独立取締役の要請）が進展し，取引銀行の役員は独立性を欠くものとして，派遣の制約が強まった[18]．そこで，業績の悪化した企業に役員が派遣されているのか，また，銀行部門の再編成以降にどのような特性の企業で，役員派遣が減少（または増加）したのかを確認する．

　1990-2013年度の役員派遣の分布は，表1-5の通りである．銀行の役員派遣

---

[18]　会社法の規定では，取引銀行出身役員は社外取締役として認められるが，東証の上場規定では，取引銀行出身者は，借入などの取引自体が僅少である場合を除き，独立取締役とは認められない．

は，1990年代からすでに低下傾向にあり，期間Ⅰ（1990-1997）については平均すると約−1.7人である．しかし，期間Ⅱ（1998-2005）ではこの値は+1人と，一時的に銀行派遣が増加している．実際この増加は，1999年から2001年まで確認できた．事業再編成にあたって銀行が関与を強めたことを予想させる．

ところが2006年度から2013年度までの期間Ⅲを見ると，再び，新規派遣の件数が大幅に減少した．この傾向は実際には2003年頃から始まっており，2006年以降は，派遣役員の退任も進んだ．期間Ⅲの役員派遣は，年平均−3人と大きく減少している．なお表には示していないが，相対的に役員派遣が増加する可能性がある景気後退期の2009-2011年度を見ても，役員派遣が純増した企業数は，期間Ⅰの2分の1程度であり，役員派遣の減少が増加を件数で上回っている．以上のことは，業績が悪化した場合に，銀行が役員を派遣するという関係が弱まったことを予想させる．

▶ 役員派遣の決定要因

次に，役員派遣はいかなる要因によって決定されるのかを，以下のモデルを用いて分析する．推定方法はプロビットである．

$$\Pr(\text{DIS}_{it}=1) = F(b_0 + b_1 \times q_{i,t-1} + b_2 \times \text{NICR}_{i,t-1} + b_3 \times \text{DEBT}_{i,t-1} + b_4 \times \text{MBS}_{i,t-1} + b_5 \times \text{LASSET}_{i,t-1}) \tag{2}$$

被説明変数は，観察時点の5年以内にメインバンクである銀行から役員が派遣された場合に1をとるダミー変数である（DIS）．説明変数としてはまず，業績悪化の代理変数として，トービンの q の5年平均（q），およびICRが過去5年に1以下をとる回数（NICR）を用いた．次に，企業の財務健全性を示す変数として，借入の総資産に対する比率の過去5年平均値（DEBT）を利用した．さらに，銀行の関与の程度を示す変数として，メインバンクの持株比率が3%以上の企業に1を与えるダミー変数（MBS）を用いる．前項の分析から明らかなように，この変数が1をとる企業数は，期間Ⅰで85.2%（標準偏差35.4）に対して，期間Ⅱでは大幅に低下して62.6%（同48.4），期間Ⅲは41.4%（同49.3）である．また，規模をコントロールする目的で総資産の対数値（LASSET）を変数に加えた．

表 1-6 メインバンクからの役員派遣の決定要因

被説明変数：DIS	(1) 1990-2013	(2) 1990-1996	(3) 1997-2005	(4) 2006-2013
トービンの q（5年平均）	0.0162 (0.0168)	0.0359 (0.0324)	0.0290 (0.0246)	−0.0049 (0.0243)
ICR＜1（回数）	0.0181*** (0.0058)	0.0203* (0.0121)	0.0245** (0.0096)	0.0065 (0.0073)
借入比率（平均・資産合計）	0.0049*** (0.0008)	0.0053*** (0.0012)	0.0053*** (0.0011)	0.0033*** (0.0010)
メインバンク持株比率≧3%（当期）	0.1350*** (0.0201)	0.1983*** (0.0277)	0.1721*** (0.0282)	0.0719*** (0.0270)
総資産対数値（平均）	0.0066 (0.0102)	0.0126 (0.0141)	0.0106 (0.0141)	0.0056 (0.0109)
定数項	−0.1061 (0.2022)	−0.3867 (0.2784)	−0.1721 (0.2671)	−0.1968 (0.2199)
サンプルダミー	Yes	Yes	Yes	Yes
産業ダミー	Yes	Yes	Yes	Yes
年次ダミー	Yes	Yes	Yes	Yes
Pseudo R^2	0.106	0.116	0.131	0.056
対数尤度	−4,106	−1,595	−1,402	−951
サンプル数	8,907	3,061	2,984	2,862

（注）推定方法はプロビットを用いている．上段は係数，下段の括弧内は頑健な標準誤差である．***，**，* は，それぞれ1％，5％，10％水準で有意であることを示している．被説明変数は，観察時点の5年以内にメインバンクである銀行から役員が派遣された場合に1をとるダミー変数（DIS）である．サンプルは，5年前とメインバンクが同じケースのみに限定されている．説明変数はすべて1期前の値を用いている．

推計結果は，表1-6に要約されている．第1に，全期間での推計では，銀行からの借入が多く，ICRが1を下回った回数が多い企業ほど，メインバンクからの役員派遣がより観察されるという傾向が確認できる．第2に，ICRが1を下回る，すなわち財務危機が発生している状況でメインバンクから役員が派遣される傾向は，期間Ⅲに入ると観察できない．なおこの結果は，ICRの閾値を1.5に代えても変わらない．すなわち，業績が悪化すると役員派遣が増加するというメカニズムが機能していたのは，第Ⅱ期までということになる．こうした結果が観察される理由は，1つには企業の財務状況が改善したためにICRが1を下回るケースが減ったためと考えられる．実際，ICRが1を下回る回数は，期間Ⅰで平均0.86回，期間Ⅱでは平均0.79回，期間Ⅲで平均0.51回であり，徐々に財務危機を経験する頻度が低下していることがわかる[19]．

もっとも，平均して役員派遣のICR感応度が低下したとしても，メインバ

---

[19] なお各期の標準偏差は，期間Ⅰが1.55，期間Ⅱでは1.42，期間Ⅲでは0.98である．

ンク関係が強い企業では,依然その関係が維持されている可能性はある.例えば,広田・宮島 (2001) は,1970年代と1990年代とを比較して,財務危機に直面した企業の役員派遣の頻度は低下したものの,メインバンク関係の強い企業では,役員派遣が業績の悪化に負の有意に感応していることを報告している.そこで,NICRとメインバンクによる株式保有比率が3％以上の場合に1を与えるダミー変数との交差項を導入し,メインバンクによる株式保有が高い企業でICRの影響が明確に検出されるかを検証した.しかしこの場合でも1990年代とは異なって,交差項の係数は有意ではなく,また符号も予想とは異なって負であった.すなわち,銀行部門の再編成後には,たとえ株式を保有していたとしても,メインバンクの役員派遣は以前と比較して観察されなくなっていると結論付けられる[20].

4.3 メインバンク関係を持つ企業の特徴の変化

以上のように株式保有と役員派遣が変化した結果,密接なメインバンク関係を持つ企業の特徴が変化した.表1-7に整理したように,1990年時点では持株比率で見れば,メインバンクは85％以上の企業で3％以上株式を保有し,その平均時価総額は3％以下の企業に比べてはるかに大きく,企業間のパフォーマンスについても,3％以上株式を保有している企業の方が低いもののその差はわずかであった.しかし,銀行の株式売却が終了した2005年には,メインバンクの株式保有比率が3％以下の企業の方が時価総額が大きく,また,両者でのパフォーマンスの格差もROAで2.99％,トービンのqで0.56に広がっていた.すなわち,ROAで見てもトービンのqで見ても,メインバンクの株式保有比率が3％以下の企業の方が業績が良好であり,さらにその程度は1997年と比較して2005年の方が大きいのである.では,こうした関係の変化は,実際に財務行動や,事業再組織化にどのような影響を与えたのだろうか.

---

[20] ただし期間Ⅲの時期においても,業績が悪化した場合に一定の範囲内で銀行が関与したケースは,例えば,東芝,シャープ,オリンパス,沖電気など大型の案件では存在する.

第1章　メガバンク成立後の企業・銀行間関係

表1-7　メインバンク関係と企業の特徴

	1990			1997			2005			2013		
	MB関係あり	MB関係なし	差	MB関係あり	MB関係なし	差	MB関係あり	MB関係なし	差	MB関係あり	MB関係なし	差
企業数	334	49	285	333	70	263	170	219	-49	137	209	-72
総資産	332.96	140.26	192.70	322.12	166.07	156.06	170.69	390.39	-219.70	163.73	502.53	-338.80
時価総額	269.12	192.24	76.89	213.65	155.25	58.40	184.59	511.91	-327.32	106.36	492.39	-386.03
負債比率	63.41	59.66	3.75	60.18	55.00	5.18	52.30	47.81	4.49	50.15	45.69	4.46
借入比率	17.56	18.51	-0.95	21.69	21.07	0.62	17.15	14.29	2.86	18.37	14.95	3.42
ROA	4.72	5.64	-0.93	2.90	4.12	-1.21	3.19	6.18	-2.99	2.84	4.13	-1.29
トービンの q	1.81	1.97	-0.16	1.12	1.27	-0.15	1.37	1.94	-0.56	1.09	1.33	-0.24
株価リターン	-15.99	-21.39	5.40	-26.55	-22.59	-3.96	45.77	46.21	-0.45	25.22	26.29	-1.07
株価ボラティリティ	51.56	50.17	1.39	55.32	50.85	4.47	32.40	32.19	0.21	38.96	36.84	2.12
売買回転率	46.57	46.80	-0.23	31.56	24.50	7.06	126.08	135.80	-9.73	106.51	132.65	-26.14
配当比率	0.67	0.76	-0.08	0.58	0.67	-0.09	0.86	1.21	-0.35	0.95	1.52	-0.56
現預金比率	25.28	23.45	1.83	20.55	18.98	1.57	30.78	28.28	2.50	31.43	26.35	5.09
運転資本比率	19.42	18.89	0.53	13.08	11.17	1.91	11.86	15.86	-4.01	13.68	17.47	-3.78
固定資産比率	35.85	39.49	-3.65	43.36	50.17	-6.81	53.46	51.89	1.58	54.60	52.67	1.93

(注)　メインバンクによる持株比率が3％以上の場合に「MB関係あり」としている。

5 メインバンク関係と貸出・企業救済の関係

5.1 貸出行動

1990年代には，日本の銀行は不良債権問題を回避する目的で業績の悪い企業に対して貸出を続けたこと，こうした行動は強いメインバンク関係がある場合に，より積極的に行われたことが知られている（Peek and Rosengren 2005; Caballero et al., 2008）．これまで見てきた通り，2000年代に入ると大手銀行の再編成が進み，銀行の株式保有低下や役員派遣の減少が進んだが，この時期においてメインバンク関係は銀行の貸出行動にどのような影響を与えたのだろうか．ここでは，Peek and Rosengren（2005）の分析方法に従いながら，この問題について検証する．

検証する仮説は，企業業績と貸出増加の間に正の相関があるか，メインバンク関係はこの業績と貸出の関係に対して，それを強める働きをしているのか，あるいは弱める働きをしているのか，という点である．具体的には以下のモデルをプロビットを用いて推定する[21]．サンプル期間は，1990年から2013年までである．

$$\Pr(\text{Loan\_dum}_{it}=1)$$
$$=F(c_0+c_1\times \text{LASSET}_{i,t-1}+c_2\times \text{WC}_{i,t-1}+c_3\times q_{i,t-1}+c_4$$
$$\times \text{ROA}_{i,t-1}+c_5\times \text{DEBT}_{i,t-1}+c_6\times \text{MB}_{i,t-1}+c_7\times \text{MB}$$
$$\times q_{i,t-1}) \tag{3}$$

被説明変数は，前年度から借入が増加していれば1，減少もしくは借入額に変化がない場合はゼロを与えるダミー変数（Loan_dum）である．Peek and Rosengren（2005）が指摘する通り，借り手企業だけでなく金融機関側が貸出を行うインセンティブを持たない限り，企業の借入は増加しない．他方，借入の減少は金融機関側の要因，もしくは借り手企業側の要因のいずれかだけであっても発生する．本章はメインバンクの影響を明らかにすることを主眼に置い

---

[21] ここでは，プールのプロビットを用いた結果を表に示している．なお，パネルのプロビット（ランダム・エフェクトモデル）を用いても結果はほぼ同じである．

表 1-8　借入増加とメインバンク関係

	(1) 1990-2013	(2) 1990-1997	(3) 1998-2005	(4) 2006-2013
総資産の対数値	-0.003	-0.078***	-0.038*	0.076***
	(0.012)	(0.023)	(0.021)	(0.021)
流動性資産保有比率	-0.556***	-0.373***	-0.728***	-0.508***
	(0.068)	(0.130)	(0.125)	(0.115)
トービンの q	-0.086**	-0.231**	-0.038	-0.122
	(0.042)	(0.101)	(0.058)	(0.092)
ROA	-3.365***	-6.817***	-2.786***	-2.256***
	(0.402)	(0.871)	(0.734)	(0.610)
負債比率	0.562***	0.717***	0.595***	0.307
	(0.103)	(0.198)	(0.163)	(0.196)
MB ダミー	0.105	0.361*	0.058	-0.280
	(0.091)	(0.197)	(0.122)	(0.221)
MB ダミー× q	-0.047	-0.288*	-0.020	0.349*
	(0.084)	(0.173)	(0.126)	(0.200)
産業ダミー	Yes	Yes	Yes	Yes
年次ダミー	Yes	Yes	Yes	Yes
Pseudo R^2	0.0744	0.0856	0.0928	0.0712
対数尤度	-5,455	-1,739	-1,879	-1,762
サンプル数	8,692	2,760	3,136	2,794

(注)　推定方法はプロビットを用いている．上段は係数，下段の括弧内は頑健な標準誤差である．***，**，* は，それぞれ 1％，5％，10％水準で有意であることを示している．被説明変数は，有利子負債増加であれば 1 を与えるダミー変数である．MB ダミーは，メインバンクが銀行中持株順位 1 位であり，さらにメインバンクから役員派遣が行われているケースに 1 を与える変数である．説明変数はすべて 1 期前の値を用いている．

ているため，金融機関側のインセンティブがより明確に捉えられるよう，借入が増加していれば 1 を与えるダミー変数を被説明変数として用いる．

　説明変数については，企業・銀行間関係が企業の借入行動に与える影響について分析を行った先行研究に従い，以下の変数を用いる．まず企業のパフォーマンスについてはこれまでと同様に，収益性を捉える変数として ROA を，成長機会の大きさを捉える変数としてトービンの q を用いる．また，規模の影響を捉える変数として総資産の対数値（LASSET）を，短期資金に対する需要をコントロールする目的で，流動資産保有比率（WC）を用いる．WC は，現預金を含む流動資産を総資産で割った値であり，この値が大きいほど，短期借入の需要は低下すると考えられる．さらに，貸出に対する既存の負債水準の影響を見るために，負債比率（DEBT）を用いる．

　MB は，メインバンク関係を表すダミー変数である．借り手企業に対してのコミットメントの程度が最も高いケースでのメインバンク関係の影響を考察す

る目的で，メインバンクが銀行中持株順位1位であり，さらにメインバンクから役員派遣が行われている場合に1を与えるという定義でMBダミーを作成した．したがって，MBダミーが1となる企業には，相対的にかなり強いメインバンク関係があると想定している．さらに，パフォーマンスと借入行動の関係にメインバンク関係がどのように影響するかを分析するため，MBダミーとパフォーマンス変数（q）の交差項を用いる．結果は，表1-8の通りである．

　まずサンプル期間全体を通じた結果を見ると，パフォーマンスについては，トービンのqおよびROAの両方について，全期間を通じた推計では係数が負となっている．とりわけROAに関してはその係数が有意に負であり，この結果はメインバンクの定義を変えても同じである．すなわち，1990年以降，業績が良い企業は金融機関からの借入を行わない，あるいは返済を進めていたと考えられる．この結果は，上場企業の負債比率が平均して低下してきたこととも整合的な結果である．流動資産保有比率（WC）については，事前の想定通りその係数はすべての推計式で有意に負であった．すなわち，手元に保有資金がある場合，負債への依存度は低下することがわかる．

　次に，サンプル期間を先に述べた3期間に区分し，時間を通じて以上の関係がどのように変化するのかを確認する．第1に，期間Ⅰ（1990-1997）では，借入増加の確率は企業規模に対して有意に負に相関しており，規模が小さい企業ほど借入が増加しているのに対して，期間Ⅲ（2006-2013）では企業規模の係数は有意に正である．銀行危機後の再編期までは相対的に規模の小さな企業で銀行借入が増加していたものが，再編が終了した2006年以降に入ると，むしろ規模の大きな企業で借入が増加したことになる．

　第2に，パフォーマンス変数についてはいずれの期間でも，負債が増加する可能性とパフォーマンスとは負の相関があることがわかる．とりわけROAに関してはその係数が有意に負である．また3期間で比較すると，期間Ⅰについては，その係数の絶対値が他の期間より大きい．つまり1990年代においては，とりわけ業績の良い企業ほど借入に慎重だったことがわかる．

　次にMBダミーの係数を見ると，期間Ⅰ（1990-1997）においてのみ，その係数は有意に正となっている．つまり，メインバンクと密接な関係がある企業ほど，借入を増やす傾向が強いことを意味する．さらに，MBダミーとトービンのqの交差項について見ると，1990年代の期間Ⅰにおいてのみ，10％有意水

準ではあるが，その係数が負となる[22]．すなわち，メインバンクと密接な関係がある企業は，業績が悪化するとともに借入を増やす傾向が強いことを意味する．これは，1990年代においては業績の悪化した企業に対して銀行が不良債権問題を回避するために追加の貸出を行ったこと（いわゆるゾンビ貸出を実施した），さらにメインバンクはそうしたゾンビ貸出をより積極的に行った，という先行研究の結果と整合的な結果である．

2000年代に入ると，借入に対するROAの係数が低下する一方でメインバンク関係の借入に対する影響はほぼ確認できなくなる．とりわけ期間Ⅲでは，MBダミーとトービンのqの交差項は期間Ⅰと逆に有意に正という対照的な結果が得られる[23]．少なくとも銀行の経営が健全化した2000年代中盤以降においては，「ゾンビ貸出」のような事態は確認されないこと，むしろ，メインバンク関係の強い企業では，収益性または成長性が高くない限り，銀行からの借入を増加させないことを示唆している．なお2006年以降のこうした傾向は，マクロ経済状態が悪化した2008年から2012年だけをサンプル期間としても変わらない．

5.2 業績悪化企業への関与

従来，メインバンク関係の特徴として，業績が悪化した際にメインバンクが他行に比して大きな負担を負いながら介入し，企業の再建に中心的役割を担う点が指摘されてきた．こうした慣行がどのように変化したのかが，ここでの分析の焦点である．Hoshi et al. (2011) は，1981年から2007年までの日本企業の再建の可能性とメインバンクからの借入について分析を行っている．そして，財務危機に陥った企業が再建される可能性は1980年代から1990年代，2000年代と時代を経るにつれ低下していること，また，メインバンクからの相対的な借入比率の高さは，その企業が財務危機から再建される可能性に影響を与えなくなっていること，ただし，メインバンク主導でリストラクチャリングが行われる場合には債務削減をより積極的に行っていることを指摘している．またPeek (2011) は，メインバンクからの借入の増加は，1980年から1992年までは

---

[22] トービンのqの代わりにROAを用いた場合，ROAとMBダミーの交差項の符号は負であるが，有意ではない．

[23] 同様の結果は，ROAを用いた場合でも得られる．

表 1-9 業績悪化企業への関与

パネル A：財務危機と銀行の関与

	1992-1994	1998-2002	2008-2010	全体
2期連続 ICR ＜1の企業（社）	97	82	54	233
2期連続経常赤字の企業（社）	72	70	59	201
少なくともどちらかに該当する企業（社）(1)	99	88	66	253
自己資本比率（％）	31.1	29.7	42.3	
借入増加額平均（百万円）	6,471	6,035	4,358	
メインバンク持株比率（％）	4.29	3.91	2.54	
メインバンク持株比率3％以上	86	69	29	
役員派遣（t＝0）（人）(2)	34	26	11	
(2)/(1)	34.3%	29.5%	16.7%	
新規役員派遣（0→1）（人）(3)	11	8	4	
(3)/(1)	11.1%	9.1%	6.1%	
3％以上で役員派遣（人）(4)	34	26	5	
(4)/(1)	34.3%	29.5%	7.6%	

パネル B：財務危機後の再編の手段（件数）

主導・再建手段	1992-1994	1998-2002	2008-2010	全体
法的整理	1	10	1	12
自主再建	85	45	43	173
銀行主導	5	4	0	9
事業法人主導	8	27	22	57
ファンド主導	0	4	2	6

（注） サンプルは，表1-1と同じ．ICRはインタレスト・カバレッジレシオを意味する．

経営危機に陥っている企業の業績の改善に対して一定の正の効果を持っていた一方，1993年から2002年までについてはそのような効果は観察されないことを報告している．

表1-9のパネルAは，マクロ経済の不況が深刻であった時期において，サンプル企業中で2期連続でインタレスト・カバレッジレシオ（ICR）が1を下回る企業数，および経常赤字を2期連続で記録した企業数を示している．

第1に，2008-2010年の間で見ると，2期連続でICRが1以下となる企業数と比較して，経常利益が赤字となる企業数が若干多い．これは，企業の負債削減が進展し，資本構成が改善した結果である．この時期の自己資本比率の平均値は，それ以前の1998-2002年と比べても12％ポイント程度高く，業績が一時的に悪化しても，それまでに積み上げた内部資金によって対応することができたと考えられる．その結果，財務危機に際して借入が増加した企業の割合は1992-1994年では70.7％であるのに対して，2008-2010年の間ではその値が62％

と低下している．さらに，借入の増加額の平均を見ると，その値は1992-1994年の約65億円から2008-2010年では約44億円へと減少している．

　第2に，2008-2010年では，銀行の借入が増加したケースでも，その後の銀行の関与は小さい．財務危機に直面した企業の株式保有比率は，サンプル平均とほぼ一致しており，顧客企業の株式をメインバンクが3％以上保有しているケースは29ケースだけであった．また既述の通り，財務危機中（t－2からt－0），あるいは財務危機後に，銀行が役員を新たに派遣したケースはわずか4例にとどまり，財務危機企業に銀行派遣役員がいるケースも11件にとどまる．すでに見た通り，2000年代に入り，銀行による融資先企業の株式保有は急激に減少していることから，再建にあたってもはやメインバンクの株式所有は重要な要素ではなくなった，と考えられる．

　第3に，財務危機企業の再建では，銀行が主導的な役割を果たすケースが減少する傾向が見られる．表1-9パネルBには，新聞記事で判明する限りでの財務危機後の再編の手段を整理した[24]．金利減免・追加貸出など，具体的な経営再建の方法が確認できるケースのみカウントしているため，必ずしも全体を捕捉しているとはいえないが，銀行危機以前の1992-1994年の時期については5件，1998-2002年には90件中4件で，メインバンク主導の金利減免・追加融資等による再建が確認できる．それに対して，2008-2010年には，ここでのサンプルで見る限りは，銀行が中心的に経営再建に関与したケースは確認できない．他方で，他の事業会社が再建を主導するケースが，1998年以降において比較的多く観察されており，業績が悪化した企業が第三者割当を通じて他の事業法人を大株主とするパターンがその典型である．すなわち，メインバンク管理の下で企業が独立のまま再建を行うのではなく，他の事業会社に買収される形で再建を図るケースが目立つのが，近年の特徴といえる．

24）ここではパネルAと同様に，サンプル企業中2期連続でインタレスト・カバレッジレシオ（ICR）が1を下回る企業数および，経常赤字を2期連続で記録した企業を，財務危機に直面していると定義している．

6　結論：メインバンク関係の影響力の低下

　これまで述べてきたように，企業側の借入比率の低下もあって，株式保有比率，役員派遣の程度，貸出，業績不振企業に対する救済のどの点で見ても，メガバンク成立後においてメインバンクの影響力は低下している．

　では，このような企業・銀行間関係の変化をどのように理解したらよいだろうか．メインバンクを委託されたモニターと考え（Aoki *et al*., 1994），インサイダーであり私的便益を持つ企業の経営者，モニタリングを行わない外部投資家，モニタリングの実施主体であるモニター（メインバンク）の三者で構成される Tirole（2006）のモデルに基づいてこの問題を考えてみる．このモデルでは，企業はモラルハザードのインセンティブを持つ一方，モニターが自らコストをかけて行うモニタリングを受け入れるとモラルハザードの可能性が低下するため，結果として外部から資金調達が可能となる[25]．企業の経営者から見れば，モニタリングを受け入れることは私的便益が低下するという意味で望ましくないが，その代わりに資金調達が容易になる．この際，モニタリングを行わない外部投資家の保有する資産の価値も資金調達が可能となることで上昇するが，これはモニタリングに伴う正の外部性と考えられる．

　さらに重要なのは，モニタリングにあたっては一定のコストを支払う必要があり，それを上回る利益が発生しない限り，モニターがモニタリングを行うインセンティブが生じない点である．仮にモニタリングコストが一定であるとすれば，このモニターにのみ生ずる追加利益が小さいほどモニタリングは行われない．他方で，企業から見ればモニタリングを受け入れるのは，外部資金調達が容易になるためなので，外部資金需要が小さい企業はモニタリングを受け入れなくても十分に資金調達が可能ということになる．

　ただし，エージェントである企業とモニターが結託する可能性を考慮すると状況は変わる．もし企業の経営者がモニターと結託できれば，モラルハザードを起こすことで私的便益を得る．他方，モニターは結託するとモラルハザードによりプロジェクトの成功確率は低下し，一定の収益を失う．しかし，それを

---

[25]　経営者がモラルハザードを起こすと，プロジェクトの成功確率は低下する一方で経営者の得る私的便益は増大する．

上回る便益を結託の見返りとして企業から受け取ることができるのであれば，たとえプロジェクトの成功確率が下がっても，モニタリングを行わないインセンティブが生じる．

　このような分析枠組みを用いた場合，ここまで分析してきた1990年代以降の企業・銀行間関係の変化はどのように理解できるだろうか．少なくとも3つの要因が指摘できるだろう．第1に，多くの先行研究でも指摘される通り，期間Ⅰ（1990-1997）および期間Ⅱ（1998-2005）には，モニターであるメインバンクが負担を負う形で，顧客企業を救済していた．実際，第5節で見た通り期間Ⅰにおいては銀行の貸出の増加がROAの低い企業で発生し，メインバンクの存在がこの関係を増幅していた．業績が悪化したにもかかわらず追加融資や金利減免を行い，時には債権回収の見込みのないまま金利減免・再建放棄を行う，いわゆるゾンビ貸出を行っていたのである．前記のモデルに従えばこうしたゾンビ貸出は，企業とモニターであるメインバンクが結託し，本来行われるべきリストラクチャリングを企業は行わない一方，メインバンクが不良債権問題の開示を避けることができる，という便益を得ていたとも解釈できる．しかし，こうした不良債権先送りは銀行行政の変化により不可能となり，少なくとも2000年代半ばにおいてはこのような意味での私的便益はほぼなくなったと考えてよいだろう．

　第2には，メインバンクのモニタリングが低下した理由として，銀行が認識するモニタリングに伴う追加利益が，それ以前と比較して低下した可能性も考えられる．銀行危機後（期間Ⅱ）においては，メインバンクによる救済後においても，金利減免にもかかわらず，私的整理では回復せず，最終的に民事再生法・会社更生法で処理された企業も多い．銀行がコストを払って救済する理由は，業績回復後に再び収益を獲得できる点にあるが，この時期，モニターであるメインバンクの利得は，それ以前と比較して大幅に低下したといえる．

　第3には，メガバンク成立後の2006年以降の期間を見ると，借り手企業の負債比率が大幅に低下した点が重要である．外部資金への依存度が低下したことから，メインバンクとの間に強い関係を維持してモニタリングを受け入れるという必要がなくなったと考えられる．なお，この点は，すでに1980年代以降，大企業中心に銀行借入ではなく社債での資金調達を増やしたこととも整合的である（宮島・蟻川，1999; Hoshi and Kashyap, 2001）．

第4には，さらに金融業界の再編で，かつて10以上存在していた都市銀行が3つのメガバンクに集約された点も，新たな企業・銀行間関係を理解するうえでは重要である．第2節で述べた通り，3行がいずれもフィナンシャルグループを形成し，貸出だけでなく証券発行など様々なサービスの提供で競争を行っている．このとき，負債比率が低く銀行に対して交渉力のある企業にとっては，特定の金融機関だけに依存するよりは，複数の金融グループを競わせる方が合理的であるかもしれない．実際，第3節で見たように，メインバンクからの融資比率の標準偏差が，とりわけメガバンク統合後に低下しており，企業がメインかメインでないかにかかわらず，同じ程度の金額を調達するようになっている．このことは，メインバンクのモニタリングに伴う収益の低下につながると考えられる．

　このような便益の低下は，メインバンクによるモニタリングを伴う介入の可能性を低下させる．実際，これまで見てきたように，2006年以降で見ると，顧客企業のインタレスト・カバレッジレシオ（ICR）が1を下回ったケースでも，銀行が救済的な介入を行うケースは著しく減少している．ICRが1に接近したとき，銀行がシステマチックに役員を派遣する関係は，期間Ⅰ（1992-1994），期間Ⅱ（1998-2002）までについては確認できたが，期間Ⅲ（2008-2010）では弱まっている．さらに，メインバンクの持株比率が高い企業で見ても，役員派遣が観察されない．つまり，業績が悪化した場合に介入を通じて経営を改善するというメインバンクの機能は，銀行再編成期から2006年以降には相対的に縮小したと考えられる．

　ここまでの分析では，モニターを行う主体としてメインバンクのみを考察の対象としてきた．本章で述べてきた通り，銀行危機を経てメインバンクの果たす役割は少なくとも大企業に関しては相対的に低下したと考えられる．では，メインバンクとの関係が弱まった企業においては，それに代わるどのようなコーポレート・ガバナンスのメカニズムが機能しているのであろうか．さらに，銀行危機後の銀行自身のガバナンス・メカニズムはどのように変化したのだろうか．これらの点を考察することが今後の課題である．

　　本章作成にあたっては，独立行政法人経済産業研究所（RIETI）コーポレート・
　　ガバナンス研究会の参加者より貴重なコメントを頂いた．データ作成にあたって，

小本祥熙，小林優子，生形香織の各氏の援助に感謝する．本章の一部は，文部科学省の科学研究費（15H01958），日本学術振興会「課題設定による先導的人文学・社会科学研究推進事業グローバル展開プログラム」および，「研究拠点形成事業（A. 先端拠点形成型）」の援助を受けた．

【参考文献】

Aoki, M. (1994a) "The Contingent Governance of Teams: Analysis of Institutional Complementarity," *International Economic Review*, Vol. 35, pp. 657-676.

Aoki, M. (1994b) "Monitoring Characteristics of the Main Bank System: An Analytical and Developmental View," in M. Aoki and H. Patrick eds., *The Japanese Main Bank System: Its Relevance for Developing and Transforming Economies*, Oxford University Press, pp. 109-141.

Aoki, M. and H. Patrick eds. (1994) *The Japanese Main Bank System: Its Relevance for Developing and Transforming Economies*, Oxford University Press（白鳥正喜監訳・東銀リサーチインターナショナル訳『日本のメインバンク・システム』東洋経済新報社，1996年）.

Aoki, M., H. Patrick and P. Sheard (1994) "The Japanese Main Bank System: An Introductory Overview," in M. Aoki and H. Patrick eds., *The Japanese Main Bank System: Its Relevance for Developing and Transforming Economies*, Oxford University Press, pp. 3-50.

Arikawa, Y. and H. Miyajima (2007) "Relationship Banking in Post-Bubble Japan: Coexistence of Soft- and Hard-budget Constraints," in M. Aoki, G. Jackson and H. Miyajima eds., *Corporate Governance in Japan: Institutional Change and Organizational Diversity*, Oxford University Press, pp. 51-78.

Caballero, R., T. Hoshi and A. Kashyap (2008) "Zombie Lending and Depressed Restructuring in Japan," *American Economic Review*, Vol. 98, pp. 1943-1977.

Gibson, M. S. (1995) "Can Bank Health Affect Investment? Evidence from Japan," *Journal of Business*, Vol. 68, pp. 281-308.

Hoshi, T. and A. Kashyap (2001) *Corporate Financing and Governance in Japan: The Road to the Future*, MIT Press（鯉渕賢訳『日本金融システム進化論』日本経済新聞社，2006年）.

Hoshi, T., A. Kashyap and D. Scharfstein (1993) "The Choice Between Public and Private Debt: An Analysis of Post-deregulation Corporate Financing in Japan," NBER Working Paper, No. 4421.

Hoshi, T., S. Koibuchi and U. Schaede (2011) "Corporate Restructuring in Japan during the Lost Decade," in K. Hamada, A. Kashyap and D. Weinstein eds., *Japan's Bubble, Deflation, and Long-term Stagnation*, MIT Press, pp. 343-374.

Kang, J. K. and R. Stulz (2000) "Do Banking Shocks Affect Borrowing Firm Performance?

An Analysis of the Japanese Experience," *Journal of Business*, Vol. 73, pp. 1-23.

Kaplan, S. N. and B. A. Minton (1994) "Appointments of Outsiders to Japanese Boards: Determinants and Implications for Managers," *Journal of Financial Economics*, Vol. 36, pp. 225-258.

Miyajima, H. and F. Kuroki (2007) "The Unwinding of Cross-Shareholding in Japan," in M. Aoki, G. Jackson and H. Miyajima eds., *Corporate Governance in Japan: Institutional Change and Organizational Diversity*, Oxford University Press, pp. 79-124.

Morck, R. and M. Nakamura (1999) "Banks and Corporate Control in Japan," *Journal of Finance*, Vol. 54, pp. 319-339.

Peek, J. (2011) "The Changing Role of Main Banks in Aiding Distressed Firms in Japan," in K. Hamada, A. Kashyap and D. Weinstein eds., *Japan's Bubble, Deflation, and Long-term Stagnation*, MIT Press, pp. 309-342.

Peek, J. and E. Rosengren (2005) "Unnatural Selection: Perverse Incentives and the Misallocation of Credit in Japan," *American Economic Review*, Vol. 95, pp. 1144-1166.

Tirole, J. (2006) *The Theory of Corporate Finance*, Princeton University Press.

Yasuda, A. (2007) "Bank Relationships and Underwriter Competition: Evidence from Japan," *Journal of Financial Economics*, Vol. 86, pp. 369-404.

内田浩史（2010）『金融機能と銀行業の経済分析』日本経済新聞出版社.

小佐野広・堀敬一（2011）「『メイン寄せ』による規律付けと実証分析」宮島英昭編著『日本の企業統治――その再設計と競争力の回復に向けて』東洋経済新報社，73-103頁.

鯉渕賢（2013）「銀行主導の企業再建の再検討――銀行-企業間関係・債権者調整スキーム・損失負担配分」『社会科学研究』第64巻第3号，13-39頁.

広田真一（2011）「日本の大企業の資金調達」宮島英昭編著『日本の企業統治――その再設計と競争力の回復に向けて』東洋経済新報社，367-408頁.

広田真一・宮島英昭（2001）「メインバンク介入型ガバナンスは変化したか？――1990年代と石油ショック後との比較」『現代ファイナンス』第10号，35-61頁.

宮島英昭・蟻川靖浩（1999）「金融自由化と企業の負債選択――1980年代における顧客プールの劣化」『フィナンシャル・レビュー』第49号，133-166頁.

渡辺努・植杉威一郎編著（2008）『検証 中小企業金融――「根拠なき通説」の実証分析』日本経済新聞出版社.

第2章
海外機関投資家の企業統治における役割とその帰結[1]

宮島英昭／保田隆明／小川　亮

1　は　じ　め　に

　過去20年間，海外機関投資家の株式保有比率の上昇は，全世界に共通して観察されてきた現象である[2]．例えば，海外機関投資家の保有比率は，英国では，1990年代初頭の20％から2000年代半ばには45％を超え，ドイツでも，同期間に5％から20％程度にまで急上昇した．また，創業家一族による株式保有が顕著であった韓国でも，2000年代初頭に急上昇し，近年では30％を超えている[3]．日本もその例外ではなく，1997年の銀行危機以降，従来の株式相互持ち合いが解体し，それに代わって海外機関投資家の保有比率が急増した[4]．全国上場企業の海外機関投資家による株式保有の合計は，1996年の12％から2014年には32％に達している（図2-1）[5]．

---

1)　本章は，筆者らの一連の研究，具体的には，宮島・小川（2012），Miyajima et al. （2015），宮島・保田（2015），および，Miyajima and Ogawa（2016）の要点をまとめる形で構成されている．
2)　大陸欧州の各国，および，新興国については，Aggarwal et al.（2005），Ferreira and Matos（2008），Goyer（2011）を参照されたい．
3)　以上の数値は，各国の資金循環勘定より算出した．
4)　その詳細については，Miyajima and Kuroki（2007），宮島・新田（2011）を参照されたい．

図 2-1　日本企業の株式所有構造の推移

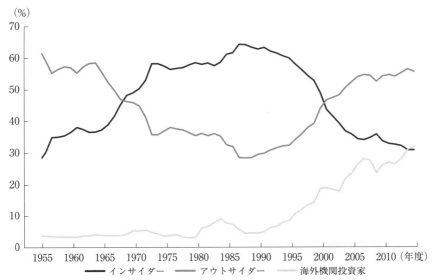

(注)　調査対象は，全国証券取引所上場会社（旧店頭市場を除き，マザーズ，ジャスダック，ヘラクレス等の新興市場を含む）．保有比率は，原則，市場価格ベースで計算されたものを表示．データが取得できない1969年度以前は，株数ベースで計算されたもので，保有比率の変化幅の情報を失わないように補正．インサイダーは，都銀・地銀等，生損保，その他金融機関，事業法人等の保有比率合計．アウトサイダーは，外国人，個人，投資信託，年金信託の保有比率合計．1970年度から1985年度は，都銀・地銀等のみの保有比率が取得できないため，都銀・地銀等と信託銀行の保有比率合計に占める都銀・地銀等の保有比率が，1986年度のものと同一であると仮定して，都銀・地銀等の保有比率を試算．さらに，1965年度以前は，金融機関保有分の内訳も取得できないため，1966年度の内訳に基づいて，各投資主体の保有比率を試算．
(出所)　全国証券取引所「株式分布状況調査」より筆者作成．

　この保有比率の増大は，近年の株式所有構造の最大の変化の1つであるが，一方で，海外機関投資家の企業統治における役割とその帰結をめぐっては，2つの対立する見方が並存している．

　第1の見方は，海外機関投資家は，しばしば「灰色（grey）」と指摘される国内機関投資家よりも投資先企業からの独立性が強く，事前のスクリーニング能力と事後のモニタリング能力に優れているという肯定的な見方である．海外機関投資家の存在は，国際標準の企業統治制度（例えば，独立性の高い取締役会や業績と強く連動した報酬体系の採用）を整備させる圧力として働き，その

---
5)　「株式分布状況調査」の「外国法人等」には，海外機関投資家だけでなく，海外個人投資家も含まれる．

結果として，投資先企業のパフォーマンスの向上をもたらすという主張であり，ファイナンス研究者から広く支持されている（Gillan and Starks, 2003; Ferreira and Matos, 2008; Aggarwal et al., 2011）．

それとは対照的に，第2の見方は，海外機関投資家は，非対称情報に直面しているため形式的な銘柄選択（例えば，規模の大きい企業，流動性の高い企業，業績の良い企業，認知度の高い企業に対する選好）に終始し，また，個々の保有比率が断片的であるため投資先企業にコミットする意思を持たないという懐疑的な見方である．たとえ，海外機関投資家の保有比率と投資先企業のパフォーマンスに正の相関があっても，それは需要ショックによって株価が上昇するという見せかけの相関を捉えているか，海外機関投資家が優良企業を選好するという逆の因果関係を捉えているにすぎない．また，仮に海外機関投資家が国際標準の統治制度を要求しても，それがすべての企業に適合し，パフォーマンスの向上をもたらすとは限らない．さらに，海外機関投資家は短期主義的であるため，経営陣の決定に対して近視眼的な（myopia）圧力を加えるという見方も根強い（Bushee, 1998; 2001）．

そこで本章では，海外機関投資家の銘柄選択とともに，海外機関投資家が企業の統治制度や経営政策に与える影響を実証的に検証することで，前記のどちらの見方が妥当するのかを解明する．分析の手順と結果の要点は，以下の4点にまとめることができる．

第1に，海外機関投資家の銘柄選択の決定要因を検証した．その結果，海外機関投資家の銘柄選択には，分析期間の1990年から2013年を通じて，一貫して非対称情報に起因する形式的な銘柄選択と解釈できる一種のバイアスが存在する．すなわち，規模の大きい企業，流動性の高い企業，業績の良い企業，認知度の高い企業を選好する傾向がある．

第2に，海外機関投資家が企業の統治制度，特に取締役会構成に与える影響を検証した．その結果，海外機関投資家は，国際標準の統治制度（独立性の高い取締役会）を求めるだけでなく，投資先企業のファンダメンタルズ，具体的には，事業の複雑性やエージェンシー問題の深刻度などに応じた合理的な取締役会構成の選択を促進させる．

第3に，海外機関投資家が企業の経営政策，特に設備投資，資本構成，株主還元に与える影響を検証した．その結果，海外機関投資家は，投資先企業の設

備投資比率，負債比率，自己資本配当率を引き上げることがわかった．ただし，成熟企業の過大な投資や成長企業の過度な配当を助長することはなく，むしろ，投資先企業の経営政策の選択に対して，その企業の特性（ライフサイクル）に適合した形で影響を与えている可能性がある．

最後に，海外機関投資家による株式保有は，投資先企業のパフォーマンスを引き上げることがわかった．海外機関投資家の保有比率の増加は，投資先企業の株価収益率を実質的に上昇させる．その影響は大きく，分析期間を通じて，海外機関投資家の保有比率が5％上昇すれば，投資先企業の株価収益率は平均的に8％程度上昇する．また，高い海外機関投資家の保有比率は，トービンの q や ROA で計測したパフォーマンスを，逆の因果関係（高パフォーマンス企業を海外機関投資家が選好するという関係）を慎重に考慮しても引き上げる[6]．

以上の結果を総括すれば，海外機関投資家の銘柄選択は一定のバイアスを伴うものの，いったん海外機関投資家の保有比率が上昇すれば，投資先企業では，その企業に適合した統治制度の整備や経営政策の選択が促進され，その結果としてパフォーマンスが向上することになる．つまり，前述した海外機関投資家に肯定的な見方を支持する結果である．このことは，従来の日本型企業システムの根幹を担ってきたメインバンク制に代わって，海外機関投資家（外部投資家）によるモニタリングが企業の効率性を維持・向上させるメカニズムとして実質的に機能し始めていることを示唆している．

ただし，この関係は日本の上場企業で均等に進展しているわけではなく，インサイダー（金融機関，事業法人，創業家一族など）による株式保有が高く，時価総額が小さく，流動性が低く，海外売上高比率が低い企業では，依然としてメインバンクや他のインサイダー大株主の果たす役割が大きいことに留意が必要である．

本章は，以下のように構成される．続く第2節では，先行研究を展望し，海外機関投資家に期待される役割を理論的に考察する．第3節では，日本企業の株式所有構造の動向を概観する．第4節では，海外機関投資家の銘柄選択行動を実証的に分析する．第5節から第7節では，海外機関投資家が，企業の統治

---

[6] 本書第9章の筆者たちの分析では，海外機関投資家にブロック（3％以上）保有されている企業では，業績が悪化した際に経営者交代の確率が高まるという結果が得られている．

制度の整備に与える影響，企業の経営政策に与える影響，企業のパフォーマンスに与える影響を順に検証する．最後の第8節では，以上の結果を総括したうえで，海外機関投資家が外部モニターとして投資先企業の経営に影響を与える経路を考察する．

2　海外機関投資家の役割

　海外機関投資家の保有比率の上昇は，近年の全世界を席巻した現象である．前掲図2-1の通り，日本の上場企業の海外機関投資家による株式保有の合計は，1990年代の初頭には5％程度であったのに対して，2006年には28％に，さらに2014年には32％に達している．国際的には，国内機関投資家が所有構造の中心を担っている米国は例外であるが，海外機関投資家による株式保有は，英国では2010年時点で45％を占めている[7]．また，創業家一族による株式保有が顕著であったドイツや韓国でも，上場企業の海外機関投資家の株式保有比率は，2000年代後半では，それぞれ20％，30％を超える．さらに，この現象は，先進国だけで観察されるわけではなく，新興国でも同様である（Ferreira and Matos, 2008）．

　このように，1990年代以降，海外機関投資家の存在感が各国で急上昇していることは大きな注目を集めてきたが，一方で，海外機関投資家の企業統治における役割とその帰結をめぐっては，2つの対立する見方が並存している．

　第1の見方は，ファイナンス研究者によって広く支持される主張であるが，海外機関投資家は，米国を除く諸外国，特に新興国で重要な役割を果たしているという肯定的な見方である．この見方は，海外機関投資家が，しばしば「灰色（grey）」と指摘される投資先企業と取引関係にある国内機関投資家よりも独立性が強いという点を強調する．また，海外機関投資家は，事前に成長可能性の高い企業を見抜く能力（スクリーニング能力）と事後に介入を通じて企業の経営政策を矯正する能力（モニタリング能力）に優れていると想定されている．同様に，この肯定的な見方は，海外機関投資家が独立性の高い取締役会や業績と強く連動した報酬体系の採用などの国際標準の統治制度を備える企業に

---

[7]　米国の上場企業に占める平均的なアウトサイダー（機関投資家・個人）の保有比率は90％を超えるが，そのうち海外機関投資家の保有比率は15％程度にとどまる．

対してプレミアムを支払う点を重視する[8]．海外機関投資家は受託者責任に沿って議決権を行使するため，企業の統治制度を整備させる推進力として，世界中で重要な貢献を果たしてきた（Gillan and Starks, 2003）．また，Aggarwal *et al.*（2011）は，海外機関投資家の保有比率と経営者交代の業績感応度は密接に関連していることを指摘している．そして，海外機関投資家が投資先企業の統治制度の整備，企業行動・経営政策の矯正を通じて，最終的にパフォーマンスの向上をもたらすことになる（Ferreira and Matos, 2008）．

しかしながら，海外機関投資家に対する懐疑的，あるいは，否定的な見方も根強い．この見方は，以下の3点を強調する．

第1に，海外機関投資家が深刻な情報の非対称性の問題に直面している点である．海外機関投資家は，日本であればソニーや本田技研工業，韓国であればサムスンや現代自動車などのMSCI（Morgan Stanley Capital International）インデックスに組み入れられているような，規模が大きく，流動性が高く，業績が良く，投資家の認知度が高い企業を選好する（Stulz, 1981; Kang and Stulz, 1997; Hiraki *et al.*, 2003）．つまり，たとえ海外機関投資家の保有比率と企業パフォーマンスに正の相関があっても，それは単に需要ショックによって株価が上昇するという見せかけの相関を捉えているか，海外機関投資家が優良企業を選好するという逆の因果関係を捉えているにすぎないという主張である．

第2に，海外機関投資家は，他のブロックホルダーとは異なり，国際分散投資を運用の中心とするポートフォリオ投資家であるため，ある特定の企業に十分にコミットする意思と能力を持たない点を強調する．それゆえ，投資先企業の適切な統治制度や経営政策について十分な評価能力を持ち合わせていないし，介入する意思もない．この見方が正しければ，たとえ海外機関投資家の保有比率と整備された統治制度，株主にとって望ましい経営政策の間に正の相関があっても，それは海外機関投資家が影響を与えた結果ではなく，事前にそのような企業を選好するという関係を捉えているにすぎないと主張される（Chung

---

[8] 2002年に実施された米マッキンゼー社のアンケート調査（McKinsey Global Investor Opinion Survey on Corporate Governance, 2002）は，海外機関投資家が，企業統治の優れた日本企業に対して21％のプレミアムを支払う価値があると見ていると報告している．このプレミアムの規模は，米国の14％，英国の12％，ドイツ，フランスの13％など主要先進国の中では突出して高く，市場規模が小さい東南アジアなどの発展途上国と同程度である．

and Zhang, 2011).

　第3の見方は，懐疑的というよりも批判的であり，海外機関投資家は，短期主義的であるため，経営陣の決定に対して近視眼的な（myopia）圧力となる点を強調する．例えば，海外機関投資家は，長期的には成長を見込めるが短期的には収益を上げることが困難な投資プロジェクトを削減し，過度の株主還元を要求する可能性がある（Bushee, 1998; 2001）．また，たとえ海外機関投資家が，ISS（Institutional Shareholder Services）やグラスルイスなどの議決権行使助言会社の助言に従い，独立性の高い取締役会や業績と強く連動した報酬体系などの国際標準の統治制度を採用するように要求しても，それがすべての企業に適合し，パフォーマンスの向上をもたらすとは限らない．特に，アングロ・サクソン型の企業システムと異なり，現場の知識に基づいた情報が重要である企業では，国際標準の統治制度がかえって弊害となる可能性がある．それゆえ，海外機関投資家の増加は，企業パフォーマンスと正の相関にあるのではなく，むしろ負の相関があることになる．

　では，日本における海外機関投資家の株式保有の急増に関しては，いずれの見方が実態を正しく捉えているのだろうか．

3　株式所有構造の劇的な変化

3.1　インサイダー優位の構造の後退

　まず，1990年代後半以降の日本の上場企業における所有構造の変化を確認することから始めよう．前掲図2-1は，全国証券取引所の「株式分布状況調査」を用いて，インサイダー（内部投資家）とアウトサイダー（外部投資家）の株式保有の推移を示したものである．ここで，インサイダー保有比率とは，銀行（信託銀行の信託勘定分を除く），保険会社，事業法人による保有の合計値である．一般的に，インサイダーの投資の目的は，必ずしも投資収益の最大化にあるのではなく，投資先企業との長期的な取引関係を維持することが主である．一方で，アウトサイダー保有比率とは，外国人投資家，個人投資家，投資信託，年金信託による保有の合計値である．アウトサイダーの投資の目的は，インサイダーのそれとは対照的に，純粋な投資収益の最大化にある．

表 2-1 日本企業の株式所有構造の内訳

(%)

年度	インサイダー				アウトサイダー			
	銀行	保険会社	事業法人	合計	国内機関投資家	海外機関投資家	個人投資家	合計
1972	15.9	15.0	29.5	60.4	1.5	4.5	29.6	35.6
1973	16.3	14.6	29.9	60.8	1.4	4.0	30.2	35.6
1974	16.6	14.8	28.4	59.8	1.9	3.2	31.7	36.8
1990	15.7	15.9	30.1	61.7	9.8	4.7	20.4	34.9
1991	15.6	16.1	29.0	60.7	9.7	6.0	20.3	36.0
1992	15.6	16.2	28.5	60.3	9.9	6.3	20.7	36.9
2004	5.2	7.4	22.1	34.7	18.4	23.3	21.3	63.0
2005	4.7	7.2	21.3	33.2	18.0	26.3	19.9	64.2
2006	4.6	7.5	20.8	32.9	17.6	27.8	18.7	64.1
2011	3.9	6.1	21.6	31.6	18.6	26.3	20.4	65.3
2012	3.8	5.7	21.7	31.2	17.7	28.0	20.2	65.9
2013	3.6	5.1	21.3	30.0	17.2	30.8	18.7	66.7

(注) 図 2-1 の注を参照.
(出所) 全国証券取引所「株式分布状況調査」より筆者作成.

図 2-1 から見てとれるように,従来のインサイダー優位の所有構造は,1990年代半ばまで著しく安定的であったが,1997年の銀行危機以降,劇的な変化を経験した.インサイダー優位の所有構造の根幹を担っていた銀行は,不良債権処理の原資の確保や BIS 規制への対応のために保有株式を売却したため,その保有比率は1992年の15.6%から2006年の4.6%まで一貫して低下を続けた(表 2-1).この間,銀行と同様に,保険会社の保有比率も,株価変動がソルベンシーマージン比率に与える影響を考慮して急速に圧縮された.

この持ち合い解消のプロセスで注目すべき点は,以下の2点である.第1に,事業法人による銀行株の売却と銀行による事業法人株の売却は,銀行危機後に同時に展開されたが,前者は2001年にはほぼ停止したのに対して,後者の銀行による事業法人株の売却は2003年度末まで急速に進展した[9].2003年度末までに保有株を半減することを定めた銀行等株式保有制限法の効果は大きく,銀行による株式の大量売却が日本企業の所有構造の劇的な変化の原動力になったといえる.第2に,株式売却のショックを緩和するために,政府と日本銀行がこのプロセスを後押しした.銀行による株式の大量売却が市場に過度にネガティブな影響を与えないように,2002年には銀行等保有株式取得機構が設立され,

---

[9] 詳しくは,Miyajima and Kuroki (2007),宮島・新田 (2011) を参照されたい.

日本銀行と共同で銀行から株式を直接購入し，一時的に凍結する措置をとった．1965年の証券危機後のインサイダー保有の形成過程で，2つの株価維持機関（PKO: Price Keeping Organization）が株式を買い取り，最終的に関係企業に「はめ込む」という意味で，仲介者の役割を演じたことはよく知られているが[10]，1997年の銀行危機後の株式相互持ち合いの解体過程でも，PKOが重要な役割を演じた．ただし，この局面では，その方向がまったく逆であった．

このインサイダーによる株式保有の低下に取って代わるように，機関投資家，特に海外機関投資家による株式保有が急増した．海外機関投資家の保有比率は，1992年の6.3％から，1999年の急上昇を経て，2006年にはピークを迎えて27.8％まで上昇した（表2-1）．それ以降は，2008年から2012年まで26％から28％の間で推移し，アベノミクスが打ち上げられた2013年に再び上昇した．

もっとも，すべての日本企業が均等に株式所有構造を変化させたわけではない．図2-2には，時価総額の高い順に5つのグループに分けた場合の，海外機関投資家の保有比率の推移が示されている．同図によれば，その保有比率は，1990年代の初頭には，時価総額が最も大きいグループ（第5五分位）と最も小さいグループ（第1五分位）の間に大きな差はなくほぼ均等に進展した．しかし，2000年代半ばには，第5五分位のグループが25％を超える一方，第1五分位のグループは，依然として5％程度にとどまっている．

ここで，海外機関投資家は2種類の投資家によって構成されていることに注意が必要である．一方は，ファンド（マネージャー）の拠点が日本国外にあり，海外から日本株の買い注文を出す国際ポートフォリオ投資家である．これらの投資家は，主にMSCIインデックスに組み入れられている日本企業を投資対象としている．一般的に，国際分散投資の一環として日本株に投資するこれらの投資家は，海外側の事情（投資基金の増減や日本株の組み入れ割合の変化）に制約されるため，投資先企業にコミットする程度は低い．もう一方は，ファンド（マネージャー）の拠点が東京にあり，海外の顧客（年金基金や大口投資家）にアクティブファンドを組成して提供する投資家である．これらの投資家は，日本企業に対してコミットする程度が比較的高く，議決権行使や対話において相対的に重要な役割を果たす．

---

10) 詳しくは，二上（1990），川北（1995），Franks *et al.*（2014）を参照されたい．

図 2-2 時価総額規模別の海外機関投資家保有比率の推移

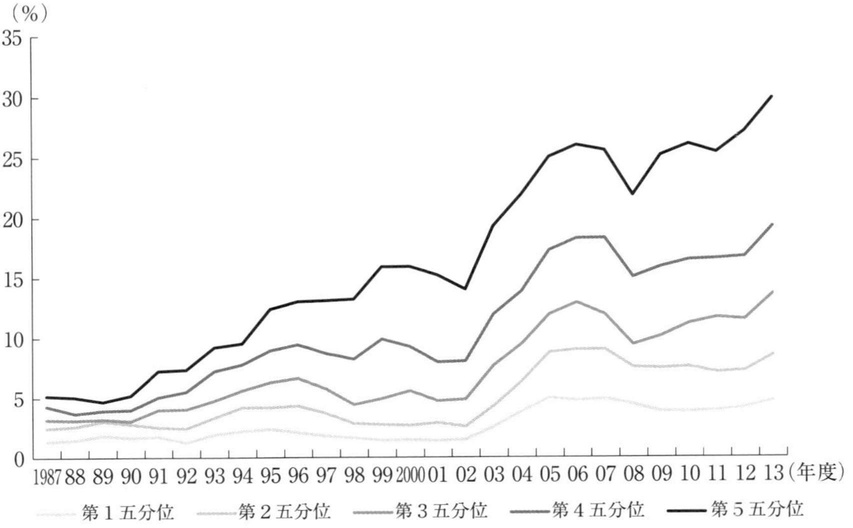

(注) 対象は東証第 1 部上場企業(非金融事業法人).
(出所) 日経 NEEDS-Cges より筆者作成.

3.2 海外機関投資家の急増の影響

　以上で概観した海外機関投資家の急増は,少なくとも,日本の株式市場に 3 つの影響を及ぼした.

　第 1 に,機関投資家,特に海外機関投資家の売買取引における比重は,所有構造よりも高い.図 2-3 の通り,東証第 1 部の海外機関投資家による売買高の割合は,1997 年には 30% 程度であったものの,2006 年には 40% を超え,2012 年には 55% を超えた.また,海外機関投資家の売買回転率は,2006 年に 3 倍を超えた.この売買回転率の高さは,事業法人や銀行(0.2 倍以下)とは対照的である.以上のことは,海外機関投資家が,日本の株式市場の価格形成において非常に重要な役割を担っていることを顕著に物語っている.

　第 2 に,海外機関投資家の増加は,日本企業の株主総会のあり方や議決権行使の役割に変化をもたらした.1990 年代後半以前の日本企業では,CalPERS(カリフォルニア州職員退職年金基金)がアクティブな態度を示したことはあったものの,会社提案に対して反対票が投じられることは事実上皆無で,極め

第 2 章　海外機関投資家の企業統治における役割とその帰結　107

図 2-3　海外機関投資家の売買代金と売買回転率の推移

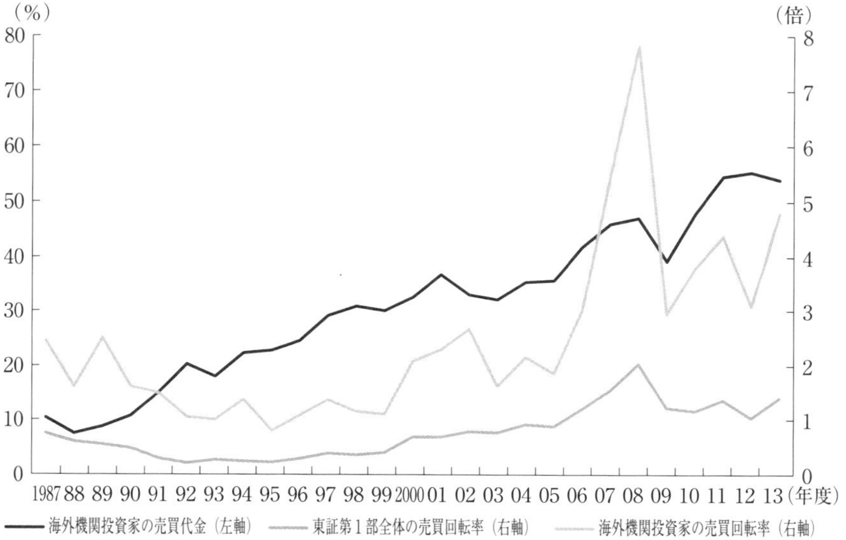

(注)　売買回転率は投資部門別株式売買代金を投資部門別株式保有金額で除したもの．ただし，投資部門別株式売買代金は東証第 1 部，投資部門別株式保有金額は市場第 1 部（東証，大証，名証）の合計金額．
(出所)　東京証券取引所「統計月報」より筆者作成．

て形式的な株主総会は実質的な意義を欠いていた．しかし，CalPERS が挑戦的な姿勢を見せ始めたことに引き続き，年金基金に対する規制緩和の進展と並行して，機関投資家への受託者責任が強化させられたことで，それまでの状況は徐々に変化した．2000 年代初めには，厚生年金基金連合会（現，企業年金連合会）やその他の年金基金が，投資顧問会社に対して議決権行使を積極化させるように要求した．ほぼすべての海外機関投資家は，議決権行使の際のモニタリングコストを節約するため ISS やグラスルイスなどの議決権行使助言会社から情報提供を受けるようになった．そして，その両議決権行使助言会社が国際標準の取締役会設計を推奨したため，アングロ・サクソン型の慣習を導入する圧力となった．2000 年代半ばの時点では，かつて形骸化しているといわれた株主総会は様相を変え，日本企業の経営者は，海外機関投資家の議決権行使を強く意識する必要が生じた．

　第 3 に，所有構造の急激な変化を背景に，2000 年代半ばには，一連の敵対的買収が発生した．例えば，ライブドアによるニッポン放送への TOB（2005 年），

王子製紙の北越製紙に対する TOB（2006年），スティール・パートナーズによるブルドックソースへの TOB（2007年）が挙げられる．もっとも，以上の事案自体のほとんどは失敗に終わっている（Hamao et al., 2011; Becht et al., 2015）．しかし，前記の事案を通じて，株主アクティビズムに対する社会的関心が一気に高まりを見せ，1960年代後半以降ほとんど意識することがなかった経営権市場や株主アクティビズムの存在を，日本企業の経営者も改めて意識させられる重要な契機となった．

4 海外機関投資家はどのような銘柄を選好するのか

4.1 分析モデル

本章の関心は，1990年代から2000年代の株式所有構造の急激な変化が，日本の企業統治に実質的に影響を与えたか否かにある．以下では，まず，海外機関投資家による事前のモニタリングに注目する．

海外機関投資家の銘柄選択行動を分析した先行研究（Stulz, 1981; Kang and Stulz, 1997; Hiraki et al., 2003）では，非対称情報に直面する海外機関投資家の銘柄選択行動には，強い投資バイアスが存在することが確認されている．海外機関投資家は，規模が大きく，流動性が高く，業績が良く，認知度が高い，いわゆる優良企業を選好する．海外機関投資家が日本市場での投資を活発化させた2000年代に入っても，この傾向は顕著であった（宮島・新田，2011）．しかし，海外機関投資家の保有比率が30％に達し，日本企業についての情報が蓄積される（非対称情報の程度が緩和される）中で，その銘柄選択行動に変化は生じたのだろうか．この点を確認するため，本節では，Gompers and Metrick (2001) にならって，以下のモデルを推計する．

$$FIO_{i,t} = \alpha_t + \beta_{1t} IB_{i,t} + \beta_{2t} QS_{i,t} + \beta_{3t} HB_{i,t} + \beta_{4t} GOV_{i,t} + \beta_{5t} CONT_{i,t} + \varepsilon_{i,t}$$

(1)

ここで，被説明変数の FIO は，浮動株調整済みの海外機関投資家の保有比率である．添え字の i は企業を，t は時間（年）を表している．

説明変数の IB は，機関投資家の基本的な選好（バイアス）を表す変数群であり，機関投資家が規模の大きい企業や流動性の高い企業を選好する傾向があ

るかを検証する．それぞれの代理変数として時価総額対数値と売買回転率を用いる．いずれの変数の係数も機関投資家の保有比率に対して正の符号が予測される．また，機関投資家の投資スタイルを捉えるために，簿価時価比率を導入した．機関投資家が割安株（バリュー株）を選好すれば，正の符号が期待される．

　QS は，機関投資家が受託者責任をどの程度意識しているかを表す変数群である．Del Guercio（1996）によれば，受託者責任動機（fiduciary motives as prudence）の強い機関は，収益性，安定性，財務健全性などの点で質の高い企業（high quality stock）を選好する．それらの代理変数として総資産利益率（ROA），売上高成長率，配当利回り，株価ボラティリティ（過去1年間の株価収益率の標準偏差），有利子負債比率，現預金比率を導入した．機関投資家が，細心の注意を払って受託者責任を履行すれば，確実に利益の得られる，リスクの低い株式を選好することが予想される．それゆえ，ROA，売上高成長率，配当利回り，現預金比率の係数は正の符号が，株価ボラティリティ，有利子負債比率の係数は負の符号が予測される．

　HB は，ホームバイアス要因を捉える変数群であり，具体的には，海外売上高比率，MSCI インデックス組入銘柄ダミーを導入した．Kang and Stulz (1997)，Hiraki et al. (2003)，宮島・新田 (2011) が日本でも強いホームバイアスが存在することを確認している．MSCI インデックスは，海外機関投資家が投資対象のユニバースを確定するうえで，非常に重要な指標となっているため，その影響力は大きい．両変数の係数は正の符号が予測される．

　GOV は，ガバナンス要因を捉える変数群であり，取締役会人数，社外取締役比率を導入した．海外機関投資家に，「小さな」取締役会への選好があれば，取締役会人数の係数は負の符号が予測される．一方，独立性の高い取締役会への選好が強ければ，社外取締役比率については正の符号が予測される．また，親会社による少数株主の収奪の可能性が銘柄選択に影響しているか否かを検証するために，子会社ダミー（親会社による保有比率が15％を超える企業）を導入した．さらに，企業の政策保有株比率が銘柄選択に影響を与えるのかを検証するために，政策保有株比率を導入した．

　さらに前記のモデルには，先行研究にならって，コントロール変数 CONT として株価トレンド（過去1年間の株価収益率）を導入した．また，産業特有

の影響をコントロールするために産業ダミーが導入されている．

推計は，Gompers and Metrick（2001）と同様に，Fama and MacBeth（1973）の手法による．この手法は，各年のクロスセクションの回帰分析を実行し，係数の時系列平均をとる手法である．その利点は，推計期間の銘柄選択要因の時系列変化を捉えられると同時に，誤差項のクロスセクショナルな相関に対処できる点にある．

サンプル企業は，東証第1部に上場する非金融事業法人で，サンプル期間は，海外機関投資家による銘柄選択行動の変化に注目するため，以下の3つの時期に分割した．

・Period Ⅰ（1990年から1997年）：資産価格バブルの崩壊から銀行危機の直前まで
・Period Ⅱ（1998年から2005年）：銀行危機後の海外機関投資家が急増した時期
・Period Ⅲ（2006年から2013年）：海外機関投資家の上昇がピークを迎えた後の安定期

前記の3つの時期に，海外機関投資家の銘柄選択がどのように変化したのかが本節の最大の関心である．なお，財務データはQuick Astra Managerから，所有構造に関するデータは日経NEEDS-Cgesから取得した．

4.2　分析結果

分析の結果は，表2-2にまとめられている．1列目は，1990年から2013年までの全期間の結果であり，概ね予測された符号が得られている．

第1に，機関投資家の基本的な選好を表す変数群 IB に関しては，規模（時価総額）の大きい，流動性（売買回転率）の高い銘柄へ投資していることが確認できる．また，簿価時価比率の高い銘柄を選好しており，海外機関投資家は割安株（バリュー株）に投資をするタイプが比較的多いことがわかる．

第2に，受託者責任を表す変数群 QS に関しては，ROAの係数は有意に正，現預金比率の係数は有意に正，有利子負債比率の係数は有意に負である．収益性，安定性，財務健全性などの点で質の高い企業を選好する点で，海外機関投資家が受託者責任動機に順じた投資スタイルをとっていることが示唆される．

第3に，ホームバイアス要因 HB についても予測通り，海外機関投資家は

第2章 海外機関投資家の企業統治における役割とその帰結　111

表 2-2　海外機関投資家の銘柄選択行動

	(1) 全期間 1990-2013	(2) Period I 1990-1997	(3) Period II 1998-2005	(4) Period III 2006-2013
時価総額対数値	0.054*** (0.006)	0.033*** (0.007)	0.051*** (0.003)	0.078*** (0.003)
売買回転率	0.007*** (0.003)	0.014** (0.005)	0.005** (0.002)	0.003 (0.004)
簿価時価比率	0.032*** (0.011)	0.017 (0.029)	0.026** (0.010)	0.054*** (0.003)
ROA	0.494*** (0.034)	0.409*** (0.031)	0.490*** (0.058)	0.584*** (0.040)
売上高成長率	0.006 (0.010)	0.016 (0.015)	−0.014 (0.014)	0.016 (0.017)
配当利回り	−0.537*** (0.186)	−1.268*** (0.137)	−0.428** (0.176)	0.086 (0.182)
株価ボラティリティ	0.021 (0.020)	−0.047 (0.038)	0.046*** (0.008)	0.065** (0.022)
有利子負債比率	−0.085*** (0.007)	−0.061*** (0.005)	−0.083*** (0.008)	−0.110*** (0.009)
現預金比率	0.117*** (0.019)	0.042* (0.019)	0.170*** (0.023)	0.139*** (0.012)
海外売上高比率	0.048*** (0.006)	0.051** (0.016)	0.0489*** (0.003)	0.045*** (0.004)
MSCIインデックス	0.016* (0.009)	0.025** (0.009)	0.042*** (0.004)	−0.018* (0.009)
取締役会人数	−0.002*** (0.000)	−0.001*** (0.000)	−0.001*** (0.000)	−0.003*** (0.001)
社外取締役比率	0.016*** (0.005)	0.030*** (0.006)	0.002 (0.006)	0.015** (0.006)
子会社ダミー	0.006 (0.005)	0.011** (0.004)	−0.013 (0.007)	0.021*** (0.003)
政策保有株比率	−0.084*** (0.018)	−0.094*** (0.012)	−0.031 (0.023)	−0.126*** (0.035)
株価トレンド	0.011* (0.006)	0.035*** (0.009)	−0.003 (0.005)	0.002 (0.007)
定数項	−0.175* (0.095)	0.155 (0.178)	−0.279*** (0.016)	−0.403*** (0.086)
被説明変数の平均値	0.142	0.098	0.133	0.201
標準偏差	0.132	0.092	0.126	0.149
調整済み決定係数	0.547	0.488	0.610	0.544
観測数	19,646	6,026	6,425	7,195
観測年数	24	8	8	8

（注）　括弧内は頑健な標準誤差である．***，**，*は，それぞれ1％，5％，10％水準で有意であることを示している．

海外売上高比率が高く，MSCI インデックスに組み入れられている企業を選好する．

最後に，ガバナンス要因 GOV については，取締役会人数の係数が有意に負，社外取締役比率の係数は有意に正，政策保有株比率の係数は有意に負であり，銘柄選択にあたって，「小さな」取締役会，独立性の高い取締役会に強い選好を持っており，また，株式持ち合いに否定的な態度を示していることもうかがえる．このことから，海外機関投資家が，企業統治改革の1つの原動力となっていると見ることができる．

次に，期間別の差を確認する．期間別の比較から注目すべき点は，以下の4点である．

第1に，ホームバイアス要因については，企業規模や海外売上高比率の有意性について時期的な差はなく，海外機関投資家の株式保有がピークを迎えて以降も，依然として強いホームバイアスが確認される．収益性，安定性，財務健全性などの点で質の高い企業を選好する点も同様である．

もっとも，第2に，MSCI インデックス組入銘柄を選好する傾向は弱まっており，Period I および Period II の係数は有意に正であるものの，Period III では負に転じる．2008-2009年の世界金融危機に伴う，海外機関投資家の日本市場からの退出によって発生した可能性があるため，前記の2年間を除いた推計，2010-2013年に限った推計も試みたが結果は変わらない．この結果は，Period III に入って，海外機関投資家の投資対象が拡大されたと理解することができるだろう．1990年代以降に活動を拡大するに従い，日本企業に関する知識・情報が蓄積され，非対称情報の程度が軽減したことで，銘柄選択において非本質的な要因が重要ではなくなったことを意味しているのかもしれない．

第3に，株価ボラティリティの係数は，Period I では有意でないものの，Period II と Period III では有意に正となる．この結果から，海外機関投資家が株価ボラティリティの高い企業を選好することで，企業の積極的なリスクテイクを促進させる可能性が示唆される．

最後に，海外機関投資家のガバナンス要因への選好が強まっている点である．海外機関投資家は，一貫して小さい取締役会・独立性の高い取締役会を選好している．これは，海外機関投資家が，日本企業の企業統治改革を促進させ，アングロ・サクソン型の統治制度の採用の原動力となってきた証左である．同様

に，Period Ⅲでは，政策保有株比率の係数が有意に負で，その係数も以前よりも小さい．同時期の政策保有株比率の1標準偏差の上昇（5.4%）は，海外機関投資家保有比率を約0.7%引き下げる．この結果は，海外機関投資家が株式持ち合いを維持する企業への投資を明確に回避していることを意味し，Period Ⅲには，企業の政策保有株の圧縮に対する圧力が高まったという事実と整合的である．

5　海外機関投資家は統治制度の整備を促進させるか

前節では，海外機関投資家が規模の大きい企業，流動性の高い企業，業績の良い企業，認知度の高い企業を強く選好するとともに，統治制度が整備された企業を選好することを確認した．これらの事実は，海外機関投資家が直接的な介入（発言）あるいは株式の売却（退出）を通じて，企業の統治制度や経営政策に影響を与える可能性があることを示唆する．本節では，海外機関投資家による株式保有の増加が，企業の取締役会構成にどのような影響を与えるのかを検証する．ここで注目する点は，海外機関投資家が取締役会改革を促進させたのかという点である．

Gillan and Starks（2003）によれば，機関投資家は投資先企業の取締役会構成に影響を与え，独立性の高い取締役会が選択されることを示している．ここでは，Coles *et al.*（2008），Linck *et al.*（2008）に従って，日本企業の取締役会構成の決定要因を検証した宮島・小川（2012）の結果を用いて確認する．推計モデルは，以下の通りである．

$$OUT_{i,t} = \alpha + \beta_1 COMP_{i,t-1} + \beta_2 MON_{i,t-1} + \beta_3 INFO_{i,t-1} + \beta_4 NEG_{i,t-1} + \varepsilon_{i,t}$$
(2)

ここで，被説明変数 *OUT* は，企業が独立取締役を選任している場合に1をとるダミー変数である．独立取締役とは，社外取締役のうち，銀行出身者および関係会社出身者を除いた取締役である．

説明変数の *COMP* は事業の複雑性を表す変数群で，企業規模，企業年齢，事業セグメント数，持株会社ダミー，負債比率を代理変数として導入した．事業が複雑な企業ほど，外部者からのアドバイスが有効であるため，これらの係数の符号は正が予測される．

MON はエージェンシー問題の深刻度を表す変数群で，キャッシュフロー比率，ハーフィンダール指数，買収防衛策導入ダミーを用いた．エージェンシー問題が深刻な企業ほど外部者の監視が必要となるため，これらの係数の符号は正が予測される．

INFO は情報獲得の困難度を表す変数群で，R&D 投資比率，時価簿価比率，株価ボラティリティ，無形資産比率（100−有形固定資産比率）を導入した．外部者にとって情報獲得が困難な企業ほど，外部者による助言と監視が有効でなくなるため，これらの係数は負が予測される．

NEG は経営者の交渉力を表す変数群であり，産業調整済み ROA，経営者の在職年数，経営者の持株比率を用いている．経営者の交渉力が強いほど，内部者中心の取締役会が選択されるため，これらの変数の係数は負が予測される．

これらの説明変数のほかに，年度ダミーおよび産業ダミーを導入する．なお，サンプル企業は東証第 1 部上場企業（非金融事業法人），サンプル期間は2005年から2010年である．財務データは Quick Astra Manager から，取締役会構成と所有構造に関するデータは日経 NEEDS-Cges から取得した．推計方法にはロジットモデルを用いる．

分析の結果は，表2-3 にまとめられている．まず，COMP および MON の係数は，概ね予測通りに正である．ただし，分析モデルの説明力は，米国企業や英国企業を対象とした研究よりも低い[11]．このことは，日本企業の取締役会構成は，米国・英国を想定して組み立てられたモデルでは説明できない要因によって決定されていることを意味している[12]．

次に，前記のモデルに，海外機関投資家の保有比率を導入した場合（2 列目），海外機関投資家の保有比率が高い企業ほど，独立取締役を導入する傾向にあることがわかる．ここでは表掲していないが，限界効果を見ると，海外機

---

11) 例えば，Coles et al. (2008) は，類似の推計モデルを用いて，米国企業の取締役会構成の決定要因を分析しており，その決定係数を0.24と報告している．同様に，英国企業を対象に分析した Guest (2008) も，その決定係数を0.17と報告している．一方で，これらの研究と比較するために，被説明変数を独立取締役比率とし，前記のモデルを OLS で推計すると，その決定係数は0.12にとどまる．

12) 分析期間を1997-2008年とした齋藤 (2011) では，フリー・キャッシュフローの大きい企業の方が，独立取締役を導入する確率が低いことを報告している．分析期間の異なる我々の推計では，同様の結果が得られなかったが，本節のモデルで取締役会構成の決定が十分に説明できない点で見方は一致している．

表2-3 海外機関投資家が取締役会構成に与える影響

	(1) 全企業	(2) 全企業	(3) 高海外機関投資家企業（上位四分位）	(4) 低海外機関投資家企業（下位四分位）
企業規模	0.214*** (0.046)	0.122** (0.055)	0.126 (0.094)	−0.013 (0.134)
企業年齢	−0.004 (0.004)	−0.003 (0.004)	0.002 (0.008)	−0.016** (0.007)
事業セグメント数	0.125*** (0.044)	0.130*** (0.045)	0.148* (0.087)	0.069 (0.086)
持株会社ダミー	0.464** (0.195)	0.468** (0.195)	1.223*** (0.386)	0.050 (0.387)
負債比率	0.307 (0.367)	0.500 (0.371)	0.604 (0.747)	0.947 (0.656)
キャッシュフロー比率	0.003 (0.007)	0.005 (0.007)	0.029* (0.017)	0.003 (0.010)
ハーフィンダール指数	0.000 (0.000)	0.000 (0.002)	0.000 (0.001)	0.000 (0.000)
買収防衛策導入ダミー	0.402*** (0.116)	0.394*** (0.115)	0.707*** (0.216)	−0.214 (0.252)
R&D 比率	0.093*** (0.031)	0.088*** (0.032)	0.114** (0.054)	0.017 (0.074)
時価簿価比率	0.250*** (0.091)	0.219** (0.086)	0.556*** (0.190)	0.254* (0.150)
株価ボラティリティ	0.002 (0.010)	−0.002 (0.010)	0.030 (0.028)	−0.001 (0.016)
無形資産比率	0.890** (0.375)	0.829** (0.377)	−0.251 (0.755)	1.231* (0.652)
産業調整済み ROA	−0.013 (0.011)	−0.018 (0.011)	−0.052** (0.024)	−0.006 (0.019)
経営者在職年数	−0.017*** (0.006)	−0.017*** (0.006)	−0.014 (0.011)	−0.005 (0.010)
経営者持株比率	−0.024*** (0.009)	−0.023** (0.009)	−0.013 (0.022)	−0.039*** (0.013)
海外機関投資家保有比率		0.017*** (0.005)		
年度ダミー	Yes	Yes	Yes	Yes
産業ダミー	Yes	Yes	Yes	Yes
疑似決定係数	0.088	0.092	0.139	0.078
観測数	8,226	8,226	2,059	2,052

(注) 括弧内は頑健な標準誤差である．***，**，*は，それぞれ1％，5％，10％水準で有意であることを示している．

関投資家の保有比率の10％の上昇は，独立取締役の導入確率を3.5％引き上げる．この結果は，前節の海外機関投資家が社外取締役比率の高い企業を選好する，つまり，取締役会改革に積極的な企業にプレミアムを支払うという結果と整合的である．

もっとも，海外機関投資家の保有比率が高い企業で独立取締役の導入確率が高くなるという関係は，必ずしも企業がその事業特性に従って取締役会構成を選択したことを意味するわけではない．独立取締役の導入が単なるウインドウ・ドレッシング（window dressing）に終わる可能性もあるからである．

そこで，海外機関投資家の保有比率が高い企業（上位四分位）と低い企業（下位四分位）にサンプルを分割して推計結果を比較すると，海外機関投資家の保有比率が高い企業でモデルの説明力が高くなることがわかる（3・4列目）．海外機関投資家の保有比率が高い企業群の決定係数が0.14であるのに対して，低い企業群の決定係数は0.08にとどまる．また，海外機関投資家の保有比率が高い企業群では，事業の複雑性やエージェンシー問題の深刻度を表す変数群の有意水準も高い．これは，海外機関投資家の保有比率が高い企業では，事業の複雑性やエージェンシー問題の深刻度などの企業特性に応じて取締役会構成が決定される程度が高まることを意味している．

6 海外機関投資家は経営政策に影響を与えるか

6.1 経営政策に与える影響

本節の課題は，海外機関投資家の増加が企業の経営政策にどのような影響を与えるのかを解明する点にある．ここでは，経営政策として，設備投資，資本構成，株主還元に注目する．

これらに注目する理由は，政策担当者や経済メディアがしばしば指摘するように，日本企業の経営政策が総じて保守的であり，大規模な投資に消極的で，過度に負債を圧縮し，株主還元よりも内部留保する傾向があるとみなされているからである．さらに，これらの保守的な経営政策は，インサイダー優位の所有構造がもたらす最大の欠陥のうちの1つとされている．以下では，設備投資や資本構成が企業のリスクテイクの側面を，株主還元はより直接的に株主の利害を重視する経営が採用されているかを表すという想定の下で，海外機関投資家の増加がこうした経営政策に実質的な影響を与えているか否かを，以下の推計モデルを用いて検証する．

$$POL_{i,t} = \alpha + \beta_1 FIO_{i,t-1} + \beta_2 CONT_{i,t} + \beta_3 POL_{i,t-1} + \varepsilon_{i,t} \qquad (3)$$

ここで，被説明変数の POL は，企業の経営政策を捉える変数で，設備投資比率，負債比率，自己資本配当率である．設備投資比率は，設備投資額を期初の総資産で除した値，負債比率は有利子負債額を期末の総資産で除した値，自己資本配当率は年間配当額を期初の自己資本で除した値である．また，負債比率については，キャッシュフロー計算書から，負債発行額と負債返済額の差分を期初の総資産で除した負債調達比率も用いる．

　説明変数の FIO は，海外機関投資家の保有比率である．$CONT$ はその他のコントロール変数群であり，設備投資の分析では，時価簿価比率，売上高成長率，キャッシュフロー比率を，負債比率の分析では，時価簿価比率，売上高成長率，総資産利益率（ROA），有形固定資産比率，売上高対数値，株価ボラティリティを，自己資本配当率の分析では，時価簿価比率，売上高成長率，売上高対数値，株価ボラティリティ，株価リターン，自己資本利益率（ROE）を採用している．また，すべての分析において，年度ダミーと産業ダミーを導入している．サンプル企業は東証第 1 部上場企業（非金融事業法人）で，サンプル期間は2006年から2013年である．

　ここでの焦点は，海外機関投資家が企業の経営政策にいかなる影響を与えるのかであるが，前述したように，海外機関投資家は特定の経営政策を選好する可能性がある．つまり，海外機関投資家が影響を与えるのではなく，海外機関投資家が望ましい経営政策を採用する企業の株式を購入しているだけという逆の因果関係が存在する．そこで，この点に対処するため，被説明変数のラグを説明変数に追加してダイナミック・パネル・モデルとし，Blundell and Bond (1998) のシステム GMM を用いて推計する．ここでは，すべての変数を内生変数として扱い，$t-3$ 期から $t-5$ 期の説明変数を操作変数として用いる．

　分析の結果は，表 2-4 にまとめられている．まず，設備投資比率の分析（1 列目）に関しては，海外機関投資家の係数が有意に正の値をとる．この結果は，海外機関投資家の保有比率がピークに達して以降，企業の投資を促進させる圧力となったことを意味する．また，新興国を対象とした Ferreira and Matos (2008) の分析では，海外機関投資家が企業の過剰投資を抑制させる役割を担っていると報告されていることとは対照的である．保守的な投資行動，つまり，過剰投資よりも過小投資が問題となる日本企業では，海外機関投資家は，事業再組織化を促進するよりもリスクテイクを促進させたという解釈と整合的であ

表 2-4 海外機関投資家が経営政策に与える影響

	(1) 設備投資比率	(2) 負債比率	(3) 負債調達比率	(4) 自己資本配当率
海外機関投資家保有比率（期初）	0.019*	0.049	0.065*	0.011**
	(0.011)	(0.04)	(0.04)	(0.01)
時価簿価比率	0.844	3.507***	3.183***	0.104
	(0.731)	(0.64)	(0.83)	(0.19)
売上高成長率	−0.045**	−0.094***	−0.063**	0.013**
	(0.020)	(0.03)	(0.03)	(0.01)
キャッシュフロー比率	0.165**			
	(0.066)			
ROA		−0.271***	−0.085*	
		(0.05)	(0.05)	
有形固定資産比率		0.040	−0.008	
		(0.04)	(0.04)	
売上高対数値		0.090	−0.433	−0.163**
		(0.45)	(0.47)	(0.07)
株価ボラティリティ		−0.044	−0.077	−0.018***
		(0.04)	(0.05)	(0.01)
株価リターン				0.003**
				(0.00)
ROE				0.020**
				(0.01)
被説明変数ラグ	0.355***	0.793***	0.119	0.774***
	(0.132)	(0.04)	(0.13)	(0.04)
AR(1) test (p-value)	0.000	0.000	0.000	0.000
AR(2) test (p-value)	0.551	0.103	0.751	0.874
Hansen test over-identification (p-value)	0.169	0.062	0.214	0.768
Diff-in-Hansen tests of exogeneity (p-value)	0.256	0.590	0.355	0.874
観測数	11,411	12,045	11,681	11,673

（注）括弧内は頑健な標準誤差である．***，**，*は，それぞれ1％，5％，10％水準で有意であることを示している．

ろう．

次に，負債比率の分析（2列目）では，海外機関投資家の係数は正の値をとるものの有意ではない．一方，負債調達比率を用いた分析（3列目）では，10％水準で有意に正の値をとる．前節の銘柄選択の結果と併せて考えれば，海外機関投資家は，負債比率の低い企業の株式を購入し，その後，負債比率を引き上げるような圧力を働かせると見ることができる．

最後に，自己資本配当率の分析（4列目）では，海外機関投資家の係数は5

％水準で有意に正の値をとる．海外機関投資家の1標準偏差の増加は，自己資本配当率を0.32％上昇させる．これは自己資本配当率の平均値の約2割にあたり，その経済的規模は大きい．前節の結果と併せて考えれば，負債比率と同様に，海外機関投資家は低配当企業を選好する一方で，その企業が配当を増加させる役割を果たすと理解できる．

6.2　海外機関投資家の影響と企業特性

以上の分析から，保有比率がピークとなった2006年以降，海外機関投資家が企業の経営政策に実質的に影響を与えるようになったことが確認された．次の関心は，海外機関投資家がどのような特性を持つ企業の経営政策に影響を与えるかである．海外機関投資家が企業の積極的な設備投資を促し，負債比率を高め，株主還元を促進したとしても，必ずしも企業価値の向上に貢献するとは限らない．例えば，成長機会が乏しい企業の投資を促進すれば過剰投資を引き起こし，反対に成長機会が豊富な企業の配当を促進させれば内部成長を抑制することになる．

以下では，この推論が妥当であるかを検証するため，サンプル企業を成熟企業と成長企業に分類する．ここで，成長企業は規模が小さく（総資産が中央値未満），年齢が若く（上場後年数が中央値未満），成長機会が豊富な企業（時価簿価比率が中央値以上）と定義し，成熟企業は規模が大きく（総資産が中央値以上），年齢が古く（上場後年数が中央値以上），成長機会が乏しい企業（時価簿価比率が中央値未満）と定義する．この定義に従って作成したダミー変数と海外機関投資家保有比率の交差項を前記のモデルに追加する．

分析の結果は表掲していないが[13]，海外機関投資家の圧力が，成長機会が乏しい企業の過剰投資を誘発する，あるいは，成長機会が豊富な企業の内部成長を抑制するという事実は確認できない．むしろ，海外機関投資家と国内機関投資家の保有比率を合計した機関投資家保有比率を用いた場合には，投資については，交差項の係数は成熟企業のみ有意に負の値をとる．また，配当については，交差項の係数は成長企業で有意に負，成熟企業で有意に正となる．これらの結果は，概ね機関投資家が企業特性ないしライフサイクルに適合する経営

13）　詳細については，Miyajima and Ogawa（2016）を参照されたい．

政策を採用させる，つまり，成熟企業の投資を抑制して配当を促進させる一方，成長企業の配当を抑制させる役割を果たしていることを示している．他方，負債については，成熟企業・成長企業ともに負債比率を上昇させる．今後，さらに立ち入った検証の必要があるが，成熟企業に対しては，負債の規律付け効果の向上を，成長企業に対しては積極的な負債の選択による成長を促進した可能性がある．

以上の結果から，海外機関投資家が，2006年以降，外部モニターとして企業に適切な経営政策の選択を促す役割を果たし始めたと見てよいだろう．

7 海外機関投資家は企業パフォーマンスに影響を与えるか

前節までの結果を要約すれば，海外機関投資家の銘柄選択には一種のバイアスがあるものの，いったん海外機関投資家の保有比率が上昇すれば，発言と退出などのメカニズムを通じて，企業の統治制度や経営政策に実質的な影響を与えることを示唆している．本章の最後の課題は，2000年代に入って急激に高まった海外機関投資家の存在が，最終的に企業パフォーマンスの向上に貢献するか否かである．従来の伝統的な銀行や保険会社などのインサイダーとは異なり，海外機関投資家は投資先企業からの独立性が高く，投資収益の最大化に従って行動するので，積極的に発言と退出を実行し，投資先企業のパフォーマンスに正の影響を与えると推測される．しかし，この見方は妥当なのだろうか．

7.1 海外機関投資家が株価収益率に与える影響

本節では，まず予備的な考察として海外機関投資家の株式保有の変化と株価収益率の関係から接近する．ここでは，海外機関投資家による株式保有が企業の株価収益率にどのような影響を及ぼしているかを，Gompers and Metrick (2001) を参考にし，以下の推計モデルを用いて検証する．

$$RET_{i,t} = \alpha + \beta_1 CONT_{i,t} + \beta_2 FIO_{i,t-1} + \beta_3 \Delta FIO_{i,t} + \varepsilon_{i,t} \qquad (4)$$

ここで，RET は，株価収益率であり，企業 i の各年の配当込みの投資収益率と配当込みの TOPIX の投資収益率の差をとった超過収益率である．説明変数の $FIO_{i,t-1}$ は海外機関投資家の期初（前期末）の保有比率の水準，$\Delta FIO_{i,t}$ は当期のその変化であり，$CONT$ はその他のコントロール変数である．

以下で注目するのは，この $FIO_{i,t-1}$ と $\Delta FIO_{i,t}$ である．企業の株価収益率が期初の海外機関投資家の保有比率 $FIO_{i,t-1}$ に正に感応するならば，海外機関投資家が投資収益最大化のために積極的に企業に対してモニタリングしたか，あるいは，経営者が海外機関投資家の株式保有の継続を促す経営戦略を採用したことを示唆する．一方，投資収益率が期中の海外機関投資家の保有比率の変化 $\Delta FIO_{i,t}$ に正に感応するならば，海外機関投資家は，成長可能性の高い株式を選別して投資したという意味で，事前のスクリーニング能力を示したものと見ることができる．以上の推論から，海外機関投資家による株式保有（水準と変化）が株価収益率を引き上げる効果があるか，あるとすればどの程度の規模かを検証する．

表2-5には，第4節の銘柄選択の分析と同様に，Fama-MacBethの手法を用いた推計結果が要約されている．なお，サンプルとデータは第4節と同様である．

まず，期初の保有比率 $FIO_{i,t}$ の効果を見ると，その係数は有意に負の値をとり，海外機関投資家のモニタリング効果ははっきりしない．それに対して，$\Delta FIO_{i,t}$ の係数は統計的に1％水準で有意であり，経済的にも実質的な効果を持つ．表では省略しているが，24期間中23期間において，$\Delta FIO_{i,t}$ の係数は5％水準で有意に正の値をとる．つまり，海外機関投資家の保有割合の増加（減少）した企業の株価は上昇（低下）する．期間を分割すると，海外機関投資家の保有比率の増分が1標準偏差増加すると，株価収益率は，1990年から1997年で4.7％，1998年から2005年で6.7％，2006年から2013年で4.5％上昇する．最も影響が大きいのは，1999年の9.9％であった[14]．

以上要するに，期中の海外機関投資家の保有割合の変化は株価収益率に対して，統計的にも経済的にも有意な正の影響を与えることがわかった．もっとも，海外機関投資家の保有比率の変化と株価収益率の正の相関は，海外機関投資家の事前のスクリーニング能力だけでなく，海外機関投資家の買い自体が株価を引き上げる需要ショックによっても発生する点（Gompers and Metrick, 2001）には，注意が必要である[15]．

---

[14] Period Ⅱ と Period Ⅲ ともに，$FIO_{i,t-1}$ の係数は有意に負であるが効果は小さい．例えば，Period Ⅲ において，$FIO_{i,t-1}$ の1標準偏差の変化は株価収益率を1.5％程度引き下げるが，前述のように，$\Delta FIO_{i,t}$ の1標準偏差の変化は株価収益率を4.5％引き上げる．

表 2-5　海外機関投資家が株価収益率に与える影響

	(1) 全期間 1990-2013	(2) Period I 1990-1997	(3) Period II 1998-2005	(4) Period III 2006-2013
時価総額対数値	0.050*** (0.007)	0.047*** (0.006)	0.062*** (0.015)	0.025*** (0.007)
売買回転率	−0.039*** (0.005)	−0.031*** (0.006)	−0.051*** (0.005)	−0.035** (0.012)
簿価時価比率	−0.118*** (0.020)	−0.154*** (0.016)	−0.068 (0.045)	−0.133*** (0.018)
ROA	0.708*** (0.148)	0.636** (0.249)	0.772*** (0.189)	0.717* (0.312)
売上高成長率	0.203*** (0.040)	0.217*** (0.041)	0.206* (0.088)	0.185** (0.073)
配当利回り	−0.382 (0.569)	−0.796** (0.332)	1.839** (0.665)	−2.19** (0.658)
株価ボラティリティ	0.143** (0.060)	0.067 (0.082)	0.286** (0.110)	0.074 (0.106)
有利子負債比率	−0.094*** (0.013)	−0.087*** (0.008)	−0.107*** (0.032)	−0.088** (0.026)
現預金比率	−0.072** (0.033)	0.028 (0.020)	−0.176** (0.056)	−0.069 (0.038)
海外売上高比率	−0.010 (0.027)	0.014 (0.050)	−0.005 (0.026)	−0.041 (0.056)
MSCI インデックス	−0.064*** (0.011)	−0.027*** (0.004)	−0.094*** (0.021)	−0.072*** (0.010)
取締役会人数	−0.003*** (0.001)	−0.003*** (0.001)	−0.003 (0.002)	−0.003*** (0.000)
社外取締役比率	−0.024 (0.017)	0.004 (0.022)	−0.036 (0.034)	−0.039 (0.029)
子会社ダミー	−0.017* (0.009)	−0.006 (0.012)	−0.028 (0.021)	−0.018*** (0.005)
浮動株比率	0.053** (0.021)	0.020 (0.019)	0.112** (0.038)	0.028 (0.038)
海外機関投資家（期初） FIO	−0.224** (0.090)	0.021 (0.162)	−0.552*** (0.083)	−0.139*** (0.035)
Δ 海外機関投資家（差分） ΔFIO	1.755*** (0.193)	2.089*** (0.406)	1.869*** (0.311)	1.309*** (0.111)
定数項	−0.589** (0.250)	−0.388 (0.287)	−1.240** (0.474)	−0.140 (0.414)
被説明変数の平均値 標準偏差	0.019 0.290	−0.037 0.199	0.048 0.349	0.021 0.278
FIO の平均値 標準偏差	0.087 0.089	0.052 0.053	0.078 0.083	0.127 0.102
ΔFIO の平均値 標準偏差	0.005 0.032	0.004 0.023	0.009 0.036	0.003 0.035
調整済み決定係数 観測数 観測年数	0.326 19,943 24	0.371 6,078 8	0.307 6,529 8	0.301 7,336 8

（注）　括弧内は頑健な標準誤差である．***，**，*は，それぞれ1％，5％，10％水準で有意であることを示している．

7.2 海外機関投資家が企業パフォーマンスに与える影響

最後に，逆の因果関係を考慮しても，海外機関投資家が経営の規律付けの主体として企業パフォーマンスを引き上げるのかを検証する．本節では，以下の推計モデルを用いる．

$$PERF_{i,t} = \alpha + \beta_1 FIO_{i,t} + \beta_2 SIZE_{i,t} + \beta_3 INVOP_{i,t} + \beta_4 LEV_{i,t} + \beta_5 IND\text{-}PERF_{i,t} + \varepsilon_{i,t} \tag{5}$$

ここで，被説明変数の $PERF$ はパフォーマンス指標で，トービンの q の対数値，および，ROA である．説明変数の FIO は海外機関投資家の保有比率，$SIZE$ は総資産対数値，$INVOP$ は過去2年間の売上高成長率の平均値，LEV は負債比率，$IND\text{-}PERF$ はパフォーマンス指標の産業中央値である．前記のモデルには，年度ダミーおよび産業ダミーを導入している．サンプル企業は東証第1部上場企業（非金融事業法人）で，サンプル期間は1990年から2013年である．推計法は，Median-regression（分位点回帰），IV（操作変数法），GMM（一般化モーメント法）を用いる．ここでは，海外機関投資家保有比率と相関があり，企業パフォーマンスには直接的な影響を与えない MSCI インデックスを操作変数として採用する．

操作変数法を用いた場合の2段階目の分析結果が表2-6にまとめられている．海外機関投資家保有比率の係数は，パネルA・Bのいずれの推計でも有意に正の値をとる．つまり，逆の因果関係を考慮しても，海外機関投資家の保有比率の増加が企業パフォーマンスに正の効果を持つことがわかる．その経済的規模は，1列目の結果によれば，海外機関投資家の1標準偏差の増加（9.2%）は，トービンの q の対数値を5.6%，ROA を1.3%上昇させる．これは，トービンの q の平均値の約4割，ROA の平均値の約2割を説明するため，実質的な効果を持つと見てよいだろう[16]．

---

15) 宮島・保田（2015）では，海外機関投資家の日本の株式市場への資金流入期・流出期に区分して，この点をさらに立ち入って分析しており，需要ショックの効果は大きくないと結論付けている．

16) 本書第3章の分析では，固定効果モデルの推計であるが，付加価値率に対しても，海外機関投資家の株式保有が正の影響を持つことを報告している．

表 2-6 海外機関投資家が企業パフォーマンスに与える影響

パネル A：トービンの q（対数値）

	(1) 全期間 1990-2013	(2) Period I 1990-1997	(3) Period II 1998-2005	(4) Period III 2006-2013
海外機関投資家保有比率	3.133*** (0.129)	2.824*** (0.285)	2.698*** (0.169)	4.711*** (0.346)
総資産対数値	−0.103*** (0.005)	−0.090*** (0.006)	−0.064*** (0.007)	−0.207*** (0.017)
売上高成長率	0.462*** (0.035)	0.420*** (0.060)	0.702*** (0.062)	0.298*** (0.067)
有利子負債比率	0.396*** (0.022)	0.145*** (0.032)	0.324*** (0.030)	0.798*** (0.065)
q 産業中央値	1.087*** (0.015)	0.985*** (0.017)	0.726*** (0.045)	0.658*** (0.060)
定数項	0.043* (0.024)	0.329*** (0.029)	0.260*** (0.060)	0.518*** (0.074)
観測数	23,808	7,929	7,588	8,291

パネル B：ROA

	(1) 全期間 1990-2013	(2) Period I 1990-1997	(3) Period II 1998-2005	(4) Period III 2006-2013
海外機関投資家保有比率	0.142*** (0.011)	0.108*** (0.024)	0.095*** (0.013)	0.259*** (0.025)
総資産対数値	−0.003*** (0.000)	−0.000 (0.000)	−0.000 (0.001)	−0.011*** (0.001)
売上高成長率	0.132*** (0.003)	0.112*** (0.005)	0.135*** (0.006)	0.141*** (0.006)
有利子負債比率	−0.029*** (0.002)	−0.037*** (0.003)	−0.032*** (0.003)	−0.018*** (0.005)
ROA 産業中央値	0.654*** (0.016)	0.793*** (0.023)	0.662*** (0.029)	0.507*** (0.030)
定数項	0.024*** (0.002)	0.015*** (0.002)	0.008*** (0.002)	0.039*** (0.003)
観測数	23,892	7,940	7,608	8,344

（注）括弧内は頑健な標準誤差である．***，**，*は，それぞれ1％，5％，10％水準で有意であることを示している．

8 海外機関投資家が企業統治に影響を与えるメカニズム

8.1 海外機関投資家の役割の増大と企業統治の多様化

　以上，本章では，従来の日本型企業システムの根幹を担ってきたメインバンク制に代わって，海外機関投資家（外部投資家）によるモニタリングが企業を規律付けるメカニズムとして実質的に機能しているのかについて分析してきた．

　第2節でも紹介したように，この点に関しては，海外機関投資家が，事前のスクリーニング能力と事後のモニタリング能力に優れており，さらに，企業統治制度の整備を促進させることによって，企業パフォーマンスを向上させるという肯定的な見方が主張される一方，海外機関投資家は，深刻な非対称情報に直面しているため形式的な銘柄選択に終始し，また，企業にコミットする意思も持たない点に注目して，その経営の規律付けの役割に対して懐疑的な見方も根強い．さらには，海外機関投資家は，投資期間が短期的であるため，企業の中長期的な成長を阻害するという否定的な見方もある．

　しかし，前節までの分析結果を総括すれば，海外機関投資家の銘柄選択は一定のバイアスを伴うものの，いったん，その保有比率が上昇すれば，投資先企業ではその企業に適合した企業統治制度の整備や経営政策の選択が促進され，その結果としてパフォーマンスが向上することになる．これは，海外機関投資家に肯定的な見方を支持する結果であり，海外機関投資家によるモニタリングが企業を規律付けるメカニズムとして機能し始めたことを意味している．

　もっとも，以上の海外機関投資家のポジティブな機能が期待されるのは，規模の大きい企業に限定されていることに注意が必要である．1980年代までの日本の企業システムは，メインバンク制，企業・銀行間の株式持ち合い，内部者からなる取締役会によって特徴づけられ，しかも，大規模の優良企業でもその他の中規模企業でもすべての上場企業が均質であった．しかし，Jackson and Miyajima（2007）が強調したように，1997年の銀行危機以降，日本企業の統治構造は多様化した．海外機関投資家の選好（規模の大きい企業，流動性の高い企業，業績の良い企業，認知度の高い企業）を反映して所有構造に格差が生じた．

前掲図2-2は，この傾向を明確に示している．1990年代初頭には，時価総額を基準とした大規模企業（第5五分位）と小規模企業（第1五分位）の間に，海外機関投資家の保有比率に大きな差はなかった．しかし，海外機関投資家の保有比率がピークを迎えた2006年には，大規模企業では25％を超える一方，小規模企業では依然として5％以下にとどまっている．つまり，海外機関投資家の役割が期待できるのは，この大規模企業のみに限られる．そこでは，統治制度の整備，経営政策の矯正，パフォーマンスの向上がもたらされる一方，比較的規模の小さい企業では，依然として従来の伝統的な統治制度が維持されることとなった．

8.2 経路：発言（Voice）の機能と現実

以上の通り，海外機関投資家が企業の統治制度，経営政策，企業パフォーマンスに実質的な影響を与えることを明らかにした．では，どのような経路を通じて海外機関投資家の影響が実質的な意味を持つのか．この点の精緻な検討は今後の課題であるが，以下若干の展望を述べておこう．

一般に，海外機関投資家の保有の増加が，経営政策やパフォーマンスに影響を与える経路としては，（1）ブロック保有に基づいたアクティビズムと呼ばれる直接的な介入（株主総会における株主提案や委任状争奪戦など），（2）独立取締役によるモニタリングが想定される．

しかし，このうち，第1のブロック保有に基づく直接的な介入が企業経営に影響を及ぼしたとは言い難い．確かに，2000年代の日本では，戦後初めて，いくつかの敵対的買収が観察された（Buchanan *et al.*, 2012）．そして，アクティビストの行動は，買収の標的（被買収企業）のみならず，過剰な現預金を抱えるような潜在的に標的になりうる企業の経営政策にも影響を与えた．しかし，こうした大量買い付けの案件自体は著しく少ないうえ，実際にスティール・パートナーズなどの標的となった企業は，海外機関投資家保有比率の低い，比較的小規模の企業であった．また，海外機関投資家による株主提案が提出されることは珍しく，委任状争奪戦が行われることもまれである．さらに，たとえ株主アクティビズムが観察されたとしても，それが成功を収める事例は非常に限られている（Hamao *et al.*, 2011; Becht *et al.*, 2015）．少なくとも，これまでの日本において，海外機関投資家による発言が機能したと想定するのは非現実的

である．

　第2の独立取締役を通じた経路については，2000年以降，海外機関投資家の選好に沿うように，日本企業の独立取締役の選任が進展したことは事実である．しかし，独立取締役の選任が必ずしも企業の経営効率の向上をもたらすとは限らない．本書第9章の分析結果によれば，平均的に見て，独立取締役の選任が業績悪化時の経営者交代の確率を上昇させることはない．独立取締役が3人以上選任されている企業では，業績悪化時の経営者交代の確率が上昇するものの，2人以下ではかえってその確率が低下する．そもそも独立取締役が十分に選任されている企業は少なく，過半数が社外取締役という企業はほとんど存在しない．それゆえ，海外機関投資家の存在によって，独立取締役を選任する圧力が高まったとしても，その結果として企業パフォーマンスの向上がもたらされると解釈することはできない．

8.3　経路：退出（Exit）と内部ガバナンス

　以上の事実から，前記の直接的な経路が，海外機関投資家が日本企業に影響を与えてきた主たる経路であると想定することはできない．むしろ，現実的なのは，海外機関投資家による議決権行使と退出（voting with feet）が企業経営に影響を与えるという間接的な経路である．

　株主総会での議決権行使については，2006年以降，会社提案に対して反対票が投じられることが目立つようになった．既述の通り，海外機関投資家が単独でブロック保有するケースは限られている．しかし，海外機関投資家の集計された保有比率は30％に達し，その議決権行使の基準はかなり明確である．特に，経営政策に対する批判は，取締役選任議案に顕著に現れ始めた．取締役選任議案に20％以上の反対票が投じられると，経営陣はその結果を重視するといわれ，現行の経営政策を見直す契機となった可能性がある．また，配当政策も株主総会の決議事項であるため，海外機関投資家の議決権行使が変化を迫る圧力となったと見られる．また，時価総額の大きな企業では，海外機関投資家が3％以上のブロックを保有しているケースが5割程度に達しており，そこでは，徐々に海外機関投資家との対話が経営政策に影響を与えた可能性がある．

　他方，海外機関投資家の退出の脅威はこうした関係を強化した．第7節の分析では，海外機関投資家の保有比率の変化が株価収益率に正の影響を与えてい

た．しかも，この経済的規模は大きく，海外機関投資家の保有比率が5％増加すれば，株価収益率は約8％上昇する．この株価収益率の上昇の要因，つまり，海外機関投資家の事前・事後のモニタリングによるのか，海外機関投資家が株式を購入する際の需要ショックによるのかを十分に特定することはできなくとも，事実として，経営陣が，海外機関投資家による株式保有の増加が株価収益率の上昇をもたらすと認識するには十分なほどに大きい．

実際に，経営陣が株価の推移に関心を示すようになったことは，2000年代以降に，IR活動や情報公開を進展した事実とも整合的である（Miyajima, 2007）．さらに，筆者らが試みたアンケート調査（宮島ほか，2013）でも，1990年代の調査結果とは異なり，近年では約9割の経営陣が株主価値を意識するようになったと回答している．

ただし，日本企業において海外機関投資家が退出するうえでの経営陣の関心事は，敵対的買収の脅威が増加することや持株（ストック・オプション）の価値が減少することではないだろう．むしろ，より重要なことは，株価の低迷が経営陣の評判を悪化させ，内部者からの支持が得られなくなることかもしれない．つまり，海外機関投資家の増減がもたらす株価の変動は，諸外国のように外部メカニズムを通じてではなく，内部メカニズムを通じて効力を持つ可能性がある．しかし，これは実証的に裏付けされたものではなく，推論の域を出ない．言うまでもなく，この推論を検証することが今後の課題である．

> 本章は，独立行政法人経済産業研究所（RIETI）の「企業統治分析のフロンティア：リスクテイクと企業統治」研究プロジェクトの成果の一部である．本章の作成にあたっては，前記研究会の参加者より貴重なコメントを頂戴した．ここに記して感謝を申し上げる．本章の一部は，文部科学省の科学研究費（15H01958），日本学術振興会「課題設定による先導的人文学・社会科学研究推進事業グローバル展開プログラム」，「研究拠点形成事業（A．先端拠点形成型）」，および早稲田大学産業経営研究所リサーチ・プロジェクト助成金の援助を受けた．

【参考文献】

Aggarwal, R., L. Klapper and P. Wysocki (2005) "Portfolio Preferences of Foreign Institutional Investors," *Journal of Banking and Finance*, Vol. 29, pp. 2919-2946.

Aggarwal, R., I. Erel, M. Ferreira and P. Matos (2011) "Does Governance Travel Around the World? Evidence from Institutional Investors," *Journal of Financial Economics*, Vol. 100, pp. 154-182.

Becht, M., J. Franks, J. Grant and H. Wagner (2015) "The Returns to Hedge Fund Activism: An International Study," European Corporate Governance Institute (ECGI) Finance Working Paper, No. 402/2014.

Blundell, R. and S. Bond (1998) "Initial Conditions and Moment Restrictions in Dynamic Panel Data Models," *Journal of Econometrics*, Vol. 87, pp. 115-143.

Buchanan, J., D. Chai and S. Deakin (2012) *Hedge Fund Activism in Japan: The Limits of Shareholder Primacy*, Cambridge University Press.

Bushee, B. (1998) "The Influence of Institutional Investors on Myopic R&D Investment Behavior," *Accounting Review*, Vol. 73, pp. 305-333.

Bushee, B. (2001) "Do Institutional Investors Prefer Near-term Earnings over Long-run Value?" *Contemporary Accounting Research*, Vol. 18, pp. 207-246.

Chung K. and H. Zhang (2011) "Corporate Governance and Institutional Ownership," *Journal of Financial and Quantitative Analysis*, Vol. 46, pp. 247-273.

Coles J., D. Naveen and L. Naveen (2008) "Boards: Does One Size Fit All?" *Journal of Financial Economics*, Vol. 87, pp. 329-356.

Del Guercio, D. (1996) "The Distorting Effect of the Prudent-man Laws on Institutional Equity Investments," *Journal of Financial Economics*, Vol. 40, pp. 31-62.

Fama, E. and J. D. MacBeth (1973) "Risk, Return, and Equilibrium: Empirical Tests," *Journal of Political Economy*, Vol. 81, pp. 607-636.

Ferreira, M. and P. Matos (2008) "The Colors of Investors' Money: The Role of Institutional Investors around the World," *Journal of Financial Economics*, Vol. 88, pp. 499-533.

Franks, J., C. Mayer and H. Miyajima (2014) "The Ownership of Japanese Corporations in the 20th Century," *Review of Financial Studies*, Vol. 27, pp. 2581-2625.

Gillan, S. and L. Starks (2003) "Corporate Governance, Corporate Ownership, and the Role of Institutional Investors: A Global Perspective," *Journal of Applied Finance*, Vol. 13, pp. 4-22.

Gompers, P. and A. Metrick (2001) "Institutional Investors and Equity Prices," *Quarterly Journal of Economics*, Vol. 116, pp. 229-259.

Goyer, M. (2011) *Contingent Capital: Short-term Investors and the Evolution of Corporate Governance in France and Germany*, Oxford University Press.

Guest, P. (2008) "The Determinants of Board Size and Composition: Evidence from UK," *Journal of Corporate Finance*, Vol. 14, pp. 51-72.

Hamao, Y., K. Kutsuna and P. Matos (2011) "U.S.-style Investor Activism in Japan: The First Ten Years," Working Paper, University of Southern California.

Hiraki, T., A. Ito and F. Kuroki (2003) "Investor Familiarity and Home Bias: Japanese Evidence," *Asia-Pacific Financial Markets*, Vol. 10, pp. 281-300.

Jackson, G. and H. Miyajima (2007) "Introduction: The Diversity and Change of Corporate Governance in Japan," in M. Aoki, G. Jackson and H. Miyajima eds., *Corporate Governance in Japan: Institutional Change and Organizational Diversity*, Oxford University Press, pp. 1-47.

Kang, J. and R. Stulz (1997) "Why is there a Home Bias? An Analysis of Foreign Portfolio Equity Ownership in Japan," *Journal of Financial Economics*, Vol. 46, pp. 3-28.

Linck, J., J. Netter and T. Yang (2008) "The Determinants of Board Structure," *Journal of Financial Economics*, Vol. 87, pp. 308-328.

Miyajima, H. (2007) "The Performance Effects and Determinants of Corporate Governance Reform," in M. Aoki, G. Jackson and H. Miyajima eds., *Corporate Governance in Japan: Institutional Change and Organizational Diversity*, Oxford University Press, pp. 330-369.

Miyajima, H. and F. Kuroki (2007) "The Unwinding of Cross-shareholding in Japan: Causes, Effects, and Implications," in M. Aoki, G. Jackson and H. Miyajima eds., *Corporate Governance in Japan: Institutional Change and Organizational Diversity*, Oxford University Press, pp. 79-124.

Miyajima, H. and R. Ogawa (2016) "Convergence or Emerging Diversity? Understanding the Impact of Foreign Investors on Corporate Governance in Japan," RIETI Discussion Paper Series, No. 16-E-053.

Miyajima, H., T. Hoda and R. Ogawa (2015) "Does Ownership Really Matter? The Role of Foreign Investors in Corporate Governance in Japan," RIETI Discussion Paper Series, No. 15-E-078.

Stulz, R. (1981) "On the Effects of Barriers to International Investment," *Journal of Finance*, Vol. 36, pp. 923-934.

川北英隆（1995）『日本型株式市場の構造変化――金融システムの再編成とガバナンス』東洋経済新報社.

齋藤卓爾（2011）「日本企業による社外取締役の導入の決定要因とその効果」宮島英昭編著『日本の企業統治――その再設計と競争力の回復に向けて』東洋経済新報社，181-213頁.

二上季代司（1990）『日本の証券会社経営――歴史・現状・課題』東洋経済新報社.

宮島英昭・小川亮（2012）「日本企業の取締役会構成の変化をいかに理解するか――取締役会構成の決定要因と社外取締役の導入効果」『旬刊商事法務』第1973号，81-95頁.

宮島英昭・新田敬祐（2011）「株式所有構造の変容：株式持ち合いの『解消・復活』と外投資家の役割」宮島英昭編著『日本の企業統治――その再設計と競争力の回復に向けて』東洋経済新報社.

宮島英昭・保田隆明（2015）「株式所有構造と企業統治――機関投資家の増加に企業パフォーマンスを改善したのか」財務省財務総合政策研究所『フィナンシャル・レビュー』

（特集「コーポレート・ガバナンスⅢ」）第121号，3-36頁．
宮島英昭・齋藤卓爾・胥鵬・田中亘・小川亮（2013）「日本型コーポレート・ガバナンスはどこへ向かうのか──『日本企業のコーポレート・ガバナンスに関するアンケート』調査から読み解く」『旬刊商事法務』第2008号，4-14頁；第2009号，12-21頁．

第3章

従業員持株会は機能するか？
従業員持株会状況調査25年分のデータに基づくエヴィデンス

大湾秀雄／加藤隆夫／宮島英昭

1 はじめに：今なぜ従業員持株会が重要か？

1.1 背景

　持ち合いの解消や海外投資家の保有比率の増加を反映して，株主が企業経営に以前よりも影響力を持つようになってきた．2014年に策定されたスチュワードシップ・コードを国内機関投資家の大半が受け入れを表明したことも，こうした傾向を加速させるであろう．株主の関与の増大は，経営陣に対する規律を強める一方，これまで日本型経営の特徴とされてきた従業員雇用重視の経営姿勢を変容させる可能性がある．また，企業のグローバル化も，国内従業員と海外従業員に異なる処遇，特に雇用保障で差別的な政策をとることを今後困難にすることが予想され，株主利益と従業員利益の調和を妨げる要因になってきた．

　仮に，従業員と株主の利害対立が今後顕在化するならば，日本企業の競争力の源泉の1つと見られてきた長期雇用を前提とした従業員参加型の経営にも影響を及ぼす．こうした環境変化の中で，労使双方の長期的なコミットメントを維持していくためには，従業員の経営参加意欲や株主との利益アライメントを高める施策が必要になってくるだろう．その1つの経営手段として，従業員持株会が考えられる．従業員持株会が生産性，企業収益，株価などにどのような

効果を持つのか，その大きさや影響を及ぼすメカニズムを検証することが本章の目的である．仮に，従業員持株会が生産性を押し上げる効果が認められるのであれば，成長率向上が期待できる分野でその恩恵を従業員全体に還元する1つの政策手段として利用拡大を図る方策も俎上に載ってくるだろう．

もちろん，従業員と株主の利益アライメントを高める施策は，株式ベースのものとは限らない．利益配分（profit sharing），成果配分（gain sharing）を狙った様々な集団的インセンティブスキームがあり，多くの日本企業が取り入れている利益に連動した賞与の支払い方も利益配分策の一種である．しかし株式所有を通じたインセンティブは，所有権を持たせることで，従業員はより主体的なパートナーであるという価値観や文化を醸成することに役立つと指摘されてきた．実際，近年欧米では，従業員の経営参画意識を高め，パートナーシップ文化を醸成する方法として，従業員持株プラン（Employee Stock Ownership Plan；以下，ESOP）に対する関心が高まっていた[1]．米国では，ESOPの普及や情報提供を図る全米従業員持株研究センター（National Center for Employee Ownership），従業員持株財団（Employee Ownership Foundation）やベイスター研究所（Bayster Institute；カリフォルニア大学サンディエゴ校に附置）などの取り組みもあり，ESOP導入企業は2013年時点で，約6800社，参加者は約1400万人に達している[2]．

欧州では，1991年のPEPPER（Promotion of Employee Participation in Profits and Enterprise Results）レポート以来，従業員資本参加策への関心が強く，2014年には，EC議会で従業員資本参加策推進のための決議が採択された．特にフランスでは，ESOP参加者は，政策的な後押しの結果，70万人（1998年）から370万人（2015年）に増加している（FAS = French Federation of Employee Shareholders' Association, 2015）．こうした欧米における関心の高さの背景の1つには，好業績ワークシステム（high performance work systems）と呼ばれるチーム組織と権限委譲を中核とする従業員参加型経営を導入する企業が増え，それと補完的なインセンティブ施策としてESOPに対す

---

1) 本章を通じてESOPという表記は欧米の従業員持株プランを指す場合にのみ用い，制度的に大きく異なる日本の従業員持株会とは区別する．
2) 全米従業員持株研究センターの調査による．https://www.nceo.org/articles/statistical-profile-employee-ownership

る関心が高まっていたことも挙げられる．

　他方，日本においては，2008年に経済産業省が「新たな自社株式保有スキームに関する報告書」を公表するなど，金融界を中心に関心が高まったが，証券界・信託銀行業界が様々な顧客ニーズに対応した新しい従業員持株スキーム，いわゆる「日本版ESOP」の設計・販売に動くにとどまり，それが従業員持株制度のより積極的な活用につながっているとは言い難い．1つ目に，従業員持株会の導入率が上場会社の9割を超える状況の中で，それをさらに活用していこうという意義が見出しにくいという状況があろう．しかし，奨励金は大多数の企業において積立金の5％と低く，従業員持株会の保有比率も平均で1～2％とフランスの4％（FAS, 2012）と比べ限定的であることに注意を払う必要がある．2つ目に，従業員持株会が制度として確立された経緯から，元々インセンティブ効果を狙ったものではなかったという事情も関心の低さに影響しているかもしれない．また，従業員持株会の生産性効果に関する研究の蓄積が欧米のESOPのそれに比べ薄く，政策的なインセンティブを供与するべきかどうかについて，エヴィデンスに基づく議論が難しいという状況も働いている．

　そもそも，日本で従業員持株会制度が大きく普及し始めたのは1960年代末から1970年代であり，その最大の目的は安定株主層形成であった．資本自由化が進められる中，外資による買収を回避するため，株式持ち合いと併せて導入が進められた．もちろん，表面的には愛社精神の高揚とか，従業員の財産形成といった側面が強調されたが，給与所得と財産形成が同じところに依存することで所得リスクが高まること自体は好ましいものではない．他方，安定株主層形成という側面は，後述するように，その後も長く従業員持株会制度を経営側が維持してきた中で，あるいは上場会社の導入率が9割を超えてくる中で，ウエイトは低下しつつも最も重要視された側面であると見られる．近年でも，株主持ち合いが縮小していく中で，長期保有が期待できる従業員持株会の企業側にとっての意義は過小評価できない．

　翻って，従業員の自社株保有によるインセンティブ付与については，後述するように海外では多くの学術研究によって取り上げられてきたにもかかわらず，日本国内にはこうした知見の蓄積は十分には伝えられてこなかったように思える．従業員持株会制度はいくつかの経路を通じて，参加する従業員の行動に変化を起こしうる．まず1つ目に，株主としての視点を持つことで，企業価値に

配慮した行動をとることを促す．これは株主との利害対立を弱め，部門間や職能間の調整を容易にする．生産性改善のための活動などにも積極的に参加する動機づけを与えるだろう．2つ目に，従業員が株主になることによって，企業と従業員の間で形成されうる関係的契約の範囲が広がり，従業員と経営陣双方のコミットメントが高まるという効果も期待できよう．ビジネススクールのケーススタディなどでも，従業員と経営陣／株主はパートナーであるという企業文化を醸成するための補完的なプラクティスとして，しばしばESOPが奨励される．3つ目に，株主となった従業員は，内部の監視人として，お互いをモニタリングすると同時に，従業員組合等を通じ，経営陣に対する規律付けのための影響力を行使することも可能となるかもしれない．

1.2　研究内容と貢献

　本章は，東京証券取引所が収集してきた25年間にわたる従業員持株会状況調査の結果を用いて，東京証券取引所上場会社を対象に，主としてインセンティブ付与を通じた効果を計測したものである．従来の研究の多くが従業員持株制度（国内外の様々な制度を総称して）の導入企業と未導入企業あるいは導入前と導入後の比較（経済学でいう extensive margin の効果）を行うのに対し，本章では，すでに導入している企業における参加状況の進展の影響（intensive margin の効果）を評価した．また，参加の幅（参加率）と深化（1人当たり保有金額）と保有比率（総発行株数に対する従業員持株会保有株数の割合）の3つの軸で参加状況を図ることにより，その経路についても含意を得ることが可能になった．従業員持株会状況調査の持つ参加状況の詳細な情報によって初めてこうしたアプローチが可能になったといえる．

　具体的には，以下の3つの研究課題について分析を行った．まず，従業員の持株会参加に大きな影響を与える奨励金は，どのような企業属性が影響を与えているのか，また従業員の参加行動にどの程度影響を与えているか評価を行った．この分析は，従業員持株会制度の生産性への影響を正しく測るためにも必要な前段階の分析となる．

　次に，従業員持株会の参加状況が，生産性，賃金，収益性，および株価に対し平均的にはどのような影響を与えているか推計を行った．その際に，1人当たり保有金額，参加率，従業員持株会の保有比率という尺度の異なる3つの持

株会参加度指標を通じた影響を捉えた．特に，後述するように，従業員持株会には，正と負の互いに相殺し合う効果も予想されるため，複数の尺度を使うことによって，前記の2つの効果を分離することが可能となりうる．

　最後に，従業員持株会参加状況が企業業績指標に与える影響は，株式市場からの圧力（主として所有構造／投資家別保有比率によって決まる）や企業特性によってどのように異なるか，効果の異質性を測る試みを行った．例えば，株主総会での決議（voice）や市場での売買（exit）を通じて経営への影響力を持つ機関投資家や海外投資家の増加は，生産性向上から生まれる経済的価値を労使で分ける際の交渉力に影響を与えるため，従業員の会社への貢献意欲や労使間で形成される関係的契約に影響を与える．また，若い企業や小さい企業では，従業員間の相互のモニタリングがより有効に働く分インセンティブ効果が強く出る可能性がある一方，古い企業や大企業では，経営陣の従業員に対するコミットメントがより強く働くかもしれない．こうした違いは，当然従業員持株会の効果に多様性をもたらすと予想された．

　こうした分析を通じた本章の貢献は，主として，以下の3つにまとめられる．1つ目に，大企業の代表的サンプルのパネル・データ（複数時点の観測から時系列変化を追えるもの）を用いて，従業員持株会への参加が生産性に対して，平均では正の効果を持つことを確認した．これまで，欧米での研究を含め，先行研究の多くが，クロスセクション・データ（一時点における観測のみ）を用いたものか，もしくは小規模のサンプルを用いた研究が多かった．そのため，こうした研究の多くが，後述する内生性バイアスやセレクション・バイアスという問題を抱えていた．本章では，従業員持株会状況調査の詳細な時系列情報を用いることで，因果関係をより正確に捉えたバイアスの小さな分析を行うことができたと考える．

　2つ目に，従業員持株会が生産性に対して影響を与える経路について，重要な示唆に富む結果が得られた．すなわち，生産性に対する効果は，主として，1人当たり保有金額の増大を通じてであり，参加率や持株会保有比率の上昇との関係は薄い．これも，多くの先行研究と異なり，制度の有無（extensive margin）ではなく，参加の度合い（intensive margin）に注目することで得られた結果である．

　3つ目に，所有構造（投資家別保有比率）や企業特性などと従業員持株会の

効果についても新規性のある分析を加えることができた．驚いたことに，機関投資家保有比率や海外投資家保有比率が高い企業ほど従業員持株会の生産性に与える影響が大きかった．従業員参加へのコミットメントと株主によるモニタリングが，経営陣の規律付けを高めるうえで補完的な役割を担っている可能性を示唆している．

2 先 行 研 究

　従業員持株制度が生産性に与える影響は，十分にわかっているとは言い難い．欧米を中心とする研究の成果は，企業業績に対し正の影響を示すものが多いが，負の影響を示すものも混在している．正の相関を見つけた研究としては，Estrin *et al.* (1987)，Quarrey and Rosen (1991)，Jones and Kato (1993; 1995)，Park and Song (1995)，Blair *et al.* (2000) などがあり，逆に，負の相関を見つけた研究には，Livingston and Henry (1980)，Heinfeldt and Curcio (1997)，Faleye *et al.* (2006) などがある．また，ほとんどの研究はクロスセクション・データで従業員持株制度の導入企業と未導入企業を比較したものであり，従業員持株制度の採用は内生であることから，内生性バイアスが生じている可能性が高い．例えば，成長機会が多い企業ほど従業員持株制度を導入する傾向が強ければ，従業員持株制度を導入した企業ほど生産性が高いという結果が出やすい．また代表制に欠けたサンプルを用いた分析も少なくなく，その場合，特定のサンプル源や特定の企業特性に関連した従業員持株制度の効果を測定していることになり，セレクション・バイアスの補正が必要となる．代表的サンプルのパネル・データを用いて，内生性バイアスを除去する工夫を行ったものとしては，日本のデータを用いた Jones and Kato (1995) や米国データを用いた Kim and Ouimet (2014) など数が少ない．

　仮に従業員持株制度の活用にはトレードオフがあり，正の効果と負の効果の両方が働いているとすると，従業員による自社株保有の度合いの違いによって，正の効果が強く現れたり，負の効果が強く観測されたりするかもしれない．実際，Guedri and Hollandts (2008) 等は，従業員保有比率と企業業績の間の関係は逆Ｕ字カーブを描くという仮説を立て，フランスの代表的企業250社から構成される株価指数に含まれる230社のクロスセクション・データを用い，仮

説と整合的な結果を得ている.彼らの投下資本利益率(return on invested capital)を被説明変数とするモデルによると,従業員保有比率が企業業績に与える影響は,1.67%までは単調に増加し,その後下落する.Kim and Ouimet (2014) は,米国企業のパネル・データを用いて,従業員持株制度の導入効果は,その保有比率が5%を下回る場合には,賃金と企業価値に平均で有意に正の影響を与えるが,5%を上回る場合には,正の効果が負の効果に相殺され,賃金と企業価値に対する影響は中立的となることを示した.こうした従業員保有への参加の度合いに応じて,正に出るか負に出るか影響が変わってくる場合は,単なる制度の有無(extensive margin)の影響を評価するだけでなく,制度の対象者,参加者,実際の保有金額やシェアを含めた参加状況(intensive margin)に応じた影響の計測が必要になるが,後者の詳細な研究はこれまで少なかった.

唯一コンセンサスが成立していると考えられるのが,従業員の株式保有が,従業員の帰属意識,勤労意欲,満足度,協力や情報共有などに対して平均では正の影響を及ぼすということであろう(Long, 1978; Pierce et al., 1991; Klein, 1987; Mitchell et al., 1990; Frohlich et al., 1998).

また,従業員持株会制度を安定株主層形成策として用いてはいけないという含意を持つ研究も多い.例えば,Lichtenberg and Pushner (1994), Hiraki et al. (2003), Miyajima and Kuroki (2007) は,日本企業について,安定株主の規模と企業価値の間には負の相関があることを示している.また,Gordon and Pound (1990), Dhillon and Ramirez (1994) などは,米国のデータを用い,ESOPの濫用と企業価値の間に負の相関を見出している.

3 理論的背景

本節では,実証分析を解釈する際に欠かせない理論的背景について整理したい.前述のGuedri and Hollandts (2008) で紹介したように,従業員の資本参加は,生産性に対し,正の効果と負の効果を及ぼしうる.それぞれの経路をまず整理してみよう.

正の効果としてまず指摘されるのは,全社的なインセンティブの供与が,企業価値向上を図る意思決定や生産性向上活動への参加を奨励し,部門間での協

力強化や利害調整を容易にする（アライメント効果，チームインセンティブ効果）．こうした効果は，企業にとって，より多くの情報共有や権限移譲を行うことを最適とする．2つ目に，従業員が株主となることによって，企業と従業員の間の維持可能な関係的契約の範囲が広がり，従業員のコミットメントと忠誠心が向上し，これがさらに離職や欠勤の減少につながる．離職率の減少はトレーニング（人的資本投資）のリターンを高め，企業特殊的人的資本の蓄積を促進する．最後に，しばしば先行研究で指摘されるのは，従業員の資本参加によるピアモニタリング（相互監視）効果である．通常チームインセンティブの下ではフリーライド（ただ乗り）が生じやすいが，相互監視が働きピアプレッシャーが規律付けとして働けば，生産性が向上する場合もある（Knes and Simester, 2001）．このメカニズムは，相互監視が可能なサイズのチームが組織化されており，かつ同僚との長期的な関係が期待される場合に働く（Che and Yoo, 2001）．

逆に，負の効果としては，2つの説明がある．まず，従業員が株主となり，その発言力が高まったり，労使の関係的契約が強化されたりすることで，経営陣が従業員利益により配慮した意思決定を行う傾向が強まる．これは，過度の雇用保障，高い従業員待遇の維持，リスク回避的な投資姿勢を生み出し，人員整理，事業転換，組織リストラクチャリングが遅れる傾向を助長する．もう1つの理論は，塹壕（エントレンチメント）効果である．従業員持株会が，安定株主として経営陣を支持する投資家層に加わるので，市場の圧力が弱まり，経営陣に対する規律が働かなくなる可能性が生ずる．

前記の効果のうち，正の効果は，1人当たり保有金額や参加率に比例する形で増え，負の効果は発行残高に占める持株会保有比率に応じて強まる可能性が高い．したがって，複数の指標を使うことによって，正と負の効果を分離することができるかもしれない．

4 デ　ー　タ

使用した従業員持株会データは，東京証券取引所が収集した従業員持株会状況調査の結果を利用している．1989〜1998年度については，調査主体は全国証券取引所協議会で，もともとは全上場会社が対象であるが，提供を受けたのは

東京証券取引所に上場している会社のみである．1999〜2013年度については，東京証券取引所が単独で行った調査に基づき，同様に同取引所の第1部，第2部，マザーズに上場している企業が対象となっている．

　従業員持株会状況調査は，主要証券会社からのデータ提供に基づき，今回の研究では，大和証券，野村證券，みずほ証券および三菱UFJモルガン・スタンレー証券の4社と事務委託契約を締結している従業員持株制度を有する企業が対象である[3]．これは，従業員持株会制度を導入している東京証券取引所上場会社の約8割をカバーしていると推定される[4]．図3-1に，従業員持株会状況調査の集計値をまとめた．

　このデータに，日経NEEDSの事業会社財務データ，株式データ，コーポレート・ガバナンス評価システム，および日本政策投資銀行の企業財務データバンクを接合して分析を行った．重要なデータが欠損している企業，および持株会社を除く，1613社（観測数2万207）が最終的な分析の対象となる．

　まず，従業員持株会状況調査の情報をもとに，分析に用いた主要な変数をどのように作成したか説明を加える．従業員持株会状況調査は，各社ごとに，持株会参加者数，従業員数，持株会保有株数，発行株総数，持株会保有株時価総額，発行残高時価総額，奨励金などの3月末日時点の情報を含んでいる．そのうち，奨励金については，1994年度から収集が始まったが，1998年度についてはデータが欠落していた．

　従業員数は，単体つまり実施会社のみで子会社などの従業員は含まない．しかしながら，従業員持株会はしばしば子会社，孫会社の従業員も参加資格を与えられることが多いため，実際の会員資格保有者は多くの場合，ここでいう従業員数よりも多い．残念ながら，会員資格保有者総数は調査項目には入っていないため，参加率を計算する際に，参加率＝参加者数／会員資格保有者総数であるべきところを，我々は，参加率＝参加者数／実施会社の従業員数で定義している．したがって，参加率は過大になっており，単体と連結の規模の差が大

---

[3]　本章の目的が東京証券取引所の調査目的に合致し証券市場の発展にも寄与するという点にご理解を頂き，データの学術研究利用にご賛同頂いた証券会社から提供されたデータのみにアクセスを許された．

[4]　その他の証券会社，信託銀行などと事務委託契約を締結している企業が約2割程度という東京証券取引所および証券業界関係者の推定に基づく．

きい企業ほど，参加率は過大に表れていることに留意が必要である．従業員の持株会への参加の程度を測る指標として，さらに従業員1人当たり保有金額，参加者1人当たり保有金額を使用している．これらの変数の間には，

$$従業員1人当たり保有金額(円) = \frac{持株会保有株時価総額}{従業員数}$$

$$= \frac{持株会保有株時価総額}{参加者数} \times \frac{参加者数}{従業員数}$$

$$= 参加者1人当たり保有金額(円) \times 参加率$$

という関係が成立する．また，持株会保有比率は，

$$持株会保有比率(\%) = \frac{持株会保有株数}{発行株総数}$$

で定義されている．

図3-1は，これらの指標の時系列変化を示したものである[5]．興味深いのは，持株会保有比率で見ると，株価が低い時期には上昇し，株価が高くなると比率が下がる，いわゆる「逆バリ」の投資パターンが見られることである．株価が下降トレンドを描いた1989～2002年の間，ほぼ一貫して保有比率の上昇傾向が見られる．その後，株価は上昇トレンドに入り，2007年の世界金融危機に端を発した株価急落までは（いわゆるリーマン・ショック），持株会保有比率も減少傾向を示している．長期投資を目的として設計された従業員持株会を通じた投資は，年度中毎月一定の積立金を自動的に自社株に振り向け，単位株数に達するまでは売却もできない．したがって，株価が低い時期には積み立てが進み，株価が上がると売却や積立金の減額が選択されるのは合理的であるが，それがデータで確認できる．他方，参加率を見ると，これとは逆の動きをたどる．株式市場が低調であった1990～2002年の間，参加率は50％未満にとどまったが，株価が上昇に転じると次第に参加者が増え，2000年代は60％を超える年が多い．しかし，世界金融危機で株価が急落し低迷期に入ると，再び減少し，近年は再び50％近辺の水準に戻った．これを見ると，参加自体が株価に左右されない長期保有を目的とするコアの参加者と，株価によって入会や脱退を行う，より短

[5) 観測期間中途中で入れ替わりが相当数あるが，観測期間中欠損値がない企業のみ（いわゆるバランスパネル）を対象にしたグラフと比較しても，形状はほとんど変わらない．

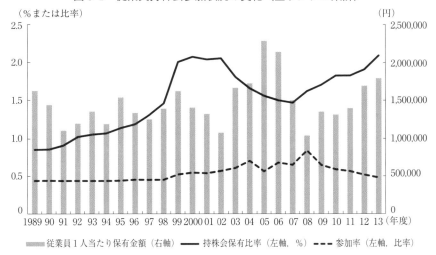

図 3-1 従業員持株会参加状況の変化（全サンプル集計）

期の値上がり益に反応するマージナルな参加者がいるようにも見える．

従業員持株会の保有比率は，平均で見ると，概ね1〜2％で推移している（図3-1）．ただし，図3-2に見られるように，全体の分布を見るとかなり左に偏っている．過去平均で1％に満たない企業が半分近くある．持株会保有比率の全期間を通じての平均値は，1.53％，中央値は1.02％，持株会保有比率がブロックホルダーの指標とされる3％（あるいは5％）を超えるケースは，全体の12.4％（4.5％）である．多くの企業にとって，安定株主としての役割は非常に限定的と判断してよかろう．

5 奨励金の決定要因

奨励金は，拠出金に対し，実施会社から参加者に対し支給される金額であり，拠出金の5％というのが全体の4割程度を占め最も一般的である[6]．奨励金が5％の場合，従業員持株会参加者が，毎月1万円を積み立てたとすると，雇用主である実施企業は毎月500円拠出し，合計1万500円が自社株に投資される．

---

6) この金額には，買付手数料や事務委託手数料に対する補助は含まれない．

図3-2 従業員持株会保有比率の分布

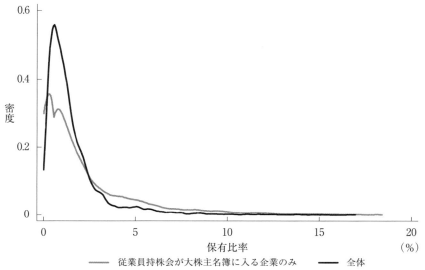

(注) カーネル密度推定量で保有比率の密度関数を図示した.

この500円は,税法上給与所得として扱われ,税制上の優遇措置は与えられていない.近年,いまだ少数派ではあるものの拠出金を引き上げる企業も増えており,10%超の企業の比率は1994年の1.4%から2013年の6.6%へ,拠出金を100%とする企業の数もゼロから2013年時点で4社ほど出てきている.こうした変化の背景には,奨励金付与についての法律上の論議が収束したことも影響を与えている[7].

従業員の資本参加に積極的な企業がどのような戦略の下,いかなる目的からこうした政策を打ち出しているのか興味深い.奨励金の変更は,毎年3〜7%の企業が行っているが,必ずしもすべてが恒久的な変更ではなく,内部留保の減少に応じて奨励金の原資が減ったために一時的に奨励金を削るという場合も少なからず存在する.他方,奨励金を観測期間中1回も変更しなかった企業が3964社中2990社あり,4社に3社が奨励金の変更を経験していない.

---

[7] 過去においては,高率の奨励金付与が,株主平等の原則に抵触する,あるいは株主の権利行使に関する利益供与(商法294条ノ2)になるのではないかという法律上の懸念事項があったが,現在では持株会会員に自らの意志に基づく議決権行使が保障されている限り問題ないとの見方が一般的である.詳しくは元村(2004)参照.

表 3-1 奨励金の決定要因

説明変数	(1) OLS	(2) FE	(3) FE
従業員数（対数）	−0.270***	0.217***	0.221***
	(0.082)	(0.059)	(0.059)
企業年齢（対数）	0.057	0.163	0.151
	(0.153)	(0.219)	(0.219)
同産業内他社奨励金平均	0.120**	0.018	0.019
	(0.049)	(0.019)	(0.019)
超過投資収益率（％）	−0.037	−0.111***	
	(0.074)	(0.042)	
同産業内他社超過投資収益率平均			−0.169**
			(0.079)
純負債比率	−0.485	−0.597***	−0.580***
	(0.346)	(0.167)	(0.167)
ストック・オプション導入ダミー	0.294*	−0.092	−0.088
	(0.178)	(0.062)	(0.062)
安定株主比率（％，持株会除く）	−1.830***	−0.784***	−0.786***
	(0.577)	(0.179)	(0.178)
観測数	15,768	15,768	15,766
決定係数（FE では within）	0.038	0.079	0.079
企業数	1,612	1,612	1,612

（注） 括弧内は頑健標準偏差．***は1％水準で有意，**は5％水準で有意，*は10％水準で有意．

　奨励金がどのような要因によって決定されるのか，簡単な分析を行った．表3-1 にその結果をまとめた．最初の列が最小二乗法（OLS；ordinary least squares）モデル，次の2列が固定効果（FE；fixed effects）モデルである．最小二乗法（OLS）の結果は，企業間比較の傾向が強く反映されるが，固定効果（FE）モデルでは，同一企業の時系列変化における変数間の相関が捉えられる．前者では従業員数と奨励金の間に負の相関があるものの，時系列変化との比較では，正の相関が見られる．これは，成長企業は奨励金の引き上げに積極的で，成長力が落ちた大企業では奨励金を据え置く傾向があることを示唆している．

　また，奨励金に関し，同産業内他社と同じ水準に設定しようという横並び意識が働くのではないかという予想から，同産業内他社の奨励金を説明変数に加えた．しかし，最小二乗法（OLS）では有意な正の関係が見られたが，固定効果（FE）モデルでは有意な関係は認められなかった．この結果は，同一産業内では同じ技術や経営環境に直面する傾向があるため，企業間の比較では有意な相関が認められるものの，時系列変化を見ると，同一産業内で奨励金を合わ

せようという行動は見られないことを意味する．超過投資収益率は，当該企業のそれを説明変数に入れた場合でも，同産業内他社企業の超過投資収益率平均を入れた場合でも，奨励金と負の相関があることがわかった．この結果は，投資機会が増大している産業では，株価上昇期待が生まれるため，従業員の自社株投資意欲は強く，奨励金を下げても保有比率を維持できるという判断が働いたと考えられる．

さらに，純負債比率と奨励金の間には負の相関があり，固定効果（FE）モデルでは1％の水準で有意である．純負債比率の上昇は，奨励金原資であるキャッシュフローの減少を通じて，奨励金を押し下げる働きを持つのかもしれない．

最後に，安定株主比率は，最小二乗法（OLS）でも固定効果（FE）モデルでも1％有意で奨励金と負の相関がある．安定株主を，都銀，地銀，生損保，その他金融機関，事業法人等の合計と大雑把に定義して計算すると，安定株主比率は，ピークの65％弱から直近では30％程度まで低下している（第2章表2-1参照）．こうした持ち合いやメインバンクの解消に伴う安定株主比率の減少は，やはり相当数の企業の経営陣にとって懸念材料であり，従業員持株会の奨励金を増やすことで安定株主の維持を図る措置をとっていることがわかる．

次に奨励金が，従業員持株会への参加にどのような影響を与えているか，前節で導入した変数を用いて，その影響を測った．表3-2に，奨励金を説明変数に持つ5つの固定効果モデルの推計結果をまとめた．被説明変数は，従業員1人当たり保有金額，参加者1人当たり保有金額，参加率，持株会保有比率，平均年間積立金額である．平均年間積立金額は，平均年間積立金額＝$\frac{持株会保有株数期中増分 \times 年度末株価}{参加者数}$で概算した．表3-2の分析で明らかなように，奨励金は内生変数なので，何らかの内生性バイアスが生じていることはほぼ確実である．しかし，自社・他社を含め産業における超過投資収益率の上昇が奨励金を有意に押し下げていることを考慮すると，負のバイアスを受けていることが予想される．そうであれば，奨励金の引き上げが従業員持株会への参加に正の影響を与えている結果は，控えめな推計であり，実際の効果はより大きいと考えられる．

係数の符号は概ね予想された通りであり，係数はすべて1％の水準で有意で

表 3-2 奨励金の効果（固定効果モデル）

変数	(1) 従業員1人当たり保有金額（対数）	(2) 参加者1人当たり保有金額（対数）	(3) 参加率（対数）	(4) 持株会保有比率	(5) 平均年間積立金額
従業員数（対数）	−0.229*** (0.018)	0.0867*** (0.015)	−0.315*** (0.011)	0.242*** (0.022)	45,920*** (16,269)
企業年齢（対数）	−0.922*** (0.080)	−0.678*** (0.067)	−0.245*** (0.052)	−0.201** (0.098)	−155,250** (73,593)
資本労働比率	0.000247*** (0.000052)	0.000016 (0.000044)	0.000232*** (0.000033)	−0.000116* (0.000064)	−11.55 (−47.62)
連結単体比率 （従業員数）	0.0310*** (0.0027)	0.0109*** (0.0023)	0.0200*** (0.0018)	−0.0158*** (0.0034)	2,653 (2,511)
純負債比率	−0.488*** (0.037)	−0.513*** (0.031)	0.0252 (0.024)	0.432*** (0.045)	12,426 (33,924)
TOPIX 利回り	0.0820*** (−0.0279)	0.0526** (−0.0236)	0.0294 (−0.018)	0.0949*** (−0.0344)	−181,998*** (−25,742)
奨励金	0.0217*** (0.0019)	−0.00809*** (0.0016)	0.0297*** (0.0012)	0.00810*** (0.0023)	5,189*** (1,739)
観測数	16,176	16,176	16,176	16,176	16,176
決定係数(within)	0.282	0.313	0.122	0.092	0.021
企業数	1,627	1,627	1,627	1,627	1,627

（注）括弧内は頑健標準偏差．***は1％水準で有意，**は5％水準で有意，*は10％水準で有意．

ある．奨励金が5％引き上げられると，従業員1人当たり保有金額は11％増加し，参加者1人当たり保有金額は，4％減少する．また，同様に，5％の奨励金の上昇は，参加率の15％の上昇（百分率ポイントの上昇ではないことに留意．つまり元の水準が30％なら，30％×15％＝4.5％の上昇），持株会保有比率の0.041％上昇，平均年間積立金額の2万6000円上昇をもたらす．これらの数字は，合理的な予想の範囲内であるが，先に述べた理由から，実際のインパクトはもう少し高いと考えられる．参加者1人当たり保有金額が減少しているのは不思議ではない．なぜなら，奨励金の引き上げは，保有残高がゼロからスタートする新規参加者を増やすため，参加者1人当たりの平均では保有金額が減少するからである．

6 推計方法

　従業員持株会が，生産性や企業業績に与える影響の推計は，かなり厄介である．従業員持株会への参加は，経営陣が選択する奨励金の大きさや，従業員本

人が抱く雇用主企業の将来業績予測や株式市場全体のトレンドなど，複数の要因によって決まってくるからである．従業員持株会への参加が内生変数であると，最小二乗法で仮定される説明変数と誤差項が独立であるという仮定が満たされない．

最初のスタンダードな対応として，固定効果（FE）モデルがあるが，時間によって普遍な企業属性（経営者の経営方針を含む）による影響を除去するだけで，企業業績や株式市場の将来予測など時間によって変化する要因によって生じる従業員持株会参加と企業業績の間の疑似相関を補正することはできない．そこで，固定効果モデルに加えて，操作変数を用いた固定効果2段階最小二乗法（FE-2SLS）を用いた推計方法を採用する．ここでのモデルは，以下のように記述できる．

$$y_{it} = X_{it}\beta + ESOP_{it}\gamma + \delta_t + c_i + \varepsilon_{it}$$

$$E[X_{it}'\varepsilon_{it}] = 0$$

ここで，y_{it} は，付加価値，平均賃金，ROA，トービンの q の4つの被説明変数である．それぞれ，生産性，従業員に分配されたレント，単年の企業収益，企業価値の代表的指標である．$ESOP_{it}$ は，前述の従業員1人当たり保有金額，参加者1人当たり保有金額，参加率，持株会保有比率などの指標を，1つのモデルに1つ，または，2つ入れて，持株会への参加の程度を異なる側面で捉える．X_{it} は，その他のコントロール変数であるが，被説明変数によって変数の選択は異なる．付加価値の場合は，従業員数と実物資本を用いたトランスログ型生産関数を仮定し，付加的に企業年齢，機関投資家保有比率，産業トレンド（2次）などの変数を追加した．ROAやトービンの q などの企業業績を左辺に置いた場合，総資産，負債比率，企業年齢，資本労働比率，機関投資家保有比率，産業トレンド（2次）を X_{it} に含め，平均賃金の場合は，さらに平均年齢や平均勤続年数を加えた．δ_t は年効果，c_i は企業固定効果を表す．すべての変数の基本統計量を表3-3にまとめた．

仮に $E[ESOP_{it}\varepsilon_{it}] = 0$ であれば，固定効果（FE）モデルは不偏推定値をもたらすが，$E[ESOP_{it}\varepsilon_{it}] \neq 0$ であれば，固定効果2段階最小二乗法（FE-2SLS）モデルが望ましい．ただし，後者の場合，適切な操作変数を見つけ出すことが難しい．ここでは，様々な操作変数候補のうち，過小識別性の検定（Anderson canonical correlations test）と過剰識別性の検定（Sargan test）で

表 3-3 基本統計量

変数	平均	標準偏差	最小値	最大値	観測数
従業員1人当たり保有金額	639,058	854,640	26	31,300,000	21,591
参加者1人当たり保有金額	1,284,217	1,921,691	135	216,000,000	21,591
参加率	0.487	0.342	0.001	11.538	21,591
持株会保有比率（%）	1.490	1.538	0.000	24.510	21,591
付加価値（実質）	45,985	134,033	9	3,343,799	21,591
平均賃金	5,297,568	1,488,482	3,987	17,600,000	21,576
ROA	4.71%	4.25%	-61.38%	48.77%	21,591
トービンの q	1.0050	0.6659	0.1170	13.3954	21,591
労働力＝従業員数	2,918	7,691	100	266,017	21,591
資本＝実物資本（実質）	144,380	529,899	267	13,300,000	21,591
企業年齢	56.0	19.6	1	128	21,591
従業員平均年齢	38.6	3.7	24.4	57.4	21,586
従業員平均勤続年数	14.8	4.5	1.0	29.1	21,587
総資産	290,684	827,405	1,304	15,100,000	21,591
負債比率＝負債／自己資本	1.16	5.78	0.00	697.90	21,567
資本労働比率＝実物資本／従業員数	45.9	102.6	0.4	4,966.6	21,591
機関投資家保有比率（%）	15.94	13.75	0.00	74.88	19,015
海外投資家比率（%）	9.01	9.97	0.00	79.92	19,052
奨励金（%）	6.79	3.68	0	100	15,929
同産業内他社奨励金平均	6.71	1.55	0.00	21.33	15,870
同産業内他社超過投資収益率平均（%）	0.054	0.291	-0.957	5.242	19,859

安定的に問題がないと判定された，同産業内他社奨励金平均，同産業内他社超過投資収益率平均，および，この2つの交差項を用いる．

7 推 計 結 果

7.1 生産性への影響

まず表3-4に，付加価値への影響をまとめた．1～3列目の固定効果モデルの結果を見ると，すべてのモデルで持株会参加変数が有意となっている．モデル1を見ると，従業員1人当たり保有金額の係数は，0.076となっており，これは1人当たり保有金額が10%増えると，付加価値が0.76%増加することを意味する．モデル2を見ると，参加者1人当たり保有金額と参加率の係数はともにそれぞれ1％，5％の水準で有意であるが，前者の方が係数は大きい．従業員1人当たり保有金額＝参加者1人当たり保有金額×参加率という関係に留意

表 3-4 付加価値生産性への影響（固定効果モデル，操作変数法）

変数	固定効果モデル(1989-2013年)			固定効果2SLS(1995-2013年 除く1999年)		
	Model 1	Model 2	Model 3	Model 4	Model 5	Model 6
労働（対数）	0.724***	0.704***	0.726***	1.097***	0.985***	1.099***
	(0.177)	(0.176)	(0.178)	(0.101)	(0.121)	(0.234)
資本（対数）	0.167*	0.169*	0.178*	0.142**	0.141**	0.135
	(0.099)	(0.099)	(0.099)	(0.066)	(0.064)	(0.565)
労働（対数）の二乗	0.0177	0.0181	0.0166	0.0070	0.0125	0.0072
	(0.0158)	(0.0156)	(0.0157)	(0.0085)	(0.0090)	(0.0181)
資本（対数）の二乗	0.0131	0.0133	0.0118	0.0152***	0.0175***	0.0159
	(0.0097)	(0.0097)	(0.0097)	(0.0046)	(0.0048)	(0.0489)
労働（対数）×資本（対数）	−0.0394*	−0.0396*	−0.0376	−0.0528***	−0.0556***	−0.0536
	(0.0233)	(0.0230)	(0.0234)	(0.0109)	(0.0108)	(0.0668)
企業年齢（対数）	0.424***	0.417***	0.428***	0.659***	0.594***	0.658***
	(0.114)	(0.114)	(0.115)	(0.083)	(0.090)	(0.086)
機関投資家保有比率（対数）	0.0887***	0.0836***	0.0822***	0.0195	0.0123	0.0220
	(0.0084)	(0.0084)	(0.0085)	(0.0141)	(0.0145)	(0.1970)
内生説明変数						
従業員1人当たり保有金額（1期前，対数）	0.076***		0.087***	0.394***		0.393***
	(0.008)		(0.009)	(0.065)		(0.076)
参加者1人当たり保有金額（1期前，対数）		0.101***			0.430***	
		(0.009)			(0.067)	
参加率（1期前，対数）		0.027**			0.184	
		(0.012)			(0.147)	
持株会保有比率（1期前）			−0.0269***			0.0150
			(0.0069)			(1.213)
観測数	20,207	20,207	20,207	15,216	15,216	15,216
決定係数（within）	0.507	0.509	0.508	0.355	0.391	0.349
企業数	1,613	1,613	1,613	1,484	1,484	1,484

（注）括弧内は頑健標準偏差．***は1％水準で有意，**は5％水準で有意，*は10％水準で有意．

すると，従業員1人当たり保有金額が10％増加する場合でも，参加者1人当たり保有金額が10％増える方が，参加率が10％増えるよりインパクトは大きいということになる．言い換えると，意思決定にあまりかかわらない社員までも含めて参加率を上げるよりも，意思決定あるいはその支援に携わる中核的な社員に多くの株を持ってもらう方がよいと解釈できる[8]．

モデル3の結果は興味深い．仮に，第3節で議論したように，従業員持株会

---

[8] 前述したように，参加率を計算する際，子会社従業員数なども含む会員資格保有者総数ではなく，実施会社（親会社）の従業員数を分母に置いているため，単体と連結の従業員数の差が大きいほど，参加率は過大となっている．こうした定義上の問題が推計結果に影響を与えているか確認するために，主要な分析すべてに単体と連結の従業員比率を加えた頑健性チェックも行ったが，結果に目立った違いはなく，連単従業員比率の係数も有意ではなかった．

に正の効果と負の効果が予想される場合，正の効果は従業員1人当たり保有金額で捉えられ，負の効果は持株会保有比率で捉えられる可能性が高い．実際，前者の係数は0.087，後者の係数は−0.0269であり，正の効果を一部負の効果が打ち消し合う形になっている．なお，Guedri and Hollandts（2008）と同じく，保有比率の2次式を入れたモデルも推計したが，有意な結果は得られず，また符号もモデルの設定によって不安定であった（そのため，本章では結果は報告していない）[9]．

　これまでの結果は，従業員持株会参加の内生性を考慮していないため，バイアスが生じている可能性がある．このバイアスは正の場合も負の場合も考えられる．つまり，観測できない時間可変な企業要因が従業員持株会参加とも生産性とも正の相関を持つ場合は，正のバイアスを引き起こす．逆に持株会参加と負に相関し生産性とは正の相関を持つ企業要因がある場合は，推計値に負のバイアスがかかることになろう．正の場合の例としては，従業員は，将来の会社の生産性に関する私的情報を持っており，生産性の上昇が予想される場合は，株価上昇を見込んで従業員持株会の積立金額を増やすという可能性が考えられる．あるいは，経営陣が将来の会社の生産性に関する私的情報を持っており，生産性の上昇が予想される場合は，従業員の努力や協力のリターンが上がると予想して奨励金を引き上げるという可能性もある．逆に負のバイアスが生じる可能性としては，企業が成果主義を導入したり，整理解雇やリストラクチャリングを行ったりする場合が考えられる．成果主義と従業員持株会が代替的であれば，成果主義報酬制度導入の結果，経営陣は奨励金を引き下げ，その一方で成果主義導入の効果で生産性が上昇する．同様に，整理解雇や組織リストラクチャリングを行った場合は，愛社精神が低下し従業員持株会への参加率が下がるが，組織改革の結果生産性が上がることが予想される．

　実際に推計結果を見ると，操作変数法による推計結果は，固定効果モデルに比べ，生産性押上げ効果が5倍強となっている．つまり，従業員1人当たり保有金額が10％増加すると，生産性が3.94％押し上げられる．仮にこの推計が正しいとすると，現在の従業員1人当たり持株会保有金額が180万円として，その10％は18万円であり，ほぼ上場会社の平均賃金の2％強である．仮にこの金

9）　Guedri and Hollandts（2008）はクロスセクションの分析であるため，単純な比較はできない．

額を自社株で支給すれば，2％強の人件費増加で生産性が3.94％上昇するわけであるから，感覚的には，大きすぎる．過剰識別性の検定では，除外制約が成立しているという帰無仮説を棄却できなかったものの，完全には条件が満たされていないのかもしれない．あるいは，操作変数の変化が起きやすいグループのLATE（local average treatment effect）が平均的なトリートメント効果よりも高い可能性もある．いずれにせよこれらの分析から，固定効果モデルの結果が大きく正のバイアスを受けている可能性は小さいと考えられる．操作変数を用いた推定結果が正の効果としては大きすぎるという傾向は，このあと解説する賃金，収益性，企業価値への影響についても出てくるので，今後の分析では，すべて固定効果モデルの結果を最も控えめな推計値として紹介することにする．また，持株会保有比率を説明変数とする分析では，固定効果と操作変数法による分析が符号を含め大きく異なり，信頼できる結果として提示することが困難なため，これ以降の分析では，表3-4のモデル1，2に相当する分析のみ紹介する．

7.2 賃金，収益性，企業価値への影響

賃金への影響を見てみよう．表3-5のモデル1によると，従業員1人当たり保有金額の係数は0.0195であり，保有金額が10％増加すると，賃金は0.195％増加する．労働分配率は68％前後として，これは前節で求めた付加価値の増分のうち大体2割程度が従業員に分配されていることを意味する[10]．つまり，生産性向上の果実の大部分である8割程度は，株主のものとなる．もちろん，奨励金支払い増や自社株保有による投資収益など従業員の利得はほかにもあるが，株主への還元がはるかに大きいという事実を変えるものではない．興味深いのは，モデル2では，付加価値の場合と異なり，参加者1人当たり保有金額の係数と参加率の係数が，それぞれ0.0217，0.0158と差がほとんどなくなっていることである．従業員持株会参加の増大によって生まれる付加価値増分の労働者への分配は，参加率が高いほど大きいということを意味するのかもしれない．

次に，生産性の伸びが企業収益向上につながっているか確認するために，総

---

10) 賃金の10％の増分は，付加価値比で見ると0.68×0.195＝0.133％．これは，付加価値増分0.76の17％強である．

表 3-5　平均賃金，ROA，トービンの q への影響（固定効果モデル）

変数	賃金		ROA		トービンの q	
	Model 1	Model 2	Model 1	Model 2	Model 1	Model 2
平均年齢	0.00235 (0.00424)	0.00233 (0.00425)				
平均勤続年数	0.0124*** (0.0035)	0.0125*** (0.0035)				
総資産（対数）	0.0889*** (0.0066)	0.0885*** (0.0066)	0.00052 (0.00267)	−0.00029 (0.00267)	−0.304*** (0.115)	−0.317*** (0.114)
負債比率	−0.00991*** (0.00155)	−0.00984*** (0.00156)	−0.00609*** (0.00083)	−0.00597*** (0.00083)	−0.0528 (0.00950)	−0.00329 (0.00939)
企業年齢（対数）	0.0022 (0.0368)	0.0006 (0.0368)	−0.0142 (0.0100)	−0.0164 (0.0101)	−0.203 (0.173)	−0.245 (0.171)
資本労働比率	−0.00006** (0.00002)	−0.00006** (0.00002)	−0.00001 (0.00001)	−0.00001 (0.00001)	0.00002 (0.00009)	0.00005 (0.00009)
機関投資家保有比率 （対数）	0.00336 (0.00371)	0.00299 (0.00374)	0.0102*** (0.0011)	0.0096*** (0.0011)	0.124*** (0.0124)	0.114*** (0.0122)
内生説明変数						
従業員1人当たり保有金額 （1期前，対数）	0.0195*** (0.0028)		0.00833*** (0.00087)		0.157*** (0.0199)	
参加者1人当たり保有金額 （1期前，対数）		0.0217*** (0.0030)		0.0120*** (0.0011)		0.216*** (0.024)
参加率 （1期前，対数）		0.0158*** (0.0044)		0.00204** (0.00100)		0.0512** (0.0216)
観測数	18,928	18,928	18,948	18,948	19,344	19,344
決定係数（within）	0.667	0.667	0.225	0.231	0.259	0.267
企業数	1,533	1,533	1,534	1,534	1,608	1,608

（注）　括弧内は頑健標準偏差．＊＊＊は1％水準で有意，＊＊は5％水準で有意，＊は10％水準で有意．

資産利益率（ROA）を被説明変数として，同様な推計を行った．表3-5に示されているように，従業員持株会の効果は概ね生産性への影響と整合的である．モデル1の係数は0.00833であるが，これは従業員1人当たり保有金額が10％増えると，ROAは0.08％ポイントほど改善することを意味する．これは，平均的なROAが我々のサンプルでは4.71％であるので（表3-3），概ね1.7％程度の利益増を意味し，0.76％の付加価値上昇と整合的である[11]．モデル2も表3-4の付加価値への影響とほぼ同じパターンを描いている．

最後に，トービンの q への影響を見てみる．これは長期的な企業価値への影響なので，市場が従業員持株会参加によってもたらされた生産性向上を一過性

---

[11]　日本の労働分配率が68％前後，従業員持株会によって新たに生み出された付加価値の労働への配分が先に議論したように約2割であるとすると，資本への配分の前年比増は，0.76％×(1−0.2)÷(1−0.68)＝1.9％．

のものと見ているか（つまり従業員資本参加によるインセンティブ向上とは見ていない場合），恒常的な変化と見ているかを判断するのに役立つ．表3-5の列5に示したモデル1の従業員1人当たり保有金額の係数は0.157であり，保有金額が10%増加すると，企業価値は1.57%増加する．この増加の規模（qの増加率）はROAの増加率の規模1.7%とほぼ同じであり，市場が企業業績の改善は恒久的なものと見ている可能性を示唆する．

　以上の結果をまとめると，従業員持株会への参加の程度が高まると，生産性，企業収益，企業価値に対して，平均的には正の効果を持つ．賃金にも正の効果が認められるが限定的である．主として1人当たり保有金額の大きさが生産性への正の効果を決め，参加率が増えること自体は生産性に限定的な影響しか与えないが，参加率は付加価値の労働と資本への分配率に影響を与えている可能性がある．また，従業員1人当たり保有金額をコントロールしたうえで，保有比率は負の効果を持っている可能性が示唆され，従業員持株会には正と負の相殺し合う効果があるという見方と整合的である．先に議論したように，成果主義導入によって代替され従業員持株会加入が以前ほど奨励されなくなったり，リストラクチャリングによって高年齢社員の退職が進んだりすると，我々の使っている従業員持株会参加指標は軒並み低下する．一方で，こうした収益性改善努力が実際に生産性や収益の改善につながれば，固定効果モデルで計測された従業員持株会効果は下方バイアスがかかることになる．したがって，固定効果モデルの結果は，真の従業員持株会効果の下限と見ることができる．

8　追加的考察：株主からの圧力や企業属性と従業員持株会の効果

8.1　機関投資家との補完性

　株主からの圧力によって，従業員持株会の効果は変わるだろうか？　株主からの圧力は，所有構造に大きく依存している．次に，所有構造の違いによって，持株会参加の効果がどのように変化するか分析を試みた．一般に，金融パフォーマンスの最大化を保有の目的とする機関投資家，特に海外投資家比率が高まれば，潜在的な買収リスクや，売却（exit）による脅威が高まる．日本の場合，

買収, 株主提案など「もの言う株主」の圧力は, いぜん相対的に小さいものの, この20年間に売却の脅威は大幅に増加したと見られる[12].

　もっとも, 株主の力が強いときに, 従業員持株会がどういう作用を及ぼすかは自明ではない. 1つの仮説は, 株主の力が強まるほど, 従業員の雇用保障や好待遇維持が困難になり従業員参加型経営が継続できなくなるので, それと補完的と見られる従業員持株会の効果は低下するという可能性である. もう1つの仮説は, 株主からの圧力で, 従業員利益への過度の配慮や安定株主比率上昇によるエントレンチメント効果という従業員持株会の負の効果が抑制されるので, 全体として従業員持株会の正の効果が強まるという議論である. 実際, Park and Song（1995）は, 1979～1989年の米国データを用いて, ESOPの導入や対象拡充がROAやトービンの q などの業績指標に正の影響を与えることを示したうえで, 特に経営に参画しない大株主（主として機関投資家）が存在する企業において, ESOPの正の効果が大きいことを示した.

　2つの仮説のどちらが支持されるかを確認するため, 表3-4, 3-5の固定効果モデルを用いたモデル1に, 従業員1人当たり保有金額と機関投資家保有比率や海外投資家保有比率の比率が高いグループのダミー変数との交差項を入れた式を推定した. 高保有比率グループの定義は, ここでは第5五分位, つまり最も保有比率が高い上位20％である. 市場あるいは株主からの圧力が強くなるにつれて単調に効果が変わるかどうかを確認するために, 第3三分位, 第4四分位を用いたモデルも併せて推定したが, 顕著な差が確認できなかったので割愛した[13]. 表3-6に, 従業員1人当たり保有金額と交差項の係数のみまとめた. 他の変数の係数は, 表3-4, 3-5のモデル1と概ね変わらないので省略した.

---

12)　日本におけるアクティビズムの動向とその成果については, Hamao et al.（2010）, Becht et al.（2015）参照. 後者は, アジア諸国を一括して分析しているがそのサンプルの過半は, 日本である.

13)　機関投資家保有比率と海外投資家保有比率は, 第2章図2-2に見られるように1990年代以降大きく変化してきた. そのため, 高保有比率グループの特定は, 次の手順をとった. まず, 各年度に機関投資家保有比率（海外投資家保有比率）の平均値をとり, 企業ごとの比率をその平均値で割ることによって正規化した系列を作成した. 次に, その正規化した機関投資家保有比率（海外投資家保有比率）の新変数の通年平均をとった. 最後に, その通年平均値の分布における第5五分位に入る企業を, 高保有比率グループとしてダミー変数を作成した.

156 第Ⅰ部 外部統治制度の進化と企業行動

表3-6 株主からの圧力と従業員持株会の生産性効果

固定効果モデル (1989-2013年)

変数	付加価値		賃金		ROA		トービンの q	
	(1)	(2)	(3)	(4)	(5)	(6)	(7)	(8)
従業員1人当たり保有金額(1期前、対数)	0.0680*** (0.0079)	0.0680*** (0.0079)	0.0204*** (0.0028)	0.0204*** (0.0028)	0.0087*** (0.0009)	0.0087*** (0.0009)	0.151*** (0.021)	0.151*** (0.021)
従業員1人当たり保有金額×機関投資家保有比率第5五分位	0.0374** (0.0146)		0.00321** (0.00146)		0.00291*** (0.00103)		0.0314** (0.0135)	
従業員1人当たり保有金額×海外投資家保有比率第5五分位		0.0375** (0.0146)		0.00321** (0.00146)		0.00291*** (0.00103)		0.0314** (0.0135)
観測数	20,207	20,207	18,928	18,928	18,948	18,948	19,344	19,344
決定係数(within)	0.509	0.509	0.666	0.666	0.206	0.206	0.260	0.260
企業数	1,613	1,613	1,533	1,533	1,534	1,534	1,608	1,608

(注) 1. 他の説明変数は、表3-4、3-5に含まれるものと同じ。係数に大きな差がないので割愛した。
2. 括弧内は頑健標準偏差。***は1%水準で有意、**は5%水準で有意、*は10%水準で有意。

どの交差項も係数が正で有意となった．従業員持株会が付加価値を押し上げる効果は，市場圧力が強く働く企業グループの方が1.5倍程度大きい．機関投資家保有比率の高いグループも海外投資家比率の高いグループも，まったく同程度従業員持株会の効果を高める効果があるが，先に述べたように，第3三分位―第5五分位間で差が認められないということは，適度な機関投資家あるいは海外投資家の保有があれば，それ以上の市場圧力の強まりは差を生まないということを示唆している．

こうした発見は，従業員持株会への参加の高まりは，株主からの圧力の強い企業群では，安定株主比率の上昇が生むエントレンチメント効果や，従業員利益への過度な配慮などの負の効果が相殺され，全体として従業員持株会の正の効果が強まるという議論と整合的である．

同様に従業員持株会による押し上げ効果は，賃金，ROA，トービンの q に対しても，市場圧力が強く働く企業グループの方が有意に高い．ただし，それぞれ1.16倍，1.33倍，1.21倍と付加価値に対する押し上げ効果1.55倍より低く，やや整合性に欠ける（列3～8）．しかし，株主の力が強まるにもかかわらず，従業員持株会参加の効果の改善に伴うレントが従業員にも分配されていることは大変興味深い．

8.2　ストック・オプションとの補完性

次に，所有構造以外の企業属性によって，従業員持株会参加の効果が異なるかについて検証を行った（表3-7参照）．

まず，先の分析では，参加率上昇ではなく，参加者1人当たり保有金額の増加が生産性向上を引き出すうえで有効であるという結果に基づき，必ずしも従業員全員の参加が望ましいのではなく，中核的な社員の参加が重要だという見解を述べた．こうした解釈に対し，一部の社員の株保有が望ましいのであれば，管理職にストック・オプションを付与すれば従業員持株会はいらないのではという主張も出てくるだろう．我々は，この点を検証するため，ストック・オプションの有無についての情報を追加した推計を行った．表3-7の1列目は，役員や管理職に対するストック・オプション制度の有無によって従業員1人当たり保有金額の効果が変化するかを確認した分析結果である[14]．これを見ると，ストック・オプションダミーは有意ではないうえに，交差項も係数もほぼゼロ

表 3-7 その他企業属性と従業員持株会の生産性効果

変数	(1) ストック・オプション	(2) 小規模企業	(3) 新興企業
労働（対数）	0.690***	0.714***	0.716***
	(0.182)	(0.178)	(0.177)
資本（対数）	0.156	0.179*	0.165*
	(0.101)	(0.0990)	(0.0983)
労働（対数）の二乗	0.0186	0.0193	0.0183
	(0.0159)	(0.0158)	(0.0158)
資本（対数）の二乗	0.0128	0.0129	0.0132
	(0.0098)	(0.0097)	(0.0097)
労働（対数）×資本（対数）	−0.0379	−0.0406*	−0.0395*
	(0.0236)	(0.0234)	(0.0233)
企業年齢（対数）	0.421***	0.402***	0.420***
	(0.116)	(0.120)	(0.114)
機関投資家保有比率（対数）	0.0934***	0.0888***	0.0888***
	(0.0087)	(0.0084)	(0.0084)
従業員1人当たり保有金額（1期前，対数）	0.0762***	0.0847***	0.0799***
	(0.0080)	(0.0089)	(0.0080)
保有金額*ストック・オプション	0.00006		
	(0.00106)		
保有金額*小規模企業ダミー		−0.0255***	
		(0.00919)	
保有金額*新興企業ダミー			−0.0110**
			(0.00524)
観測数	19,615	20,207	20,207
決定係数（within）	0.504	0.508	0.507
企業数	1,597	1,613	1,613

（注） 括弧内は頑健標準偏差．***は1％水準で有意，**は5％水準で有意，*は10％水準で有意．

に近い．したがって，持株会とストック・オプションの制度の間には代替関係はなく，役員や管理職が株を保有するだけではなく，より広い範囲の社員が自社株を保有することが生産性を高めるうえで有効であることを示唆している．

8.3 規模や企業年齢の違いによる効果の異質性

次に，従業員持株会は，より小さい企業の方が正の効果が高いと一般的には

---

14) ストック・オプション制度情報は，公表ベースの情報に基づく日経 NEEDS-Cges（コーポレート・ガバナンス評価システム）から取得したもので，役員のみを対象にしたものか，管理職全員が対象なのか，その範囲は明らかではないため，ここでの目的には完全には合致していないものの，大まかな関係をつかむうえでは有効であると考えている．

考えられている．人数が少ない方が，(1) ただ乗りの問題が緩和される，(2) 従業員の職域が広く権限が委譲されているので，チームインセンティブ効果が高い，などが主な理由である．同様に，直感的には，成熟企業よりも新興企業の方が従業員持株会を利用する誘引が高いと考えられる．なぜなら，(1) 成長企業は，投資意欲が強いため，資金制約から株式を用いた報酬制度を好む傾向がある，(2) 新興企業には，リスク回避型ではない人材が集まる傾向があるので，従業員持株会参加にも抵抗が小さい，などの理由からである．実際の効果についても，新規事業開拓努力がより重要であるとすると，チームインセンティブによって協力を奨励すると同時に，長期インセンティブによって長期的視点での行動を促すことは有効かもしれない．

　我々の分析では，従業員数で下位3分の1のグループを示す小規模企業ダミー，企業年齢で下位3分の1のグループを示す新興企業ダミーを作成し，表3-4のモデル1に，これらダミー変数と従業員1人当たり保有金額との交差項を加えて推計を行った．先の機関投資家／海外投資家保有比率の際と同様，各年で正規化したうえで通年平均をとって，小規模企業ダミー，新興企業ダミーを作成したので，閾値を明確に提示することは難しいが，観測期間平均で見て概ね従業員数で800〜900人，企業年齢で45年近辺を下回る企業が，このダミーで特定されていると考えてよい[15]．表3-7の2，3列目の結果は，前述の仮説を支持していない．規模が小さいほど，企業年齢が若いほど，従業員持株会参加の効果は有意に小さい．1つの解釈として考えられるのは，代替物があるということではないだろうか？　比較的規模が小さく若い企業ほど，昇進機会が多く，個人業績の評価も比較的行いやすいため，昇進などの長期インセンティブや業績給などが超大企業に比べ，有効に働きやすいのかもしれない．代替的なインセンティブの仕組みがより機能しているので，従業員持株会のインセンティブ効果が小さめに出ていると考えられる．もう1つの解釈は，改善活動など従業員参加型の経営は，伝統的大企業で従来活発であり，従業員持株会がそうした仕組みと補完的であるために，伝統的大企業で正の効果がより大きく

---

15)　したがって，ここで定義した小規模企業や新興企業というグループに含まれる企業は，通常我々が想像する中小企業や新興企業よりは，はるかに大きく社歴が長い．固定効果モデルを推定しているので，観測期間中に十分な観測数を確保する必要があり，より小さく若い企業に特定することは難しい．

検出されたと見ることもできる．ただし，係数の比較からわかるように，従業員1人当たり保有金額の効果が，参照グループより，それぞれ3分の1から4分の1，7分の1低いだけなので，差はさほど大きくない．

この結果の頑健性を確認するため，三分位で小規模企業，新興企業を特定するのではなく，四分位，五分位を用いたダミーでも推計を行ったが，係数にさほど大きな変化は認められなかった．

9　結　　　論

筆者らは本章の中で，従業員持株会への参加の生産性や企業業績への効果は，平均的には正であり，従業員も賃金の増大を通じてその恩恵を受けていることを明らかにした．また，従業員持株会の対象をどうするか，奨励金を誰にいくら払うかは，効果に影響を与える重要な要素であり，参加率を上げるより，中核的人材の保有金額を高めることが大事であることも示した．ただし，ストック・オプション導入企業でも，従業員持株会の効果はほとんど変わらないので，一般社員の資本参加が必要であることには留意する必要がある．特に興味深いのは，従業員持株会参加が特に強い正の効果を持つのは，機関投資家／海外投資家保有比率が高い企業であることである．これは，従業員持株会への参加拡大がもたらす負の弊害，例えば従業員利益への過度の配慮や安定株主比率上昇によるエントレンチメント効果といった要因が市場圧力によって相殺され，全体として従業員持株会の正の効果を高めるからと解釈することができる．この結果は，しばしば代替的と見なされる従業員へのコミットメントと外部からのモニタリングの間に実は補完性があることを意味する．この点は，今後さらなる研究の蓄積が必要となってくるだろう．

従業員持株制度が仮に正の効果を持つ場合，理論的に考えられるもう1つの仮説として，従業員持株制度と補完性のあるプラクティスが存在し，その導入効果が前者の効果として，検出されている可能性がある．例えば，意思決定への従業員参加，情報共有，相互モニタリングを促すプラクティス，さらにもっと広く，自律的職場チーム，チームインセンティブ，職能横断的問題解決チーム，ジョブローテーションなどを特徴とする好業績ワークシステムと呼ばれる従業員参加型経営が，従業員持株制度と併せて導入され，後者への参加が補完

的プラクティスの効果の向上をもたらしているのかもしれない．

　ただし，こうした補完的制度の存在は，従業員持株制度の効果が他の制度の有無や運用のされ方に依存し，したがって，従業員持株会の効果は企業によって大きく異なるという可能性もある．そうであるならば，今後，その違いを体系的に分析することで，働いているメカニズムを理解することができるかもしれない．しかしながら，一連の分析で，従業員持株会参加の効果に大きな異質性は発見できなかった．我々は，前述の分析以外にも，産業間の比較，例えば，鉄鋼，非鉄，化学，電気機械，輸送機械，その他機械など，いわゆるすり合わせ（coordination）が重要と考えられる産業とそれ以外の産業で，従業員持株会の効果が異なるか検証したが，有意な差は認められなかった．こうした結果は，我々が用いた企業属性と従業員持株制度の効果を高める（あるいは低める）他の制度の導入有無との間に相関がないことを単に反映している可能性もあり，次の研究課題である．

　最後に，本章では，従業員持株会に生産性押上げ効果があり，生み出された利益の一部が賃金として還元され，しかも，奨励金はそうした効果を促進しうることを示した．この事実から，日本でも米国やフランスのように従業員持株会制度に税制上の優遇措置を付与することが望ましいといえるだろうか．基本的には，外部性など市場の失敗を意味する現象は見られないため，政府が介入する余地はそれほど大きくないというのが筆者らの判断である．個々の企業にとってメリットがあれば，特に税制上の優遇措置がなくても制度活性化の手段を講じるはずなので，税によるインセンティブを用いる必要はない．

　むしろ，税制上の優遇措置によって，過度の導入あるいは参加のインセンティブが与えられることの潜在的な弊害が懸念される．従業員持株会がもたらす正の効果と，エントレンチメント効果など生産性への負の効果，さらに従業員の所得リスクの増大を考慮すれば，社会的厚生に対する正負両方の効果の間には強いトレードオフが発生すると想定される．この場合，望ましい奨励金の水準は，両者の限界的な増分が拮抗するレベルとなり，税制上の優遇措置は，従業員持株会への参加を非効率な水準まで押し上げてしまう危険性がある．実際，Kim and Ouimet（2014）等による米国データを用いた分析では，ESOPの生産性に対する正の効果は，保有比率が5％を超えるグループでは，その負の効果によって完全に相殺されてしまうことが示されている．従業員の所得リスクの

増加まで考慮に入れれば，5％を超える保有比率は負の効果の方が大きくなってしまうかもしれない．したがって，税インセンティブの導入に関しては，より慎重な判断が求められる．

しかしながら，政策的な介入を議論する前に，企業経営者の間で従業員持株会の真の効果が正しく認識されていないために，その整備が遅れているとすれば現時点で相当な非効率性が発生している可能性が高い．したがって，現在の2％程度の保有比率であれば，まだ平均的には，参加による社会的厚生の増加が十分に期待できると見るべきであろう．まずは，従業員持株会の効果をもっと喧伝することが政策的な見地からも望ましい．

本章は，筆者らが東京証券取引所の客員研究員としてデータの提供を受け，日本取引所グループ発行の「従業員持株会が生産性，賃金，および企業業績に与える影響」JPXワーキング・ペーパー，Vol.12として公開した研究成果を簡略にまとめたものである．作成にあたっては，早稲田大学商学学術院の小川亮氏にデータ収集や作成に際し全面的なご協力を頂いた．日本取引所グループの松尾琢己氏，清水公介氏には，草稿に対し多くの詳細なコメントを頂いた．野村資本市場研究所の井潟正彦氏と野村亜紀子氏には，本研究を始めるに際し様々な助言を頂いた．（独）経済産業研究所，東京大学（東京労働経済学研究会），大阪大学（関西労働研究会），九州大学（Core-to-Core Program），ラトガース大学における研究会参加者から多くの有益なコメントを頂いた．深く感謝の意を表します．本章は，日本学術振興会Core-to-Core Program，課題設定による先導的人文学・社会科学研究推進事業および科研費JP15H01958，JP25245041の助成を受けたものです．

【参考文献】

Becht, M., J. Franks, J. Grant and H. Wagner（2015）"The Returns to Hedge Fund Activism: An International Study," European Corporate Governance Institute（ECGI）, Finance Working Paper Series, No. 402/2014.

Blair, M. M., D. L. Kruse and J. R. Blasi（2000）"Employee Ownership: An Unstable Form or a Stabilizing Force?" *The New Relationship: Human Capital in the American Corporation*, pp. 241–298, Washington, D.C.: Brookings Institution Press.

Che, Y-K. and S-W. Yoo（2001）"Optimal Incentives for Teams," *American Economic Review*, Vol. 91, pp. 525–541.

Dhillon, U. S. and G. G. Ramirez（1994）"Employee Stock Ownership and Corporate Control: An Empirical Study," *Journal of Banking & Finance*, Vol. 18, pp. 9–25.

Estrin, S., P. Grout and S. Wadhwani（1987）"Profit-Sharing and Employee Share Own-

ership," *Economic Policy*, Vol. 2, pp. 13-62.
Faleye, O., V. Mehrotra and R. Morck (2006) "When Labor Has a Voice in Corporate Governance," *Journal of Financial & Quantitative Analysis*, Vol. 41, pp. 489-510.
Frohlich, N., J. Godard, J. Oppenheimer and F. Starke (1998) "Employee Versus Conventionally-Owned and Controlled Firms: An Experimental Analysis," *Managerial and Decision Economics*, Vol. 19, pp. 311-326.
Gordon, L. A. and J. Pound (1990) "ESOPs and Corporate Control," *Journal of Financial Economics*, Vol. 27, pp. 525-555.
Guedri, Z. and X. Hollandts (2008) "Beyond Dichotomy: The Curvilinear Impact of Employee Ownership on Firm Performance," *Corporate Governance: An International Review*, Vol. 16, pp. 460-474.
Hamao, Y., K. Kutsuna and P. Matos (2010) "U.S.-style Investor Activism in Japan: The First Ten Years," Working Paper, University of Southern California.
Heinfeldt, J. and R. Curcio (1997) "Employee Management Strategy, Stakeholder-Agency Theory, and the Value of the Firm," *Journal of Financial and Strategic Decisions*, Vol. 10, pp. 67-75.
Hiraki, T., H. Inoue, A. Ito, F. Kuroki and H. Masuda (2003) "Corporate Governance and Firm Value in Japan: Evidence from 1985 to 1998," *Pacific-Basin Finance Journal*, Vol. 11, pp. 239-265.
Jones, D. C. and T. Kato (1993) "Employee Stock Ownership Plans and Productivity in Japanese Manufacturing Firms," *British Journal of Industrial Relations*, Vol. 31, pp. 331-346.
Jones, D. C. and T. Kato (1995) "The Productivity Effects of Employee Stock-Ownership Plans and Bonuses: Evidence from Japanese Panel Data," *American Economic Review*, Vol. 85, pp. 391-414.
Kim, E. H. and P. Ouimet (2014) "Broad-Based Employee Stock Ownership: Motives and Outcomes," *Journal of Finance*, Vol. 69, pp. 1273-1319.
Klein, K. J. (1987) "Employee Stock Ownership and Employee Attitudes: A Test of Three Models," *Journal of Applied Psychology*, Vol. 72, pp. 319-332.
Knez, M. and D. Simester (2001) "Firm-wide Incentives and Mutual Monitoring at Continental Airlines," *Journal of Labor Economics*, Vol. 19, pp. 743-772.
Lichtenberg, F. R. and G. M. Pushner (1994) "Ownership Structure and Corporate Performance in Japan," *Japan and the World Economy*, Vol. 6, pp. 239-261.
Livingston, D. T. and J. B. Henry (1980) "The Effect of Employee Stock Ownership Plans on Corporate Profits," *Journal of Risk & Insurance*, Vol. 47, pp. 491-505.
Long, R. J. (1978) "The Effects of Employee Ownership on Organizational Identification, Employee Job Attitudes, and Organizational Performance: A Tentative Framework and Empirical Findings," *Human Relations*, Vol. 31, pp. 29-48.
Mitchell, D. J. B., D. Lewin and E. E. Lawler (1990) "Alternative Pay Systems, Firm

Performance, and Productivity," *Paying for Productivity: A Look at the Evidence*, pp. 15-88, Center for Economic Progress and Employment Series Washington, D. C.: Brookings Institution.

Miyajima, H. and F. Kuroki (2007) "The Unwinding of Cross-Shareholding in Japan: Causes, Effects, and Implications," in M. Aoki, G. Jackson and H. Miyajima eds., *Corporate Governance in Japan: Institutional Change and Organizational Diversity*, Oxford University Press, pp. 79-124.

Miyajima, H. and R. Ogawa (2016) "Convergence or Emerging Diversity? Understanding the Impact of Foreign Investors on Corporate Governance in Japan," RIETI Discussion Paper Series, 16-E-053.

Park, S. and M. H. Song (1995) "Employee Stock Ownership Plans, Firm Performance, and Monitoring by Outside Blockholders," *Financial Management*, Vol. 24, pp. 52-65.

Pierce, J. L., S. Rubenfeld and S. Morgan (1991) "Employee Ownership: A Conceptual Model of Process and Effects," *Academy of Management Review*, Vol. 16, pp. 121-144.

Quarrey, M. and C. M. Rosen (1991) *Employee Ownership and Corporate Performance*, Oakland, CA: National Center for Employee Ownership.

宮島英昭・保田隆明（2015）「株式所有構造と企業統治——機関投資家の増加は企業パフォーマンスを改善したのか」『フィナンシャル・レビュー（特集「コーポレート・ガバナンスⅢ」）』第121号，3-36頁.

元村正樹（2004）「奨励金引き上げによる従業員持株会の活用を考える」『資本市場クォータリー』冬号，野村資本市場研究所.

第4章
近視眼的株主と種類株

小佐野　広

1　はじめに

1.1　議論の背景

　最近の米国の機関投資家には，彼らが株式を保有している企業のパフォーマンスが悪くなった場合でもその企業に何らかの手段で積極的にかかわって経営を修正するのではなく株式を売却してしまう単純なウォール・ストリート・ルール（Wall Street Rule）に従う傾向が見られる．それのみならず，投資株式の保有期間がどんどん短期間になっていくという傾向も見られる．このような傾向は，米国の株式市場において，経営者に対する近視眼的な圧力が増加していることがその背景にあると考えられる．

　実際，最高経営責任者（CEO），株価アナリスト，経営者に積極的に注文を出す投資家（activist investors），社外取締役等のパフォーマンスのベンチマークとして，株価パフォーマンスが使用されることが多くなっている．その一方，機関投資家が株価指標に連動した成果を追求する戦略（passive investment strategy）になり，株価指標でのウエイトの高い銘柄企業以外の経営者に積極的に注文を出す必要は薄まっている．また，機関投資家が投資先の企業の株主総会で投票行動を行う場合も，自ら調査するというよりは，企業にどの

ようなアドバイスや注文を出すかということを代行する企業（proxy advisory firm）を利用する事例が増加していて，かつ，そのような代行サービスは2つの大手企業による寡占状態になっていて，表面的なリサーチで終わる可能性が高くなっている．

日本の場合は，パフォーマンスの指標として株価が利用されることは少ないとはいえ，徐々に増加している．また，機関投資家の投資戦略や行動については米国と同様な傾向が見られる．その意味で日本においても経営者に対する近視眼的圧力は以前よりは増加しているといえる．

1.2　近視眼的株主をどうするか

いくら経営者や金融システムにおける近視眼的傾向を正したとしても，企業に影響力を持つ大株主の視点が近視眼的であり短期の結果を追求するのであれば，その効果は限定されてくることになる．そのため，大株主の視点が近視眼的である場合にはそれをどう正していくかが問題となる．企業側による1つの対応策として，株式市場に上場している公開企業であることをやめて，非公開企業（private company）にすることが考えられる．しかし，一部の企業で非公開企業になることを試みるのはいいが，すべての企業で行うわけにはいかない．特に流動性がない株式は年金ファンドが購入できないので，非公開企業化はファンドとガバナンスの問題を解決することにはならない．

もう1つの方法として，1株1投票権の普通株ではなく，1株当たりより多くの投票権を持つ種類株や，株主による長期株式保有に報いるロイアリティ株式（loyalty-shares）を企業が発行して長期的視点を持つ株主にそれらを与える，ということが考えられる．具体的な種類株やロイアリティ株式の例については第3節で議論するが，種類株やロイアリティ株式の発行自体はそれぞれ固有の費用を伴うので，それらが本当に機能するのかどうかという問題が残る．以下の各節では，種類株やロイアリティ株式が長期的視点から見て株主価値の向上に本当に役立つのかという問題をこれまでの研究の成果を整理しながら検討してみることにしたい．

2　1株1投票権の普通株のみの証券──投票権構造の最適性を示すモデル

証券──投票権構造の問題は，1980年代後半に *Journal of Financial Economics* 誌上に掲載されたいくつかの論文によって，かなりの程度まで理論的に明らかにされている（Grossman and Hart, 1988; Harris and Raviv, 1988a; 1988b; 1989）．これらのモデルの理論構造はかなり似通っているので，ここでは Grossman and Hart（1988）のモデルを紹介しよう．

2.1　モデルの設定

発行株式の総市場価値最大化を目標とする企業家によって定款が書かれるものとし，単純化のために，定款では2種類のクラスの株式（$i = A, B$）の発行が許されているものとする．さらに，各クラスの株式 i に関して，配当金の取り分 s_i と投票権の割合 v_i も明示されているものとする．すなわち，$s_A + s_B = 1$ かつ $v_A + v_B = 1$ が満たされている．一般性を欠くことなく，クラス A の株式はクラス B の株式に優越した投票権を持つ株式であるものとする．それゆえ，投票権の割合はクラス A 株式の方がクラス B 株式よりも大きく $v_A \geq v_B$ とする．また，定款では，総投票権のうち alpha 以上の割合を獲得すれば経営権の移転が生じるということも明示されているものとする．ここでは，$\frac{1}{2} \leq alpha \leq 1$ を仮定する．

経営権を争う経済主体としては，既存経営チーム I とライバルチーム R の2つがあるものとする．そして，既存経営チーム I（ライバルチーム R）が経営権を持っているときには，企業の生み出す収益流列の現在価値は $y^I (y^R)$ となる一方，経営コントロールから得られる私的便益の現在価値は $z^I (z^R)$ であるものと仮定する．

y^I, y^R, z^I, z^R を観察した後で，企業の経営権を得るために，R は投票権を持つ株式の保有者に対して公開市場買い付けを行うものとする．R が公開市場買い付けを行う場合には，I もそれに対抗して株式保有者にどのような買値を出すかを決定するものとする．

R や I の買い付けに対して，株式保有者は R の提示する買値に応じるか，I

の提示する買値に応じるか，もしくは，そのまま保有し続けるか，ということを決定する．この株式保有者の決定の結果として，経営権の移転に必要な alpha 以上の割合の投票権を R が獲得できるかどうかが決まる．もし R が経営権の移転に必要な alpha 以上の割合の投票権を獲得すれば，経営権は I から R に移る一方，獲得できなければ，I がそのまま経営権を保持し続けることになる．

経営権の移転を争うコンテストの時点では，y^I, y^R, z^I, z^R は，すべての参加者にとって共通知識になっているものとする．また，株式保有者は，コンテストの結果に対して合理的期待を持つものとする．すなわち，誰が勝つかを確実に予想できるものとする．さらに，各株式保有者は，自分の決定が経営権移転の結果にどのような影響を与えるかについては決定の際に考慮に入れないと仮定する．

ここで考察する買値の提示の方法の１つは，無条件限定買い付けである．すなわち，買い手はクラス i 株式を f_i だけの割合で（100％単位当たり）価格 p_i で購入し，もしこの買値に応じるクラス i 株式の割合が f_i を超える場合は，各売り手の希望売却数に比例した割合で買い付け株式数の割り当てを行うというものである．ただ，規制等によって無条件限定買い付けができないかもしれない．以下では，買い手があるクラスの株式全部を一定の価格で買い付けてしまうか，もしくは，全部が買えなければまったく買わない，という非限定買い付けのケースをまず考察する．その後で，限定買い付けのケースでは結果がどう修正されるかを議論する．

最初に非限定買い付けのケースを考察するわけであるが，このことは，買い付けをオファーしたクラスの株式を R もしくは I が全部買い取るか，もしくは，まったく買い取らないということを意味する．また，異なるクラスの株式に対しては異なる価格を提示することが許される．特に，買い手はまったく株式を買わないことを選択できるし，誰も買い付けに応じないような買値を付けることもできることに注意すべきである．

2.2　最適な証券─投票権構造

考察すべき状況は，以下の４つのケースに分けられる．（1）経営コントロールから得られる I の私的便益の現在価値 z^I が，z^R, y^I, y^R に比べて無視できる

ほど小さいケース，(2) 経営コントロールから得られる R の私的便益の現在価値 z^R が，z^I, y^I, y^R に比べて無視できるほど小さいケース，(3) z^I, z^R のどちらも y^I, y^R に比べて無視できない大きさであるケース，(4) z^I, z^R がともに y^I, y^R に比べて無視してもいい大きさのケース，である．

　付録 A で詳細に示されているように，最適な証券—投票権構造は次のようにまとめられる．すなわち，非限定買い付けオファーしかできないときに，もし R と I のどちらかの私的便益が企業の収益流列に対して無視できるほど小さければ，1株1投票権の普通株のみの証券—投票権構造（もしくは一般的には，$s_A=1$ で $v_B<1-\mathrm{alpha}$ となるような証券—投票権構造）が他の証券—投票権構造に優越するか，無差別ということになる．他方，もし R と I のどちらの私的便益も企業の収益流列に対して無視できない大きさであるならば，1株1投票権の普通株のみの証券—投票権構造は最適ではない可能性がある．

　以上の結論は，非限定買い付けオファーしかできないという仮定の下で導出されている．Grossman and Hart (1988) はこの仮定を緩めて，限定買い付けオファーをすることができるときでも，R と I のどちらかの私的便益が企業の収益流列に対して無視できるほど小さければ，1株1投票権の普通株のみの証券—投票権構造が最適になることを示している．ところで，限定買い付けオファーができる場合には株主の資産権はもはや完全には保護されえない．というのは，限定買い付けオファーの際には，自分の持ち分が買い取られるならば提示された買値の方が企業の市場価値より高いので株主は利益を得ることができる．しかし，自分の持ち分が買い取られない可能性がある場合には，将来の企業価値を低下させるような買い手の買い付けオファーに対しても，自分の持ち分が買い取られない可能性を避けるために株主はその買い付けオファーに応じざるをえないからである．

　ところで，Grossman and Hart (1988) の結果は，R と I のどちらの私的便益も企業の収益流列に対して無視できない大きさのときには，1株1投票権の普通株のみの証券—投票権構造が最適にならないかもしれないことを示唆している．しかし，Grossman and Hart (1988) は，会社法が整備されていれば，コントロール権を持つ経済主体が大きな私的便益を持つ経済主体の利益をあからさまに実現することはかなり難しいと考えている．すなわち，企業の経営者はすべての株主に対して善管注意義務を負っているので，少数株主の犠牲のう

えでコントロール権を持つ経営者に富を移転させてしまうとこの義務に違反することになる．したがって，企業の定款で大株主や企業経営者が私的便益を追求しないように定めていない場合でも少数株主は訴訟を起こすことができる．この理由のゆえに，Grossman and Hart (1988) は，RとIのどちらの私的便益も企業の収益流列に対して無視できない大きさがあるような状況が生じている可能性はかなり低いと結論付けている．

3　1株1投票権の普通株のみの証券—投票権構造の最適性を示すモデルの限界

　Grossman and Hart (1988) は，一般的には，1株1投票権の普通株のみの証券—投票権構造が最適になることを示している．しかし，この結論が導かれるにはいくつかの前提が必要であり，Grossman and Hart (1988) もいくつかの前提条件を緩めた場合にどうなるかを議論している[1]．そのうえで，投票権の売買が禁じられていて，かつ，買い付けオファーの数量に応じて買値を変動させるような買い付けオファーが（いろいろな理由のゆえに）使われなければ，1株1投票権の普通株のみの証券—投票権構造が最適であるという結論は変わらないことを示唆している．本節では，Grossman and Hart (1988) 以降に発展した最近の経営者報酬や種類株に関する議論をもとに，Grossman and Hart (1988) が議論した前提条件以外のものが緩められた場合にどうなるかを検討する．そして，1株1投票権の普通株のみの証券—投票権構造が最適であるという結論がそのような前提が緩められたときでも成立するのかどうかを考察する．

---

1)　Grossman and Hart (1988) は，より拡張された仮定の下で1株1投票権の普通株のみの証券—投票権構造が最適になるのかどうかをその第6節において議論している．より拡張された仮定とは，フリーズ・アウト (freeze-out mergers；買い付けオファーに応じない株主に買い付け価格で売却するよう強いる合併方法)，既存経営陣による防衛的な買い付け行動，買い付けオファーの数量に応じて買値を変動させるような買い付けオファー，収益に非線形な形で配当を支払う証券構造（例：ワラントや転換社債など）の存在，債務不履行や低配当などによって投票権が移動するような証券構造，投票権の売買，複数のライバルチームの存在，等である．

3.1 RとIのどちらの私的便益も企業の収益流列に対して無視できない大きさを持つというケースは無視していいか

Grossman and Hart（1988）は，RとIのどちらの私的便益も企業の収益流列に対して無視できない大きさがあるような状況が生じる可能性は低いと結論付けている．しかし，この判断は，1990年代以降いくつかのバブルを経て，金融危機の原因の1つに強欲な経営者の存在が挙げられている最近の状況下でも，正しい判断といえるであろうか．

実際のところ，1990年代以降，経営者に企業利益を過度に追求させる要因となっているものはストック・オプションを典型例とする株価連動報酬である．株価連動報酬は企業の収益流列と関係があるものの私的便益とは異なるので，株価連動報酬により経営者が自己の利益を過度に追求するとしても，そのこと自体は経営者の私的便益が大きいことにはつながらない．

Grossman and Hart（1988）が分析しているような私的便益は，典型的には，経営者用の自社飛行機とかオフィスの大きさ，あるいは，企業規模を大きくすることからの帝国形成（empire building）的な便益であろう．この中で，無視できないほど大きい可能性があるものは，オーナー（家族）系企業における帝国形成的な利益あるいは家業としての便益であろう．それ以外は，Grossman and Hart（1988）が示唆するように，私的便益の大きさとしては小さいであろう．他に私的便益が大きくなる可能性としては，経営権の取得を狙う企業が（新興国のものも含めた）政府系の企業である場合に，その経営方針が利潤最大化以外の要因で決められているケースが考えられる．

したがって，オーナー（家族）系企業や（新興国のものも含めた）政府系の企業が絡んだ経営権争いを考える場合には，1株1投票権の普通株のみの証券—投票権構造が最適でない可能性はありうる．とりわけ，新興国の政府系企業による買収の可能性が高くなっているような業種におけるオーナー（家族）系企業においては，両者の私的便益が企業の収益流列に対して無視できない大きさになりやすいので，何らかの種類株を導入する必要性があるかもしれない．

3.2 より動学的な証券構造

注1で言及したように，Grossman and Hart（1988）では，収益に比例的な

形で配当が支払われる通常の普通株式だけでなく，収益に非線形な形で配当を支払う証券構造（例：ワラントや転換社債等）や債務不履行や低配当などによって投票権が移動するような証券構造を考慮しても，1株1投票権の普通株のみの証券—投票権構造が最適であるということが示されている．ただし，このような証券構造は静学的なものであって，株主や経営陣の時間の経過に伴う行動まで考慮した動学的な証券構造を考察しているわけではない．

実際には，株主や経営陣の時間の経過に伴う行動を考慮した株式，例えば，ロイアリティ株式（loyalty-shares）のように，投資家が長期的視点から購入して保持し続けるインセンティブを与えるような株式を考えることができる[2]．ロイアリティ株式とは，投資家が事前に定められた一定の期間を超えてその株式を保有した場合には事前に定められた価格で株式を購入する権利（call option），あるいは，ワラントが与えられるような株式を指す．

具体的な事例としては，例えば，1991年にミシュラン（Michelin）社が発行した株式が挙げられる．その株式とは，1991年12月24日に保有されているミシュラン社株10株式に対して，1単位のコール・ワラント（call-warrant）を付与するというものであった．コール・ワラントは期間4年で，200フランの行使価格で行使できるものであった（発表当時のミシュラン株は1株115フラン）．一定の保有期間の制限はないが，発行時点では大幅に株価が行使価格を下回るアウト・オブ・ザ・マネー（out-of-the-money）の状態にあったので，長期保有のインセンティブは十分あったと考えられる（実際，行使まで2年の期間が必要だった）．また，2009年にロレアル（L'Oréal）社は，登録した株主にロイアリティ・ボーナス（loyalty bonus）を与えている．このボーナスは，登録した株式を少なくとも2年間株主が保有していれば，配当を10％増やす，というものであった．2011年に，エレクテシテ・ド・フランス（Électricité de France）社とクレディ・アグリコル（Crédit Agricole）銀行も同様なロイアリティ・ボーナスを株主にオファーした．

日本でも，トヨタ自動車が第1回 AA 型種類株式というロイアリティ株式の性格を持った種類株式を2015年7月に発行して話題を集めている．この種類株式は約5年間の譲渡制限が付された非上場株式で，1株当たり配当額は1株

---

2) ロイアリティ株式を分析した文献としては，Bolton and Samama（2012）がある．

当たり発行価額（発行価格決定日のトヨタ普通株の株価より約30％高い1万598円に設定）に配当年率を乗じて計算される．配当年率は2015年度が0.5％で，翌年度以降2019年度まで0.5％ずつ増加していくようになっていて，2019年度以降は2.5％の配当年率が続く形になっている．また，配当金の支払いは普通株への配当金支払いに優先される．AA型種類株式の最大の特徴の1つは，発行から約5年経過後の毎年所定の日に，この種類株式を保有する株主は普通株式への転換もしくは発行会社に対して金銭対価での取得請求ができ，金銭対価での取得請求の場合には発行価格相当額と累積未払配当金額および経過配当金相当額の合計額を加えた額が保証されているという点である[3]．

以上の点だけを見ると，トヨタのAA型種類株式は，利率が2019年度まで毎年0.5％ずつ上がっていき，2019年度以降は2.5％の利率となるような発行価額1万598円を行使価格とする（しかし5年間は転換行使ができない）非上場の転換社債と解釈できるかもしれない．しかし，この種類株式が転換社債と大きく異なる点は，株主総会において普通株式1株と同じ議決権を有するということにある．

結局，ロイアリティ株式やロイアリティ・ボーナスは，株主による株式の保有期間が長くなるとそれだけ配当金が増えるような形の株式と解釈できる．トヨタのAA型種類株式は，それに加えて譲渡制限期間と元本保証の要素を加えた株式と解釈することができる．ただ，Grossman and Hart（1988）の静学的な設定の下では，このような動学的な証券構造を入れても企業価値の改善を示すことは困難である．以下の3.3項で言及するような経営者の防御的（entrenchment）行動と合わせて考察しないと，これらの種類株式それ自体で1株1投票権の普通株のみの証券—投票権構造が最適であるという結果を覆すことは難しい．また，これらの種類株式が株主のモニタリング行動に与える影響も併せて考える必要がある．

---

3) トヨタ自動車自体も，2021年4月以降，毎年1回，金銭を対価として残存するすべてのAA型種類株式を取得することができるが，その際，発行価格相当額と累積未払配当金額および経過配当金相当額の合計額を加えた額を支払う必要がある．ただし，この可能性は，長期保有の株主を増やすためにトヨタ自動車がAA型種類株式を導入したのだとすると，かなり低いと考えられる．

3.3 コントロール権を持つ経済主体の防御的行動

Grossman and Hart（1988）では，既存経営者が経営権コントロール競争を回避するための戦略をとる可能性は捨象されていた．現実には，既存経営者は自分たちが経営コントロール権を失う可能性が大きいと考えれば，経営コントロール権を争おうとするライバルチームによる経営権の獲得を阻止すべく，防御的な投資行動あるいは経営戦略をとる可能性がある．

例えば，長期的には十分に高い収益を達成できる可能性があるが短期的には低い収益しか達成できないプロジェクトと，長期的にはあまり高い収益が望めないが短期的には低い収益とはならないプロジェクトがあるものとしよう．長期的な視点から経営選択を評価する株主や既存経営者としては，前者のプロジェクトが好ましいものとしよう．それにもかかわらず，1株1投票権の普通株のみの証券―投票権構造では，各株主に一律に配当金を支払うことになる結果，もし外部株主がそれほど長期視点から投資の成果を評価しない場合には，前者のプロジェクトよりも後者のプロジェクトの方が外部株主にとってよりよい選択になる可能性がある．このような状況で既存経営者が前者のプロジェクトを選択していると，短期的な視点からプロジェクトを選択する競争相手が現れて後者のプロジェクトを選択することを提案するならば，経営コントロール権に関する争いで敗れてしまうことになる．そのため，長期的な視点から経営を行いたい既存経営者といえども，最初から長期的な視点からは正当化されえない後者のプロジェクトを選択せざるをえないという問題が生じる．

その一方で，外部株主の中に長期視点からの投資を重視するタイプがある程度の割合で存在するものとしよう．そのようなタイプの外部株主に対して，事前に定められた一定以上の期間を通して株式を保有し続けるならば事前に定められた有利な価格条件で株式を追加的に購入する権利（ワラント）が付与されるという条項をつけたロイアリティ株式を発行しておく．すると，ロイアリティ株式を付与されている外部株主は短期的な視点からプロジェクトを選択する競争相手の買い付けオファーには応じず，そのため，一定割合の既存株主は長期的な視点から正当化されえる前者のプロジェクトを既存経営者が選択することを支持する可能性がある，ということになる[4]．

もちろん，このようなことがいえるためには，いくつかの制約条件（各株主

の参加制約条件，各株主の取引に関する誘因両立条件，競争相手の最適な買い付けオファー条件）が満たされたうえで，ロイアリティ株式を発行すると既存経営者の期待利得が本当に上昇するかどうかをチェックする必要がある．そのため，ロイアリティ株式を発行することが既存経営者にとって望ましくなる均衡が存在する状況は限定的なものかもしれない．また，既存経営者，競争相手，各外部株主の時間に関する選好（割引率）が異なるため，長期的な視点に立つ株主や既存経営者にとっては正当化されないプロジェクトが社会的厚生を最大化している可能性もありうる．

3.4 株主のモニタリング行動への影響

これまでの分析では，種類株が株主のモニタリング行動に与える影響は考慮していなかった．しかし，ロイアリティ株式のように長期的な保有が有利になる株式が導入されれば，長期的保有を好む大株主による経営者に対するモニタリング行動，ないしは，アクティビスト活動のインセンティブを強める効果があるかもしれない．

例えば，企業の株式を$100\alpha\%$だけ保有している大株主がいるものとしよう．この大株主の経営者に対するモニタリング活動により企業価値Vが$100\beta\%$だけ上昇するとしても，この大株主が享受できる企業価値の増分$\alpha\beta V$がモニタリング費用よりも小さければ，大株主は経営者に対するモニタリング活動を行わず経営者の経営方針に不満があっても何もしないか，ウォール・ストリート・ルールに従って保有株式を売却するのが最適な行動となる．ところが，この大株主がロイアリティ株式を保有していて，ロイアリティ株式を保有し続ければワラント等が与えられると定められた期間の間にモニタリング活動により企業価値を上昇させるものとしよう．そのときには，$\alpha\beta V$以上の企業価値の増分をこの大株主は享受できる可能性が出てくるので，経営者に対するモニタリング活動のインセンティブが強まることになる[5]．

結局，前述のケースでは，ロイアリティ株式は企業価値増分の株主間での配

---

4) トヨタのAA型種類株式の場合には，個人株主を中心に新株を購入させる形式をとっていて，購入を希望した既存株主にその保有株式数に比例して割り当てられるわけではない．とはいえ，本項での議論は3.4項で分析する大株主によるモニタリングの問題は考えていないので，前述の議論はそのまま当てはまると考えてよい．

分を変えて，モニタリングをしない株主からモニタリングをする大株主に企業価値の増分の一部を移転する役割を果たしていることになる．したがって，ロイアリティ株式のような種類株式は，モニタリング活動の際に生じるモニタリング費用はモニタリングを行う大株主しか負担しないというフリーライダー問題を緩和する役割を果たすことができると考えられる．

3.5 非対称情報構造の下での分散所有構造における所有権と支配権の分離の意義

Grossman and Hart（1988）では，経営権の移転を争うコンテストの時点では，既存経営チームとライバルチームが生み出す収益流列の現在価値や彼らが享受する経営コントロールから得られる私的便益の現在価値は，投資家にとって既知の情報と仮定されていた．しかし，既存経営チームとライバルチームは自分たちに関する情報を知っているとしても，売り手の既存株主にとってはわからないケースの方が多いであろう．この非対称情報の問題に加えて，株式が広く分散した多数の株主により保有され大株主による保有割合が低い分散所有構造から生じるフリーライダーの問題があるときには，経営権交代を要求する買い手が正当な買値を提示しても売り手側の既存株主が売りたがらないという問題が生じてくる[6]．

この問題を解決する最も直接的な方法は，Burkart and Lee（2015）が示しているように，経営権交代を要求する買い手が，所有権と支配権を分離した種類株を使って既存株主の持つ普通株との株式交換を行う買い付けオファーを提示することである．すなわち，経営権交代を要求する買い手は，既存株主の持つ普通株を投票権はないが配当は受け取ることができる権利を持つ種類株式と株式交換することによって，情報を持たない既存株主に彼らが現在保有しているキャッシュフローを受け取る権利がそのまま維持されることを保障すること

---

5) トヨタのAA型種類株式の場合には，大株主の機関投資家への売却分が個人株主に比べて相対的に少ないので，アクティビスト活動を行う大株主の保有割合は希釈化されて減少し，その結果，大株主のモニタリング活動にはマイナスの効果があると考えられる．
6) ここでのフリーライダー問題とは，各株式保有者は買い付けオファーに対する自分の決定が経営移転の成否に影響を与えないと考えて買い付けオファーに対する態度を決めるという想定から生じる問題を指す．分散所有構造におけるフリーライダー問題は，Grossman and Hart（1980）によって指摘された．

ができる．

　もっとも，この方法の問題点はキャッシュフローを受け取る権利をすべて既存株主が持つので，経営権交代を要求する買い手が経営権交代後に企業にあまり関心を持たない可能性があるという点である．また，既存株主に資金を渡す必要がないので，企業価値をかえって引き下げてしまうような買い手に悪用されてしまう可能性もある．Burkart and Lee (2015) は，これらの問題を考慮して，種類株を使うよりは，キャッシュによる買い付けオファーと将来企業価値が上昇したときに売り手の既存株主がさらにキャッシュを請求できるコール・オプションとを組み合わせた買い付けオファーを提案している．

　Burkart and Lee (2015) は，以上の議論を，経営権移転の問題のみならず，株主提案により企業価値を改善させようとするアクティビスト活動の際に大株主が投票権を持つ株式を買い集める問題にも当てはめている．その際にも，アクティビストは配当を受け取る権利と投票権を分離する必要があり，そのためには種類株よりは，キャッシュによる買い付けオファーと将来企業価値が上昇したときに売り手の既存株主がさらにキャッシュを請求できるコール・オプションを伴ったデリバティブ契約が有効であると主張している．

4　実　証　研　究

　実証研究は，米国のデータを使っているものが大半であり，また，1株1投票権の普通株のみの証券—投票権構造の優位性を支持するものが多い．

　まず，どのような企業で種類株が使われているかということに関して，DeAngelo and DeAngelo (1985) は，投票権の強さに違いがある2つの株式が使われている企業の多くは，オーナー系一族の関与の度合いが強いオーナー一族企業 (family controlled firm) であることを指摘している．この点は，最近の米国企業のデータを使った Villalonga and Amit (2009) の研究でも確認されていて，オーナー一族企業においてキャッシュフロー権を超えるコントロール権をオーナー一族にもたらしているのは，主として種類株であるということが示されている．また，Lehn *et al.* (1990) は，2つの経営コントロールを得る手法を比較している．その2つの手法は，株主総会での投票権では同じ効果を持つが利益の請求権に関しては非常に異なる効果を持つもので，種類株に

よる資本再構成（dual-class recapitalizations）とレバレッジド・バイアウト（LBOs）という2つの方法である[7]．前者は内部経営者が利潤への請求権を増やすことなく投票権を得る形をとる．一方，LBOsでは，株主総会での投票権と利潤への請求権をともに増やすことにより内部経営者もしくは第三者が経営権を掌握する形をとる．1976年から1987年までのニューヨーク証券取引所（NYSE），アメリカン証券取引所（AMEX），ナスダック証券取引所（NASDAQ）の3取引所に上場していた380社のデータを使うと，より大きな成長機会を持つ企業ほど種類株による資本再構成を利用しているという結果が示されている．

種類株が企業のパフォーマンスや株価収益率に与える効果に関しては，いくつかの実証研究がある．まず，Jarrell and Poulsen（1988）は，1976年から1987年までに種類株による資本再構成を行ったNYSEに上場している97社のデータを，そうしなかった比較可能な企業のデータと比較して，これらの企業が相対的に顕著にマイナスの株価収益率となっていることを明らかにした．

Smart and Zutter（2003）は，種類株を発行している企業の株価が過小評価になることを示し，その原因を探るため，いくつかの仮説を1990年から1998年までの米国におけるIPO（initial public offering）のデータ2622事例を使って検証した．そして，種類株を発行している企業の経営者がより高い報酬を得ていることとメディア・娯楽産業において種類株が多く見られることを株価の過小評価と結び付けて，種類株は経営者の私的便益を守るのに役立っていると結論付けている．

Doidge（2004）は，米国の証券取引所に重複上場している非米国企業は上場していない非米国企業に比べて43%低い投票権プレミアムになることを明らかにしている．そして，米国の証券取引所に上場することがアナウンスされると，強い投票権を持つ株式と弱い投票権を持つ株式のどちらも利益を受けるが，特に，弱い投票権を持つ株式の方が大きな利益を得ることを示している．この結果は，米国の証券取引所に上場することにより少数株主の保護が改善され，強い投票権を持つ株式の保有者による私的便益が減少することを示唆している．

7） LBOsは，Leveraged Buyoutsの略で，テイクオーバーの対象となる企業の資産を担保にテイクオーバーを行う経済主体がテイクオーバーの資金を借り入れるもの．内部経営者が主体となるマネジメント・バイアウト（MBOs: Management Buyouts）も含む．

King and Segal（2009）は米国の証券取引所に重複上場しているカナダの企業をサンプル企業として，種類株を発行している重複上場企業は，重複上場により企業価値が恒久的に上昇することを示している．

Hauser and Lauterbach（2004）は，テルアビブ証券取引所（Tel Aviv Stock Exchange）に上場していて種類株を廃止して1株1投票権の普通株のみを発行する企業に転換した84社の事例を研究している．転換の際の投票権の価格は，最大多数の投票権を持つ株主が失う投票権の程度が大きい企業ほど，また，オーナー一族経営の度合いが強い企業ほど高くなる一方，機関投資家の保有割合が大きい企業ほど低くなるという結果を得ている．また，この価格はマーケットで評価されている株価に暗黙的な形で含まれる投票権価格と似たような水準になっていることも明らかにしている．

Gompers et al.（2010）は，NYSE，AMEX，NASDAQの3取引所に上場して種類株を発行している企業に関する1995年から2002年までのデータを使って，企業価値は内部者のキャッシュフローに対する権利とともに増加する一方，内部者の投票権の大きさとともに減少することを明らかにしている．このことは，内部者の投票権が大きくなるような種類株を発行すると企業価値が減少することを示唆している．

Masulis et al.（2009）は，米国で種類株を発行している企業に関する1994年から2002年までのデータを使って，内部者の投票権とキャッシュフロー権との乖離が内部者による私的便益の獲得にどのような影響を与えるかを分析した．その結果，この乖離が大きいほど，企業のキャッシュ保有の価値が減少し，最高経営責任者が高い報酬を獲得し，株式価値を棄損するような企業合併・買収（M&A）をより頻繁に行い，資本形成を行っても株式価値向上には貢献しないという結果を得ている．

種類株が必ずしも悪い結果をもたらさないかもしれないという研究結果を示しているのは，Jordan et al.（2014）である．彼らは，Compustatからとった1995年から2002年までの2641社のデータを使って，種類株を発行している企業では1株1投票権の普通株のみを発行する企業に比べてより多くの配当金の支払いや株主還元策が行われ，また，特別配当もしくは自社株買いよりも通常配当の方がよく使われていることを示している．Jordan et al.（2014）は，種類株を発行している企業がエージェンシー費用を抑えるためにあらかじめそのよ

うな配当政策にコミットメントしているという仮説を使って，種類株を発行している企業の方が良好なパフォーマンスであるという彼らの結果を説明している．

5 おわりに

本章では，種類株やロイアリティ株式が長期的視点から見て株主価値の向上に本当に役立つのかという問題を，理論的かつ実証的な視点からこれまでの研究の成果を整理しながら検討した．

静学的な理論モデルを使った分析では，オーナー（家族）系企業や（新興国のものも含めた）政府系の企業における経営権争いを考える場合には，1株1投票権の普通株のみの証券—投票権構造が最適でない可能性がありうることが示されている．特に，新興国の政府系企業による買収の可能性が高い業種におけるオーナー（家族）系企業においては，両者の私的便益が企業の収益流列に比して無視できない大きさを持ちやすくなるので，何らかの種類株を導入してもいいかもしれない．しかし，それ以外の状況では，1株1投票権の普通株のみの証券—投票権構造が最適であると考えられる．

これに対して，経営者のプロジェクト選択や株主の保有行動を動学的な理論モデルを使って分析する場合には，ロイアリティ株式のような時間とともに証券構造が変化してくるような種類株を発行することにより既存経営者の近視眼的な行動を抑制する，あるいは，大株主のモニタリング活動を促進する可能性はありうる．ただし，既存経営者の近視眼的な行動を抑制する効果に関してはロイアリティ株式を発行することにより既存経営者の期待利得が本当に上昇するかどうかをチェックする必要があり，ロイアリティ株式を発行することにより既存経営者がより長期的な視点からプロジェクトを選択するようになる状況は限定的なものかもしれない．また，既存経営者，競争相手，各外部株主の時間に関する選好（割引率）が異なるため，長期的な視点から正当化されないプロジェクトといえども，社会的厚生を最大化している可能性もありうる．その一方で，後者の大株主のモニタリング活動を促進する効果に関しては，ロイアリティ株式のような種類株式は大株主のモニタリング活動の際に生じるフリーライダー問題を緩和する役割を果たすことができると考えられる．しかし，ト

ヨタ自動車が発行した AA 型種類株式のように大株主に対する新株の購入割り当てが低いものは大株主のモニタリング活動の際に生じるフリーライダー問題をかえって悪化させる可能性が高い．

実証研究は米国のデータを使っているものが大半であり，現在のところ，1 株1投票権の普通株のみの証券—投票権構造の優位性を支持するものが多い．いずれにせよ，各国のデータを使ったさらなる研究が望まれる．

付録 A

この付録では，2.2項に示されている4つのケースそれぞれにおいて，どのような証券—投票権構造が最適になるかを明らかにする．まず，経営コントロールから得られるIの私的便益の現在価値 z^I が，z^R, y^I, y^R に比べて無視できるほど小さいケースである（1）から考察してみる．この場合には，付録 B (1) でまとめられているような結果が得られる．特に，その結果では，コントロール権を得ることによる R のキャピタル・ロス L は，$v_A >$ alpha ならば $L = s_A(y^I - y^R)$，他方 $v_A \leq$ alpha ならば $L = y^I - y^R$ となることに注意すべきである．

この結果を利用して，証券—投票権構造がコントロール争奪の結果にどのような影響を与えるかを考察できる．Iの私的便益の現在価値 z^I がRのそれより小さいことから，$y^I \leq y^R$ のときはどんな証券—投票権構造の下でもRが勝つので，証券—投票権構造はコントロール権の配分や企業の市場価値にどのような影響も与えない．

一方，$y^I > y^R$ で既存経営者の生み出す収益フローが大きい場合には，証券—投票権構造は L の大きさを変動させることにより，Rがコントロール権を得られるのかどうか，また，そのときの市場価値がどうなるのかということに影響を与えることができる．$y^I > y^R$ のときにRがコントロール権を得る場合を考えてみよう．そのまま保有を続けた場合に得られる利得を保証されれば株主は売却するということに注意すると，$v_A \leq$ alpha のときには，すべての株式をRが買う必要があるにせよ企業価値は y^I のままである．一方，$v_A >$ alpha のときには，クラス A の株式だけをRが買えばコントロール権を得られることから，クラス B の株式にはRは y^R をオファーするだけでよい．そのため，

Rがコントロール権を得るとクラスBの株式の株主収益はy^Iからy^Rに下がってしまう．すなわち，企業価値はy^I以下になる．それゆえ，Rがコントロール権を得ても，クラスAの株主は何も便益を得ることができないし，クラスBの株主は損失を被ることになる．また，この場合の株主全体の損失はRのキャピタル・ロスLの減少関数なので，総市場価値最大化を目標とする企業家はできるだけLを大きくしたい．そのため，最初に示したキャピタル・ロスLの値と$s_A \leq 1$であることを考慮して，株主はできるだけs_Aとalphaを大きくして，v_Aを小さくしようとする．その結果，$s_A=1$という1株1投票権の普通株のみの証券—投票権構造，もしくは，$s_A<1$かつ$v_A \leq$alphaで2つの株式クラスが存在する証券—投票権構造が，他の証券—投票権構造に優越することになる．というのは，どちらの証券—投票権構造になっても，Rは企業のすべての収益流列を買い取らざるをえず，そのため，企業の市場価値はy^I以下になることはないからである．これに対して，それ以外の証券—投票権構造では，Rは企業の収益流列のすべてを買い取ることにはならないので，企業の市場価値はy^I以下になってしまう．

他の証券—投票権構造に優越するこの2つの証券—投票権構造をより詳しく見ていくと，$s_A=1$という1株1投票権の普通株のみの証券—投票権構造では，経営権の移転に必要な最低限の割合alphaはどのような水準でもよい．というのは，alphaの水準がどうであろうと，この場合にはクラスAの株式しかない．そのため，非限定買い付けのときには，クラスAの株式をすべて買い取ることになることに変わりはないからである．一方，$s_A<1$かつ$v_A \leq$alphaという2つの株式クラスが存在する証券—投票権構造では，非限定買い付けのときにはalphaの水準が重要である．というのは，alphaの水準によって，Rが両方のクラスの株式をすべて買い取るか，もしくは，クラスAの株式だけをすべて買い取るかということを選択することになるからである．実際のところ，2つの株式クラスが存在する証券—投票権構造では，Rは両方のクラスの株式をすべて買い取ることが最適な選択になる．それゆえ，1株1投票権の普通株のみの証券—投票権構造と実質的には同じことになる．

次に，経営コントロールから得られるRの私的便益の現在価値z^Rが，z^I，y^I, y^Rに比べて無視できるほど小さいケース（2）を分析してみよう．実際には，このケースはRとIの役割を反対にするだけで，先のケース（1）の分析

を適用することができ，付録B（2）でまとめられているような結果が得られる．特にコントロール権を得たときのIのキャピタル・ロス L_I は，$v_B<1-\text{alpha}$ ならば $L_I=s_A(y^R-y^I)$，$v_B\geq 1-\text{alpha}$ ならば $L_I=\min(s_A,s_B)(y^R-y^I)$ となることに注意すべきである．

ケース（2）では，Rの私的便益の現在価値 z^R がIのそれよりも小さいので $y^R\leq y^I$ ならIが必ず勝つことになり，証券—投票権構造はコントロール権の配分や企業の市場価値にどのような影響も与えない．一方，$y^R>y^I$ なら，Iのキャピタル・ロス L_I を通じてRがコントロール権を得られるのかどうか，また，そのときの市場価値がどうなるのかということに証券—投票権構造は影響を与えることになる．$y^R>y^I$ なら，Rがコントロール権を得ると企業価値が上がるので，株式保有者にとってはRがコントロール権を得た方がよい．したがって，Iのキャピタル・ロス L_I を最大化するような証券—投票権構造が総市場価値最大化を目標とする企業家にとって望ましいものとなる．すると，1株1投票権の普通株のみの証券—投票権構造（もしくは一般的には，$s_A=1$ で $v_B<1-\text{alpha}$ となるような証券—投票権構造）がほかの証券—投票権構造に優越し，そのときのIのキャピタル・ロスは $L_I=y^R-y^I$，それ以外の証券—投票権構造では $L_I<y^R-y^I$ となることがわかる．

ケース（1）とケース（2）の結果には，以下のような非対称性がある．まず，ケース（1）では，Rがコントロール権を得られるのかどうか，また，そのときの市場価値がどうなるのかということに証券—投票権構造が影響を与えることができるのは $y^R<y^I$ の場合であった．これに対して，ケース（2）では，Rがコントロール権を得られるのかどうか，また，そのときの市場価値がどうなるのかということに証券—投票権構造が影響を与えることができるのは，ケース（1）とは逆に $y^I<y^R$ の場合となる．この違いが生じる理由は，以下のようなここでの想定による．すなわち，Rがコントロール権を得るためには，自分に対抗してIが株式保有者にオファーを出すのを防ぐ必要があるので，Rは経営権交代により生じる収益の増分を一部吐き出すような買値を提示しないといけない（$y^I<y^R$）．これに対して，Iがコントロール権を保持し続ける場合には，Rは何も買値を提示しないため，Iが対抗して株式保有者にオファーを出す必要がない．したがって，企業価値は y^I を超えて大きくなることがない．

ケース（1）とケース（2）を合わせれば，1株1投票権の普通株のみの証券

―投票権構造が，それ以外の証券―投票権構造に優越することがわかる．直観的には，RもしくはIどちらか一方だけが顕著な私的便益を持っている場合には，企業の収益流列に対する買い取り分をできるだけ大きくするような形の争いをさせることにより，RとIの間の競争は最大化されることになる．というのは，このときに，企業の収益流列の現在価値に対する私的便益のウエイトが最小になり，RとIのどちらか一方が顕著な私的便益を持っていたとしても，両者の競争の程度は大きくなりうるからである．この点で，1株1投票権の普通株のみの証券―投票権構造は，限定買い付けを利用できない場合にはコントロール権獲得のためにすべての株式を買い取らざるをえない．そのため，RもしくはIに企業の収益流列の100%を買い取らせるように強いることができる．一方，それ以外の証券―投票権構造では，RもしくはIのどちらかに，企業の収益流列の100%より少ない割合の買い取りを許す可能性がある．

　第3のケースとして，z^I, z^R が，y^I, y^R に比べてともに無視できない大きさであるケースを考察しよう．RとIのどちらも企業の収益流列に比べて無視できない大きさの私的便益を得ることができる場合には，企業の収益流列の100%に対する買い付け争いにすることによって，RとIの間のコントロール権獲得競争は最大化されない．したがって，1株1投票権の普通株のみの証券―投票権構造以外の証券―投票権構造を採用することにより，市場価値をより大きくすることができる可能性がある．例えば，Rがコントロール権を得たときの企業の収益流列の現在価値と私的便益がIのそれらより大きいものとする．その場合は，どのような証券―投票権構造でもRがコントロール権を獲得することになる．しかし，このときに y^R が y^I+z^I よりも大きければ，1株1投票権の普通株のみの証券―投票権構造の下では，株主はRからその私的便益を引き出すことはできない．というのは，株式を売却しないでそのまま保有し続けた場合の利得が保証されれば株主は売却に応じるので，Rは自分がコントロール権を得たときの収益流列 y^R を株主に支払いさえすればコントロール権を獲得できるからである．

　これに対して，クラスAの株式は全投票権を持つが配当請求権を持たない（$v_A=1$ かつ $s_A=0$）とする一方，クラスBの株式は投票権を持たないが配当請求権は持つ（$v_B=0$ かつ $s_B=1$）という2つの株式クラスが存在する証券―投票権構造を採用するものとしよう．このときにも，どのような証券―投票権

構造でも，R がコントロール権を獲得することになるのは同じである．しかし，株式を売却しないでそのまま保持し続けた場合の利得が保証されれば株主が売却に応じることに注意すると，R はクラス B の株式を得るために y^R を支払うだけでなく，クラス A の株式を得るために z^I の便益を保証する必要が生じる．そのため，株主は合計で $y^R + z^I$ で株式を売却できることになる．したがって，1 株 1 投票権の普通株のみの証券—投票権構造にしない方が，R の私的便益の一部を吐き出させることができる．

最後に，z^I, z^R がともに y^I, y^R に比べて無視してもいい大きさのケースを分析する．この場合には，R と I のどちらも私的便益を使って企業の収益流列に関して不利な状況を逆転できないので，話が単純になる．すなわち，$y^I < y^R$ のときは，R がクラス A の証券に $s_A y^R$，クラス B の証券に $s_B y^R$ という買い付けをオファーすることによりコントロール権を得て，企業の市場価値は $V = y^R$ である．一方，$y^I > y^R$ ならば，I がコントロール権を維持して，企業の市場価値は $V = y^I$ である．どちらの場合でも，1 株 1 投票権の普通株のみの証券—投票権構造（$s_A = 1$）にすれば，このような企業の市場価値は達成できる．

付録 B：Grossman and Hart（1988）の各ケースに対応する結果

以下の結果の導出に関しては，Grossman and Hart（1988）を参照．

(1) 経営コントロールから得られる I の私的便益の現在価値 z^I が，z^R, y^I, y^R に比べて無視できるほど小さいケース

(i)(a) $y^I \leq y^R$ とする．このときは，R が投票権で優越したクラス A の証券に $s_A y^R$，投票権で劣位にあるクラス B の証券に $s_B y^R$ という買い付けをオファーすることによりコントロール権を得る．すべての株主はその買い付けに応じ，企業の市場価値は $V = y^R$ となる．

(ii)(a) $y^I > y^R$ とする．このときは，コントロール権を得ることによる R のキャピタル・ロス L に対して $z^R > L$ であるとき，そして，そのときのみ，R はコントロール権を得る．ここで，もし $v_A > $ alpha なら $L = s_A(y^I - y^R)$，他方，もし $v_A \leq$ alpha なら $L = y^I - y^R$ である．より明

示的にいえば，$z^R>L$ でかつ $v_A>$ alpha のときには，R は投票権で優越したクラス A の証券に $s_A y^I$，投票権で劣位にあるクラス B の証券に $s_B y^R$ という買い付けをオファーする．一方，$v_A \leq$ alpha ならば，R は投票権で優越したクラス A の証券に $s_A y^I$，投票権で劣位にあるクラス B の証券に $s_B y^I$ という買い付けをオファーする．企業の市場価値は，$v_A>$ alpha のときには $V=s_A y^I+s_B y^R$ となり，$v_A \leq$ alpha のときには $V=y^R+L$ となる．他方，もし $z^R \leq L$ で I がコントロール権を保持し続けるなら，企業の市場価値は $V=y^I$ である．

(2) 経営コントロールから得られる R の私的便益の現在価値 z^R が，z^I, y^I, y^R に比べて無視できるほど小さいケース

(i)(a) $y^R \leq y^I$ とする．このときは，I がコントロール権を維持する．企業の市場価値は $V=y^I$ である．

(ii)(a) $y^R>y^I$ とする．このときは，コントロール権を得ることによる I のキャピタル・ロス L_I に対して $z^I \leq L_I$ であるとき，そして，そのときのみ，R はコントロール権を得る．ここで，もし $v_B<1-$ alpha なら $L_I=s_A(y^R-y^I)$，他方，もし $v_B \geq 1-$ alpha なら $L_I=\min(s_A, s_B)(y^R-y^I)$ である．もし $z^I \leq L_I$ であれば，R は投票権で優越したクラス A の証券に $s_A y^R$，投票権で劣位にあるクラス B の証券に $s_B y^R$ という買い付けをオファーする．企業の市場価値は，$V=y^R$ となる．他方，もし $z^I>L_I$ ならば，R は何もオファーせず，企業の市場価値は $V=y^I$ となる．

【参考文献】

Bolton, P. and F. Samama (2012) "L-shares: Rewarding Long-term Investors," SSRN Discussion Paper, No. 2188661.

Burkart, M. and S. Lee (2015) "Signalling to Dispersed Shareholders and Corporate Control," *Review of Economic Studies*, Vol. 82, pp. 922-962.

DeAngelo, H. and L. DeAngelo (1985) "Managerial Ownership of Voting Rights: A Study of Public Corporations with Dual Classes of Common Stock," *Journal of Financial Economics*, Vol. 14, pp. 33-69.

Doidge, C. (2004) "U.S. Cross-listings and the Private Benefits of Control: Evidence from

Dual-class Firms," *Journal of Financial Economics*, Vol. 72, pp. 519-553.
Gompers, P. A., J. Ishii and A. Metrick (2010) "Extreme Governance: An Analysis of Dual-class Firms in the United States," *Review of Financial Studies*, Vol. 23, pp. 1051-1088.
Grossman, S. J. and O. D. Hart (1980) "Takeover Bids, the Free-rider Problem, and the Theory of the Corporation," *Bell Journal of Economics*, Vol. 11, pp. 42-64.
Grossman, S. J. and O. D. Hart (1988) "One Share-one Vote and the Market for Corporate Control," *Journal of Financial Economics*, Vol. 20, pp. 175-202.
Harris, M. and A. Raviv (1988a) "Corporate Control Contests and Capital Structure," *Journal of Financial Economics*, Vol. 20, pp. 55-86.
Harris, M. and A. Raviv (1988b) "Corporate Governance: Voting Rights and Majority Rules," *Journal of Financial Economics*, Vol. 20, pp. 203-235.
Harris, M. and A. Raviv (1989) "The Design of Securities," *Journal of Financial Economics*, Vol. 24, pp. 255-287.
Hauser, S. and B. Lauterbach (2004) "The Value of Voting Rights to Majority Shareholders: Evidence from Dual-class Stock Unifications," *Review of Financial Studies*, Vol. 17, pp. 1167-1184.
Jarrell, G. A. and A. B. Poulsen (1988) "Dual-class Recapitalization as Antitakeover Mechanisms: The Recent Evidence," *Journal of Financial Economics*, Vol. 20, pp. 129-152.
Jordan, B. D., M. H. Liu and Q. Wu (2014) "Corporate Payout Policy in Dual-class Firms," *Journal of Corporate Finance*, Vol. 26, pp. 1-19.
King, M. R. and D. Segal (2009) "The Long-term Effects of Cross-listing, Investor Recognition, and Ownership Structure on Valuation," *Review of Financial Studies*, Vol. 22, pp. 2393-2421.
Lehn, K., J. Netter and A. Poulsen (1990) "Consolidating Corporate Control: Dual-class Recapitalizations versus Leveraged Buyouts," *Journal of Financial Economics*, Vol. 27, pp. 557-580.
Masulis, R. W., C. Wang and F. Xie (2009) "Agency Problems at Dual-class Companies," *Journal of Finance*, Vol. 64, pp. 1697-1727.
Schultz, P. and S. Shive (2010) "Mispricing of Dual-class Shares: Profit Opportunities, Arbitrage, and Trading," *Journal of Financial Economics*, Vol. 98, pp. 524-549.
Smart, S. B. and C. J. Zutter (2003) "Control as a Motivation for Underpricing: A Comparison of Dual and Single-class IPOs," *Journal of Financial Economics*, Vol. 69, pp. 85-110.
Villalonga, B. and R. Amit (2009) "How are U. S. Family Firms Controlled?" *Review of Financial Studies*, Vol. 22, pp. 3047-3091.

第II部
企業統治と事業再組織化

第5章
日本企業の非公開化型 MBO に関する実証分析

齋藤隆志／河西卓弥／川本真哉

1 はじめに

　2000年代から，わが国においても経営陣が自発的に株式市場からの退出を選択する「非公開化（Public to Private；PTP）型」の MBO（Management Buy-outs）が現れ始めた．MBO とは，経営陣や事業部門のトップが，場合によってはバイアウト・ファンド等の外部資金提供者の協力を得ながら，自社や事業部門を買収してオーナーとなる行為を指す．特に，2005年のアパレルメーカーのワールドや飲料メーカーのポッカといった大手企業による案件以来，非公開化への動きが活性化したといえる．ここ数年でも，日本ではメガネトップ（2013年）やローランド（2014年），米国ではパソコン大手のデル（2013年）が非公開化型 MBO を行ったことが大きな話題となった．一方，過去に非公開化型 MBO を実施したすかいらーく（2006年），ツバキ・ナカシマ（2007年），チムニー（2010年）が，それぞれ東証第1部（2014年），東証第1部（2015年），東証第2部（2012年）へ再上場を果たした．これは，非公開化型 MBO の実施後の状況について新たな関心を集める契機となっている．

　次節で詳述するように，MBO の類型には，本章で扱う「非公開化型」のほかに，「部門売却（ダイベストメント）型」，「事業承継型」，「事業再生型」など多様なタイプがあるが，日本では「非公開化型」のシェアが金額ベースでは

7割を超えており，重要性が高いといえる．もっとも，米国では1980年代後半や1990年代後半にブームが見られ，その際に理論，実証両面から様々な研究が行われたが，わが国においてはまだ案件数が少なかったこと，特に非公開化後のデータまで明らかになっている案件がほとんどなかったこともあり，研究の蓄積はこれからである．そこで本章では，日本企業による非公開化型MBOについて，実施の決定要因と株式非公開化に伴う買収プレミアムの決定要因，さらに非公開化後における企業パフォーマンスの決定要因について，筆者らがこれまでに行ってきた実証分析の結果について紹介する．

　そもそも非公開化型MBOはどのような動機によって行われるのであろうか．一般的には短期的な業績に縛られずに，抜本的な企業リストラクチャリングを行うためといわれている．つまり，株式市場に存在する短期主義的な株主の圧力を避け，中長期的な視点から改革を行うことが目的となっている．しかし，市場から退出することにより重要な問題も発生する．経営者・既存株主間の利益相反の問題である．経営者と株主の間には情報の非対称性が存在するが，非公開化型MBOでは情報優位に立つ経営者が買い手になるため，売り手である既存株主の利益が毀損される可能性がある．特に非公開化に伴いスクイーズ・アウト（少数株主の排除）の対象となる株主には売りの圧力がかかるため問題は深刻となる．

　非公開化に関する先行研究においては，主にその動機を株式公開と非公開の費用と便益のトレードオフに求める考え方とエージェンシー理論に求める考え方の2種類がある．前者は株式公開化と非公開化を表裏一体の関係として捉え，株式公開化の動機に関する理論をもとに非公開化の動機を導き出すのに対して，後者は株式非公開化固有の要因に着目し，その動機に迫っている．また買収プレミアム，つまりスクイーズ・アウトの対象となる株主に提示されるTOB価格と直近の株価との差の決定要因についても，非公開化の動機と重複する部分がある．株式公開の費用が便益を上回っている企業では，非公開化によって便益を得ることができるため，その一部を既存株主に支払うことができる．また，エージェンシー理論の説明によれば，所有と経営とを一致させることによるエージェンシー・コストの減少に伴う，将来的な株主価値の上昇分を既存株主に支払うことが可能である．

　一方で，ここ数年問題とされてきた単なるステークホルダーからの富の移転

をプレミアムの源泉とするという見方もある[1]．本章では，Kawanishi et al. (2014)，河西ほか（2015）で行った分析，すなわち Renneboog et al.（2007）などの先行研究を踏まえた，株式非公開化の動機や買収プレミアムに関する実証分析の結果を紹介する．

本章で扱うもう1つの大きなトピックである，非公開化型 MBO が実施された後の企業パフォーマンスについての検証は，そうした事後のパフォーマンスを非公開化型 MBO による企業価値向上の予想の実現値と捉えることができるため，非公開化の決定要因や買収プレミアムの分析に用いた仮説に沿った分析が可能である．そこで本章では，川本・河西（2015）で行った非公開化型 MBO 実施企業のパフォーマンスに関する実証分析を紹介する．

本章の構成は以下の通りである．次節では，非公開化型も含むわが国の MBO 市場について概観する．第3節では株式非公開化に関する先行研究を紹介したうえで，いくつかの作業仮説を提示する．また，実証分析に用いるデータセットについて説明する．第4節では，非公開化型 MBO 実施とプレミアムの決定要因について，実証モデルと各変数の符号条件について示し，さらに結果を報告する．第5節では，非公開化型 MBO が企業パフォーマンスにどのような影響を与えるかについて，前節と同様に検証結果を報告する．第6節は結論と今後の課題を述べる．

2　MBO 概観

MBO は，部門売却（ダイベストメント）型，非公開化型，事業承継型，事業再生型などのタイプに分類することができる（CMBOR, 1991）[2]．

・ダイベストメント（Divestment）型
　国内法人，あるいは海外法人がノンコア事業や不採算事業を売却しようとす

---

1) この点については，2007年に公表された「企業価値の向上及び公正な手続確保のための経営者による企業買収（MBO）に関する指針」（経済産業省）でも多くのページが割かれているところである．レックス・ホールディングスやサンスターなど，株式の買い取り価格の水準をめぐり，法廷闘争となったのはその一例であろう．
2) この部分の記述は，齋藤・川本（2010）による．

る際，事業部門，もしくは子会社の経営者が独立を目指して実施するもの（東芝から独立した東芝セラミックス，日産自動車から独立したバンテック等）．

・非公開化（Public-to-private）型

抜本的な経営戦略の転換や長期視野での経営を実現するため，株式市場からの退出を選択するもの（すかいらーく，ワールド等）．

・事業承継（Family-private）型

家族・創業者企業が事業承継の困難に直面した際，事業継続を希望する内部者の手によって行われるもの（キューサイ，日本高純度化学等）．

・事業再生（Receivership）型

当該企業（あるいは親会社）が経営破綻し法的手続に入った際，雇用の維持等を目的として実施されるもの（会社更生法の適用を申請した日本重化学工業から分離したアイコテクノロジー，カネボウ等）．

表5-1は1996年度から2009年度までの類型別のMBO件数および金額を示したものである．件数ベースでは，ダイベストメント型が約80％を占めている．売却対象としては子会社が売却されるケースが圧倒的な比重を占めており，売却企業は日本法人がほとんどである．ダイベストメント型MBOは，グループ再編のツールとして多くの企業に利用されていることがわかる．非公開化型に関しては，件数ベースでは11.4％にとどまっている．他方，金額ベースでは異なった様相を見せる．非公開化型は，上場企業が実施することもあり1件当たりの金額が大きく（平均約200億円），日本のMBO市場の7割近くを占めている．

MBOは，米国では1980年代後半や1990年代後半にブームが見られ，日本においては1990年代後半以降見られるようになった．これは，その頃より日本においてもバイアウト・ファンドが活動を行うようになったことがその理由と考えられる．図5-1にあるように，非公開化型MBOは2000年代に入ってから見られるようになり，2000年代中盤からは1年当たり十数件を維持し，2012年以降は件数の低下が見られるが，リストラクチャリングの一手段として定着してきている．また，既述のように非公開化型MBOは件数のシェアこそ大きくはないものの，金額ベースでは圧倒的な存在であることがわかる．2006年の金額が突出しているのは，すかいらーくや東芝セラミックスなどの大型案件のため

第5章 日本企業の非公開化型 MBO に関する実証分析

表5-1 MBO の類型化

パネル A：金額ベース (単位：百万円)

類型化	合計	(%)	1件当たり	最大
ダイベストメント型	701,450	33.7	2,323	83,084
（うち子会社売却）	(578,026)	(27.8)	(2,087)	(83,084)
（うち親会社の事業部門売却）	(94,299)	(4.5)	(4,715)	(50,000)
（うち子会社の事業部門売却）	(29,125)	(1.4)	(5,825)	(18,100)
（うち売却企業が日本法人）	(650,228)	(31.2)	(2,290)	(83,084)
（うち売却企業が海外法人）	(51,222)	(2.5)	(2,846)	(16,000)
事業承継型	102,805	4.9	9,346	61,351
非公開化型	1,445,683	69.4	20,653	256,505
事業再生型	4,286	0.2	429	3,500
不明／その他	116,259	5.6	12,918	50,000
全体	2,082,216		5,339	256,505

パネル B：件数ベース

類型化	件数	(%)
ダイベストメント型	486	79.4
（うち子会社売却）	(438)	(71.6)
（うち親会社の事業部門売却）	(35)	(5.7)
（うち子会社の事業部門売却）	(13)	(2.1)
（うち売却企業が日本法人）	(447)	(73.0)
（うち売却企業が海外法人）	(39)	(6.4)
事業承継型	15	2.5
非公開化型	70	11.4
事業再生型	37	6.0
不明／その他	16	2.6
全体	612	

(注) 1. 1996年度から2009年度までに実施された MBO.
　　 2. 類型化にあたっては，レコフデータ，新聞記事等から適切だと判断できるタイプを特定した．ただし，複数のタイプに該当する案件も存在するため（13件），各タイプの金額・件数の合計は全体のそれに一致しない．
　　 3. 表中の「子会社」には，親会社・子会社による実質的支配が確認される孫会社案件（39件）も含む．
　　 4. 「1件当たり」の金額に関しては，サンプルのうち，金額が判明するもので除している．その内訳は以下の通り．
　　　「ダイベストメント型」＝302件（子会社売却＝277件，親会社の事業部門売却＝20件，子会社の事業部門売却＝5件，日本法人売却＝284件，海外法人売却＝18件），「事業承継型」＝11件，「非公開化型」＝70件，「事業再生型」＝10件，「不明／その他」＝9件．

(原データ) レコフデータ『マール M&A データ CD-ROM』，同『日本企業の M&A データブック 1985-2007』，同『マール』，日経各紙．
(出所) 川本ほか (2012).

である．

　非公開化型 MBO 増加の背景には制度的インフラの整備がある．2003年改正の産業活力再生特別措置法の適用を受けることによる金銭交付株式交換や2006年施行の会社法で導入された全部取得条項付種類株式の利用により，スクイー

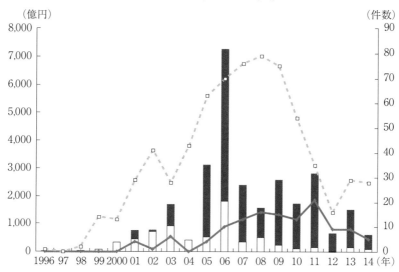

図 5-1 日本の MBO 市場

(出所) レコフデータ『日本企業の M&A データブック 1985-2007』,同『マール』各号より筆者作成.

ズ・アウトが容易になった.その他,非公開化型 MBO の件数に影響を与えた要因としては,2008年施行の内部統制報告制度(通称,日本版 SOX 法),同年に発生したリーマン・ショック,同年前後に行われたレックス・ホールディングスの TOB 価格をめぐる法廷闘争,2013年以降のアベノミクスによる株高などが挙げられる.日本版 SOX 法は,上場費用の増加をもたらすことで非公開化型 MBO を増加させた可能性があり,リーマン・ショックに伴う株価の下落もその可能性がある.他方,TOB 価格に関する裁判やアベノミクスによる株価の上昇は非公開化型 MBO を減少させた可能性がある.

非公開化型 MBO 実施企業の MBO 実施前の上場場部は表 5-2 に要約されている.3 大市場(東証・大証・名証)は約38%であり,新興市場(ジャスダック,マザーズ,ヘラクレス,店頭)が約 6 割を占めている.中でもジャスダックが全体の約55%を占めている.全上場企業数に占める新興市場上場企業数は 3 割(2014年 7 月時点)に満たないため,非公開化型 MBO における新興企業の割合の高さが見てとれる.

表 5-2　マーケット別に見た非公開化型 MBO

	件数	(%)
東証第 1 部	21	16.9
東証第 2 部	19	15.3
大証第 1 部	2	1.6
大証第 2 部	3	2.4
名証第 2 部	2	1.6
福証	2	1.6
ジャスダック	68	54.8
マザーズ	2	1.6
ヘラクレス	4	3.2
店頭	1	0.8
合計	124	100.0

(注)　2001年1月から2014年12月までに実施された非公開化型 MBO が対象.
(出所)　レコフデータ『日本企業の M&A データブック 1985-2007』,同『マール』各号,日経メディアマーケティング,『日経 NEEDS-FinancialQUEST』より筆者作成.

3　先行研究と作業仮説

　株式非公開化の動機や買収プレミアムの研究においては主に,非公開化の動機を株式公開の費用と便益のトレードオフに求める考え方とエージェンシー理論に求める考え方の2種類がある.本節では,これらの大きな2つの考え方と,それに加えて可能な限り包括的に株式非公開化の動機や買収プレミアムの決定要因に関する仮説を,先行研究とともに提示する.

3.1　株式公開の費用と便益のトレードオフ

　上場企業にとって,株式公開の費用が便益を上回る事態になれば,すなわち何らかの要因によって株式公開の便益が減少したり,その費用が増加したりした場合には,非公開化をする可能性が高まると考えらえる.また,そうした企業が非公開化することで公開による(純)費用を節約できれば,その一部分を買収プレミアムとして既存株主に支払うことが可能になる.

　株式公開の便益の具体例としては,株式の流動性(取引費用の削減),株式市場へのアクセス,株主とのリスクシェアリングといったものを挙げることができる.一方,株式公開の費用としては,年間上場料,監査報酬,情報開示に

伴う費用などに加え，上場維持のために受ける行動の制約や情報の非対称性によってもたらされる株価の過小評価（アンダーバリュー）といった間接的なものも存在する．ここで費用は，便益を減少させるものとして解釈してもよい．

こうした株式公開の費用と便益に注目して，非公開化の決定要因を分析した研究には以下のようなものがある．Bharath and Dittmar（2010）は，1980〜2004年の米国における非公開化案件において，アナリストのカバレッジなどで測った情報の可視性，出来高回転率などで測った流動性の影響を確認している．また，Martinez and Serve（2011）も，1997〜2006年のフランスの非公開化案件で同様の結果を得るとともに，リスクシェアリングの存在や上場の固定費用の効果を確認している．さらに，米国のSOX法と類似のFrench Financial Security Law（FSL）導入後には前述の結果がより強く表れることを報告している．近年の上場企業に対する情報公開や内部統制の強化を目的とする法律の制定が，上場に係る費用負担を増加させ，非公開化を促しているということになる．Thomsen and Vinten（2014）も，1996〜2004年の欧州21カ国での非公開化案件を分析し，少数株主保護，コーポレートガバナンス・コードの導入が，非公開化を増加させることを確認している．

間接的な費用として挙げた，株式市場におけるアンダーバリュー（過小評価）は，企業の潜在的価値に関する経営者・株主間の情報の非対称性が引き起こす機会費用と捉えることができる．つまり，情報の非対称性により株式市場から実態よりも低い評価を受けてしまうと，上場の大きな目的の1つである資金調達が困難になってしまうなど，上場の便益が減じてしまうことになる．そのうえ，買収の脅威にも直面することとなるため，配当を増やすなどの対応を迫られ，上場の費用を大きくするものと考えらえる．日本における戦略的非公開化案件を分析した野瀬・伊藤（2011）や多くの海外の先行研究で，アンダーバリューの解消が株式非公開化の有力な動機と確認されている（Halpern *et al.*, 1999; Weir *et al.*, 2005など）．野瀬・伊藤（2011）では，現経営陣を含む特定の株主に株式が集約される方向で行われる非公開化を戦略的非公開化と定義している．また，買収プレミアムに関する先行研究の多くで，アンダーバリューの解消がプレミアムの源泉であるとの指摘がなされている（Travlos and Cornett, 1993; Renneboog *et al.*, 2007; 野瀬・伊藤，2009; 井上ほか，2010）．

3.2 エージェンシー・コストの削減

　株式が広範に分散した公開企業では，経営陣は十分に当該企業の株式を保有しないことから，必ずしも株主の利害に沿った行動をとるとは限らない．例えば，自己満足や保身のために NPV（Not Present Value；正味現在価値）が負となるような過大な投資活動（帝国建設；empire building）を選好するというのは，その象徴的な事例であろう．このような株主・経営者間のエージェンシー問題を，MBO の実施は解消させる可能性がある．

① インセンティブ・リアライメント

　その要因の1つとして，経営陣が買収を主導することにより，所有と経営が再び一致する方向に進むこと（インセンティブ・リアライメント）が挙げられる．買収後の経営陣の持株比率の上昇は，公開時に存在したエージェンシー・コストを削減すると同時に，彼らの努力水準を引き上げ，将来的な企業価値の向上をもたらす（Jensen and Meckling, 1976）．そのような効果を期待して株式の非公開化が行われる可能性がある．Renneboog *et al.*（2007）は1990年代後半以降の英国企業を対象とし，買収時の累積超過リターン（Cumulative Abnormal Return；CAR）や買収プレミアムで測った株主の富と買収前の経営者持分との間に負の関係性が見られることを見出し，バイアウト後の経営者持分の引き上げ余地が高い企業ほど，買収プレミアムも大きくなる傾向があることを確認している．

② フリー・キャッシュフローの削減

　また，非公開化型 MBO の実施がフリー・キャッシュフローの削減を通じ，エージェンシー問題を緩和する可能性を指摘できる．MBO は LBO（Leveraged Buy-outs）の一形態であり，買収後における負債比率の上昇を伴うが，それは利払いによる余剰資金の減少を通じ，経営者に企業価値を毀損するような投資活動を思いとどまらせる効果を有する（Jensen, 1993）．すなわち，買収前にフリー・キャッシュフローを多く抱えている企業ほど，このような負債による規律付け効果が効きやすく，買収後の企業価値創造が期待されるため，非公開化型 MBO を実施する可能性が高いことが予想される．Lehn and Poulsen (1989), Mehran and Peristiani (2009), Bharath and Dittmar (2010), 野瀬・伊藤 (2011) などの先行研究で, フリー・キャッシュフロー仮説は支持されている.

③ バイアウト・ファンドによるエージェンシー問題の緩和

非公開化型 MBO 案件には, バイアウト・ファンドが関与したものと関与していないものが混在している. バイアウト・ファンドが関与した場合は, 中長期的な観点から企業価値を向上させることを通じて買収プレミアムを高めることが期待される. その一方で, ファイナンシャル・バイヤーとして短期的な収益を目指す可能性もあり, このケースでは買収プレミアムは低く抑えられることになる.

バイアウト・ファンドの関与によって価値の創造がもたらされる経路としては, 以下の 2 通りが考えられる. 1 つは, バイアウト・ファンドはブロック・シェアホルダーとして投資先企業に対するモニタリングを行うため, 事前に見られたエージェンシー問題が緩和されると予想するというものである (Shleifer and Vishny, 1986). もう 1 つは, ファンドがそれまでの投資活動で培ったファイナンスやガバナンス, オペレーショナル・エンジニアリング (業務戦略策定)[3] に関するノウハウの移転を通じ, 買収後の企業価値の向上が期待できるというものである (Kaplan and Strömberg, 2009).

バイアウト・ファンドが中長期的な観点から企業価値向上を図るのか, ファイナンシャル・バイヤーとしてより短期的な収益を目指すのかは先験的には判断できない. バイアウト・ファンドが買収プレミアムにどのような影響を与えるかは実証的な問題である.

3.3 負債の節税効果

買収資金が負債によって調達された場合, 追加的に生じる支払い利息は損金に算入され, 税法上, 控除の対象となる. これは「負債の節税効果」(tax shield) と呼ばれ, それによって生じる税支出の削減は, MBO によってもたらされる価値向上の源泉の 1 つと考えられている. 節税効果に関する実証研究

---

3) 胥 (2011) はキトーのバイアウトの事例を取り上げ, 米国のファンドであるカーライルから業務策定戦略のノウハウが提供されたことを紹介している.

は多岐にわたるが，最も象徴的なのが Kaplan（1989b）の検証結果である．同研究では，1980年から1986年に米国で実施された76件の MBO を分析し，既存株主に支払われた買収プレミアムのうち無視できない部分が節税効果によって説明可能だとしている．また，日本企業の非公開化案件をサンプルとした野瀬・伊藤（2009）でも，バイアウト前の利払い額の多寡に着目し，それは直接プレミアムとは有意な相関を有しないものの，利払い額が小さな企業ほど（すなわち，追加的な利払い額の増加による税控除の余地が大きな企業ほど）非公開化の選択確率が上昇することを明らかにし，節税効果が非公開化の有力な動機となっていると指摘している．

以上のような先行研究と同様，仮にわが国においても節税効果が非公開化型 MBO 実施の主要な動機となっている場合，税負担が高く，利払い額が小さな企業ほど節税効果も増幅し，それだけ非公開化を実施する可能性も上昇すると予想される．

3.4 従業員からの富の移転

株式非公開化の動機として，既存従業員の富の毀損に起因するものも考えられる[4]．Shleifer and Summers（1988）も指摘しているように，買収者は旧経営陣と既存労働者との間で交わされた長期契約や年功賃金等の「暗黙の契約」（implicit contracts）を破棄することを通じ，短期的な収益を獲得することができる．いわゆる「信頼の破壊」（breach of trust）の議論である．注意すべきは，この信頼の破壊に起因する買収後の株主価値向上の見込み分は，従業員から株主へ富が移転しただけにすぎず，何らネットの価値創造に基づくものではないという点である．

このような信頼の破壊の可能性は，敵対的買収の文脈で検証されることが多いが（Gokhale et al., 1995; Canyon et al., 2001），MBO のケースでも起こりうる問題である．その理由として，次の3点が指摘できる（Amess and Wright,

---

4) このほか，ステークホルダーからの富の移転としては，バイアウトのアナウンスが社債価格やその格付けに与える影響に着目し，既存債権者の富が毀損されたか否かを検証するものがある（Amihud, 1989; Cook et al., 1992; Warga and Welch, 1993）．ただし，日本企業のケースでは，MBO 実施企業の社債価格や格付けに関する体系的なデータを入手することが困難であるので，本章では分析を見送った．

2007).第1に,負債比率が上昇することが挙げられる.MBO が LBO の形態をとる場合,負債への依存度が高まり倒産リスクも上昇するが,それは従業員側の交渉力を弱める方向に働くことになる(Fox and Marcus, 1992).第2は,ファンドによるモニタリングが強化されることである.ファンドの運用期間は3〜5年と指摘されているが(光定・白木,2006),それだけ経営改善に対する圧力も短期的なものになると予想される.第3は,経営者の持株比率が上昇することである.それは経営者個人のインセンティブになると同時に,株主との利益相反の可能性を緩和し(アライメント効果),企業経営をファンドが要請する株主価値最大化に向かわせる要因となる.

これらの理由により,MBO のケースでも信頼の破壊が発生する可能性は否定できず[5],過剰雇用・過剰賃金を抱え,買収後にそれらの解消を通じ経営の効率化を図りやすい企業ほど,非公開化を実施する可能性が高いと考えることができる.

4 何が非公開化型 MBO を決めるのか

4.1 推計モデル

まず,非公開化型 MBO 選択の決定要因については,MBO 実施企業に1,コントロール企業に0を与えるダミー変数 **MBO** を被説明変数,第2節の仮説に従う諸要因を説明変数とした以下のモデルのロジット分析を行う.

$$MBO = F[TRADED, SIMPLE\_q, VOLATILITY, LNMKTCAP,$$
$$EMERGMKT, JSOX, SHPF, DIREC, FCF, INTEREST,$$
$$DEBT, SALESPW, LABORCOST, MANUFAC] \quad (1)$$

また,買収プレミアムの決定要因については,TOB 価格と MBO 公表日から20日前,40日前との株価(終値)を比較した **PREM20** と **PREM40** を被説明変数とし,選択の決定要因と同様の仮説に従う諸要因を説明変数とする以下のモデルの OLS 推定を行う.

---

[5] ただし,海外の実証研究では,買収後に有意な雇用者数の減少は観察されず,MBO によって信頼の破壊が発生したとの報告はされていない(Kaplan, 1989a; Smith, 1990).

$$PREM20or40 = F[TRADED, EMERGMKT, SHPF, DIREC, FCF,$$
$$FUND, INTEREST, DEBT, SALESPW,$$
$$LABORCOST, MANUFAC, DEALSIZE] \quad (2)$$

説明変数の定義は以下の通りである．

株式公開の費用と便益のトレードオフに関する変数[6]：まず，株式公開の便益としては，株式の流動性，株式市場へのアクセス，株主とのリスクシェアリングを挙げることができる．株式の流動性は，取引成立日比率 $TRADED$[7] で代理する．$TRADED$ は，MBO 公表250日前から41日前までの期間で，上場市場において当該企業の取引が成立した日数の比率であり，取引成立日が少ないほど流動性が低く株式公開の便益が小さいため，期待される符号は負である．この説明変数は，買収プレミアムの推定式に用いる．

成長性の高い企業ほど資金需要が高く，株式市場へのアクセスを必要とすると考えられる．ここでは，企業の成長性を $SIMPLE\_q$（トービンのシンプル q：（株式時価総額＋有利子負債総額）／資産総額）で代理する．成長性の高い企業ほど上場を維持するメリットが大きいため，期待される符号は負である．

事業のリスクの大きな企業ほど多くの株主とリスクシェアを行うインセンティブが大きいと考えられる．そこで，リスクの大きさの代理変数として，MBO 公表500日前から41日前までの期間の株式日次収益率の標準偏差である $VOLATILITY$ を使用する．事業のリスクが大きい企業の方が株式公開の便益は大きいため，期待される符号は負となる．

次に，株式公開の費用に関する変数を取り上げる．年間上場料，監査報酬，情報開示に伴う費用は固定費用の性格が強いため，企業規模が相対的な上場維持コストに影響を与えると考えられる．ここでは企業規模として，時価総額対数値 $LNMKTCAP$ を利用する．規模の小さい企業では上場維持コストの負担が相対的に大きくなると考えられ期待される符号は負である．

また，新興市場は相対的に上場維持コストが低く，上場廃止により削減でき

---

[6] なお，説明変数の多くはサンプルサイズの大きい非公開化型 MBO 選択の決定要因の推定式にのみ用いられている．買収プレミアムの推定式に用いられている説明変数については，文中で記すことにする．なお，符号条件についてはすべて非公開化型 MBO 選択の決定要因の推定式と同じ方向である．

[7] 取引成立日比率の平均値は，新興市場上場企業で0.77，既存市場上場企業で0.89である．したがって，取引成立日比率が1を切るのは前者だけに限られない．

る費用が小さいと考えられる（Renneboog et al., 2007）。そこで，新興株式市場上場ダミー変数 $EMERGMKT$ を追加する。$EMERGMKT$ は，ジャスダック，ヘラクレス，マザーズ上場企業に1，その他市場に上場の企業に0を与えるダミー変数であり，期待される符号は負である。この説明変数は，買収プレミアムの推定式に用いる。

さらに，Martinez and Serve（2011），Thomsen and Vinten（2014）が示したように，上場維持コストに対しては制度的な影響も存在するため，2006年の金融商品取引法により導入されたいわゆる日本版SOX法の非公開化の意思決定に与える影響についても考慮する[8]。$JSOX$ は，2008年度以降に1をとるダミー変数で，期待される符号は正である。

アンダーバリューを表す変数としては，Renneboog et al.（2007）を参考にした。マーケット・インデックスで標準化された株式収益率 $SHPF$ を利用する。これは，MBOの公表300日前と41日前の株価（終値）によって算出された株式収益率から，同期間のマーケット・インデックス（TOPIX）の収益率を差し引いたものである。この変数は，株式市場による当該企業の過小評価の程度（数値が小さいほど過小評価されているとみなす）を表しており，過小評価されているほど上場維持費用が高いと考えられるため，非公開化型MBOを選択する可能性が高まると考えられる。またそれによる価値創造の余地が大きいことから買収プレミアムも大きくなることが予想されるため，期待される符号条件は負である。

エージェンシー・コストの削減に関する変数：株主・経営者間のエージェンシー問題の緩和を目的として非公開化を実施するという仮説に関しては，第3節で論じたように2つの要因が考えられる。まず，1つ目はMBOにより経営者の持株比率が高まることで，株主と経営者の利益相反が緩和されるインセンティブ・リアライメントである。このとき，経営者持株比率が低いほどエージェンシー・コストの削減の余地が大きく，非公開化を実施する可能性が高くなると予想される。本章では経営者持株比率の代理変数としての役員持株比率 $DIREC$ を利用する。

2つ目は，MBOの実施によるフリー・キャッシュフローの削減を通したエ

---

[8] 2008年度より適用され，内部統制報告書の提出と，内部統制報告書に対する外部監査人による監査が規定された。

ージェンシー・コストの削減であり，フリー・キャッシュフロー比率 FCF によりその非公開化実施確率への効果を確認する．フリー・キャッシュフロー比率は LQ ×手元流動性／総資産と定義され，LQ は前述のトービンの q（シンプル q）が1以下をとるとき1の値をとるダミー変数である．手元流動性は，現金・預金＋有価証券＋投資有価証券と定義する．成長可能性が低い企業ほど手元流動性はフリー・キャッシュフローになりやすく，MBO の実施がフリー・キャッシュフローの削減を通じ，エージェンシー問題を緩和する可能性がある．すなわち，買収前にフリー・キャッシュフローを多く抱えている企業ほど将来的な経営効率化の余地が大きく，非公開化を実施する可能性が高くなることが考えられる．よって，ここで期待される符号は正である．

買収プレミアムの推定式においては，バイアウト・ファンドによるエージェンシー・コストの削減の効果についても検討する．MBO にファンドが関与した企業に1を与えるダミー変数 $FUND$ で，ファンドの買収プレミアムへの影響を捉える．ファンドによるブロック・シェアホルダーとしてのモニタリングや経営への関与，金融技術の提供などを通じた企業価値向上が買収プレミアムに反映される可能性とファンドのファイナンシャル・バイヤーとしての側面により買収プレミアムが低く抑えられる可能性の両面が考えられる．よって，正の符号が得られた場合は前者の解釈が，負の符号が得られた場合は後者の解釈が成り立つことになる．

節税効果に関する変数：買収前の税負担が高く，利払い額が小さな企業ほど，非公開化を実施する可能性が高くなり，また買収プレミアムの支払額が大きくなるという仮説に関する変数は，支払利息売上高比率 $INTEREST$ と負債総資産比率 $DEBT$ である[9]．利払い額が小さな企業ほど，追加的な利払い額の増加による税控除の余地が大きく，また，MBO 前の負債依存度が低い企業ほど，負債を増加させる余地が大きいため，非公開化実施確率が大きくなると推測される．よって $INTEREST$ と $DEBT$ に期待される符号は負である．

---

9) 通常，MBO により負債比率は上昇する．その結果，利払いの増加によりフリー・キャッシュフローが削減され，企業価値を損なうような投資活動が抑えられる可能性がある（Jensen, 1993）．事前の負債比率が低いほど，MBO によってもたらされる負債による規律付け効果は大きくなると考えることができる．よって，負債比率は，そのような負債による規律付けの効果を代理していると考えることもできる．しかし，後述のように，いずれの解釈にしても，本分析では負債比率は有意な効果を示していない．

従業員に関する変数：買収前に過剰雇用・過剰賃金を抱えている企業ほど，非公開化を実施する可能性が高くなり，買収プレミアムの支払いも大きくなるという，従業員からの富の移転に関する仮説に関しては，従業員1人当たり売上高 $SALESPW$ と従業員1人当たり人件費 $LABORCOST$ により検証を行う．両変数ともに同一産業（日経業種分類（小分類））における中央値を減ずることで，産業間調整を行っている．$SALESPW$ は過剰雇用，$LABORCOST$ は過剰賃金を表していると考えられる．過剰雇用を抱える企業は，1人当たりの生産性が低く，従業員の削減により生産性の上昇が望まれるため，期待される符号は負である．他方，過剰賃金を支払っている企業ではMBO実施後に賃金の圧縮を行うことを目的に非公開化を実施することが考えられるし，買収プレミアムの支払いも大きくなると考えられるため，期待される符号は正である．

コントロール変数：その他にコントロール変数として，製造業に属する企業に1の値を与える製造業ダミー $MANUFAC$，年度ダミーを加える．買収プレミアムの推計式には，さらに買収金額対数値 $DEALSIZE$ を加える．

以上のような非公開化に影響を与える要因は，前述のような日本版SOX法の効果に加え，マクロ的な経済環境の影響を受けると考えられる．Bharath and Dittmar（2010）は，非公開化の意思決定におけるマクロ要因の重要性を強調している．本章のサンプル期間中の2008年にはリーマン・ショックが起こり，その前後で非公開化に対する企業の態度が大きく変化した可能性がある．また，2008年9月にレックス・ホールディングス事件について東京高裁の決定があったことも，影響を与えていると考えられる．そこで，そのようなマクロ要因等の影響も考慮に入れ，2008年前後でサンプルを分割して推計を行う．

前述の変数の基本統計量は表5-3に要約されている．ここで，使用するデータを説明する．分析に用いたサンプルは，2000年度から2011年度にかけて非公開化型MBOの公表を行った101件である．この101件のうち，ファンドが関与しているものは50件である[10]．データはレコフデータ『日本企業のM&Aデータブック 1985-2007』および，同社『マール』各号より入手し，非公開化型MBOに分類される案件を対象とした．

---

[10] ファンドが関与している案件とそうでない案件を比較すると，前者の方が総資産や時価総額が大きく，買収金額も高い．

第5章　日本企業の非公開化型MBOに関する実証分析

表5-3　基本統計量（非公開化型MBO選択・買収プレミアムの決定要因）

	非公開化型MBO選択・買収実施の推計				買収プレミアムの推計			
	Mean	Std. Dev.	Min	Max	Mean	Std. Dev.	Min	Max
買収プレミアム								
PREM20 買収プレミアム（20日前終値と比較）					0.576	0.403	0.008	2.229
PREM40 買収プレミアム（40日前終値と比較）					0.560	0.378	0.053	2.217
株式公開の費用と便益								
TRADED 取引成立日比率	0.845	0.217	0.166	1.000				
SIMPLE_q トービンのシンプルq	0.955	0.394	0.207	3.547				
VOLATILITY 株式日次収益率標準偏差	0.028	0.010	0.010	0.060				
LNMKTCAP 時価総額対数値	8.722	1.552	0.605	12.310	0.819	0.237	0.166	1.000
EMERGMKT 新興株式市場上場ダミー	0.460	0.500	0.000	1.000				
JSOX 日本版SOX法施行以後ダミー	0.426	0.496	0.000	1.000	0.604	0.492	0.000	1.000
SHPF 株式収益率	−0.050	0.261	−0.720	0.739	−0.098	0.237	−0.609	0.613
エージェンシー・コスト								
DIREC 役員持株比率	0.119	0.133	0.000	0.694	0.140	0.133	0.000	0.694
FCF フリー・キャッシュフロー比率	0.168	0.174	0.000	0.718	0.195	0.187	0.000	0.596
FUND ファンド関与ダミー					0.495	0.502	0.000	1.000
負債の節税効果								
INTEREST 支払利息売上高比率	0.015	0.039	−0.039	0.407	0.016	0.044	0.000	0.407
DEBT 負債総資産比率	1.630	3.012	−1.870	28.147	1.509	2.766	0.067	25.059
従業員からの富の移転								
SALESPW 従業員1人当たり売上高	8.022	41.587	−53.015	309.251	5.758	39.746	−53.015	268.312
LABORCOST 従業員1人当たり人件費	0.453	3.191	−6.492	18.091	0.332	3.508	−6.492	18.091
コントロール変数								
MANUFAC 製造業ダミー	0.366	0.483	0.000	1.000	0.366	0.484	0.000	1.000
DEALSIZE 買収金額対数値					8.858	1.374	5.451	12.513
サンプルサイズ	202				101			

（注）2000年度から2011年度までに公表された非公開化型MBOが対象。

非公開化の決定要因を分析する際は，この101社に対して野瀬・伊藤（2011）などの先行研究を参考に，コントロール企業を選定した．具体的には，MBO公表直前の決算期において同一産業（日経業種分類（小分類））に属する企業の中で，MBO 企業と決算日が3カ月以内の総資産の最も近い企業を選択した．MBO 企業，コントロール企業の株価，財務，株主構成データは，「日経NEEDS-FinancialQUEST」から取得した．説明変数の多くは前年度のデータとし，原則として連結データを用いたが，それが入手できない企業や所有構造データに関しては単独データを利用した．なお，買収プレミアムの分析にあたっては，前記の非公開化型 MBO を実施した101社のデータをそのまま用いる．表5-3によると，買収プレミアムの平均値は56%（*PREM20*）～57.6%（*PREM40*）であり，米英の事例（30%強～50%台半ば）と比較しても高い値を示している（Kawanishi *et al.*, 2014）．

4.2 推計結果

株式非公開化型 MBO の決定要因についての推計結果は表5-4左側に，買収プレミアムの決定要因に関する推計結果は同表右側に要約されている．

株式公開の費用と便益のトレードオフに関する変数：まず，株式公開の費用と便益に関する変数の結果について説明する．株式の流動性を表す取引成立日比率 *TRADED* は，選択要因の推計においてサンプルを分割して2007年以前を対象としたときのみ有意となった．また，買収プレミアムの推定式においては非有意であった．株式市場へのアクセスの必要度を表す *SIMPLE_q* に関しては，期待通り有意に負の係数をとっており，株式市場へのアクセスの必要度が低い企業ほど非公開化を行う傾向が見られる．株式日次収益率標準偏差 *VOLATILITY* に関しては，事業のリスクが大きい企業の方が株式公開の便益は大きいため，負の効果が期待されたが，有意に正の係数をとり[11]，株主

---

11) 正の符号を得た理由として，以下のようなものが考えられる．株価収益率が低下し続けている場合も，ボラティリティは大きくなる．実際のデータを見ると，株価収益率とボラティリティの相関係数は－0.1529で弱い負の相関関係にある．株価収益率が低く，さらにボラティリティも高い企業の場合は，株主とのリスクシェアリングという上場の便益よりも，むしろ株主に敬遠されより一層のアンダーバリューを招き，上場の便益を減ずると判断されるかもしれない．したがって，ボラティリティが高い企業では非公開化型 MBO を実施しやすくなる可能性がある．

表 5-4　非公開化型 MBO 選択と買収プレミアムの決定要因

被説明変数	非公開化型 MBO 選択の決定要因			買収プレミアムの決定要因	
	非公開化型ダミー			PREM20	PREM40
	全サンプル	2007年以前	2008年以後	全サンプル	
	(1)	(2)	(3)	(4)	(5)
株式公開の費用と便益					
TRADED（−）取引成立日比率	−1.091 (0.866)	−2.348* (1.338)	0.148 (1.176)	0.255 (0.174)	0.294 (0.190)
SIMPLE_q（−）トービンのシンプル q	−2.377*** (0.845)	−3.470** (1.351)	−1.197 (1.006)		
VOLATILITY（−）株式日次収益率標準偏差	60.93*** (20.55)	76.20** (31.87)	59.98** (28.21)		
LNMKTCAP（−）時価総額対数値	0.836*** (0.203)	1.150*** (0.341)	0.699*** (0.210)		
EMERGMKT（−）新興株式市場上場ダミー	1.553*** (0.420)	1.922*** (0.656)	1.495** (0.593)	−0.015 (0.081)	−0.032 (0.081)
JSOX（+）日本版 SOX 法施行以後ダミー	0.0626 (1.154)				
SHPF（−）株式収益率	−1.637** (0.716)	−0.331 (0.961)	−4.295*** (1.565)	−0.388*** (0.134)	−0.429** (0.167)
エージェンシー・コスト					
DIREC（−）役員持株比率	1.790 (1.703)	1.120 (2.342)	4.075 (2.764)	−0.649** (0.312)	−0.524* (0.314)
FCF（+）フリー・キャッシュフロー比率	0.698 (1.305)	−1.418 (1.755)	4.361* (2.245)	0.253 (0.165)	0.029 (0.163)
FUND（+ or −）ファンド関与ダミー				−0.205** (0.094)	−0.127 (0.084)
負債の節税効果					
INTEREST（−）支払利息売上高比率	7.337 (8.596)	2.141 (17.42)	20.780 (16.53)	−6.884* (3.893)	−6.058 (3.750)
DEBT（−）負債総資産比率	−0.0698 (0.141)	0.0140 (0.266)	−0.313 (0.290)	0.103 (0.068)	0.086 (0.064)
従業員からの富の移転					
SALESPW（−）従業員1人当たり売上高	0.000564 (0.00485)	−0.00965 (0.00733)	0.00845 (0.00772)	0.000 (0.001)	−0.001 (0.001)
LABORCOST（+）従業員1人当たり人件費	0.0261 (0.0560)	0.0824 (0.0662)	−0.0486 (0.107)	−0.005 (0.011)	−0.006 (0.008)
コントロール変数					
MANUFAC 製造業ダミー	0.0637 (0.436)	−0.0760 (0.599)	0.542 (0.795)	0.110 (0.080)	0.079 (0.092)
DEALSIZE 買収金額対数値				−0.042 (0.044)	−0.065 (0.041)
CONSTANT 定数項	−7.019*** (2.206)	−8.656*** (3.108)	−9.604*** (2.919)	0.675 (0.439)	0.780* (0.421)
Year Dummy 年度ダミー	Yes	Yes	Yes	Yes	Yes
観測数	202	116	86	101	101
決定係数				0.509	0.428
擬似決定係数	0.198	0.237	0.274		

（注）　1．括弧内は，標準誤差．
　　　　2．*，**，***はそれぞれ有意水準10%，5%，1%で有意であることを表す．
　　　　3．変数名横のプラス・マイナス記号は，予想される符号を意味する．

とのリスクシェアを動機として上場を維持するという関係は確認できなかった．

規模の小さい企業では上場維持コストの負担が相対的に大きくなると考えられ，企業規模と非公開化は負の関係にあると予想されたが，企業規模を示す時価総額対数値 $LNMKTCAP$ についてはそのような関係は見られず，有意に正の関係が見られた．このような結果は，Bharath and Dittmar（2010）などの先行研究でも観察されている．新興株式市場上場ダミー変数 $EMERGMKT$ は，新興市場は相対的に上場維持コストが低く，上場廃止により削減できる費用が小さいと考えられるため負の関係が予想されたが，いずれのモデルにおいても有意に正の係数をとっている．これは，新興市場の持つ直接的な費用が少ないという効果より，アナリストのカバレッジの低さなどにより，上場の便益が小さいという効果が上回っているため起きている可能性がある．なお，買収プレミアムの推定式においては非有意であった．日本版 SOX 法の導入が非公開化の意思決定に与えた影響に関しては，日本版 SOX 法施行以後ダミー $JSOX$ が非有意であり確認できなかった．

株式公開の間接的な費用であるアンダーバリューの影響に関して，その代理変数である株式収益率 $SHPF$ は，全サンプルを対象とした推計では期待通り有意に負の係数をとっている．情報の非対称性に起因して発生する株式の過小評価という株式公開の費用が非公開化の意思決定に影響を与えていることが確認された．また買収プレミアムの推定式でも，すべてのモデルにおいて有意水準5％以下で有意に負の係数をとっていた．よって，アンダーバリューは株式公開の費用を高めており，非上場化によってその節約ができるため，買収プレミアムの源泉の一部となっていることが示された．本章で得られた結果は，先行研究（Renneboog et al., 2007など）とも整合的である．

エージェンシー・コストの削減に関する変数：次に，エージェンシー・コストの削減に関する結果を確認する．まず，インセンティブ・リアライメントに関するもの（役員持株比率 $DIREC$）は，非公開化型 MBO 選択要因の推定式では有意な結果は得られなかったものの，買収プレミアムの推定式においては有意に負となった．ポスト MBO の役員持分の上昇に伴う株主・経営者間のエージェンシー・コストの削減余地の大きな企業は，非公開化そのものの意思決定には影響しないものの，買収プレミアムを多く支払うということである．

また，フリー・キャッシュフローに関するもの（フリー・キャッシュフロー

比率 FCF）については，非公開化型 MBO の決定と買収プレミアムの推定式のどちらでも有意な結果は得られなかった．ただし前者の推定式において，サンプルを分割した場合に，2008年以後にのみ FCF の係数は有意に正となった．これはリーマン・ショックによる投資機会の減少により，フリー・キャッシュフロー保有のコストが高まり，その非公開化に与える影響が強まったためだと考えられる．

バイアウト・ファンドによるエージェンシー・コストの削減に関しては，買収プレミアムの推定式でのみ検証した．バイアウト・ファンドが関与した案件を示す $FUND$ はプレミアム算定の基準株価を MBO 公表前20日に設定した $PREM20$ を被説明変数とした場合，有意に負の係数をとっている．これは，ファンドが関与した MBO 案件においては，ファンドのファイナンシャル・バイヤーとしての側面により買収プレミアムが低く抑えられていることを示唆している．

節税効果に関する変数：負債の節税効果に関する変数については，支払利息売上高比率 $INTEREST$，負債総資産比率 $DEBT$ を用いたが，非公開化型 MBO の決定要因の推定式においてはどちらの係数も非有意であり，節税効果は確認できなかった．また買収プレミアムの推定式のうち $PREM20$ を被説明変数としたモデルにおいて，$INTEREST$ が10％水準で有意に負となった．これは仮説通りの結果である．

従業員に関する変数：従業員からの富の移転については，従業員1人当たり売上高 $SALESPW$，従業員1人当たり人件費 $LABORCOST$ がすべての推定式で非有意であり，確認されなかった．

以上の結果をまとめると，株式非公開化型 MBO 選択と買収プレミアムの決定要因として，まずは株式公開の費用と便益にかかわる仮説が当てはまっていることがわかった．特に，株式公開の便益を減ずるものと考えられる株式の過小評価は非公開化を促し，さらに買収プレミアムの水準を高めており，ほとんどの推定式で統計的に有意な結果を得た．株式市場へのアクセスの必要性が低い企業や，新興市場への上場企業のようにアナリストのカバレッジが低い企業も非公開化を選択することがわかった．一方で，エージェンシー・コストの削減にかかわる仮説については，部分的に当てはまることが示された．まず，バイアウト以前に役員持株比率が低い企業では買収プレミアムの水準が高まるこ

と，そしてフリー・キャッシュフローの保有は2008年以後のみにサンプルを限定した推計では，非公開化を促すことが明らかになった．後者の結果は，リーマン・ショック後に企業の非公開化に対する態度が変容していることを示唆している．バイアウト・ファンドが関与した案件においては，買収プレミアムは低下するという結果を得たが，これはファンドがエージェンシー・コストの削減等による価値創造の役割を果たすというよりは，ファイナンシャル・バイヤーとしての側面が強いと解釈できる．

5 非公開化型MBOはパフォーマンスを引き上げるか

5.1 推計モデル

では，非公開化型MBOが企業のパフォーマンスにどのような影響を与えているのかを見ていきたい．具体的には，第1にそもそも非公開化型MBOを実施した企業は，実施後にパフォーマンスが向上するのかということ，第2に非公開化型MBOを実施するにあたって，どのようなストラクチャーが用いられたかにより，事後のパフォーマンスが異なるのかということを検証する．

ストラクチャーについては，ファンド，経営者持株比率，負債比率の影響に着目する．まずファンドの影響については，Cressy et al.（2007）が1990年代後半から2000年代初頭の英国におけるバイアウト案件におけるプライベート・エクイティ・ファンドの影響を分析し，ROAや売上高成長率は独立系ファンド，対象企業の産業に特化したファンド，バイアウトに特化したファンドによる案件の方が有意に高いという結果を得ている．また，Meuleman et al.（2009）は，1993～2003年の英国におけるバイアウト案件を分析し，プライベート・エクイティ・ファンドの経験，ポートフォリオ企業の数が関与案件の事後的な収益性，効率性，成長性に対して影響を与えることを明らかにしている．日本における研究としては，2000年代の公開維持型バイアウト実施企業[12]の分析を行った野瀬・伊藤（2012）が挙げられる．同研究では，原価率の低減，資産回転率の上昇を背景として収益性の改善が見られ，バイアウト・ファンド

---

12) 買収後も公開が維持される案件のみを対象とした野瀬・伊藤（2012）とは異なり，サンプルは限定されるものの，本章では買収後に非公開化した案件を対象としている．

によるバリューアップが確認されている．あわせて，バイアウト後の従業員数の落ち込みが観察され，ファンド関与による人員削減の可能性も示唆されている．本章では，日本の非公開化型MBO実施企業において，ファンドの存在が事後のパフォーマンスにどのような影響を与えるのかを検証する．

また，Guo et al.（2011）は，バイアウト後のパフォーマンスに影響を与えるものとして，ファンドの関与に伴うガバナンス・モニタリングの改善効果のほか，経営者と株主のインセンティブ・リアライメント，負債比率の増大によるエージェンシー・コストの減少等を挙げている．本章の分析でも同研究を参考にして，経営者持ち分や負債比率の影響を検証する．

事後パフォーマンスの推定式の構造は，非公開化前後の比較を行う目的のため，非公開化選択の決定要因や買収プレミアムのものとやや異なっている．具体的には，Boucly et al.（2011）等の先行研究での定式化を参考に，次のような推計式について固定効果モデルで推定する．

$$PERF = F[POST, POST \times MBO, DA, SIZE, YD] \quad (3)$$

まず，被説明変数は企業パフォーマンス $PERF$ である．ここでは先行研究でも扱われてきた収益性と成長性に着目する．収益性としては総資産営業利益率 ROA，成長性としては対前年度比の売上高成長率 $DSALES$，総資産成長率 $DASSET$，従業員数成長率 $DLABOR$ を取り上げる．ROA はさらに，収益力を表す売上高営業利益率 $SLSPRF$（＝営業利益／売上高）と，経営効率を表す総資産回転率 $ASSTRN$（＝売上高／総資産）に分解して，収益率変動の要因をより厳密に特定する．従業員数成長率は，非公開化型MBOの後に従業員を減少させるような，従業員からの富の移転効果を検出するためにも用いる．

説明変数については以下のものを用いる．まず $POST$ は買収1期後の決算以降に1を，買収実施0期以前には0を割り当てるダミー変数であり，ターゲット企業，コントロール企業に共通して与えられる．MBO はMBOを実施した企業に1を割り当てる時間共通の変数であり，コントロール企業は0をとる．仮にMBOの実施がエージェンシー・コストの削減に寄与し，パフォーマンス改善の効果を有する場合，$POST$ との交差項は正の係数をとることが予想される．

またMBOのストラクチャーの効果をより具体的に捕捉するため，前記の仮

説に基づき **MBO** ダミーの代わりに **FUND, NFUND, LOWN, HCHDA** の4つのダミー変数を用いた推計も行う．**FUND, NFUND** は MBO へのバイアウト・ファンド関与の有無を表す変数であり，前者はファンドが関与する場合には1を，後者はファンドが関与しない場合（いわゆる「純粋 MBO」のケース）に1を割り当てる変数である．なお MBO を実施していない企業は，**FUND, NFUND** ともに0を割り当てる．**FUND** はファンドによる価値創造機能をチェックするための変数である．一方，**NFUND** のケースでは，企業価値向上の成果がすべて経営陣に帰属するため，インセンティブ・リアライメントの効果が大きいと想定される．もっとも，このインセンティブの引き上げ効果は，経営陣がコントロール権を確保するか否かという観点のほか，前節でも論じたように，バイアウトによって経営者持ち分がどの程度上昇するかにも依存すると考えられる．ただし現時点では，非公開化後の所有構造のデータは入手困難であるため，MBO 実施1期前の役員持株比率[13]が10%を下回るダミー変数 **LOWN** を挿入する．事前の特殊比率が低いほど，買収後に持ち分が上昇すると予想されるからである．さらに，**HCHDA** はバイアウトによる負債比率の上昇（それに伴う負債の規律付け）の効果を捉えるための変数であり，買収1期前から1期後にかけて，負債比率（対総資産）が20%以上上昇した MBO 案件に1の値を与えるダミー変数である[14]．以上の MBO の個々のストラクチャーが前節で提示したようなパフォーマンス改善効果を有する場合，**POST** との交差項は正となることが予想される．MBO のストラクチャーに関するダミー変数を用いた推定式は以下のようになる．

$$PERF = F[POST, POST \times FUND, POST \times NFUND, POST \times LOWN, POST \times LCHDA, DA, SIZE, YD] \quad (4)$$

最後に，コントロール変数として，負債比率 **DA**，総資産対数値 **SIZE**（それぞれ1期ラグ），年度ダミー **YD** を挿入する．これらの変数によって，パフォーマンスに対する資本構成，企業規模，年次要因の影響をコントロールする．

---

13) 経営者持株比率は入手が困難であるため，ここでは代理変数として役員持株比率を用いる．

14) **LOWN, HCHDA** に関しては，MBO 企業の事前（-1期時点）の経営者持ち分の中央値（12.5%），および買収前後（-1期から+1期）における負債比率の上昇幅の中央値（22.5%）を分割の基準としている．

表 5-5　基本統計量（事後パフォーマンスの推定）

	Mean	Std. Dev.	Min	Max
被説明変数				
ROA　総資産営業利益率	0.0397	0.0605	−0.2036	0.2790
SLSPRF　売上高営業利益率	0.0417	0.0865	−0.2918	0.3680
ASSTRN　総資産回転率	0.9603	0.4927	0.0454	2.5088
DSALES　売上高成長率	0.0223	0.2054	−0.8314	1.0814
DASSET　総資産成長率	0.0329	0.2309	−0.7397	1.5515
DLABOR　従業員数成長率	0.0356	0.4323	−1.0000	7.2251
説明変数				
POST　買収 1 期後以降ダミー	0.2547	0.4358	0.0000	1.0000
MBO　MBO ダミー	0.2186	0.4134	0.0000	1.0000
FUND　ファンド関与型 MBO ダミー	0.1152	0.3194	0.0000	1.0000
NFUND　ファンド非関与型 MBO ダミー	0.1034	0.3045	0.0000	1.0000
LOWN　低役員持株 MBO ダミー	0.0959	0.2945	0.0000	1.0000
HCHDA　負債比率高上昇 MBO ダミー	0.1171	0.3216	0.0000	1.0000
DA（1 期ラグ）　負債比率	0.4898	0.2349	0.0104	1.2188
SIZE（1 期ラグ）　総資産対数値	9.5458	1.1938	5.9402	12.8453
サンプルサイズ	1,606			

　なお，以上の変数の基本統計量は表 5-5 に要約されている．ここで，本節の分析で用いるデータについて説明する．非公開化型 MBO の実施前後の比較を行うため，非公開化型 MBO を実施した企業と，それと比較するためのコントロール企業から構成されるパネルデータを構築する．まず，MBO サンプルに関しては，前記101社のうち2011年 3 月期決算時点で買収後の財務情報が 1 期以上取得できた企業を対象とする．買収後の財務情報は単独決算とし，帝国データバンク「COSMOS 1」から入手した．その結果，29件が分析の対象となった．このうちファンドが関与した案件は16件である．次にコントロール企業に関しては，Boucly et al.（2011），Guo et al.（2011）等を参考に，①産業属性，②企業規模，③パフォーマンスの 3 つの尺度で MBO 企業とコントロール企業とをマッチングさせた．具体的には MBO 実施 1 期前において，MBO 実施企業と①日経業種分類（中分類）で同業種に属し，②総資産額の50％から150％，③ MBO 企業の ROA の水準の±0.25の範囲に入る企業を抽出した．この結果，コントロール企業として110社が選択された．MBO 案件 1 件につき平均3.79社が割り当てられる計算となる．こちらのコントロール企業の財務，所有構造の情報に関しては，「日経 NEEDS-FinancialQUEST」から取得した．結果としてサンプルサイズは，年度×企業で見て1606となり，そのうち MBO 企業は

351, コントロール企業は1255である.

5.2 推計結果

表5-6は, 事後的なパフォーマンスに関する推計結果を要約したものである. まず (3) 式の推計結果がパネル A に提示されている. 各推計式において, *POST* と *MBO* との交差項が非公開化型 MBO を実施した効果を測定するための変数である. まず, *ROA* に対しては, 交差項は正の係数をとっているものの, 統計的に有意とはなっていない. 本節で用いた推計モデルからは, MBO が買収後の収益率の改善に寄与しているとはいえない. こうしたパフォーマンスに対する弱い効果は, この分野における古典的な研究成果である Kaplan (1989a), Smith (1990) の結果と異なる一方, 近年の分析である Weir *et al.* (2005), Bharath and Dittmar (2010) と同様の結果となっている. ただし, ROA を分解してみると, 売上高営業利益率 *SLSPRF* に対しては非有意であるが, 総資産回転率 *ASSTRN* に関しては交差項が有意に正の係数をとっており, 非公開化型 MBO の実施後に経営効率化が図られている状況が確認できる. このような効果は, 交差項の係数が売上高成長率 *DSALES* に対しては有意に正, 総資産成長率 *DASSET* に対しては有意に負となっていることから, 増収と資産削減の両方によって実現されたと解釈できよう. 一方, 従業員数成長率 *DLABOR* については, 交差項の係数は有意ではない. したがって, MBO の実施により信頼の破壊が発生しているとはいえない.

また, パネル B に示されている MBO のストラクチャーを分割した効果の結果 ((4) 式の推計結果) についても, *POST* ダミーと MBO を構成する各特徴との交差項の効果を中心に見ていくことにする. まず, *ROA* と *SLSPRF* に対しては, (3) 式の分析結果と同様, どの交差項も有意な影響を与えていない. 一方, *ASSTRN* に関しては, *FUND*, *NFUND* の双方の案件で有意に上昇した. 特にファンドが関与する案件でその傾向が顕著であり, 事後のコントロール企業に比べおよそ0.31回転高いという結果が得られている. ファンドが関与する案件と, バイアウトが経営陣のみで実施される純粋 MBO のケースで, 経営効率化が実現されているものと見られる. ただし, それら効率化の経路は両グループで異なる. すなわち, *POST* と *FUND* の交差項は *DSALES* に対して有意に正の係数をとっている一方で, *POST* と *NFUND* は

$DASSET$ に対して負の係数をとっている．前者の経営効率の改善が主に売上高の成長によってもたらされているのに対し，後者は余剰資産の削減を進めることを通じ，回転率の上昇を実現しているものと解釈できる．

MBO 企業の事前の経営者持ち分 $LOWN$ の効果については，収益性・成長性ともに，事後的なパフォーマンスに対して有意に正の影響を与えていない．前記の純粋 MBO の結果を勘案すると，事後的な経営効率改善に対するリアライメント効果は，バイアウトに伴う経営陣の持ち分上昇という側面よりもむしろ，買収を経営陣のみで実行することによる経営の自由度の確保に依存するものと考えられる．

最後に，$POST$ と $HCHDA$ の交差項に関しては，$DASSET$ に対して有意に負の効果を有している．負債比率の上昇幅が大きな企業群では，買収後において資産の削減が進展しているということとなる．MBO に伴う負債の規律付けは，経営陣にリストラを促す方向に作用しているものと理解できる．

6 結 論

本章では，日本企業が実施した非公開化型 MBO 案件を対象に，株式非公開化とその際の買収プレミアムの決定要因，さらに買収後のパフォーマンスの決定要因について実証的な分析を行った．先行研究では，株式公開の費用と便益のトレードオフ，エージェンシー・コストの削減を大きな2つの柱とし，さらに負債の節税効果，従業員からの富の移転などがそれらの決定要因として取り上げられてきた．こうした要因を可能な限り包括的に検証した結果，以下のような点が明らかとなった．

まず，株式非公開化とその際に株主に支払われる買収プレミアムの決定要因について共通して見られるのは，2つの柱の1つである株式公開の費用と便益にかかわる仮説が有効であったという点である．特に，間接的な費用（株式公開の便益を減ずる要因）である株式の過小評価の影響が大きいことがわかった．株式が過小評価された状態では，資金調達が困難になり買収の脅威にも直面するといったように株式公開の便益が小さくなると考えられる．具体的には，過小評価の程度が大きい企業ほど非公開化する傾向が見られ，買収プレミアムの金額も高くなっていた．そのほかには，株式市場へのアクセスの必要性の低

表 5-6　MBO のパフォーマンス

パネル A：基本推計

	(1) *ROA* 総資産 営業利益率	(2) *SLSPRF* 売上高 営業利益率
POST 　買収 1 期後以降ダミー	0.0072 (1.66)*	−0.0023 (−0.39)
POST × MBO 　買収 1 期後以降ダミー × MBO ダミー	0.0083 (1.20)	0.0003 (0.03)
DA 　負債比率	−0.0087 (−0.78)	−0.0417 (−2.77)***
SIZE 　総資産対数値	−0.0111 (−3.24)***	−0.0140 (−3.00)***
Constant 　定数項	0.1517 (4.50)***	0.1945 (4.27)***
Year Dummy　年度ダミー	Yes	Yes
観測数	1,606	1,606
企業数	139	139
決定係数	0.0920	0.0753

パネル B：MBO のストラクチャーを考慮した推計

	(1) *ROA* 総資産 営業利益率	(2) *SLSPRF* 売上高 営業利益率
POST 　買収 1 期後以降ダミー	0.0071 (1.65)*	−0.0019 (−0.32)
POST × FUND 　買収 1 期後以降ダミー × ファンド関与型 MBO ダミー	0.0125 (0.94)	−0.0152 (−0.85)
POST × NFUND 　買収 1 期後以降ダミー × ファンド非関与型 MBO ダミー	0.0122 (1.12)	0.0059 (0.40)
POST × LOWN 　買収 1 期後以降ダミー × 低役員持株 MBO ダミー	0.0026 (0.22)	0.0111 (0.69)
POST × HCHDA 　買収 1 期後以降ダミー × 負債比率高上昇 MBO ダミー	−0.0106 (−0.90)	0.0017 (0.11)
DA 　負債比率	−0.0069 (−0.60)	−0.0408 (−2.65)***
SIZE 　総資産対数値	−0.0111 (−3.20)***	−0.0136 (−2.92)***
Constant 　定数項	0.1499 (4.42)***	0.1908 (4.16)***
Year Dummy　年度ダミー	Yes	Yes
観測数	1,606	1,606
企業数	139	139
決定係数	0.0925	0.0764

(注)　1．上段は係数を，下段括弧内は t 値を示す．
　　　2．*，**，***はそれぞれ有意水準10％，5％，1％で有意であることを表す．

第 5 章　日本企業の非公開化型 MBO に関する実証分析

改善効果に関する検証

(3) ASSTRN 総資産 回転率	(4) DSALES 売上高 成長率	(5) DASSET 総資産 成長率	(6) DLABOR 従業員数 成長率
0.0711	0.0155	0.0384	0.0229
(3.55)***	(0.83)	(1.99)**	(0.54)
0.0741	0.0791	−0.0651	0.0318
(2.31)**	(2.62)***	(−2.10)**	(0.46)
0.3304	−0.0827	0.0344	−0.1733
(6.39)***	(−1.70)*	(0.69)	(−1.57)
−0.0883	−0.0702	−0.2600	−0.0397
(−5.52)***	(−4.67)***	(−16.85)***	(−1.17)
1.6476	0.6929	2.4741	0.4818
(10.54)***	(4.72)***	(16.38)***	(1.45)
Yes	Yes	Yes	Yes
1,606	1,606	1,606	1,606
139	139	139	139
0.1014	0.1064	0.2114	0.0083

(3) ASSTRN 総資産 回転率	(4) DSALES 売上高 成長率	(5) DASSET 総資産 成長率	(6) DLABOR 従業員数 成長率
0.0685	0.0124	0.0353	0.0238
(3.45)***	(0.66)	(1.83)*	(0.56)
0.3089	0.1863	0.0078	0.0133
(5.08)***	(3.23)***	(0.13)	(0.10)
0.1165	0.0493	−0.0988	0.0633
(2.34)**	(1.04)	(−2.03)**	(0.59)
−0.2987	−0.0245	0.0710	0.0461
(−5.45)***	(−0.47)	(1.33)	(0.39)
−0.0180	−0.0690	−0.1173	−0.0512
(−0.33)	(−1.34)	(−2.22)**	(−0.44)
0.3318	−0.0808	0.0430	−0.1618
(6.36)***	(−1.63)	(0.85)	(−1.44)
−0.0891	−0.0721	−0.2618	−0.0385
(−5.62)***	(−4.80)***	(−16.95)***	(−1.13)
1.6549	0.7108	2.4865	0.4642
(10.64)***	(4.82)***	(16.42)***	(1.39)
Yes	Yes	Yes	Yes
1,606	1,606	1,606	1,606
139	139	139	139
0.1214	0.1108	0.2171	0.0087

企業や，新興市場上場企業のようなアナリストのカバレッジが低い企業は非公開化を選択することがわかった．これらは，上場から得られる便益の低い企業が非公開化を選択していると解釈できる．上場時には株式公開の便益が費用を上回っていたが，その後，費用と便益の大きさが変化し，上場を維持するメリットが薄れ非公開化したものと考えられる．

　もう一方の柱であるエージェンシー・コストの削減に関しては，非公開化の動機としてはリーマン・ショック以後にサンプルを限定したときのみ確認できた．これは，リーマン・ショック後の投資機会の減少により，フリー・キャッシュフロー保有のコストが高まり，その非公開化に与える影響が強まった可能性が考えられる．プレミアムの決定要因については，事前に役員の持株比率が低く，株主・経営者間のエージェンシー・コストの削減余地の大きな企業ほど，プレミアムの支払い水準も高まることがある程度当てはまることがわかった．

　なお，バイアウト・ファンドの存在はむしろ買収プレミアムを低下させ，ファイナンシャル・バイヤーとしての側面が強いことが示唆された．そのほか，負債の節税効果や従業員からの富の移転を目指して非公開化を行ったという事実は確認されなかった．

　事後パフォーマンスの推計においては，非公開化型MBOを実施した企業で売上高の成長と資産削減を背景とした総資産回転率の改善が示されたほか，バイアウト・ファンドが関与する案件と純粋MBO案件でも，買収後における回転率の上昇が確認された．したがって，インセンティブ・リアライメントとファンドによる価値創造効果が一部観察されたことになる．また，MBO実施に伴って負債依存度が高まった企業群では，企業規模の縮小が図られていることが明らかにされた．負債による規律付けが，リストラの推進という形で機能していると解釈できる．なおMBOの実施後に従業員数の減少は観察されず，信頼の破壊が発生していることは確認できなかった．

　バイアウト・ファンドの役割に関しては，買収プレミアムに対しては，プレミアムを圧縮するように働き，非公開化後のパフォーマンスに対しては価値創造効果があることがわかった．バイアウト・ファンドが事後の価値創造に貢献するのであれば，その価値向上分を反映する形でTOB価格が上昇（買収プレミアムが増加）すると考えることもできる．しかし，分析の結果はそのようにはなっていない．井上（2008）は，バイアウト・ファンドが買い手となる非公

開化を目指す TOB では，スクイーズ・アウトの対象となる少数株主は不利な立場にあり TOB の強圧性を受けやすいため，買収プレミアムが相対的に低くなることを示したが，本章の結果もこれに合致している．

　最後に，本章に残された課題について述べる．まず，事後的なパフォーマンスの検証に関してだが，分析に用いた MBO のストラクチャーをより精緻化させることが考えられる．例えば，ファンドの特性については，今回は関与の有無だけを分析対象としたが，ファンドがそれまでに経験したディールの規模や件数，その本籍地の違いによって，買収後のパフォーマンスの状態やそれに合わせて買収前に支払われるプレミアムの水準も変わってくることが予想されるため，それらについて詳細に確認していくことは実務的にも関心が高いものと思われる．同様に，分析ではインセンティブ・リアライメントの変数として，買収前における経営者の持株比率を利用したが，より厳密には同効果は事前から事後にかけてのその上昇幅が大きな案件ほど高まるものと想定されるため，これについてもバイアウト後の所有構造データを特定したうえで再チェックすることが必要となろう．

　次に，非公開化の意思決定や買収プレミアムの分析に関してだが，本章で紹介した分析で用いたアンダーバリューの変数には，純粋な当該企業の資本市場での評価だけでなく，意図的に作り出された評価も含まれている可能性がある．具体的には，利益圧縮的な会計操作や業績予想の下方修正などが考えられる．事実，レックス・ホールディングスやサンスターのケースでは，業績下方修正が問題となった．意図的に過小評価を得ている場合，既存株主へ過小な対価が支払われ，結果として既存株主から買収側（経営陣やファンド）へ富の移転が起こることになる．筆者らは河西ほか（2016）で現在この効果について検証を進めている．

【参考文献】

Amess, K. and M. Wright (2007) "The Wage and Employment Effects of Leveraged Buyouts in the UK," *International Journal of the Economics of Business*, Vol. 14, pp. 179-195.

Amihud, Y. (1989) "Leveraged Management Buyouts and Shareholders' Wealth," in Y. Amihud ed., *Leveraged Management Buyouts: Causes and Consequences*, New York: Dow-

Jones Irwin.

Bharath, S. T. and A. K. Dittmar (2010) "Why Do Firms Use Private Equity to Opt Out of Public Markets?" *Review of Financial Studies*, Vol. 23, pp. 1771-1818.

Boucly, Q., D. Sraer and D. Thesmar (2011) "Growth LBOs," *Journal of Financial Economics*, Vol. 102, pp. 432-453.

Canyon, M., S. Girma, S. Thompson and P. Wright (2001) "Do Hostile Mergers Destroy Jobs?" *Journal of Economic Behavior & Organization*, Vol. 45, pp. 427-440.

CMBOR (1991) *Guide to Management Buy-outs 1991/92*, Economist Intelligence Unit.

Cook, D. O., J. C. Easterwood and J. D. Martin (1992) "Bondholder Wealth Effects of Management Buyouts," *Financial Management*, Vol. 21, pp. 102-113.

Cressy, R., F. Munari and A. Malipiero (2007) "Playing to their Strengths? Evidence that Specialization in the Private Equity Industry Confers Competitive Advantage," *Journal of Corporate Finance*, Vol. 13, pp. 647-669.

Fox, I. and A. Marcus (1992) "The Causes and Consequences of Leveraged Management Buyouts," *Academy of Management Review*, Vol. 17, pp. 62-85.

Gokhale, J., E. Groshen and D. Neumark (1995) "Do Hostile Takeovers Reduce Extramarginal Wage Payments?" *Review of Economics and Statistics*, Vol. 77, pp. 470-485.

Guo, S., E. S. Hotchkiss and W. Song (2011) "Do Buyouts (Still) Create Value?" *Journal of Finance*, Vol. 66, pp. 479-517.

Halpern, P., R. Kieschnick and W. Rotenberg (1999) "On the Heterogeneity of Leveraged Going Private Transactions," *Review of Financial Studies*, Vol. 12, pp. 281-309.

Jensen, M. C. (1993) "The Modern Industrial Revolution, Exit, and the Failure of Internal Control Systems," *Journal of Finance*, Vol. 48, pp. 831-880.

Jensen, M. C. and W. H. Meckling (1976) "Theory of the Firm: Managerial Behavior, Agency Costs and Ownership Structure," *Journal of Financial Economics*, Vol. 3, pp. 305-360.

Kaplan, S. (1989a) "The Effects of Management Buyouts on Operating Performance and Value," *Journal of Financial Economics*, Vol. 24, pp. 217-254.

Kaplan, S. (1989b) "Management Buyouts: Evidence on Taxes as a Source of Value," *Journal of Finance*, Vol. 44, pp. 611-632.

Kaplan, S. and P. Strömberg (2009) "Leveraged Buyouts and Private Equity," *Journal of Economic Perspectives*, Vol. 23, pp. 121-146.

Kawanishi, T., T. Saito and S. Kawamoto (2014) "An Empirical Study on the Sources of Acquisition Premiums: The Case of Management Buy-outs in Japan," Meiji Gakuin University Discussion Paper, No. 13-05.

Lehn, K. and A. Poulsen (1989) "Free Cash Flow and Stockholder Gains in Going Private Transactions," *Journal of Finance*, Vol. 44, pp. 771-787.

Martinez, I. and S. Serve (2011) "The Delisting Decision: The Case of Buyout Offer with Squeeze-out (BOSO)," *International Review of Law and Economics*, Vol. 31, pp. 229-239.

Mehran, H. and S. Peristiani (2009) "Financial Visibility and the Decision to Go Private," *Review of Financial Studies*, Vol. 23, pp. 519-547.

Meuleman, M., K. Amess, M. Wright and L. Scholes (2009) "Agency, Strategic Entrepreneurship, and the Performance of Private Equity-backed Buyouts," *Entrepreneurship Theory and Practice*, Vol. 33, pp. 213-239.

Renneboog, L., T. Simons and M. Wright (2007) "Why do Public Firms Go Private in the UK? The Impact of Private Equity Investors, Incentive Realignment and Undervaluation," *Journal of Corporate Finance*, Vol. 13, pp. 591-628.

Shleifer, A. and L. H. Summers (1988) "Breach of Trust in Hostile Takeovers," in A. J. Auerbach ed., *Corporate Takeovers: Causes and Consequences*, Chicago, IL: University of Chicago Press.

Shleifer, A. and R. W. Vishny (1986) "Large Shareholders and Corporate Control," *Journal of Political Economy*, Vol. 94, pp. 461-488.

Smith, A. (1990) "Corporate Ownership Structure and Performance: The Case of Management Buyouts," *Journal of Financial Economics*, Vol. 27, pp. 143-164.

Thomsen, S. and F. Vinten (2014) "Delistings and the Costs of Governance: A Study of European Stock Exchanges 1996-2004," *Journal of Management & Governance*, Vol. 18, pp. 793-833.

Travlos, N. G. and M. M. Cornett (1993) "Going Private Buyouts and Determinants of Shareholders' Returns," *Journal of Accounting, Auditing & Finance*, Vol. 8, pp. 1-25.

Warga, A. and I. Welch (1993) "Bondholder Losses in Leveraged Buyouts," *Review of Financial Studies*, Vol. 6, pp. 959-982.

Weir, C., D. Laing and M. Wright (2005) "Undervaluation, Private Information, Agency Costs and the Decision to Go Private," *Applied Financial Economics*, Vol. 15, pp. 947-961.

井上光太郎 (2008)「日本の TOB は強圧的か?」日本経済研究センター「M&A と資本市場」研究会報告書『M&A 時代のファンドと株主利益』99-114頁.

井上光太郎・中山龍太郎・増井陽子 (2010)「レックス・ホールディングス事件は何をもたらしたか——実証分析からの示唆」『商事法務』第1918号, 4-17頁.

河西卓弥・川本真哉・齋藤隆志 (2015)「非公開化型 MBO 選択の決定要因」ディスカッションペーパー (明治学院大学経済学部), No. 14-02.

河西卓弥・齋藤隆志・川本真哉 (2016)「日本企業の MBO における買収プレミアムの分析」Mimeo.

川本真哉・河西卓弥 (2015)「MBO による株式非公開化のパフォーマンス改善効果に関する実証分析」ディスカッションペーパー (早稲田大学高等研究所) WIASDP-2014-005, No. 2014-005.

川本真哉・河西卓弥・齋藤隆志 (2012)「MBO による子会社売却と株式市場の評価」『産業経営』第49号, 19-38頁.

齋藤隆志・川本真哉 (2010)「企業リストラクチャリングのツールとしての MBO ——事業譲渡との比較分析」『応用経済学研究』第4巻, 72-93頁.

胥鵬(2011)「日本における経営権市場の形成——バイアウトを中心として」宮島英昭編著『日本の企業統治——その再設計と競争力の回復に向けて』東洋経済新報社,151-177頁.

野瀬義明・伊藤彰敏(2009)「バイアウト・ファンドによる買収のインパクトに関する分析」『現代ファイナンス』第26号,49-66頁.

野瀬義明・伊藤彰敏(2011)「株式非公開化の決定要因」『証券経済学会年報』第46号,39-55頁.

野瀬義明・伊藤彰敏(2012)「公開維持型バイアウト実施企業の長期パフォーマンス」『証券経済学会年報』第47号,19-39頁.

光定洋介・白木信一郎(2006)「投資戦略別にみた投資ファンド」光定洋介編著『投資ファンドのすべて——投資信託,バイアウト,ヘッジファンドなどの全容』きんざい.

第6章

ADR（裁判外紛争解決手続）による私的債務整理
市場活用型の新たな企業再編

猿山純夫／胥　鵬

1　はじめに

　1990年代以降の，経営不振企業の債務整理と企業再建を図る枠組みの変遷をたどると2つの特徴が指摘できる．第1は，メインバンクの役割の後退である．当初，広く指摘されたのは，不振企業の金融支援や債務整理にメインバンクが深く関わる「メイン寄せ」であった．主力行が不振企業への融資比率を徐々に高めたり，債務整理時には融資比率に比べ大きな損失負担を負う傾向が見られた（Arikawa and Miyajima, 2007; 小佐野・堀, 2011）．2001年に導入された私的整理ガイドラインの下でも「メイン寄せ」は顕著に見られた．

　しかし，1980年代と比べてメイン主導型の企業再建は影が薄れていく．Hoshi et al. (2009) は，1981〜2007年の企業再建例を検証し，メインバンク依存度が高いほど再建に至りやすいという傾向は，最近になるほど小さくなっていると報告している．メインバンクに代わり役割を増してきたのが中立的な「第三者」である．2003年5月以降，産業再生機構が関与した私的整理事例においては，融資比率に沿って債権を放棄するプロラタ（比例）型の損失配分がよく見られた（鯉渕, 2012）．裁判所を第三者の1つと考えることもできる．2000年に民事再生法が施行されたことで，債務の法的整理のスキームが広がり，利用が急増した（Xu, 2004; 2007）．

企業再建のもう1つの大きな流れは，増資や第三者割当などの資本市場活用である．本書の第1章では，企業に対する出資や役員派遣などメインバンクのコミットメントの後退とともに，2000年代半ば以降，増資や第三者割当による経営不振企業の自己資本増強が増えたことが確認されている．

ADR（Alternative Dispute Resolution；裁判外紛争解決手続）は，私的整理でありながら，中立の第三者に調整を委ねる点と，増資や第三者割当，さらには後述する社債取引など市場取引の併用が見られる点で，これらの流れを引いている．2001年に全銀協や経団連等が策定した「私的整理に関するガイドライン」を踏襲する部分が多いが，弁済計画を第三者が作成する点で，主要債権者すなわちメインバンクが主導する私的整理とは大きく異なる．

ADRは，2007年に産業活力の再生及び産業活動の革新に関する特別措置法（以下，「産活法」という）の改正により創設された．2008年にリーマン・ショックが起きたため，不況下でADRを利用する事例が増えた．本章では，2008年11月から13年の間に，上場企業でADRを成立させた12社の事例を取り上げ，ADRによる私的整理の特徴と，ADRと法的整理との選択を解明することを目的とする[1]．

明らかになったのは以下の諸点である．手続きとしての迅速性に着目すると，ADRは申請から事業再生案が決議されるまでの期間が，民事再生の約半分に短縮される．企業価値への影響としては，ADR利用企業は人員削減や債権放棄などにより累損を解消し，収益の回復を果たしている．上場も保ち，株価が上昇または維持する場合が多い．

ADRを選択する企業の特性を，法的整理（民事再生，会社更生）を選択した企業に加え，潜在的に債務整理が必要だが踏み切らなかった企業（開示資料に継続企業の前提に重要な疑義を抱かせる事象または状況が存在する場合には，継続企業の前提に関する注記（以下，「継続注記」という）[2]を記載した企業）

---

1) ADRの申請を試みた上場企業は16社である．そのうち，日本航空は会社更生手続へ，大和システムは民事再生手続へ，ワールド・ロジは破産手続へと移行した．また，人材派遣大手だったラディアホールディングス（旧グッドウィル）は，ADRが一度は成立したものの，違法な派遣など法令遵守の不備から直後に清算に追い込まれた．本章では前記4社を除いた12社をADRの事例として扱う．上場企業のADR申請件数はリーマン・ショック直後の2009年に7件，2010年に5件を数えたが，以後は2011年に2件，2013年は2件と景気の安定に伴い減少している．

を含めて計量的に分析した．ADRを利用した企業は，債務整理前の負債比率が法的整理ケースより高く，債務整理の必要性はより高い．債務構成の面では金融債務が多く，主力行や上位3行の融資比率が高い．または前期にかけて上位行に融資が集中する傾向がある．

事実上の企業買収や社債の買入消却を併用しつつ，債務整理・企業再編を進めた例があるのもADRの特徴の1つである．債務整理と買収が並行して進んだコスモスイニシアの例と，社債のデフォルトが処理された日本エスコンの例を事例として取り上げる．社債発行企業の利用が多いという特徴は計量分析でも裏付けられている．

本章の構成は以下の通りである．第2節ではADR手続について説明する．第3節は前記2社の債務整理過程を詳しく紹介する．第4節ではADRを法的整理の事例と比較し，定量的な評価を試みる．どのような条件の企業でADRが成立しやすいかについても検討する．最後に，第5節では増資・第三者割当や社債取引など市場活用型の新たな選択肢を企業再編にもたらした点からADRを評価する．

2 ADR手続の流れと法的整理との比較

ADRとは，民事再生法・会社更生法・破産法等の法的な訴訟手続によらずに，公正な第三者の仲裁・調停・あっせんの下で，当事者同士の話し合いをベースに，民事上の紛争解決を図る手続きである．ADR法（裁判外紛争解決手続の利用の促進に関する法律）を根拠法とし，法務大臣の認証を受けた事業者（認証ADR機関）が第三者として仲裁・調停・あっせんを行う．事業再生に関する紛争を扱う事業者として法定の特別な要件を満たした場合には，特定認証紛争解決事業者として，経済産業大臣の認定を受けることができる．現在，同事業者は事業再生実務家協会（JATP，以下「協会」という）のみである．

以下では，特定認証ADR手続の流れを，協会が定める準則「特定認証

---

2) 例えば，債務超過や主要取引先の喪失，巨額の損害賠償負担の可能性やブランドイメージの著しい悪化など，将来にわたる事業継続を危うくする事象や状況を認識した場合，企業はその内容を「継続企業の前提に関する重要な疑義を抱かせる場合には」継続企業の前提に関する注記として財務諸表等に記載することが義務づけられている．

ADR手続に基づく事業再生手続規則」に沿って確認する．同規則は，2014年1月20日付けの「産業競争力強化法」（以下，「強化法」という）の施行等に基づき改訂したものである．同規則では，ADR手続の目的を，債権者と債務者の合意に基づき，主として金融債務の猶予・減免などを促進し，経営困難な状況にある企業を再建することと定めている．

申請の審査と仮受理：まず，協会は，ADR手続の利用を希望する債務者が提出する申請書等に基づいて，事業再生計画案の成立見通しおよび履行可能性の観点から，他の事業再生手続に比べてADRの利用が適しているか否かについて，審査を行う．判断にあたっては，対象となりうる主たる債権者との交渉経過，およびその時点でのその主たる債権者の意向を考慮する．ADR手続の債務者としての要件を満たし，かつADR手続に適する可能性があると判断された場合は，協会は申請を仮受理する旨を債務者に通知する．

「選任予定者」による聞き取り：仮受理後，協会は手続実施者選任予定者（以下，「選任予定者」という）の選定を行う．選任予定者は，債務者から経営状況や事業再生の意向をより詳細に聴取する．選任予定者は債務者に対し，手続きの概要および清算価値，事業継続価値，債務免除と残債務の弁済方法を含む事業再生計画案の策定方法などを説明し，主たる債権者の意向も考慮に入れたうえで，実行可能性について意見を述べるとともに，事業再生計画案の概要を策定するために助言を行う．

申込の正式受理：再生計画案に法令適合性，公正・妥当性および経済的合理性があると認められる場合，債務者は，申込書とともに，過去および現在の財務状況，経営状況，その他経営困難な状況に陥った原因を示すもの，事業再生計画案の概要および関連資料を協会に提出する．申し込むことができる債務者の要件として，債務を返済できる見込みが低く，かつADR再生価値が法的再生価値や清算価値を上回ることが要求される．以上の要件を満たす債務者から業務委託中間金の納付を確認したとき，協会は申込を正式に受理し，その旨を債務者に通知する．

債権者会議の招集と一時停止：手続きの申込を正式に受理した場合には，協会は金融機関，貸金業者（ノンバンク），金融機関や貸金業者の委託を受けて債権を回収する債権回収会社（株式会社整理回収機構を含む）およびその他相当と認められる債権者に対して，再生計画の概要を説明する債権者概要説明会

議の招集通知を兼ねて，書面にて債務者と連名で一時停止の通知を発する．

　ここで，企業間信用などの多数の少額取引債権者が手続きに含まれないことは私的整理に見られる重要な特徴である．一時停止の通知では，債権者に対し債務者に対する債権の回収，担保権の設定，または破産，民事再生，会社更生もしくは特別清算等の法的倒産手続の申立をしないように要請する．一時停止は本来，民事再生法，会社更生法および破産法の法的整理における強制力のある措置であるが，ADR における一時停止は，あくまでも債権者に対する要請である．多くの債権者が要請に応じずに回収等を行った場合，法的整理に移行する可能性が高くなる．一時停止の要請に応じるかどうかは ADR 手続の遅延に伴う事業価値の毀損により不利益を被るかどうかの判断による．

　債権者会議による手続実施者の選任：一時停止の通知日から，原則として2週間以内に，対象債権者に対して現在の資産・負債の状況と事業再生計画案の概要を説明するために債権者概要説明会議を開催する．債権者概要説明会議では，対象債権者の過半数をもって，手続実施者の選任，一時停止の拡張・期間延長および事業再生計画案を決議する債権者決議会議の開催日時および場所が決定される．ここで，「選任予定者」を手続実施者の候補者とする．事業再生計画案が債権放棄を伴い，対象債務の合計額が10億円以上のときは，手続実施者を3人以上，対象債務の合計額が10億円未満のときは，手続実施者を2人以上それぞれ選任することとし，当該手続実施者の中には民事再生法の監督委員または会社更生法の管財人の経験を有する者および公認会計士をそれぞれ1人以上含めなければならない．この点については，会社更生法や民事再生法による法的再生に強く影響されたと思われる．

　事業再生計画案の策定：手続実施者選任後，債務者は，資産評定の結果，貸借対照表，損益計画および弁済計画をもとに，事業再生計画案を策定する．

　債権放棄を伴う場合，事業再生計画案の内容や手続きに条件が付く．内容面では，株主の権利の全部または一部の消滅，役員の退任，2つ以上の金融機関または1つ以上の政府系金融機関等による債権放棄，債権額の回収見込みが破産手続による債権額の回収の見込みよりも多いこと，過剰設備や遊休資産の処分または不採算部門の整理・撤退などを示さなければならない．手続面では，協会は，「強化法」の施行規則第29条第2項の規定に基づき認証紛争解決事業者が手続実施者に確認を求める事項（平成25年経済産業省告示第8号）様式第

2に従って，手続実施者に前記の諸点について書面にて確認を求めなければならない．

協会は，債務者の事業再生計画案と手続実施者の調査報告書を，債権者協議会議の開催までに対象債権者に送付する．債務者は，協議会議の結果を踏まえて，事業再生計画案の内容を修正することができる．

再生計画案の成立と手続終了：事業再生計画案の成立は，債権者決議会議における対象債権者全員の同意が条件となる．決議会議において事業再生計画案が成立に至らなかった場合，議長は，対象債権者全員の同意を得て，続行期日を定めることができる．その間，手続実施者の助言の下で，債務者は事業再生計画案を修正して，これを対象債権者に再提案することができる．修正事業再生計画案を成立させるためには，改めて対象債権者全員の書面投票による同意を得なければならない．

協会は，事業再生計画案の決議結果を速やかに対象債権者に書面にて通知する．事業再生計画案の成立の決議をもって，事業再生計画は直ちに効力を生じる．事業再生計画案の成立が決議されたとき，もしくは債務者および対象債権者が本手続以外の方法で解決することに合意したときに，手続きは終了する．また，事業再生計画案の成立の決議に至らないときに，手続きは終了する．

プレDIPファイナンス：債務者は，手続きの正式申込を行ってから手続きが終了に至るまでの間に，強化法第53条または第54条に基づき，独立行政法人中小企業基盤整備機構または信用保証協会等の保証を利用して，事業の継続に欠くことができない資金のプレDIPファイナンス（私的整理中の新規のつなぎ融資）を受けることができる．

この場合，債務者は，対象債権者の全員の同意のうえで，プレDIPファイナンスに対する弁済を他の対象債権者の債権に対する弁済に優先して取り扱うことができる．協会は，債務者からの求めに応じて，概要説明会議，協議会議または決議会議において優先取扱の確認をしたときは，経産省令様式第12により債務者および対象債権者に通知しなければならない．

DIPファイナンスは企業再生の成功のカギとなる要素の1つであり，過剰債務を主因として経営困難な状況に陥った企業にとっては，法的整理に移行する際に新規債権の優先順位が既存債権と同等であるため，DIPファイナンスが行われにくい負債のoverhang問題が生じてしまう．事業再生特定ADR手

続において，この点が十分に配慮されているといえよう．

　専門の知識や経験を持つ第三者としての手続実施者が，企業と銀行など債権者との間に立って過剰債務の減免などを調整する点は，従来の銀行主導の債務免除による私的整理と異なる．ADR は2001年に全銀協や経団連等が策定した「私的整理に関するガイドライン」を踏襲する部分が多いが，弁済計画を第三者が作成する点で，主要債権者すなわちメインバンクが主導する私的整理とは大きく異なる．第 3 節では，ADR の事例を 2 つ取り上げて，ADR と銀行主導の私的整理との相違について明らかにする．

3　事例研究：銀行主導の私的整理とどこが違うか

　ADR は，銀行以外の事業者に優先株や普通株式の大量第三者割当を実施することによって事実上の企業買収という性格を持つ場合がある．そのため，筆頭株主から自社株を無償で譲り受けることがしばしば見られる．もう 1 つは，社債権者集会を並行して開催し，社債の支払猶予に加え，社債を額面を下回る価格で買い入れることにより事実上の元本減免を図るケースがある．前者の例としてコスモスイニシア，後者の例として日本エスコンの ADR 手続がどのように進んだのかを振り返る．

3.1　コスモスイニシア：事実上の買収

　コスモスイニシア（旧リクルートコスモス）は MBO（経営陣が参加する買収）で2005年にリクルートグループから独立した．ADR 手続申請の時点での筆頭株主は投資ファンドのユニゾン・キャピタルである．リーマン・ショック後のマンション市況低迷を受けて販売が落ち込み，2008年 4 ～12月期は327億円の連結最終赤字となり，過去の投資に伴う約2000億円の有利子負債が重荷となった．コスモスイニシアの事例は，政府の認定を受けた第三者機関が仲介する事業再生 ADR の初めての上場大型案件であり，手続申請から事業再生に至る経緯が詳細に報じられてきた．ADR による私的整理を理解するために，最も適する事例の 1 つである[3]．

　　3）　以下の記述は，『日本経済新聞』の報道やコスモスイニシアの IR 資料に基づく．

手続申請と一時停止：2009年4月17日，事業再生ADR手続利用についての申請を行い，同日受理され，関係金融機関に事業再生実務家協会（JATP）との連名で，借入金元本返済の一時停止通知書を送付した．負債総額は1878億円である．

第1回債権者会議：4月28日，町田公志社長ら経営陣の引責辞任や投資用不動産開発からの撤退，人件費をはじめとした経費削減などを柱にした再生計画案を金融機関向けに説明し，金融機関の借入金の支払い一時停止と総額150億円の資金調達も承認された．

DIPファイナンス：4月28日に開いた第1回債権者会議で金融機関から承認を受け，主要取引金融機関である三菱東京UFJ銀行，三井住友銀行，みずほコーポレート銀行，住友信託銀行から計110億円のつなぎ融資（DIPファイナンス）を受ける契約を結んだ．このことから，ADR事業再生において主要金融機関の協力が不可欠といえよう．

再生計画案決議の延期：6月25日，第2回の債権者会議を開催したが，予定していた具体的な再生計画案の提示ができなかったため中断した．7月24日に改めて第3回債権者会議を開いて再生計画を協議し，再生計画案の決議を当初予定の7月24日から8月下旬〜9月下旬に延期すると発表した．

訴訟：ハザマは2009年7月17日，コスモスイニシアからマンション工事の契約に違反したとして，40億円の損害賠償請求の訴訟を7月3日に東京地裁に提起されたと発表した．コスモスイニシアの事業再生ADRの利用手続の申請を受け，ハザマは同社から受注していた工事金額13億円相当の神奈川県横浜市のマンション工事を2009年5月に中断した．ADRは会社更生法などの法的整理に比べて風評被害が小さく，企業取引に支障が生じにくいといわれているが，マンション工事のような大口取引には支障が生じやすい点に留意が必要である．

営業黒字転換：在庫の評価損が発生せず，東京・晴海の大型物件を売り上げ計上したことも寄与したため，2009年4〜6月期の連結決算は営業損益が15億円前後の四半期ベースで5期ぶりの黒字（前年同期は20億円の赤字）となった．

事業再生計画案発表：2009年8月28日，主要取引金融機関による675億円に上る債権放棄と債務の株式化（デット・エクイティ・スワップ）などを柱とする事業再生計画案を発表した．このほか，大和ハウス工業との提携，町田公志社長が経営責任をとって9月30日付けで退任すること，連結子会社と合わせ従

業員の約5割にあたる360人の早期退職を実施すること，主要株主が全普通株を無償譲渡することなどを含む．

減資と支援企業の合意：2009年9月11日，発行済み株数の約4割を持つユニゾン・キャピタルから同社が保有する全株の無償譲渡を受けることで合意したほか，大和ハウス工業と同社が優先株を引き受けることで合意した．譲り受ける株式は消却する方針である．

事業再生計画案成立：2009年9月28日，事業再生ADR手続が成立したと発表した．金融支援として13金融機関から総額675億円の債務免除や債務の株式化と38金融機関から借入金の返済条件の緩和のほか，大和ハウス工業などからの資本増強で2010年3月期末に債務超過解消を図る．適時開示資料によると，38金融機関のうち，三菱東京UFJ銀行，みずほコーポレート銀行，三井住友銀行，三菱UFJ信託銀行，三菱UFJリース，住友信託銀行，中央三井信託銀行，あおぞら銀行，横浜銀行，みずほ信託銀行，りそな銀行，関西アーバン銀行と信金中央金庫計13の金融機関が債務の株式化に応じた．債務免除の詳細は，非公開となっている．2009年3月期の有価証券報告書からわかるように，シンジケート・ローンも含まれるため，金融機関の負担を計算することは極めて困難である．

人員削減：2009年10月26日，希望退職者が予定通りの360人（連結子会社と合わせ従業員の約5割）になったと発表した．人員削減費用は19億円超に上るが，年間35億円の人件費削減が見込める．

訴訟和解：2009年12月14日，ADR手続の開始を受けハザマが5月に工事を中断していたことに対し，コスモスイニシアがマンション工事契約に違反したとして40億円の損害賠償を求めていた訴訟で和解が成立した．

事業順調：2009年4～12月期の連結最終損益が，ADRの成立による銀行からの債務免除益約370億円により前年同期の327億円の赤字から300億円超の黒字に転換した．

市況回復：2010年4月20日，首都圏を中心にマンション需要が回復し，完成在庫が減少したため，用地取得を再開できると判断して，2010年2月以降，マンション用7カ所，戸建て住宅用1カ所の用地を取得したと発表した．

経費削減：本社を内幸町東急ビルから2011年7月1日付けで東京・田町に移転する．経営再建で人員を削減したことで賃借面積を現在の約3割に減らし，

年間10億円の賃料削減効果を見込む.

　資産売却：事業再生計画に基づいて，シンガポール系のホテル事業会社に東京都中央区の商業ビルなどを95億円で売却する契約を締結し，売却資金を有利子負債の返済に回すことで，2012年3月期末の有利子負債は前期比53％減の142億円となる見通しである.

　買収：大和ハウス工業がコスモスイニシアを買収，子会社化する．2013年夏にコスモスイニシアは取引金融機関が債務の株式化で取得した優先株を約100億円で買入消却し，ほぼ同額の普通株増資を実施し，全額を大和ハウスが引き受け発行済み株式数の6割強を取得する．コスモスイニシアの髙木嘉幸社長は続投し，ジャスダック市場への上場も維持する.

3.2　日本エスコン：社債の整理

　コスモスイニシアと同様，サブプライムローン問題に端を発した世界的金融市場の混乱を受け建設・不動産関連業界の経営破綻が相次ぐ中で，日本エスコンは2008年12月期の売上高が60.4％減，営業利益は90.7％減，経常損失と当期純損失はそれぞれ15億円と109億円となった．それにより同社は，2009年2月20日，シンジケート・ローン契約について売上条項，利益条項，純資産条項に抵触しており，金融機関からの請求により期限の利益を喪失（デフォルト）するおそれがあると，継続企業の前提に関する注記を発表した．2009年4月27日，日経平均連動型ユーロ円債の売却損11億円が発生した．一連の巨額損失の結果，償還を控えていた社債がデフォルトする事態になった.

　日本エスコンのADRの特徴は，金融債務の減免を伴わないADR手続と並行して社債権者集会で社債の償還期限の延期を図ったこと，および社債の額面を下回る価格で社債買入消却を図ったことである．以下は，社債権者集会と並行して進めた事業再生ADRによる私的整理の経緯である.

　手続申請と一時停止：2009年6月22日，事業再生ADR手続利用を申請，同日受理され，関係金融機関に事業再生実務家協会（JATP）との連名で，借入金元本返済の一時停止通知書を送付した．有利子負債残高は724億円で，そのうち1年以内に期限が到来する借入金残高は534億円，さらに2009年6月26日には無担保社債50億円，7月30日には転換社債型新株予約権付社債33億円の償還を控えていた．事業再生ADR手続では社債権者は対象とされていないが，

必要に応じ同手続外で個別に対応するとプレスリリースで表明した．

　社債のデフォルト：2009年6月26日に期限が到来する第2回無担保社債（社債間限定同順位特約付）を償還期限が経過するまでに償還することができないことになったため，第1回無担保社債（社債間限定同順位特約付，未償還額面総額30億円，償還期限 2010年5月26日），第11回無担保社債（三井住友銀行保証付および適格機関投資家限定，未償還額面総額28億5000万円，償還期限2018年3月14日），第12回無担保社債（三井住友銀行保証付および適格機関投資家限定，未償還額面総額5億7000万円，償還期限2018年6月29日）は，直ちに期限の利益を喪失することになった．

　これを受けて，2009年7月30日満期円貨建転換社債型新株予約権付社債（未償還額面総額33億2500万円）の支払代理人である Daiwa Securities SMBC Europe Limited，London，Geneva Branch から，2009年6月26日に，当該転換社債の全部を直ちに償還すべき旨を宣言する書面が，ファックスにて送付され，7月13日に，当該転換社債の全部につき期限の利益を喪失することになる．

　第1回債権者会議：2009年7月3日，事業再生 ADR 手続の対象となるすべての取引金融機関の出席の下，同手続に基づく事業再生計画案の概要説明のための債権者会議（第1回債権者会議）を開催した．事業再生 ADR の手続実施者が選任され，事業再生計画の概要および社債権者への対応状況に関する説明が行われた．

　また，(1) 借入金元本返済の一時停止の期間を2009年9月28日まで延長すること，(2) 2009年6月22日以降に行った25億1479万3500円の借入，および同日以降第3回債権者会議までに行う予定の15億円を上限とする借入（貸付人未定）に対する弁済を他の手続対象債権者の有していた債権に対する弁済よりも優先的に取り扱うこと，(3) 事業再生計画案の協議のための第2回債権者会議の開催・日時場所，ならびに事業再生計画案の決議のための第3回債権者会議の開催・日時場所――がそれぞれ承認された．

　社債返済猶予の延期（社債権者集会決議）：2009年7月22日に，第2回無担保社債（社債間同順位特約付）と第1回無担保社債（同）に関し，それぞれ社債権者集会が開催され，2009年9月28日までそれぞれの社債の全額の支払いを猶予することが承認され，7月31日にそれぞれ裁判所の認可決定があった．

　事業再生 ADR 手続のスケジュール変更（第2回債権者会議）：2009年8月

27日，第2回債権者会議（協議会議）が開催された．2009年9月28日に協議会議の続会を開催することが承認された．

無担保社債返済猶予の再延期（社債権者集会決議）：2009年9月25日に，第2回および第1回の無担保社債に関する社債権者集会が開催され，同会の決議をもって，2009年10月29日まで，それぞれの社債全額の支払いを猶予することが承認された．

第3回債権者会議：2009年9月28日に，事業再生計画案の内容の説明，事業再生計画案の必要性，法令適合性，公正・妥当性，経済合理性，かつ実行可能性がある旨の事業再生ADR手続の手続実施者の意見陳述が行われた．また，決議会議の続会を2009年10月29日に開催すること，および借入金元本返済の一時停止の期間を当該続会の開催日まで延長することが承認された．

役員報酬減額：2009年9月28日に，2009年10月から当面の間，役員の月額報酬の減額を，代表取締役は30％から60％，常務取締役は20％から35％，取締役は10％から20％にそれぞれ拡大することと，常勤監査役は月額報酬を20％減額，監査役は同15％減額することについて，取締役会決議と監査役からの自主申し入れがあった．

無担保社債権者集会決議の裁判所認可決定：2009年9月25日の社債権者集会で決議した社債の支払猶予につき，第2回無担保社債については10月1日付けで，第1回無担保社債については10月2日付けで，裁判所の認可決定があった．

DIPファイナンス：2009年10月9日に，7月3日付けのDIPファイナンスの優先返済に関する承認を経て，「産活法」第50条に基づく，独立行政法人中小企業基盤整備機構の債務保証付借入金10億円を運転資金目的で三井住友銀行から調達した．

第三者割当増資：2009年10月30日に，正龍グループ関係企業関係者や経営者に対する第三者割当募集に関する2009年9月25日付けの取締役会決議に基づき，1株5000円で9万4000株を割り当て，計4億7000万円の資金を調達した．

無担保社債権者集会：2009年10月28日，第2回無担保社債と第1回無担保社債について，2013年5月10日を第1回として，その後2016年11月10日（最終償還期日）までの毎年5月および11月の各10日に，各社債の金額1億円につき1250万円を償還し，最終償還期日に残額を償還すること，2010年5月10日以降いつでも，残存する社債の全部（一部は不可）を償還価額で繰り上げ償還する

ことができることなどを決議した．なお，前記の要項の変更は，事業再生 ADR 手続における決議会議において事業再生計画案を原案通り承認する旨の決議が成立することを条件として，その効力を生じるとした．

　転換社債権者集会：2009年10月28日（ジュネーブ時間），ジュネーブにおいて2009年7月30日満期円貨建転換社債型新株予約権付社債権者集会が開催され，(1) 2013年5月10日から2016年11月10日（最終償還期日）までの毎年5月10日および11月10日に，額面100円につき12.5円で8回に分割して償還し，最終償還期日に未償還額の全額を償還すること，(2) 2009年11月11日から最終償還期日までの間，30日以上60日以内の事前の通知をすることによって，未償還の社債の全部（一部は不可）を，当該時点における残元本額で償還することができること，(3) Daiwa Securities SMBC Europe Limited, London, Geneva Branch が2009年6月26日に宣言した債務不履行の免除——などを決議した．なお，前記の要項の変更は，事業再生計画案が原案通り承認されることを条件として，その効力を生じるとした．

　事業再生計画案成立：2009年10月29日に，債権者会議で以下の事業再生計画案の成立が決議された．①「一時停止時」における対象債権の元本については，原則として，約3年後まで弁済期限を猶予し，残高を維持する．②担保目的物については，適切な時期に適正な価格で売却するものとし，①の定めにかかわらず，その売買代金のうち一定割合を運転資金のために留保した残余の金額を弁済原資として，その被担保債権を繰り上げ弁済する．③約3年後以降の6カ月ごとに，各時点における当社の預金残高のうち一定の金額を超える部分を弁済原資として，②の定めに基づいて運転資金のために留保した額の残高に応じた優先弁済を行い，優先弁済を完了した後，無担保債権額の残高に応じた無担保弁済を行う．④残高維持期間における対象債権元本に対する利息の金利は，一定の短期変動金利とし，毎月末日限り翌月分を支払う．⑤既存公募社債については，社債権者集会等の決議を経て，原則として，約3年半後まで弁済期限を延長してその後分割して弁済する．ただし，社債を額面未満の買入価格で買い入れるというオプションの提案に対して社債権者から売却する旨の申し出があったものについては，手元資金，増資資金および金融機関からの借入等により買入資金を調達して買い入れるものとする．

　特別利益の計上および2009年12月期通期業績予想の修正：2009年10月29日，

未償還残高合計約89億円分について，社債の買い入れを希望する旨の意向表明があった．このうち，2009年11月20日に70億4000万円分を買い入れるとし，残余の約18億5000万円については，買入資金の調達を考慮して，2010年1月20日に買い入れることとした．買入消却によって，2009年12月期に59億8400万円の消却益が発生する見込みとなった．

　社債権者集会決議の裁判所の認可決定：2009年10月28日付けの各無担保社債権者集会の決議について，11月4日付けで裁判所の認可決定があった．

　社債買入消却：2009年11月20日，未償還残高合計113億2500万円のうち70億4000万円について，買い入れを実行し，買い入れた社債のすべてを，2009年11月27日に消却する予定とした．社債買入消却益は60億6400万円となる見込み．

　第三者割当増資：2009年11月30日，2009年10月30日付け正龍グループ関係企業関係者や経営者に対する第三者割当の募集に基づき，1株5800円で5万8000株を割り当て，計3億3640万円の資金を調達した．

　代表取締役交代：2011年2月25日，同1月28日付け大株主正龍グループ関係者の株主提案を受けて，取締役会において，代表取締役の交代を決議した．第16回定時株主総会における株主提案は，当該株主より取り下げられた．

　「継続企業の前提に関する注記」の記載解消：2011年2月10日，「継続企業の前提に関する注記」の記載を2010年12月期の決算短信より解消することを公表した．事業再生計画の実行や着実なコスト低減から，2010年12月期第1四半期より黒字化を実現し，同会計年度においても黒字化を達成したこと，今後も継続的な利益計上も見込まれること，これに必要な一定の資金確保もできたことを理由とした．

　特定事業再生 ADR 手続に参加する債権者は原則として人数の少ない大口金融債権者であるが，債務者は，事業の再生に欠くことのできない償還すべき社債の金額の減額を内容として含む事業再生計画案を策定することができる．社債減額を含む再生計画案については，当該償還すべき社債の金額の減額に関する社債権者集会の決議に係る会社法第734条に基づく裁判所の認可による効力の発生を事業再生計画の効力の発生の条件としたうえで，事業再生計画案の成立を決議しなければならない．しかし，銀行等の少人数の大口債権者と比べて，多数の社債権者から社債の金額の減額に関する社債権者集会決議を得ることは難しいと考えられる．金融債務の減免が ADR 事業再生計画に含まれなかった

にもかかわらず，流動性ショックの最中，社債権者会議で社債を額面未満の価格で買い入れるという，事実上の社債の金額の減額というオプションを提案し，多くの社債権者が提案に応じた結果，多額の社債を消却した点は興味深い．

4 ADRと法的整理

本節では，事業再生ADRによる再建を試みた上場企業の事例に即して，定量的な評価を試みる．可能な限り，会社更生法や民事再生法による再建例と比較し，ADRの決定要因を浮き彫りにする．

まず(1) ADR実施前後の企業パフォーマンスを確認する．債務免除や人員削減，経営者の退任，資産売却などのリストラ策はどうだったか，その結果として収益力が戻ったかどうかを点検する．次に(2) ADR申請から成立までの所要日数，「継続注記」解消までの期間など再建に要する時間を確認する．さらに(3) ADR申請に対する株価の反応と，(4) ADRが成立しやすい条件を回帰分析によって明らかにする．

用いたデータベースはeol適時開示，日経テレコン21，日経NEEDS-FinancialQUEST，東洋経済役員四季報データベースとNPM日本株式日次リターンなどである．対象企業はADRを申請した16社のうち，実際に成立・存続した12社である．業種はマンション分譲販売などの不動産が5社で最も多い(表6-1)．

4.1 債務免除とリストラ策，企業パフォーマンスの変化

ADRに併せてどのような債務整理，リストラを実施し，企業パフォーマンスがどのように変化したかは，表6-1や図6-1から確認できる．平均債務免除額は80億円と比較的少額である．日本アジア投資とアイフルは返済期限の延長だけで済んでいる．債務免除を進めた結果，コスモスイニシア，さいか屋，日本インター，明豊エンタープライズ，御園座では，負債資産比率が1を下回り債務超過が解消した．12社平均でも同様の傾向が確認できる．経営責任については，債務免除を受けた8社のうち7社で経営者が退任した．ADRは民事再生法と同様，経営者が会社にとどまり再建を担うことが可能だが，経営責任をとり退任しているケースが多いことがわかる．

240　第Ⅱ部　企業統治と事業再組織化

表 6-1　事業再生 ADR を申請した上場企業

	会社名	業種（日経中分類）	ADR成立（年/月/日）	成立までの日数（日）	継続注記解消など（年/月/日）	再建日数（日）	債務免除など（億円）	希望退職	資産売却	経営責任
1	コスモスイニシア	不動産	09/09/28	154	09/11/09	42	370	○	○	○
2	日本アジア投資	その他金融	09/06/24	42	09/06/29	5	0	・	・	・
3	日本エスコン	不動産	09/10/29	129	11/02/10	469	・	○	・	・
4	さいか屋	小売	10/02/01	181	11/05/27	480	26	○	・	・
5	アイフル	その他金融	09/12/24	91	14/06/13	1,632	0	○	・	・
6	アルデプロ	不動産	10/06/29	119	10/09/14	77	272	○	○	○
7	日本インター	電気機械	10/06/22	57	10/11/09	140	54	○	・	・
8	丸紅	小売	10/10/22	114	11/03/23	152	・	・	・	・
9	新日本建物	不動産	10/11/25	83	11/02/24	91	28	○	○	○
10	マルマエ	機械	11/07/19	127	11/10/13	86	2	・	・	・
11	明豊エンタープライズ	不動産	12/01/31	127	12/03/16	45	19	・	・	・
12	御園座	サービス	13/04/26	71	14/06/26	426	33	・	○	○
13	ラディアホールディングス	サービス	09/10/23	122	上場廃止へ		215	・	○	○
14	更生会社株式会社日本航空	空運			更生手続きへ			○	・	○
15	大和システム	不動産			民事再生へ			・	・	○
16	ワールド・ロジ	倉庫			破産へ			・	・	○
	平均（12社）			108		304	80			

(注)　1. 開示情報、『日本経済新聞』報道や東洋経済役員データに基づく。1～12はADRの申請順。
　　　2. 成立までの日数は、申請からの日数。
　　　3. 再建日数は、成立から「継続注記」が解消するまで。
　　　4. 「○」は該当の行動があったことを、「・」は開示資料からは確認できなかったことを示す。

第6章 ADR（裁判外紛争解決手続）による私的債務整理　241

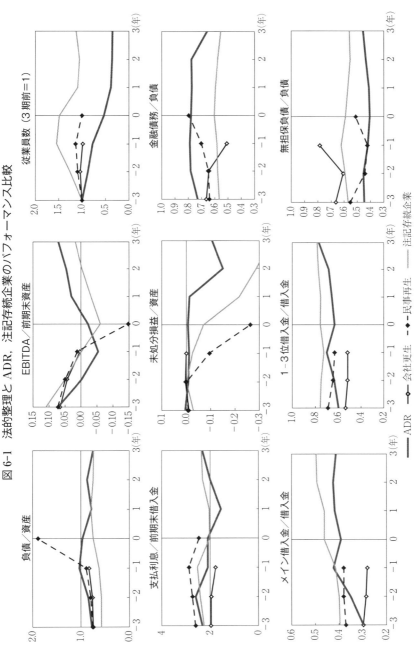

図6-1　法的整理とADR、注記存続企業のパフォーマンス比較

(注) 2008年から2013年までの上場企業の法的整理・ADR注記存続ケース。法的整理・ADRの債務整理企業は申請時、注記存続企業は継続注記開始が0期。

従業員数は，ADR 実施前から削減している企業が多い．確認できる範囲で申請の前または後に12社中 7 社が希望退職を実施している．後述するように，民事再生法と比べ債務整理に先立ち雇用調整を進めている場合が多いことが見てとれる．12社のうち 8 社が，資産売却を実施している．これらの結果，資産収益率（EBITDA／前期末資産）は，ADR 実施の 1 期または 2 期後にかけて改善またはプラスに復帰している．

4.2 債務整理に要する期間

申請から事業再生計画案が成立するまでの期間は，平均で108日を要している（表 6-1）．民事再生法の適用申請から再生計画が認可されるまでの平均期間は Xu（2004）によると208日であり，それと比べ約半分で済んでいる．ADR の成立から「継続注記」を解消するまでの平均時間は304日である．ADR 手続による私的整理は処理期間が短いといえよう．

4.3 ADR 申請に対する株価の反応

ADR 申請を株式市場がどのように評価したのかを，申請日前後の超過収益率を計測することで検討する．超過収益率 AR_{it} は実際の収益率 R_{it} からマーケット・モデルによって予測される収益率を引いたものとして推定される．

$$AR_{it} = R_{it} - \hat{\alpha} - \hat{\beta} RM_t$$

RM_t は市場の日次収益率，$\hat{\alpha}$（アルファ）はマーケット・モデルの切片，$\hat{\beta}$（ベータ）は傾きである．マーケット・モデルの推定期間は，270日前から21日前までの250日である．

図 6-2 は申請の40日前を起点に超過収益率を累積した $CAR[-40, t]$ を示している．12社のうち，コスモスイニシア，丸和，新日本建物，御園座などでは，ADR 申請後に株価が上昇した．日本エスコンは ADR 申請40日前の株価水準を ADR 申請後も維持した．ADR 企業の平均値を，同じ2008年から2013年にかけて会社更生，民事再生を申請した企業群と比べると，(1) 株価が崩れていないこと，(2) 法的整理銘柄の多くは20日後までに上場廃止となり，価格が大幅に下がった後，取引が停止していることが確認できる．

第6章 ADR（裁判外紛争解決手続）による私的債務整理 243

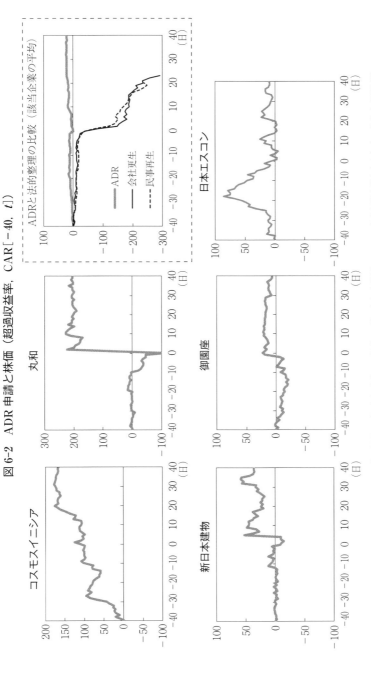

図6-2 ADR申請と株価（超過収益率、CAR[−40, t]）

(注) 累積超過リターン。40日前を0として累積。横軸は『日本経済新聞』報道日（『日本経済新聞』がADR公式申請を報じた日）を0とした経過日数。

4.4 債務整理，ADR と法的整理の選択

① サンプル

　最後に，どのような場合に ADR を選択するかについて分析を行う．ここでは，経営が不安定化している企業として，ADR，会社更生，民事再生のいずれかにより債務整理に踏み切った企業（以下，債務整理企業という）に加え，決算報告書に「継続注記」を記載した企業を推計の標本として採用する．再建を目指している企業という意味で，破産した企業は除外し，「継続注記」を掲載しつつ，少なくともこの期間は存続した会社（以下，注記存続企業という）を抽出した．債務整理の「当期」になると，決算を完了しないまま上場廃止になる企業があるため，債務整理または「継続注記」記載開始の前の決算期で社数を数えると，この条件に合う上場企業は256社になる．このうち，会社更生を申請した企業は11社，民事再生は35社である．

　まず，イベントの前後におけるこれら企業群のパフォーマンスをグラフで確認する（図6-1）．債務整理前の状況を法的整理（会社更生や民事再生）企業と比べると，ADR 企業には以下の特徴がある．(1) 前期の債務比率（負債／資産）や資産収益率（EBITDA／前期末資産）は，法的整理企業よりも劣っている．(2) 従業員数は前期にかけて減少傾向，(3) 支払金利は会社更生と民事再生の中間，(4) 未処分損失（繰越損失）は民事再生よりも小さい——などの点である．

　債務構成には以下の特徴がある．(1) 金融債務の割合が高い，(2) 融資順位上位行（主力行や1〜3位行）の融資比率が高い，(3) 私募債発行企業の割合が高い．ADR は債務整理の対象を銀行等の金融機関の債権に限定しており，社債権者会議で社債を額面未満の買入価格で買い入れる，すなわち，事実上の社債の金額の減額という提案に多くの社債権者が柔軟に応じた日本エスコンの事例も見られる．利用企業に前記の特徴があるのは，この点と整合的である．以上の傾向は，後述の回帰分析に用いた変数の基本統計量（後掲の表6-2）からも確認できる．

　他のカテゴリーに着目すると，以下の特徴が指摘できる．(1) 会社更生企業は，規模（資産の対数）が大きく，無担保負債（非金融債務を含む）が多く，上位行の融資比率が低い，(2) 民事再生企業は，支払金利が高く，未処分損失

が大きい，(3) 注記存続企業は，負債比率が低く，規模が小さく，従業員が前期にかけて増加，非金融債務が前期にかけて拡大している．

　以上を改めて整理すると，そもそも債務整理に踏み切るかどうかという点では，注記存続企業とそれ以外の差が重要であり，(1) 債務比率が大きく，(2) 規模が大きい場合に，債務整理を選択する場合が多いことが予想される．規模が大きくなると，関連する債権者が増え，金融機関の力だけで経営の悪化した企業を支えにくくなることが，規模要因が効く要因と考えられる．

　債務整理手法として ADR か法的整理かを左右するのは，金融債務の比率や融資に占める上位行比率などであることが予想される．ADR は金融債務を調整対象としており，金融債権以外の債権者も対象にすると利害調整が難しくなると考えられる．事例研究のコスモスイニシアとハザマとの訴訟からわかるように，取引先に債権調整を求めると取引を断られて企業価値の低下を招きかねない．

② **推計モデル**

　以下では，サンプル選択付きプロビットモデル（heckprobit）を用いて債務整理や ADR の選択要因を分析する．これは，債務整理の必要性が高い企業がまず債務整理を考え，その次に ADR と法的整理のうちから再建手法を選ぶというモデルである．

　ADR を選択する場合を 1，それ以外の債務整理を選択する場合に 0 をとる 2 項プロビットモデルを考える．

　　　$y_i = 1 \ \ if \ \ ADR = 1$
　　　　$= 0 \ \ otherwise$

添え字 i は企業を表している．y_i の背後には，潜在変数 y_i^* があり，y_i^* が 0 を上回ると ADR 選択という行動が観察されると考える．y_i^* は債務者企業，あるいは債務整理を主導する主体（多くは金融機関）の効用を表す．

　　　$y_i = 1 \ \ if \ \ y_i^* > 0$　　　(outcome equation)

y_i^* は債務整理を規定する変数群 x_i' を説明変数とする関数

　　　$y_i^* = x_i' \beta + \varepsilon_i$
　　　$\varepsilon_i \sim N[0, 1]$

として表せる．β は係数ベクトル（定数項を含む），ε は誤差項である．

ADR 選択の前に債務整理が必要か否かという，もう1つの判断を考えることができる．債務整理企業には，以下のサンプル・セレクションが働いているとみなせる．

$\quad d_i=1 \ if \ debt \ restruturing=1$
$\quad \quad =0 \ otherwise$

d_i の背後には，潜在変数 d_i^* があり，d_i^* が0を上回ると債務整理という行動が観察される．d_i^* は債務者企業，あるいは債務整理を主導する主体（多くは金融機関）の効用（あるいは債務整理の必要度）を表す．

$\quad d_i=1 \ if \ d_i^*>0 \quad$ (selection equation)

d_i^* は債務整理を規定する変数群 z_i' を説明変数とする関数に従う．

$\quad d_i^*=z_i'\gamma+\mu_i$
$\quad \mu_i \sim N[0, 1]$
$\quad corr[\varepsilon_i, \mu_i]=\rho$

ρ は outcome equation と selection equation の誤差項の相関係数を表す．利用するデータは，イベントの1期前のデータである．一部の説明変数には3期前から1期前にかけての変化を織り込んでいる．

③ 推計結果

以上のモデルに沿って，サンプル選択付きプロビットモデルを推計した結果が表6-3である．基本統計量は表6-2に示した．

表6-3の第1段階（下段）では，負債比率が高く，規模の大きい企業ほど債務整理に踏み切っていることが確認できる．金融債務比率が高い場合も債務整理につながりやすい．従業員数を減らしている企業も，債務整理に至りやすい．収益率（EBITDA／資産）は式の特定化により，有意でないケースがある．負債比率というストック変数にもフローの収益率が蓄積しており，負債比率の方が債務整理を決めるうえでより有力であるためだろう．ここには示していないが，主力行融資比率，1～3位行融資比率や社債比率といった負債構成の変数を入れた場合，いずれも有意にならなかった．

第2段階（上段）を見ると，こちらは主に負債構成や上位行融資比率が有意になっている．負債比率や収益率は有意でなくなる[4]．主力行融資比率，上位3行融資比率や社債比率が高い場合，あるいは主力行や上位行の融資比率が前

表 6-2　変数の基本統計量

	会社更生法 (n=11)				民事再生法 (n=35)			
	平均	最大	最小	標準偏差	平均	最大	最小	標準偏差
負債／資産	0.83	1.02	0.59	0.13	0.89	1.70	0.37	0.24
EBITDA／資産	0.00	0.16	−0.25	0.11	0.01	0.27	−0.29	0.11
金融債務／負債	0.51	0.91	0.19	0.27	0.70	0.93	0.15	0.19
資産（対数）	7.20	9.77	4.54	1.65	5.85	8.92	3.42	1.22
従業員数（3期前=1）	0.98	1.58	0.17	0.38	1.14	3.04	0.13	0.55
主力行融資／借入金	0.28	0.68	0.01	0.24	0.38	1.00	0.08	0.27
Δ（主力行融資／借入金）	0.03	0.61	−0.17	0.26	0.03	0.52	−0.23	0.17
1～3位行融資／借入金	0.52	0.86	0.02	0.27	0.63	1.00	0.17	0.27
Δ（1～3位行融資／借入金）	0.04	0.58	−0.24	0.31	−0.04	0.20	−0.43	0.16
社債／負債（公募）	0.04	0.13	0.00	0.05	0.01	0.30	0.00	0.06
社債／負債（私募）	0.04	0.12	0.00	0.04	0.02	0.19	0.00	0.04

	ADR (n=12)				継続注記で存続 (n=198)			
	平均	最大	最小	標準偏差	平均	最大	最小	標準偏差
負債／資産	1.03	1.60	0.66	0.25	0.62	1.02	0.02	0.23
EBITDA／資産	−0.05	0.05	−0.27	0.10	0.00	0.42	−0.83	0.12
金融債務／負債	0.79	0.96	0.54	0.15	0.59	0.97	0.02	0.23
資産（対数）	5.85	9.71	3.42	1.76	5.01	11.79	1.42	1.55
従業員数（3期前=1）	0.77	1.07	0.10	0.28	1.55	22.20	0.13	1.82
主力行融資／借入金	0.42	0.55	0.16	0.13	0.41	1.00	0.07	0.23
Δ（主力行融資／借入金）	0.13	0.31	0.01	0.10	0.02	0.70	−0.32	0.17
1～3位行融資／借入金	0.70	0.94	0.37	0.19	0.73	1.00	0.16	0.22
Δ（1～3位行融資／借入金）	0.10	0.37	−0.11	0.14	−0.03	0.54	−0.57	0.17
社債／負債（公募）	0.03	0.21	0.00	0.07	0.01	0.56	0.00	0.05
社債／負債（私募）	0.07	0.20	0.00	0.08	0.04	0.59	0.00	0.09

（注）　1. Δは3期前から1期前にかけての変化幅.
　　　 2. 原則として債務整理実施あるいは継続注記開始の前の期.

期にかけて上昇している場合に，ADR が成立しやすい．主たる債権者へ債権が集中するという私的整理の共通点が見られる．これは，ADR 手続の仮受理にあたって，主たる債権者との交渉経過，および申請時点での主たる債権者の意向が斟酌される点と整合する．金融債務比率もほとんどの特定化で有意である．

　社債比率については，私募社債比率が高いほど ADR を選択する傾向が見られる．銀行融資比率と同様，私募社債権者は少人数の大口債権者であると解される．公募社債比率の係数は符号が正であるが10％レベルで有意ではない．私

---

4)　無担保債務の有無も整理手法を左右する可能性が大きいが，同債務の額を開示している企業が少なく，回帰分析では説明変数に採用できなかった．

表 6-3　ADR 選択の回帰分析（サンプル選択モデル）

	サンプル選択付きプロビット（heckprobit）					
	(1)	(2)	(3)	(4)	(5)	(6)
ADR を選択（第2段階）						
負債／資産	0.00	0.85	0.84	1.73	1.46	0.52
	(0.9)	(1.3)	(1.2)	(1.4)	(1.4)	(1.0)
EBITDA／資産	0.40	0.73	1.60	0.08	−0.57	0.41
	(1.1)	(2.1)	(2.1)	(1.3)	(2.1)	(1.6)
金融債務／負債	2.17**	2.95*	2.82**	2.30**	2.36	2.34**
	(1.1)	(1.7)	(1.2)	(1.0)	(1.6)	(1.1)
主力行融資／借入金	2.09***		1.91***			
	(0.8)		(0.7)			
Δ（主力行融資／借入金）		4.05***	2.48**			
		(1.5)	(1.1)			
1〜3位行融資／借入金				3.33*		2.10**
				(1.8)		(0.9)
Δ（1〜3位行融資／借入金）				1.31*	2.67**	1.33**
				(0.8)	(1.1)	(0.6)
社債／負債（公募）		2.99		6.54	3.28	
		(3.0)		(4.3)	(3.1)	
社債／負債（私募）		6.29*		4.76	6.47**	
		(3.3)		(4.0)	(3.3)	
定数項	Yes	Yes	Yes	Yes	Yes	Yes
債務整理を選択（第1段階）						
負債／資産	5.43***	5.39***	5.31***	5.31***	5.40***	4.94***
	(1.0)	(1.1)	(0.8)	(0.9)	(1.1)	(0.9)
EBITDA／資産	−1.73**	−1.83	−2.02	−1.80*	−1.84	−1.63
	(0.9)	(1.7)	(1.6)	(1.1)	(1.7)	(1.5)
金融債務／負債	1.39***	1.63**	1.51**	1.59**	1.63***	1.58**
	(0.4)	(0.6)	(0.3)	(0.6)	(0.6)	(0.6)
資産（対数）	0.32***	0.28***	0.31***	0.30***	0.28***	0.32***
	(0.1)	(0.1)	(0.1)	(0.1)	(0.1)	(0.1)
従業員数（3期前=1）	−0.69**	−0.67**	−0.64**	−0.67***	−0.66**	−0.69***
	(0.3)	(0.3)	(0.3)	(0.2)	(0.3)	(0.2)
定数項	Yes	Yes	Yes	Yes	Yes	Yes
モデル全体						
Observations	204	200	200	200	200	200
Observations, cencored	158	158	158	158	158	158
Observations, Uncencored	46	42	42	42	42	42
log likelihood	−82.27	−77.78	−77.33	−74.75	−78.02	−77.27
セレクション評価						
ρ（2式の誤差項相関係数）	−1.00	−0.80	−1.00	−1.00	−0.81	−1.00
χ2（2式の独立性検定, df=1）	46.81	6.45	19.12	142.86	6.55	193.6
p-value（同上）	0.00	0.01	0.00	0.00	0.01	0.00

（注）1．第1段階を債務整理，第2段階を ADR とするサンプル選択付きプロビット（heckprobit）．
　　　2．ここでの ADR は，ADR を申請し成立した12社．法的整理に移行した社は最終形態で分類．
　　　3．説明変数は，債務整理もしくは「継続注記」が始まる直前の決算期．
　　　4．Δ は3期前から1期前にかけての変化幅．
　　　5．***は1％水準で有意，**は5％水準で有意，*は10％水準で有意．
　　　6．係数の下段括弧内は標準誤差．

的整理では公募社債を取り込むことが難しいと考えられていた．しかし，私的整理手続に直接取り込まなくても，額面を下回るが市場価格を上回る買入価格で買い入れるという提案に社債権者が柔軟に応じた日本エスコンの事例は，金融市場条件次第で公募社債は必ずしも私的整理の妨げにならないことを示唆するものである[5]．

従業員要因については，サンプル選択モデルの第1段階では有意だったものの，第2段階では十分に確認できなかった[6]．従業員を減らすほど，債務整理に至りやすい傾向は，他の債務整理にも共通しており，その傾向が第1段階で吸い上げられたためと見られる．債務整理とADR選択の2式の誤差項の相関係数であるρは-0.8〜-1と有意で，債務整理企業には他の企業（注記存続企業）には見られない特性があることが確認できる．

サンプル選択を想定しないプロビットモデルで，ADR選択を推計したのが表6-4である．ここでは，法的整理またはADRに踏み切ったサンプルを用い，ADRを選んだかどうかを推計している．結果は表6-3と概ね同じであるが，表6-3では2段階に分けて推計していたものを表6-4では1回で推計しているため，金融債務要因や主力行・上位行融資比率の係数が表6-3の第2段階よりも大きくなる傾向が見られた．

以上から，ADRが成立しやすい条件をまとめると，以下のようになる．まず，イベント前の負債比率は法的整理ケースより高く，債務整理の必要性はより高い．債務構成については，金融債務が多く，主力行や上位3行の融資比率が高い．または前期にかけて上位行に融資が集中する傾向がある．また，社債償還の延期や買入消却の利点を生かし，社債発行企業の利用も多い．イベントに先立ち従業員を削減している場合も多い．債務は膨らんでいるが，上位銀行に債務が集中しており，従業員の削減を進めていることと合わせれば，主たる債権者の関与の下で経営節度が保たれていることも想像できる．

---

[5] Gilson *et al.*（1990）では，銀行借入割合が高く，債務契約数が少ない企業ほど私的整理を選ぶ傾向にある．
[6] 第2段階に同要因を加えると最尤法の計算が収束せず，不安定になる場合が増えたためである．

表 6-4　ADR 選択・債務整理の回帰分析（プロビットモデル）

	(1)	(2)	(3)	(4)	(5)	(6)	(7)	(8)
ADR 選択								
負債／資産	1.20 (1.0)	1.97 (1.5)	2.23 (1.6)	0.90 (1.0)	2.57 (1.7)	2.75* (1.5)	2.35 (1.9)	3.18* (1.9)
EBITDA／資産	-2.34 (2.0)	0.3 (2.9)	2.87 (3.5)	-2.92 (2.0)	0.17 (3.4)	-1.2 (2.6)	1.22 (3.4)	-0.38 (3.3)
金融債務／負債	3.76*** (1.4)	4.48*** (1.7)	5.94*** (2.0)	3.42*** (1.3)	4.17** (1.7)	4.01*** (1.4)	4.45** (2.0)	3.87** (1.9)
主力行融資／借入金	2.26* (1.3)		1.95 (1.6)					
Δ (主力行融資／借入金)		5.61*** (1.7)	4.15** (2.0)					
1～3位行融資／借入金				1.60 (1.1)		1.09 (1.5)		
Δ (1～3位行融資／借入金)					2.98** (1.2)	3.39** (1.4)		2.73** (1.1)
社債／負債 (公募)							5.54 (3.8)	6.06* (3.7)
社債／負債 (私募)							7.91** (3.8)	8.18*** (3.8)
従業員数 (3期前=1)			-1.39* (0.8)		-1.06* (0.6)		-0.90 (0.6)	-0.94 (0.6)
定数項	Yes	Yes	Yes	Yes	Yes	Yes	Yes	Yes
Observations	46	42	42	46	42	42	42	42
log likelihood	-18.45	-15.34	-13.97	-18.82	-15.07	-15.36	-12.65	-12.93
pseudo R-squared	0.23	0.33	0.39	0.22	0.35	0.33	0.45	0.44

（注）1．ADR 選択と債務整理．それぞれを被説明変数としたプロビット分析．
2．ここでの ADR は，ADR を申請しもしくは成立した12社．法的整理に移行した社は最終形態で分類．
3．説明変数は，債務整理もしくは「継続注記」が始まる直前の決算期．
4．Δ は3期前から1期前にかけての変化幅．
5．***は1％水準で有意．**は5％水準で有意．*は10％水準で有意．
6．係数の下段括弧内は標準誤差．

5　結　　　び

　企業再生の専門の知識や経験を持つ第三者が，企業と銀行など債権者との間に立って過剰債務の減免などを調整する事業再生 ADR は2008年11月，経済産業省が「事業再生実務家協会」（JATP）を第三者機関と認定し，制度がスタートした．ADR を申請した上場企業は16社，うち12社が成立・存続にこぎ着けた．本章によれば，事業再生 ADR は法的整理に比べて，スピーディな手続きが可能であり，上場企業については引き続き上場を確保しながら，株価も概して水準を維持できることが確認できた．マクロショックを受けて急激に経営が悪化した企業が ADR 事業再生で債務超過から脱し，債務削減や収益回復に成功した事例が見られる．

　事例研究と回帰分析から，ADR の候補になりやすいのは，債務は膨らんでいてもよいが，金融債務が中心の企業であることが確認できた．上位銀行の融資シェアが高く，あるいは融資の集中度が高まるなど，大口債権者の存在が重要だという点は，今までの私的整理に共通する．これは，ADR 手続の仮受理にあたって，主たる債権者との交渉経過および主たる債権者の意向が斟酌されることとも整合する．従業員の削減を進めているなど，経営規律が保たれているケースも多かった．

　ADR はこれらの特徴に加え，第三者割当による再建資金の確保，事実上の買収による企業再編，資金調達の多様化を反映して社債償還の延期に関する社債権者集会決議，買入消却による事実上の社債の元本減免などを併用する例が見られた点も大きな特徴である．従来のメインバンク主導の私的整理と異なる市場活用型の新たな選択肢を企業再編にもたらしたと記して本章を結ぶ．

　　この論文作成にあたって，経済産業研究所（RIETI）からリサーチ・サポートを，早稲田大学宮島英昭教授（編者），早稲田大学蟻川靖浩准教授，早稲田大学小倉義明教授，RIETI コーポレート・ガバナンス研究会参加者および日本ファイナンス学会参会者から貴重なコメントを頂いた．本章は科学研究費補助金（課題番号25285085）と法政大学研究助成の成果の一部である．記して感謝する．なお，文責は全部筆者に帰する．

【参考文献】

Arikawa, Y. and H. Miyajima (2007) "Relationship Banking in Post-bubble Japan: Coexistence of Soft- and Hard-budget Constraints," in M. Aoki, G. Jackson and H. Miyajima eds., *Corporate Governance in Japan*, Oxford University Press, New York, pp. 51-78.

Gilson, S. C., K. John and L. H. P. Lang (1990) "Troubled Debt Restructurings: An Empirical Study of Private Reorganization of Firms in Default," *Journal of Financial Economics*, Vol. 27, pp. 315-353.

Hoshi, T., S. Koibuchi and U. Schaede (2009) "Changes in Corporate Restructuring Processes in Japan, 1981-2007," Center on Japanese Economy and Business Working Paper, No. 272.

Xu, P. (2004) "Increasing Bankruptcies and the Legal Reform in Japan," *Journal of Restructuring Finance*, Vol. 1, pp. 417-434.

Xu, P. (2007) "Corporate Governance in Financial Distress: The New Role of Bankruptcy," in M. Aoki, G. Jackson and H. Miyajima eds., *Corporate Governance in Japan*, Oxford University Press, New York, pp. 179-204.

小佐野広・堀敬一 (2011)「『メイン寄せ』による規律付けと実証分析」宮島英昭編著『日本の企業統治——その再設計と競争力の回復に向けて』東洋経済新報社,73-103頁.

鯉渕賢 (2012)「銀行主導の企業再建の再検討——銀行-企業間関係・債権者調整スキーム・損失負担配分」『社会科学研究』第64巻第3号.

事業再生実務家協会 (2014)「特定認証 ADR 手続に基づく事業再生手続規則」5月20日.

第7章 日本企業の雇用削減行動は変化してきたのか

久保克行

1 はじめに

　いわゆる日本的雇用慣行は崩壊しているのだろうか．この問題は我々の生活と密着しているだけに，多くの注目をあびてきた．日本的雇用慣行と呼ばれるものの1つが長期雇用である．長期雇用が崩壊しているのか，というテーマが興味深いのは，メディアの認識と実証研究によって得られる知見に大きな違いがあることである．

　メディアでは，長期雇用が崩壊しつつあるという論調をしばしば目にする．このような主張は，正社員がリストラで職を失っているケースや，非正規雇用が増加していることなどを根拠にしているようである．一方で，次節で詳しく見るように大企業の正社員，特に中堅社員に関して長期雇用が変化しているという兆候は見られない (Shimizutani and Yokoyama, 2009; Ono, 2010; Kambayashi and Kato, 2012; Hamaaki et al., 2012). これらの研究の多くは，「賃金構造基本統計調査」のような大規模な調査の個票データを用いて，離職率や平均勤続年数があまり変化していないことに注目している．

　本章では，このような対立に別の側面から注目する．すなわち，本章の目的は企業の雇用削減行動の決定要因を分析することである．本章では1988年から2011年までの東証第1部上場企業552社のデータを用いて，企業が大規模な雇

用削減を行うのはどのような状況のときかを分析している．特に第1期（1988-1999年）と第2期（2000-2011年）に違いがあるかに注目した．

　データをこの時期で分割したのには，2つの理由がある．1つは，1990年代後半から2000年代にかけて，いくつかの制度的な変化が起きたためである．その変化の例としては，いわゆる純粋持株会社の解禁，株式交換や株式移転制度の創設，会社分割制度の創設，連結納税制度の導入などが挙げられる．これにより資本市場を通じて，企業の組織再編成を行うことが容易になった．このため，企業が組織の再編成を通じて従業員の削減を行う可能性が高まったと考えることができる．

　データをこの時期で分割したもう1つの理由は，この時期に企業統治に大きな変化があったためである．例えば所有構造の変化，企業銀行関係の変化，取締役会の変化および，いわゆる投資ファンドによる投資の増加がある．所有構造および企業銀行関係の変化として重要なのは，外国人持株比率が増加していること，いわゆる株式持ち合いが減少していることである（宮島・新田, 2011）．さらに，取締役会の規模が縮小し，社外取締役が増加している（齋藤, 2011）．また，この時期にはいわゆる投資ファンドによる大規模な投資が頻繁に観察されるようになっている（Kubo, 2014; 井上・加藤, 2007; 野瀬・伊藤, 2009; 2012）．投資ファンドは短期的な株主利益に注目する傾向が特に強いと考えられている．これらの企業統治の変化は，企業の雇用削減行動に影響を与えると考えられる．

　本章ではまず，単変量分析で，第1期と第2期に雇用削減行動に差があるかを検証した．次に企業が従業員数を20％以上削減した場合，10％以上削減した場合，5％以上削減した場合にそれぞれ1をとるダミー変数を被説明変数とするプロビット分析を行った．さらに，結果を別の側面から確認するために雇用の変化率を被説明変数とする分析も行った．

　その結果，第1期と第2期で雇用削減行動に大きな違いがあることが示された．このことは，様々な手法を通じて極めて明確に示されており，統計的にも有意である．また，第1期と第2期の差は，雇用の削減幅が大きくなるほど広がっている．例えば，業績が悪化したときに雇用を5％以上削減する確率は，第1期には25％程度であったのに対して第2期には35％程度まで上昇している．一方，雇用を20％以上削減する確率については，第1期の1％から第2期には

3％程度と2倍以上増加している．このことは，日本企業の雇用削減行動が変化している，という考え方と整合的である．

本章の構成は以下の通りである．次節で長期雇用に関する過去の研究を紹介する．第3節でデータを紹介し，第4節，第5節で実証分析の結果について記述する．第6節で結果をまとめたうえで，解釈について考える．

2 これまでの研究によると長期雇用には大きな変化がない

長期雇用が変化しているかどうかについて，多くの研究が行われてきた (Shimizutani and Yokoyama, 2009; Ono, 2010; Kambayashi and Kato, 2012; Hamaaki et al., 2012)．これらの研究の多くは国の統計の個票データなどを用いた詳細かつ大規模なものであり，結果の信頼性は高い．そして，大企業の正社員について長期雇用の傾向に変化はないという結果を示している．

Shimizutani and Yokoyama (2009) は，1990年から2003年までの「賃金構造基本統計調査」の個票を用いて雇用を分析している．その結果，この期間に平均勤続年数が延びていること，特に大企業でこの傾向が顕著であることが示されている．彼らの研究によると，1990年には正社員の平均勤続年数が男性12.63年，女性7.33年であったのに対して2003年には男性14.05年，女性9.42年となっている．この結果は，長期雇用が崩壊しているという考え方を支持しない．

Ono (2010) は，様々な指標を用いて長期雇用について分析している．その分析の1つがいわゆる「終身雇用労働者」の割合である．どの従業員が終身雇用制度に守られているのか，ということを識別するのは必ずしも容易ではないが，Ono (2010) は「賃金構造基本統計調査」を用いて，学校を卒業してすぐに現在の職場に就職し，それ以来，同じ職場で働き続けている労働者の比率を計算している．

彼の研究によると，1980年から2000年にかけて終身雇用労働者の割合は大きく増加している．例えば，50歳から54歳の労働者に注目した場合，終身雇用労働者の割合は1980年時点で男性9.8％，女性1.3％であった．この割合は増加し続けており，2000年時点では男性22.8％，女性4.3％となっている．すなわち，2000年時点では，50歳から54歳の男性労働者の20％以上が学校を卒業して1つ

の職場しか経験していない．なお，この数値は2000年時点で従業員1000人以上の大企業で働く大卒の50歳から54歳の男性労働者では55.2％もの値になっている．すなわち，このカテゴリーの労働者では2人に1人が1つの職場しか経験していないことがわかる．この比率は，1980年の34.1％から2000年にかけて増加している．

これらに加えてOno (2010) は，1991年から2003年にかけての離職率の推移も示している．従業員1000人以上の大企業に勤務する男性の離職率は，1991年の8％から2003年の10.3％にやや増加しているものの安定している．同論文は，1995年の「社会階層と社会移動全国調査」(SSM調査) をも用いて同様の分析を行っているが，1つの職場でのみ働いた経験のある，すなわち転職経験のない労働者は50歳から54歳の男性労働者では26.3％であった．

長期雇用を分析する際にしばしば用いられるのが，就業定着率（job-retention rate）である．これは，ある労働者が，一定期間同じ職場にとどまる割合を示している．例えば，5年就業定着率は，5年間同じ職場にとどまる労働者の割合を示す．Hamaaki et al. (2012) は，「賃金構造基本統計調査」の個票を用いて，1990年から2003年の男性正社員の就業定着率を計算している．彼らもまた，学校を卒業してから1つの職場に働き続けている労働者に注目している．1990年の時点で，従業員1000人以上の大企業に勤務する大卒の40歳から44歳の男性従業員のうち，このような終身雇用労働者は58.3％であった．その5年後の1995年時点で同じカテゴリーの45歳から49歳の従業員の終身雇用労働者は55.9％であった．ここで注目すべきことは，1990年時点の40歳から44歳の労働者と1995年時点の45歳から49歳の労働者は同じグループであるということである．1990年時点で58.3％いた終身雇用労働者が5年後には55.9％になっている．このことから，ここでは就業定着率は95.9％（＝55.9/58.3）となる．すなわち，終身雇用労働者のうち，95.9％が5年後も同じ職場にとどまっていることがわかる．同様に，2003年から2008年の就業定着率は98.4％であった．このことから，終身雇用労働者の定着率は減少しているわけではないことがわかる．なお，2008年時点の40歳から44歳の終身雇用労働者の割合は52.5％であった．2008年時点でも40歳から44歳の大企業の大卒男性労働者のうち，52.5％は大学卒業後すぐに就職した企業で働いていることがわかる．

Kambayashi and Kato (2012) は，1982年から2007年の「就業構造基本調

査」の個票データを用いて10年間の就業定着率の変化を検証している．特に30歳から44歳で，現在働いている企業で5年以上経験を積んでいる従業員の就業定着率に注目している．彼らはこのような従業員をコア従業員と呼んでおり，就業定着率は，この25年間70％程度で安定していることを示している．例えば，コア従業員のうち40歳から45歳の男性労働者の10年間の就業定着率は，1982年から1992年で80.4％であったのに対して1997年から2007年では73.6％となっており，やや減少気味ではあるが安定している．女性の場合は，男性よりも定着率が低く1982年から1992年で64.7％となっているが，1997年から2007年では68.3％となっており，減少しているわけではない．これらをまとめると，いわゆるコア従業員に限っていうと長期雇用制度が崩壊しているわけではないことがわかる．

Kambayashi and Kato（2012）は，コア従業員以外の中途で採用された社員や若年者の就業定着率も示している．コア従業員とは異なり，中途で採用された社員や若年層に関しては就業定着率が下落している．例えば40歳から44歳の中途採用の男性の10年就業定着率は1982年から1992年には56.5％であったのに対して1997年から2007年には39.6％になっている．同じカテゴリーの女性も，40歳から44歳の中途採用の10年就業定着率は同じ時期に44.0％から36.0％に下落している．これらを見ると，長期雇用が保持されているのはコア従業員のみであることがわかる．

前記論文は，いわゆるコア従業員を中心に長期雇用の慣行はあまり変化していないことを示している．しかし，このことは日本の労働市場に変化がないことを意味するわけではない．特に非正規労働者の増大は大きな変化である．「労働力調査」によると，男性労働者に占める非正規労働者の割合は1985年の7.4％から2015年の22％まで増大している．女性の場合は，1985年の32.1％から2015年の57％まで増加している．この非正規労働者増加の背景には，産業構造の変化や労働者派遣法の導入などの制度的変化が指摘されている（Asano *et al.*, 2013; Coe *et al.*, 2010）．

いずれにせよ，以上の研究は，大企業のコア従業員に関しては長期雇用が維持されていることを示している．このことが企業レベルのデータを用いた分析でも確認できるか，以下で検証する．

3 どの産業・企業で雇用が減少・増加しているのか

　この研究では，1988年から2011年までの東証第1部上場企業552社のデータを用いて分析を行う．このサンプルを選ぶ際には，次の手続きによっている．まず，東証第1部上場企業から金融機関を除いている．これは，金融機関の会計が他と異なっており，規制産業であるためである．さらに，従業員数が300人以下の比較的小さな企業を除いている．これは，雇用の5％削減，10％削減，20％削減が企業の意図によるものであることを重視するためである．東証第1部の上場企業でも従業員数が50人以下という企業が存在する．このような企業では，従業員数が3，4人変動しただけで5％以上の雇用の変動ということになってしまう．このような比較的小規模な企業においては，企業の雇用削減行動と通常の従業員数の変動を区別することが難しいため，サンプルには含めていない．従業員数300人以下の企業を排除しているため，いわゆる純粋持株会社は含まれていないことになる．また，従業員数が50％以上減少しているケースも除いている．これらのケースの多くは純粋持株会社への移行であるが，従業員数が極端に減少するケースが多い．雇用削減行動ではないため，ここでは除いている．これらの企業を取り除いたうえで，1988年から2011年まですべての年においてデータを入手できる企業のみをサンプルとした．本章はこのデータセットをもとに分析を行っている．データは日本政策投資銀行の企業財務データバンクを用いている．

3.1　財務データを用いて雇用削減行動を分析することの利点および限界

　企業のミクロデータを用いて雇用削減行動を分析する際に常に問題となるのは，雇用削減行動のデータをどのように入手するかということである．一般に，財務面に比べると雇用に関して，企業の情報公開は限られている[1]．過去に用いられてきたのは，企業が公表する従業員数，新聞記事などの資料およびアンケート調査である．例えば野田・平野（2010），Noda（2013）は労務行政研究

---

[1] 今後，多くの企業が非財務情報を統合報告書として開示することが予想される．このことは，このような状況を変化させる可能性がある．

所が発行する『労政時報』の「事例ダイジェスト」に掲載された記事から雇用削減行動を分析している．この事例ダイジェストは，新聞記事をもとに人事に関する情報をまとめたものである．大竹・谷坂（2002），清水・山崎（2007）は，雇用の削減が株価に与える影響をイベントスタディで分析しているが，そこでは日本経済新聞社のデータベースから作成したデータセットを用いている．このような新聞記事に基づくデータの利点は，雇用削減の背景および手法についての情報が得られることである．例えば，新聞記事では採用抑制などの，いわゆる自然減で従業員数を減少させるのか，希望退職を通じて削減するのか，といった情報を知ることができる．一方，すべての企業のすべての雇用削減を網羅しているわけではないため，網羅性の問題が発生しうる．企業は，雇用の削減を行う際に，必ずしも一般に公表するわけではないし，企業がその情報を公開しても新聞記事になるとは限らない．また，Abe and Shimizutani（2007）は，2001年に行われた内閣府の「企業行動に関するアンケート調査」を用いて企業の人事政策と企業統治の関係を分析している．

　この研究では，企業の公表する従業員数の変化に注目する．企業は毎年，従業員数を公表する．この従業員数が大幅に減少した場合に，雇用の削減が行われていると考える．多くの先行研究がこのデータを用いて行われてきている（小池, 1983; 村松, 1986; Suruga, 1998; Nakata and Takehiro, 2003; Ahmadjian and Robbins, 2005）．従業員数に注目する理由の1つは，多くの企業の長期間にわたるデータを入手することが可能である，ということである．

　なお，企業が公表する従業員数が大幅に減少するタイミングと新聞記事が一致するとは必ずしも限らない．このことを確認するために，日立製作所に関して新聞記事の結果と財務データの従業員数の変化を照らし合わせてみた．まず，日本経済新聞社のデータベースを人員削減，リストラなどの用語で検索し，内容を確認したうえで，本社の人員削減に当たるものを探した．また，併せて日経企業活動情報も確認した．該当する記事は多いものの，子会社や関連会社にあたるものが多く，本社の従業員数削減が確認できるものはそれほど多くはない．その結果，1992年から2009年で7件の記事が該当した．うち大規模と思われるものは，3つあった．それらの記事の概要は以下の通りである．

　1998年9月3日　大幅な赤字を受け，従業員の5％にあたる3000人から

4000人を削減．うち，年1000人から1500人の自然減に加え，早期退職優遇制度や子会社への転籍．

2002年4月9日　約9000人の従業員が3月までに早期退職制度に応募した．

2009年1月31日　自動車部門で4000人，デジタル家電部門で3000人を配転，削減する．正社員は原則として配置転換を基本とするが，希望退職も募集．

　一方，同じ時期の従業員数の変化を財務データで確認したところ，1999年から2004年までのすべての年および2010年に従業員数が5％以上減少している．特に2000，2002，2003，2004，2010年には従業員数が10％以上減少している．このことから，新聞記事は財務データにおける従業員数の変化をすべて反映しているわけではないことがわかる．

3.2　連結データか単体データか

　従業員数の削減に注目する場合，考えるべき点がある．それは，連結データを用いるか単体データを用いるかということである．ここで連結データとは資本を同じくする企業グループ全体の情報を示すものであり，単体データとは当該企業の情報を示すものである．従業員数の場合，連結データは企業グループ全体の従業員数を示している一方，単体データは当該企業の従業員の数ということになる．従業員数に注目する場合，単体データと連結データのどちらにも，それぞれメリット・デメリットが存在する．単体データを用いる1つ目の理由は，長期の分析を行う際には単体データの方がデータセットを整備することが容易であるということである．これは，2000年以前は，主に連結ではなく単体ベースの財務諸表が用いられていたためである[2]．

　単体データを用いるもう1つの理由は，雇用関係は原則として単体で管理されることが多いということである．企業グループにおける労使関係は単体企業における労使関係とどのような関係にあるのかということは，過去，研究者の関心をひいてきた（酒向・佐藤, 1999; 本久, 2010）．

　2）　1997年に企業会計審議会が「連結財務諸表制度の見直しに関する意見書」を公表し，2000年3月期から連結財務諸表が主に使用されるようになった．

企業が雇用削減を考える際に，単体ベースで考えるのか，連結ベースで考えるのか．その際に注目すべき点は労働組合のあり方である．多くの場合，労働組合は企業ごとに存在する．一方，企業グループにはグループ労連と呼ばれるものが存在することが多い．グループ労連とは，グループ労協などとも呼ばれるが，様々なグループ企業にそれぞれ存在する労働組合全体の連合体である．酒向・佐藤（1999）は自動車産業と電機産業の11のグループ労連を分析している．そこでは，グループ労連が雇用調整についてもある程度の役割を果たしていることが示されている．「企業のリストラなどに対して組合員の雇用の安定を確保するために，労連は欠かせない機能を果たしている」という考え方について，調査対象組合の56％が支持をしている．

一方，本久（2010）によると，労働条件はグループ単位ではなく，企業単位で決定される傾向が強い．鉄鋼などの産業において，企業がその一部を分社化するケースを見ると，分社化に伴い，労働組合も分離独立することが多い．その際に，労働協約の適用範囲は分社化された企業を単位としている．労使関係がグループ単位ではなく単体で行われているとすると，雇用削減についてもグループ単位ではなく単体企業を単位として見ることに意味があると思われる[3]．

一方，単体ベースの従業員数を用いることの限界もある．従業員数が減少している場合，希望退職等で従業員数が減少しているのか，会社の一部を子会社化しているのかなどは識別することができない．単体で従業員数が減少しているとしても，当該従業員の雇用は失われていない可能性がある．本章では，単体ベースのデータを用いるが，このことは，後の結果の解釈において留意する必要がある．

3.3　雇用が増えている産業・企業と減っている産業・企業

それでは，データを確認しよう．表7-1はサンプル企業がどのような産業から得られているかを示したものである．産業分類は東京証券取引所で用いられている産業分類に依拠している．1988年から2011年までの，それぞれの産業の総従業員数の変化が示されている．この表からまずわかることは，サンプル全体で雇用が大きく減少していることである．1988年時点では，これらの552社

---

[3]　もちろん，1つの労働組合が複数の企業を統括することもある．例えば，NTT労働組合ではNTTグループ企業所属の従業員が1つの組合に所属している．

全体でおよそ226万人が雇用されていたのに対し，2011年時点では174万人に減少している．すなわちこの24年間で全体の23％，およそ50万人の雇用が失われていることがわかる．

　また，ほとんどの産業で雇用が失われていることもわかる．このサンプルは，29の産業に分類されている．このうち，24の産業で雇用が減少している．一方で，雇用が増加しているのは情報・通信，不動産業など5の産業にすぎない．雇用の減少数が最も大きいのは電気機器で，この期間に15万人もの雇用が失われている．次に雇用の減少数が大きいのは鉄鋼産業で，24年間に60％を超える9万6000人の雇用が失われている．このほかにも，数万人単位で雇用が失われている産業は陸運業，機械など数多くある．これらの多くは製造業である．なお，製造業で雇用が増加している産業はない．前述のように非製造業のいくつかの産業では雇用が増加している．しかし，これらの雇用の伸びも数千人単位であり，製造業における雇用の減少よりもかなり小さい．

　表7-2はサンプル企業の中で，従業員数の削減が最も大きい10社および従業員数の増加が最も大きい10社を示したものである．ここでも，雇用の増加よりも減少幅の方が大きいことが確認できる．新日本製鐵では1988年に6万人を超える従業員がいたが，2011年には1万6000人程度まで減少している．日立製作所，東芝，富士通なども2011年には1988年の半分程度かそれ以下の従業員数しかないことが示されている．従業員数を大きく減少させた企業はすべて製造業である．一方，従業員数を増加させた企業は製造業だけではなく，他の産業も多い．レオパレス21，富士ソフト，コメリなどは，1988年時点では従業員数が1000人以下であったが，2011年には数千人と大きく成長している．最も従業員数が増加している大和ハウス工業も，増加数は約6400人であり，従業員減少企業の減少幅よりもかなり小さい．

　ここで注意すべきことは，1988年から2011年において，多くの企業が合併・買収を行っていることである．合併や買収は当然，従業員数の増加をもたらすと予想することができるが，表7-2を見ると必ずしもそうではないことがわかる．合併・買収を行っているにもかかわらず多くの企業で従業員数が減少していることからも，この時期の雇用減少の大きさを理解することができる．

　従業員数が減少していることは別の側面からも確認することができる．表7-3は1988年と2011年のサンプル全体の総従業員数，資産および売上高を比較

表 7-1　産業別に見た1988年から2011年までの従業員数の変化

(単位：人，%)

産業分類	業種コード	社数	従業員数(1988年)	従業員数(2011年)	従業員数の変化	成長率
水産・農林業	0050	1	3,772	1,230	−2,542	−0.674
鉱業	1050	1	1,090	643	−447	−0.410
建設業	2050	58	178,853	161,300	−17,553	−0.098
食料品	3050	19	43,960	29,555	−14,405	−0.328
繊維製品	3100	15	43,192	22,993	−20,199	−0.468
パルプ・紙	3150	6	16,777	13,938	−2,839	−0.169
化学	3200	56	114,317	87,594	−26,723	−0.234
医薬品	3250	17	43,445	40,102	−3,343	−0.077
石油・石炭製品	3300	1	3,062	2,135	−927	−0.303
ゴム製品	3350	6	13,084	9,346	−3,738	−0.286
ガラス・土石製品	3400	12	28,898	22,750	−6,148	−0.213
鉄鋼	3450	20	152,790	56,780	−96,010	−0.628
非鉄金属	3500	13	52,632	28,535	−24,097	−0.458
金属製品	3550	10	19,829	19,752	−77	−0.004
機械	3600	54	169,764	136,795	−32,969	−0.194
電気機器	3650	80	533,286	381,593	−151,693	−0.284
輸送用機器	3700	36	266,974	228,474	−38,500	−0.144
精密機器	3750	9	20,224	16,006	−4,218	−0.209
その他製品	3800	16	56,435	46,378	−10,057	−0.178
電気・ガス業	4050	14	169,853	137,928	−31,925	−0.188
陸運業	5050	19	151,175	105,471	−45,704	−0.302
海運業	5100	3	6,288	2,564	−3,724	−0.592
空運業	5150	1	11,950	12,848	898	0.075
倉庫・運輸関連業	5200	6	6,230	4,597	−1,633	−0.262
情報・通信業	5250	9	12,497	20,609	8,112	0.649
卸売業	6050	33	61,875	50,963	−10,912	−0.176
小売業	6100	28	64,850	70,052	5,202	0.080
不動産業	8050	4	4,156	12,011	7,855	1.890
サービス業	9050	5	8,427	13,115	4,688	0.556
		552	2,259,685	1,736,057	−523,628	−0.232

(出所)　日本政策投資銀行「企業財務データバンク」．

したものである．表7-1でも確認したように，1988年にはおよそ226万人いた従業員数が2011年にはおよそ174万人と大きく減少している．ここで重要なのは，資産や売上高は減少していないことである．特に，総資産はおよそ156兆円から242兆円と大きく増加している．このことから，従業員数が減少しているのは，企業の操業規模自体が小さくなっているためではないことがわかる．

表 7-2 従業員数を大きく減少させた企業・大きく増加させた企業

パネル A：従業員数を大きく減少させた企業 (単位：人)

	証券コード	従業員数 (1988年)	従業員数 (2011年)	従業員数 の変化
新日本製鐵	5401	61,423	16,150	−45,273
日立製作所	6501	76,210	32,926	−43,284
東芝	6502	70,288	34,686	−35,602
富士通	6702	50,617	24,969	−25,648
日産自動車	7201	51,237	28,403	−22,834
三菱電機	6503	48,562	28,450	−20,112
住友金属工業	5405	23,108	7,104	−16,004
日本電気	6701	38,004	23,935	−14,069
神戸製鋼所	5406	22,741	9,933	−12,808
三菱自動車工業	7211	25,300	12,666	−12,634

パネル B：従業員数を大きく増加させた企業 (単位：人)

	証券コード	従業員数 (1988年)	従業員数 (2011年)	従業員数 の変化
大和ハウス工業	1925	6,815	13,218	6,403
豊田自動織機	6201	6,697	12,856	6,159
レオパレス21	8848	648	6,240	5,592
富士ソフト	9749	818	6,051	5,233
トヨタ車体	7221	6,787	11,694	4,907
積水ハウス	1928	8,762	13,486	4,724
シャープ	6753	17,471	21,844	4,373
村田製作所	6981	2,734	6,964	4,230
光洋精工	6473	6,478	9,906	3,428
コメリ	8218	328	3,743	3,415

(注) 光洋精工は2006年より㈱ジェイテクトに社名変更.
(出所) 日本政策投資銀行「企業財務データバンク」.

表7-3 1988年と2011年の総従業員数，資産，売上高

(単位：人，十億円)

年	従業員数	資産	売上高
1988	2,259,685	156,903	185,395
2011	1,736,057	241,530	186,079

(出所) 日本政策投資銀行「企業財務データバンク」.

4 雇用の削減：第1期（1988-1999年）と第2期（2000-2011年）の比較

　本章の一番の注目は，企業の雇用削減行動に変化が見られるかどうかである．そこで，ここではサンプルを第1期（1988-1999年）と第2期（2000-2011年）に分け，そこで企業の行動に違いがあるかを調べることにする．分析に使用する変数は表7-4にまとめてある．また，表7-5は，第1期，第2期および全体の基礎統計量を報告している．さらに，第1期と第2期の平均値が異なるかどうかの検定結果も示されている．なお，中心となる変数がダミー変数であるため中央値の検定は行っていない．まず，従業員数について見てみよう．第2期に従業員数が減少していることは，この表7-5のパネルAでも確認することができる．第1期には，平均4245人，中央値で1851人だった従業員数が，第2期には平均3264人，中央値で1543人まで減少している．平均値の差は統計的に有意である．次に雇用の変化率を示す従業員数変化率について見てみよう．これは，表7-4にもあるように，前年と比較して従業員数がどの程度変化したかを示している．この従業員数変化率は第1期には平均0.006（0.6％），中央値0.001（0.1％）とプラスであるのに対して，第2期には平均値−0.014（−1.4％），中央値−0.013（−1.3％）とマイナスになっている．

　この分析において重要な変数は，企業が雇用を削減すると1をとるダミー変数である．ここでは，従業員数を20％以上削減した場合，10％以上削減した場合，5％以上削減した場合にそれぞれ1をとるダミー変数を作成した．それぞれ雇用20％削減ダミー，雇用10％削減ダミー，雇用5％削減ダミーとしている．これらの変数について，表7-5を確認しよう．

　この表で得られる最も重要な結果の1つは，第2期には日本企業が大規模な雇用削減を行う傾向が顕著に大きくなっているということである．例えば，従業員数を5％以上削減する企業の比率は第1期には9.4％であったのに対して第2期には19.4％とほぼ2倍に増加している．この差は統計的に1％水準で有意である．また，従業員数の削減率が大きくなるほどに第1期と第2期の差が大きくなることもわかる．すなわち，5％程度の小規模な雇用削減は第1期にも比較的珍しいものではなかったが，20％以上削減のような大規模な削減は非

表7-4 使用する変数

変数名	説明
雇用5％削減ダミー	従業員数を5％以上削減したときに1をとるダミー変数
雇用10％削減ダミー	従業員数を10％以上削減したときに1をとるダミー変数
雇用20％削減ダミー	従業員数を20％以上削減したときに1をとるダミー変数
売上高減少ダミー	売上高が10％以上減少したときに1をとるダミー変数
ROA	総資産利益率（税および利子支払前の利益）
2期連続赤字ダミー	2年連続してROAがマイナスであるときに1をとるダミー変数
総資産	総資産（対数）
第1期ダミー	1988-1999年であれば1をとるダミー変数
従業員数	従業員数
従業員数変化率	従業員数の変化率
同業他社雇用削減	同業他社のうち過去に雇用を10％削減している企業の割合
売上高変化率	売上高の変化率

常にまれであった．20％以上削減する比率は第1期にはわずか0.5％であったのに対して，第2期には2.3％と4倍以上に増加している．従業員数の10％以上削減も第1期の2.6％から第2期の8％と大きく増加している．

ここで注意すべきことは，第1期であっても，日本企業は大規模な従業員数の削減を行っているということである．第1期末の1999年時点で，10％以上の削減を一度でも行ったことのある企業は112社で，一度も行っていない企業は440社であった[4]．すなわち第1期であっても全体のほぼ4分の1の企業で一度は10％以上の雇用削減を行っていることがわかる．なお，サンプル最終年の2011年の時点でサンプル期間に一度も10％以上の削減を行っていない企業は213社，一度でも行ったことのある企業は339社である．すなわち半分以上の企業で10％以上の雇用削減が行われていることがわかる．また20％以上の削減についても見てみよう．2011年時点で，全期間を通じて一度も20％以上の雇用削減を行っていない企業は552社中403社である．言い換えると，全体の4分の1

---

4) この段落の数値については表にはまとめていない．

第7章 日本企業の雇用削減行動は変化してきたのか

表7-5 基礎統計量

パネルA：雇用に関する変数

		雇用5%以上削減ダミー	雇用10%以上削減ダミー	雇用20%以上削減ダミー	従業員数（人）	従業員数変化率	同業他社雇用削減
第1期 1988-1999年	観測数	6,072	6,072	6,072	6,624	6,072	6,072
	平均	0.094	0.026	0.005	4,244.58	0.006	0.083
	標準偏差	0.291	0.158	0.074	7,822.538	0.069	0.123
	中央値	0	0	0	1,850.5	0.001	0.036
第2期 2000-2011年	観測数	6,624	6,624	6,624	6,624	6,624	6,624
	平均	0.194	0.08	0.023	3,263.56	-0.014	0.539
	標準偏差	0.396	0.272	0.15	5,571.458	0.091	0.172
	中央値	0	0	0	1,543	-0.013	0.576
全期間	観測数	12,696	12,696	12,696	13,248	12,696	12,696
	平均	0.146	0.054	0.015	3,754.07	-0.005	0.321
	標準偏差	0.353	0.226	0.12	6,808.359	0.082	0.273
	中央値	0	0	0	1,693	-0.006	0.286
t値 H0：前半=後半		16.2	13.7	8.3	-8.3	-13.5	170.7
p値		0	0	0	0	0	0

パネルB：財務変数

		総資産	2期連続赤字ダミー	売上高減少ダミー	ROA	売上高変化率
第1期 1988-1999年	観測数	6,624	6,072	6,623	6,624	6,072
	平均	18.737	0.011	0.076	0.053	0.032
	標準偏差	1.271	0.104	0.265	0.034	0.105
	中央値	18.542	0	0	0.049	0.028
第2期 2000-2011年	観測数	6,624	6,624	6,624	6,624	6,624
	平均	18.876	0.024	0.147	0.041	0.01
	標準偏差	1.267	0.152	0.354	0.038	0.176
	中央値	18.702	0	0	0.036	0.009
全期間	観測数	13,248	12,696	13,247	13,248	12,696
	平均	18.806	0.017	0.111	0.047	0.02
	標準偏差	1.271	0.131	0.314	0.036	0.147
	中央値	18.634	0	0	0.043	0.018
t値 H0：前半=後半		6.3	5.5	13	-19.5	-8.4
p値		0	0	0	0	0

（出所）日本政策投資銀行「企業財務データバンク」．

以上の149社で一度は20％以上の雇用削減を行っていることがわかる．これらのことは，日本企業が雇用の削減を行わないという通念が必ずしも正しいものではないことを示している．

表7-5のパネルBは業績に関する指標をまとめている．ここでROAは総資産利益率（retrun on asset; 税引前，利子支払前の利益と総資産の比率）を示している．第1期が平均0.053（5.3％），中央値が0.049（4.9％）であるのに対して，第2期は平均0.041（4.1％），中央値が0.036（3.6％）と，第2期の

方がやや業績が悪い．この差は統計的に有意である．また2期連続赤字ダミーを見ても，第1期の平均値が0.011（1.1%）であるのに対して第2期は0.024（2.4%）と，かなり第2期の方が悪い．この差も統計的に有意である．企業の売上高が10%以上減少した場合に1をとるダミー変数である売上高減少ダミーも同じ傾向を示している．

第2期に業績が悪化しており，かつ雇用の削減が大きいことはどのように考えればよいのであろうか．可能性の1つは，第2期に雇用削減が多くなったのは業績が悪化したためということである．この考え方によると，企業は行動を変えているわけではなく，第2期では業績が悪化したために第1期よりも雇用の削減幅が大きくなっただけであるということになる．もう1つの可能性は雇用削減の増大は，業績悪化では説明できないレベルにあるということである．この2つの可能性を識別するためには，ここで示されているような単変量分析ではなく多変量分析を行う必要がある．

5 雇用削減行動の決定要因：多変量分析による実証分析

5.1 プロビット分析の枠組み

ここでは，企業の大規模雇用削減行動を被説明変数にするプロビット分析を行う．被説明変数は，雇用の大幅削減を行っている場合には1，それ以外には0をとるダミー変数である．具体的には雇用の5%以上，10%以上，20%以上削減に注目する．説明変数にはROAおよび2期連続赤字ダミーが含まれる．当然のことながら，業績が悪化するにつれ雇用を削減する確率は増加すると予想される．すなわちROAの係数はマイナスになることが予想される．

また，日本企業の雇用調整行動を分析した過去の研究では，2期連続赤字を経験した企業は雇用を削減する可能性が高いことが知られている（小池, 1983; 村松, 1986）．このような行動が近年変化しているかどうかを検証するために，ここでは2期連続赤字ダミーを含める．以前から指摘されているように，2期連続赤字を経験する企業が雇用削減を行う傾向が強いのであればこのダミー変数の係数はプラスになると予想される．

さらに，売上高が10%以上下落した場合に1，それ以外の場合に0をとるダ

ミー変数を導入する．本来，ミクロ経済学の教科書によると企業の労働需要は生産量によって決定されるということが想定されている．このことを考えると，売上高の変化を説明変数に含めることに意味があると思われる．先行研究でも例えば，Kubo and Saito（2012）は雇用の変化を計測する際に売上高の変化を説明変数に加えている．売上高が下落した場合に1のダミー変数であるから，係数はプラスになると予想できる．

本章の注目は，日本企業の雇用削減行動に変化があるかどうかということである．そこで第1期と第2期に差があるかどうかを検証するために第1期ダミーを導入する．このダミー変数は第1期（1988-1999年）であれば1，第2期（2000-2011年）であれば0をとるダミー変数である．第1期の方が，雇用を守る傾向にあれば，係数はマイナスになると予想される．

この分析においては，第1期ダミーに加えて，第1期ダミーと業績の変化の交差項を含める．交差項を含めない第1期ダミーの係数がマイナスであるとすると，それは企業の業績とは無関係に雇用を削減する傾向があることを意味する．交差項を導入することで，業績と雇用削減の関係自体，第1期と第2期に違いがあるかどうかを検証することができる．ここで考えるべきは，第2期には，第1期と比較して業績と雇用削減の関係は強くなっているのかどうかということである．まずROAと雇用削減にはマイナスの関係があるため，ROAの係数はマイナスと予想できる．ここでは，ROAと第1期ダミーの交差項の係数はマイナスであると予想する．このことは，業績と雇用削減の関係が第1期の方が強いということを意味する．それは，次のような状況を考えるためである．「第1期には業績が良いときには雇用を削減せず，業績が悪ければ雇用を削減する．しかし，第2期には業績が良くても悪くても雇用を削減する」．このような状況では第1期の方が業績と雇用削減の関係が強いため，係数はマイナスとなる．

説明変数には業績としてROAに加えて2期連続赤字ダミーおよび売上高が10％以上下落した場合に1をとるダミー変数が含まれる．これらに関しても第1期ダミーとの交差項を含める．どちらも第1期には業績の効果を強化するような係数をとると予想できる．すなわち，どちらもプラスになると予想する．

これらに加えて，同業他社においてどのくらい雇用の削減が行われているかに関する変数を含めている．同業他社が雇用削減をしていない場合，企業は社

会的な評判などを恐れて雇用削減を行わない可能性がある．そこで，同業他社のうち過去に雇用を10％以上削減したことのある企業の割合（同業他社雇用削減）を含める．日本企業がいわゆる横並びの傾向があるのであれば，この変数の係数はプラスになると予想される．

5.2 プロビット分析の結果

プロビット分析の結果は表7-6にまとめてある．この表から，いくつかの重要な結果が読み取れる．まず，すべての計測式において第1期ダミーの係数がマイナスで有意であることが示されている．これは，第1期には企業が雇用削減をしない傾向にあったことを示している．この結果は，日本企業が以前よりも雇用を守らなくなっている，という考え方と整合的である．業績をコントロールしたうえでも第1期ダミーの係数が有意であることを考えると，第2期で雇用が減少しているのは業績悪化だけが原因ではなく，第1期と第2期で企業の行動に変化があるためと考えることができる．ここで興味深いのは雇用の削減幅が大きくなるほど，第1期ダミーの係数の絶対値が大きくなることである．このことは，第2期には，特に規模の大きい雇用削減が行われるようになっていることを示唆している．

表7-6は，業績の悪化した企業は雇用を削減する傾向にあることを示している．ここでROA，2期連続赤字ダミー，売上高減少ダミーのほとんどの係数が予想通りの符号で有意である．2期連続赤字ダミーの係数はほとんどの計測式で有意にプラスであることから，2期連続赤字の企業が大規模な雇用削減を行う傾向にある，という過去の研究と整合的である．ここでも2期連続赤字ダミーの係数の絶対値は雇用の削減幅が大きくなるほど大きくなっている．

いくつかの計測式では，業績と第1期ダミーの交差項が含まれている．これらの係数は有意なものも有意ではないものも含まれているが，すべて予想通りの符号である．すなわち，第1期には業績と雇用削減の関係が強い．このことは，第2期には業績が良い場合にも雇用を削減する，という考え方と整合的である．

同業他社が過去に雇用削減を行っているかどうかを示す変数（同業他社雇用削減）の係数は雇用の5％以上削減および10％以上削減ではプラスで有意であった．このことは，日本企業が雇用を削減する際に同業他社の動向を気にする

第7章　日本企業の雇用削減行動は変化してきたのか　271

表7-6　大規模雇用削減の決定要因（プロビット分析）

	被説明変数					
	5％以上削減	5％以上削減	10％以上削減	10％以上削減	20％以上削減	20％以上削減
同業他社雇用削減	0.2812	0.3128	0.3079	0.3138	0.2382	0.2371
	(0.1521)*	(0.1519)**	(0.1676)*	(0.1657)*	(0.2024)	(0.2006)
ROA	−7.022	−8.7451	−5.5427	−5.9444	−2.8348	−2.655
	(0.7753)***	(0.7709)***	(0.8549)***	(0.7678)***	(0.9193)***	(0.9019)***
第1期ダミー	−0.0835	−0.2718	−0.3719	−0.347	−0.5186	−0.3956
	(0.1050)	(0.0831)***	(0.1336)***	(0.1018)***	(0.1781)***	(0.1274)***
第1期ダミー×ROA	−5.9169		−1.3959		1.4097	
	(1.4683)***		(1.9258)		(2.6682)	
2期連続赤字ダミー	0.1477	0.2196	0.3544	0.4998	0.4048	0.526
	(0.1111)	(0.1046)**	(0.1276)***	(0.1157)***	(0.1616)***	(0.1448)***
第1期ダミー×2期連続赤字ダミー	0.2286		0.5241		0.5662	
	(0.2270)		(0.2551)**		(0.3365)*	
売上高減少ダミー	0.192	0.216	0.3146	0.3646	0.3218	0.3423
	(0.0532)***	(0.0459)***	(0.0637)***	(0.0569)***	(0.0843)***	(0.0737)***
第1期ダミー×売上高減少ダミー	0.0888		0.2128		0.1338	
	(0.0932)		(0.1220)*		(0.1977)	
総資産	0.0325	0.0331	0.025	0.0234	0.0139	0.0123
	(0.0173)*	(0.0171)*	(0.0184)	(0.0181)	(0.0222)	(0.0220)
定数項	−1.4085	−1.3863	−1.9295	−1.9082	−2.3738	−2.3618
	(0.3490)***	(0.3480)***	(0.3682)***	(0.3635)***	(0.4461)***	(0.4448)***
N	12,144	12,144	12,144	12,144	12,144	12,144

(注)　括弧内は標準誤差．***は1％水準で有意．**は5％水準で有意．*は10％水準で有意．

ということを示唆している[5]．

5.3 シミュレーション

プロビット回帰分析の係数を直感的に理解することは容易ではない．そこで，これらの分析の結果を利用して，業績と雇用削減の関係をシミュレーションで分析することにする．業績がある一定の値のときに，第1期，第2期に雇用削減の確率がどのようになるかを計算する．ここでは，交差項は含めない分析結果を用いてシミュレーションを行う．これは，交差項のいくつかの係数が有意ではなかったことを踏まえている．

雇用の削減確率についてシミュレーションを行うための業績としてはROAを用いる．すなわち，ROAがある一定の値をとったときの雇用削減の確率を前記のプロビット回帰分析の結果を用いて計算する．ここではROAの全期間の基礎統計量を用いて，ROAが平均－2×標準偏差（－0.0258），平均－1×標準偏差（0.0107），平均（0.0471），平均＋1×標準偏差（0.0836），平均＋2×標準偏差（0.12）のときの雇用削減確率を計算している．なお，本章では552企業24年分の1万3248の観測値が含まれているが，この－0.0258と0.12の間に大部分である1万2474の観測値が含まれている．

図7-1がそのシミュレーション結果である．横軸がROA，縦軸が雇用削減確率である．雇用の削減幅としては引き続き5％以上，10％以上，20％以上を用いる．グラフには95％信頼区間を示す線が含まれている．まず，5％以上削減確率を示すパネルAを見てみよう．グラフは第1期と第2期に分けて描かれている．業績が悪化するにつれて雇用削減確率は増加するため，グラフは右下がりとなっている．ここではすべての業績について，第2期の方が第1期よりも雇用削減確率が大きいことが示されている．このことは，日本企業が第2期には第1期よりも雇用の削減をより多く行う傾向にあることを示している．例えば，ROAが0.0107であるとき，5％以上の雇用削減を行う確率は第1期では15％程度であるのに対して第2期では25％程度まで上昇している．

---

5) ただし，この結果は，産業レベルでの何らかのショックの影響を表している可能性もある．例えば，代替品の開発などにより，ある産業の将来の需要減退が見込まれる際には，同じ産業の多くの企業で雇用削減が行われるであろう．この場合，雇用削減は横並びではなく，需要変化に対応するものと考えることができる．

第7章　日本企業の雇用削減行動は変化してきたのか　273

図7-1　ROAと大規模雇用削減確率：シミュレーション

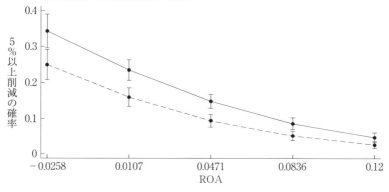

パネルA：雇用を5％以上削減する確率

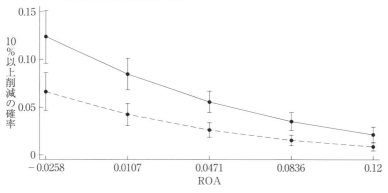

パネルB：雇用を10％以上削減する確率

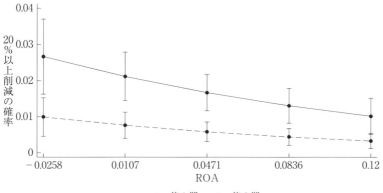

パネルC：雇用を20％以上削減する確率

- - 第1期　—— 第2期

表7-7 業績が悪い（ROA ＝ －0.0258）時期の雇用削減確率：シミュレーション

	第1期に行われる確率（％）	第2期に行われる確率（％）	chi2値	p値
5％以上の削減	24.9	34.3	10.768	0.001
10％以上の削減	6.6	12.4	11.501	0.001
20％以上の削減	1.0	2.7	8.573	0.003

　第1期に比べて第2期で雇用削減を行う確率が上昇しているという結果は，雇用の10％以上削減，20％以上削減でも同様である．当然のことながらどちらの期でも雇用の削減幅が大きくなるにつれて削減確率は減少している．ROAが0.0107であるとき，第1期には雇用を5％以上削減する確率は15％程度であったのに対して，10％以上削減する確率は4％程度，20％以上削減する確率は1％以下である．この傾向は第2期でも同様である．

　このシミュレーションにおいて，第1期と第2期の差が統計的に意味のあるものかどうかを検証した．その結果が表7-7である．表7-7は業績が悪いとき（ROA ＝ －0.0258）の雇用削減確率を計算し，第1期と第2期の差が統計的に意味のあるものであるかを示している．この表から，第1期と第2期の差は統計的に意味のあるものであるということがわかる．このことからも日本企業の雇用削減行動が変化したということが確認できる．

5.4　雇用変化率の決定要因

　プロビット分析においては，雇用の削減を行うか行わないかのダミー変数で分析した．次に，雇用の変化率を被説明変数とした分析を行う．雇用の大規模な削減は日本の大企業においては例外的な行動であるという考え方に基づくと，プロビット分析を用いることに意味があると思われる．一方，プロビット分析では，雇用の削減幅については分析に用いられない．そこで，プロビット分析の結果を別の側面から検証するため，ここでは従業員数変化率を被説明変数とした分析を行う．説明変数はプロビット分析とほぼ同じであるが，売上高変化率も含まれている．結果が表7-8に示されている．ここでも，プロビット分析と同様の結果が得られている．すなわち，第1期ダミーがプラスに有意であり，第2期に企業が雇用を削減する傾向が強いことが示されている．

表 7-8　従業員数変化率の決定要因（回帰分析）

	被説明変数（従業員数変化率）		
	全期間	第1期	第2期
ROA	0.3177 (0.0222)***	0.3233 (0.0294)***	0.26 (0.0322)***
2期連続赤字ダミー	−0.0169 (0.0056)***	−0.0416 (0.0083)***	−0.0098 (0.0076)
売上高減少ダミー	0.0069 (0.0026)***	0.0222 (0.0036)***	0.0031 (0.0036)
売上高変化率	0.1098 (0.0057)***	0.2222 (0.0103)***	0.0822 (0.0072)***
第1期ダミー	0.016 (0.0015)***		
総資産	−0.0011 (0.0006)*	−0.0005 (0.0007)	−0.001 (0.0009)
定数項	−0.0081 (0.0109)	−0.0075 (0.0133)	−0.0067 (0.0165)
R^2	0.09	0.16	0.05
N	12,144	5,520	6,624

（注）　括弧内は標準誤差．***は1％水準で有意，**は5％水準で有意，*は10％水準で有意．

6　ま　と　め

　本章では，1988年から2011年における日本の大企業の雇用削減行動に注目した．特に，大企業が以前よりも雇用を削減する傾向にあるかどうかを検証した．その結果，第1期と第2期で雇用削減に大きな違いがあることが判明した．特に大規模な雇用削減になればなるほど，第1期と第2期の差が大きくなっている．これらの結果は，単変量分析だけではなく，プロビット分析や回帰分析でも確認された．

　いわゆる日本的雇用慣行が変化しているという見方からは，この結果は不思議なものではない．新聞などのメディアを通じて大規模な希望退職の募集を知ることも多くなってきたという印象もある．しかし，過去の実証研究を考えると，今回の検証結果はやや驚くべき結論と考えることができる．この結果は，日本の大企業において従来の長期雇用慣行が大きく変化していると解釈することが可能であろう．しかし，前述のように，全国レベルの大規模な個票データを用いた分析の多くが大企業の正社員に関しては，長期雇用の傾向に変化がな

いことを示している．今回の結果は，長期雇用に変化がないという先行研究と整合的ではないと考えることができるかもしれない．

　企業が雇用削減を頻繁に行うようになったという観察の一方で，例えば従業員の就業定着率は安定しているということはどのように解釈すればよいだろうか．解釈の1つは，大企業で行われた雇用削減の多くでは，若年者もしくは定年間近の従業員が対象になったのではないかということである．ある大企業の従業員個票データを用いて，従業員の退職行動を分析した久保（2004）によると，企業が合併した後で企業を退出するのは定年間近の従業員もしくは若年者である．若年従業員は他の企業で仕事を見つけることができる可能性が高く，また住宅ローンなどの固定支出が少ないため退出することができると考えられる．長期雇用に関する先行研究でも，若年労働者に関しては変化があるという報告がされていることから，この解釈と整合的である．

　もう1つの解釈は，ここに取り上げた上場大企業の行動は必ずしも日本全体の企業行動を反映しているわけではない，ということである．すなわち，雇用削減が行われているのは上場しているかなり大規模な企業が中心であり，他の企業はそのような行動をとっていないという可能性がある．過去の研究でも，大企業が従業員を削減する際に関係会社への転出を促すということが1つの方法であった（Kester, 1991; Kato, 2001）．この方法は，関係会社に対してある程度影響力を行使することができる大企業にのみ可能な方法であろう．

　今回の結果は日本企業の行動が変化していることを示している．しかし，なぜこのような変化が起きたのかは，今回の研究では明示的に分析しているわけではない．今回の結果の1つの解釈は，日本企業の企業統治が変化したため，雇用削減行動について変化が見られたということである．過去の研究によると，所有構造や取締役会構造と雇用削減行動には密接な関係がある（Abe and Shimizutani, 2007; Ahmadjian and Robbins, 2005; 野田・平野, 2010）．Ahmadjian and Robbins（2005）は，外国人持株比率の高い企業では雇用削減を行う傾向が高いことを示している．さらに，彼らの研究が興味深いのは，銀行との関係が強い企業では外国人持株比率の影響は比較的小さいことを示している点である．このことから，外国人持株比率が増加し，企業と銀行の関係が弱くなることによって雇用削減が行われやすくなることが予想される．外国人持株比率の高い企業で雇用削減の傾向が高いことは，野田・平野（2010）でも

示されている．Abe and Shimizutani（2007）はアンケートをもとにした分析によって，社外取締役がいる企業では雇用の削減が行われやすいことを示している．このような企業統治の変化は，企業組織の再編を促すことになる．Kubo and Saito（2012）や藤本（2006）が示すように，企業組織の再編は雇用の削減を伴うことが多い．

　また，行動原理そのものは変化しておらず，今回の研究で取り上げることができなかった環境などの要因が変化したために行動が変化しているという可能性もある．例えば，石油ショック後の日本企業の行動を振り返ると，多くの企業が大規模な雇用削減を行っている．村松（1995）によると，1975年1月から1978年6月までの間に従業員数1000人以上の製造業企業の20.4%が希望退職や指名解雇を行っている．このことを考えると，2000年以降の日本企業の行動が特別なものではないのかもしれない．今回観察された行動の背後にどのようなメカニズムがあるかを分析するのは今後の課題であろう．

　　本章の作成にあたっては，RIETIコーポレート・ガバナンス研究会の参加者より
　　貴重なコメントを頂いた．また，本章の一部は科学研究費補助金（#20323892,
　　#23530384, #22243029），独立行政法人日本学術振興会の「研究拠点形成事業（A.
　　先端拠点形成型）」および早稲田大学特定課題の助成を受けた．ここに感謝する．

【参考文献】

Abe, N. and S. Shimizutani (2007) "Employment Policy and Corporate Governance: An Empirical Comparison of the Stakeholder and the Profit-maximization Model," *Journal of Comparative Economics*, Vol. 35, pp. 346-368.

Ahmadjian, C. and G. Robbins (2005) "A Clash of Capitalisms: Foreign Shareholders and Corporate Restructuring in 1990s Japan," *American Sociological Review*, Vol. 70, pp. 451-471.

Asano, H., T. Ito and D. Kawaguchi (2013) "Why Has the Fraction of Nonstandard Workers Increased? A Case Study of Japan," *Scottish Journal of Political Economy*, Vol. 60, pp. 360-389.

Coe, N., J. Johns and K. Ward (2010) "Transforming the Japanese Labour Market: Deregulation and the Rise of Temporary Staffing," *Regional Studies*.

Hamaaki, J., M. Hori, S. Maeda and K. Murata (2012) "Changes in the Japanese Employment System in the Two Lost Decades," *Industrial and Labor Relations Review*, Vol. 65, pp. 810-846.

Kambayashi, R. and T. Kato (2012) "Trends in Long-term Employment and Job Security in Japan and the United States: The Last Twenty-five Years," Center on Japanese Economy and Business Working Paper, No. 302.

Kato, T. (2001) "The End of Lifetime Employment in Japan? Evidence from National Surveys and Field Research," *Journal of the Japanese and International Economies*, Vol. 15, pp. 489-514.

Kester, C. (1991) *Japanese Takeovers: The Global Contest for Corporate Control*, Harvard Business School Press.

Kubo, K. (2014) "Japan: Limits to Investment Fund Activity," in H. Gospel, A. Pendleton and S. Vistols eds., *Financialization, New Investment Funds, and Labour: An International Comparison*, Oxford University Press, pp. 290-312.

Kubo, K. and T. Saito (2012) "The Effect of Mergers on Employment and Wages: Evidence from Japan," *Journal of the Japanese and International Economies*, Vol. 26, pp. 263-284.

Nakata, Y. and R. Takehiro (2003) "Total Labor Costs and Employment Adjustment Behavior of Large Japanese Firms," in S. Ogura, T. Tachibanaki and D. Wise eds., *Labor Markets and Firm Benefit Policies in Japan and the United States*, University of Chicago Press, pp. 135-155.

Noda, T. (2013) "Determinants of the Timing of Downsizing Among Large Japanese Firms: Long-term Employment Practices and Corporate Governance," *Japanese Economic Review*, Vol. 64, pp. 363-398.

Ono, H. (2010) "Lifetime Employment in Japan: Concepts and Measurements," *Journal of the Japanese and International Economies*, Vol. 24, pp. 1-27.

Shimizutani, S. and I. Yokoyama (2009) "Has Japan's Long-term Employment Practice Survived? Developments since the 1990s," *Industrial and Labor Relations Review*, Vol. 62, pp. 313-326.

Suruga, T. (1998) "Employment Adjustment in Japanese Firms: Negative Profits and Dismissals," in I. Ohashi and T. Tachibanaki eds., *Internal Labour Markets, Incentives and Employment*, Macmillan Press.

井上光太郎・加藤英明(2007)「アクティビストファンドの功罪」『経済研究』第58巻第3号, 203-216頁.

大竹文雄・谷坂紀子(2002)「雇用削減行動と株価」玄田有史・中田喜文編『リストラと転職のメカニズム――労働移動の経済学』東洋経済新報社, 11-23頁.

久保克行(2004)「合併に伴う人事制度の統合と雇用・処遇の変化――個人データによる分析」『日本労働研究雑誌』第529号, 24-36頁.

小池和男(1983)「解雇からみた現代日本の労使関係」森口親司ほか編『日本経済の構造分析』創文社.

齋藤卓爾(2011)「日本企業による社外取締役の導入の決定要因とその効果」宮島英昭編著『日本の企業統治――その再設計と競争力の回復に向けて』東洋経済新報社, 181-213頁.

酒向真理・佐藤博樹(1999)「労連はいかなる機能を果たしているのか?」『季刊労働法』第

188号，89-98頁．
清水一・山﨑尚志（2007）「人員削減と株価パフォーマンス」『経営財務研究』第27巻第2号，54-63頁．
野瀬義明・伊藤彰敏（2009）「バイアウト・ファンドによる買収のインパクトに関する分析」『現代ファイナンス』第26号，49-66頁．
野瀬義明・伊藤彰敏（2012）「公開維持型バイアウト実施企業の長期パフォーマンス」『証券経済学会年報』第47号，19-39頁．
野田知彦・平野大昌（2010）「失われた10年と日本企業の雇用調整行動――企業の規律付けメカニズムは変化したのか」『経済分析』第183号，25-58頁．
藤本真（2006）「事業再生過程における人事労務管理と雇用・労働条件の変化――事例調査をもとに」『日本労働研究雑誌』第548号，125-134頁．
宮島英昭・新田敬祐（2011）「株式所有構造の多様化とその帰結――株式持ち合いの解消・『復活』と海外投資家の役割」宮島英昭編著『日本の企業統治――その再設計と競争力の回復に向けて』東洋経済新報社，105-149頁．
村松久良光（1986）「解雇，企業利益と賃金――大手工作機械メーカー13社に関して」『アカデミア．経済経営学編』第89号，399-435頁．
村松久良光（1995）「景気変動と雇用調整――日本に関する研究展望」『経済論叢（京都大学）』第155巻第1号，75-97頁．
本久洋一（2010）「ホールディングス体制と労働組合法上の諸問題――グループ労働協約を素材に」毛塚勝利・連合総合生活開発研究所編『企業組織再編における労働者保護――企業買収・企業グループ再編と労使関係システム』中央経済社．

第8章 日本企業の多角化と財務政策

牛島辰男

1 はじめに

　企業金融の研究では，多角化（コングロマリット）ディスカウント（diversification／conglomerate discount）と呼ばれる現象が長く注目を集めてきた．Berger and Ofek（1995），Lang and Stulz（1994）といった研究は，複数の産業に多角化した米国企業が，同じ産業で活動する代表的な専業企業のポートフォリオに比べて市場から低く評価されている（ディスカウントされている）ことを見出した．この傾向はその後の多くの研究によって，繰り返し確認されている．日本企業についても，中野ほか（2002），牛島（2015），Ushijima（2016）といった研究によって，多角化企業に対するディスカウントの存在が示されている．

　多角化ディスカウントの意味については，多くの議論がある．非効率な多角化による価値の破壊という直接的な因果関係を主張する研究もあれば，必ずしも多角化自体の効果ではないことを示唆する研究もある．いかなる見解をとるにせよ，ディスカウントの存在は，多角化企業と専業企業が事業範囲の幅という明白な違い以外の何かにおいても異質な存在であることを示唆している[1]．事業の多角化は企業の何を，どう変化させるのだろうか．本章では多角化企業と専業企業のバランスシートの違いを分析することで，財務政策の見地からこ

の問題を考察する．

　近年の日本企業の財務における重要なトレンドは保守化である．具体的には，バランスシートの貸方において負債の減少が続いている一方，借方においては現金をはじめとする手元流動性の増加が著しい．このため，有利子負債から手元流動性を差し引いた純負債の減少が多くの企業で顕著である．『日本経済新聞』（2013年6月2日）によると，手元流動性で有利子負債を完済できる（純負債がゼロないしマイナスである）「実質無借金」企業が金融機関を除く上場企業に占める比率は，2012年度末には52％に達した．

　このように財務の保守化が進んでいる背景としては，大きく2つのシナリオが考えられる．第1は経営者のエージェンシー問題である．株式と比べた負債の重要な特徴は，ハードな契約として経営者を律する効果を持つことである．債務不履行を避けるために企業業績を一定水準以上に維持しなければならないことは，経営者の行動と意思決定の自由度を低める．この効果は企業の負債への依存度が高まるにつれ，強くなる．このため，経営者が私的便益を追求しようとするならば，レバレッジを低めることで，規律圧力の軽減を図る可能性がある（Berger *et al.*, 1997）．そうした経営者はまた，フリー・キャッシュフロー（余剰資金）を株主に返すことなく，過剰な流動性として企業内に貯め込む傾向も持つであろう．

　第2のシナリオは，財務柔軟性（financial flexibility）の重要性の高まりである．すなわち，予期せざる投資機会の到来や破綻のリスクに備えて，負債の調達能力を保持しておく（借入余力に対し負債を少なくする），あるいは現金をはじめとする予備的な流動性を多く持つ必要性が強まっている可能性である．Graham and Harvey（2001）による企業サーベイは，米国企業が借入政策を決める際に最も重視する要因は財務柔軟性であることを示している．佐々木ほか（2016）による同様な調査は，日本企業ではこの傾向が一層顕著であることを示唆している．したがって，財務柔軟性の確保は財務政策の保守化が進むことの有力な説明となる．ただし，私的便益を追求している経営者にとって，そ

1）　多角化ディスカウントが多角化のダイレクトな効果を捉えているならば，なぜそうした価値破壊的な政策がある企業では採用され，別の企業では採用されないのかという経営者の目的関数やガバナンスシステムの異質性が問題となる．ディスカウントが多角化以外の要因の効果を捉えているとするならば，それらの要因の異質性が問題となる．

れは財務政策を歪めることの都合の良い口実にすぎず，真の目的ではない可能性もあることに留意が必要である．

　はたして財務柔軟性は，日本企業の財務政策に真に影響を与えている要因なのだろうか．多角化企業の財務政策の分析からは，この問題への示唆が得られる可能性がある．多角化企業の重要な特徴の1つは，事業間で資金のやり取りが行われる内部資本市場（internal capital market）の存在である[2]．次節で検討するように，内部資本市場はキャッシュフロー不足による債務不履行と過小投資という2つのリスクに対するナチュラルヘッジとして機能するため，多角化企業は専業企業に比べて本来的に財務柔軟性が高いと考えられる．したがって，企業が財務柔軟性を配慮して財務政策を決定しているならば，多角化企業と専業企業の間にはレバレッジや流動性保有レベルにシステマチックな違いが生じてくるものと予想されるのである．

　そこで本章では，2001～2012年の期間を対象として，事業の多角化が日本企業のバランスシートに持つ効果を分析する．サンプルは2001～2012年中に株式公開しており，データに問題のないすべての企業（金融機関を除く）である．これらの企業の財務には，観測期間を通じた保守化が明瞭に見られる．すなわち，総資産に占める有利子負債の比率（負債比率）がほぼ一貫して低下している一方で，手元流動性の総資産に占める比率（流動性比率）は上昇している．これらの変化の結果として，2011年頃にはサンプル企業のほぼ半数が「実質無借金」となっている．

　事業セグメントデータに基づき，サンプル企業を多角化企業と専業企業に分割してみると，財務の保守化は両者に共通する傾向であることがわかる．しかしながら，観測期間を通じて，多角化企業の負債比率は専業企業のそれよりも高く，流動性比率は低い．このため，財務の保守化度合いも多角化企業と専業企業では大きく異なる．専業企業に限定するならば，サンプル企業に占める「実質無借金」企業の割合は，2005年にすでに50％を上回っていた．これに対し，多角化企業の過半は2012年においてもプラスの純負債を維持している．こ

---

[2] Shin and Stulz (1998) や Rajan *et al.* (2000) をはじめとする実証研究は，多角化企業の内部資本市場に非効率性が生じがちであることを示している．内部資本市場の効率性（非効率性）は多角化ディスカウントの発生メカニズムを考えるうえで重要なテーマであるが，本章では直接の分析対象とはしない．

うした違いは，企業の負債（流動性）比率を同じ産業の代表的専業企業の水準と比較した超過比率で見ても明らかである．

多角化企業と専業企業の違いは，多角化以外の要因をコントロールした回帰分析からも確認できる．所属する産業や他の条件を一定として，多角化企業の負債比率は専業企業のそれに比べ，平均的に6％ポイント高い．また，多角化企業の中でも多角化の進んでいる企業ほど，レバレッジが高くなる傾向が見出される．同様に，産業や他の企業属性を一定として，多角化企業の流動性比率は専業企業のそれに比べ平均的に3％ポイントほど低く，この傾向は多角化の進んだ企業ほど強くなる．純負債の総資産比で見ると，多角化企業と専業企業には平均で10％ポイント弱もの違いがある．こうした多角化企業と専業企業の財務の違いは，観測期間を通じて安定的に観察される．

これらの結果は，多角化がデフォルトリスクと過小投資リスクへのヘッジとして機能するため，多角化企業は本来的に財務柔軟性が高く，財務政策上のリスクテイクがしやすいという仮説と整合的である．その意味で本章の分析結果は，財務柔軟性への配慮が企業の財務政策に系統的な影響を与えていることを示すものといえる．ただし，多角化は近年における財務の保守化傾向を説明する要因ではない．観測期間における日本企業の多角化度合いは安定しており，多角化が財務に及ぼす影響にも大きな変化は見られない．財務政策の保守化の背景を明らかにするには，異なる視点からの分析が必要とされる．

本章の構成は次の通りである．次節では事業の多角化が企業のバランスシートに持つ意味を検討し，過去の実証研究をレビューする．第3節では本章で使用するサンプルとデータを紹介し，サンプル企業のレバレッジと流動性保有の推移を2001〜2012年の期間について概観する．第4節では回帰分析により，多角化が企業のレバレッジと流動性保有に持つ効果を回帰分析により推計する．第5節は結論である．

2　多角化と財務政策

2.1　コインシュランス効果

独立した企業として活動する事業が債務の返済に必要なキャッシュフローを

生み出せないと，倒産の危機に陥る．だが，この事業が多角化企業の一部として活動しているのであれば，他の事業のキャッシュフローで不足分を補うことができる限り，債務不履行は避けられる．したがって，多角化企業を構成する事業群は，マイナスのショックに対して互いに保険を掛け合っているような存在と見ることができる．キャッシュフローの変動パターンの異なる事業が組み合わさることで，企業全体としての破綻確率が低下することをコインシュランス（coinsurance）効果と呼ぶ（Lewellen, 1971）．

企業の負債が一定であれば，デフォルトリスク低下の恩恵は，株主ではなく債権者によってもっぱら享受されることになる．コインシュランス効果を前者の利益に結び付けるためには，デフォルトリスクの低下による借入余力（debt capacity）の向上を生かし，負債をより積極的に用いる資本構造へと企業が変化する必要がある．すなわち，多角化は企業の最適レバレッジを高める効果を持つ．Stein（2003）はこの効果を多角化の more-money effect と呼んでいる．

多角化企業内での事業間のキャッシュフローのやり取りは，投資や成長機会の予期せぬ増大をもたらすプラスのショックへの保険としても機能する．企業と投資家で情報の非対称性があり，資本市場に摩擦が存在する場合，企業にとって最も低コストでアクセスの容易な資金は事業の生み出すキャッシュフローとなる．最適な投資額に対してキャッシュフローが不足し，その差（financing gap）を外部資金で十分に埋められない場合，過小投資という形の非効率が生じる．企業が予備的な流動性を持つことは，投資機会に比べてキャッシュフローが不足したときに，前者の取り逃がしを防ぐ保険としての意味を持つ．多角化企業はある事業のキャッシュフローの不足を別の事業のキャッシュフローで補うことができるため，こうした予備的な流動性保有の必要性が専業企業に比べて低くなる．すなわち，事業の多角化は企業の最適レバレッジを高めるとともに，最適な流動性保有レベルを低める効果を持つと考えられる．

2.2　実証研究のレビュー

企業の多角化とレバレッジの関係の分析は，米国企業についても多くはない．Kim and McConnell（1977）はコインシュランス効果が強く働くと予想される企業間の合併に注目し，合併企業のレバレッジが合併前よりも上昇することを

確認した．しかしながら，より一般的なクロスセクション分析では，多角化企業と専業企業のレバレッジの差は大きく検出されない．Berger and Ofek (1995) は多角化企業の負債の総資産比率が専業企業のそれより有意に高いことを見出したが，その差は1.4％ポイントと小さなものであったため，コインシュランス効果の経済的な重要性は低いと結論付けている．Comment and Jarrell (1995) は多角化企業と専業企業の間に有意なレバレッジの差を見出さず，コインシュランス効果は存在しないか，企業によって活用されていないと結論付けている．

これらの分析の潜在的な問題点は，多角化企業と専業企業のレバレッジを，産業を十分に調整することなく比較していることである．多角化の企業価値への影響を推計するためには，事業ポートフォリオの産業構成を調整した比較を行うことが重要であることが，Berger and Ofek (1995) 等により示されている．Lemmon et al. (2008) が示すようにレバレッジは産業により大きく異なるため，同様な調整は資本構成の分析においても重要と考えられる．Ahn et al. (2006) は Berger and Ofek (1995) の手法を応用し，多角化企業のレバレッジを同じ産業で活動する専業企業の中位レバレッジから計算されるベンチマークと比較した．彼らの結果は，多角化企業の平均レバレッジがベンチマークよりも有意に高い（負債の総資産比率で５％ポイント弱）ことを示している．

企業の多角化と現金保有の関係については，近年になって分析が進んでいる．Duchin (2010) は多角化企業の現金保有レベルが専業企業に比べて低いこと，この傾向はセグメント間の投資機会やキャッシュフローの相関が弱く，セグメントの投資機会とキャッシュフローの相関が強い企業で顕著であることを見出している．これらのパターンは事業間のキャッシュフローのやり取りが，多角化企業の予備的な現金保有の必要性を低めることを示唆している．Subramaniam et al. (2011) は，Berger and Ofek (1995) と同様な方法により産業構成を調整した現金保有の分析を行い，多角化企業の現金保有レベルが専業企業に比べて有意に低いこと，コインシュランス効果が事業間で働きやすい企業ほどこの傾向が強いことを見出している．Tong (2012) は銀行のクレジットラインに注目した分析を行い，多角化企業の現金保有レベルの低さが，コインシュランス効果によるクレジットラインの獲得の容易さに起因することを示す結果を得ている．

2.3　日本企業の多角化と財務

　日本企業の多角化と財務の関係については，中野ほか（2002）による1999〜2002年の上場企業をサンプルとした分析があり，多角化企業は専業企業に比べて自己資本比率が低く（レバレッジが高く），流動性保有レベルも低いことが見出されている．著者たちはまた Berger and Ofek（1995）の超過価値を計測し，多角化企業のそれが専業企業に比べて有意に低いことを報告している．

　多角化ディスカウントの存在は，より長い観測期間を分析した牛島（2015）と Ushijima（2016）によっても確認されている．このうち牛島（2015）は，日経 NEEDS-Cges（Corporate governance evaluation system）に含まれる3カテゴリー・15変数からなるガバナンス指数を用い，多角化企業のガバナンス指数の平均が専業企業に比べ有意に低いこと，ガバナンスシステムの企業価値向上効果が多角化により減ぜられることを見出している．これらの結果は，経営者のエージェンシー問題が多角化した企業でより深刻になる可能性を示すものである．牛島（2015）はまた，多角化における経営者と株主の利害の不一致が，多角化の開始よりも継続（非効率な事業の存続）という形で生じやすいことを示唆する結果を得ている．

　仮に多角化がガバナンスシステムの働きを弱め，エージェンシー問題を深刻化させがちであるとするならば，多角化は企業のレバレッジを低め，流動性保有を高めるというシナリオが考えられる．私的便益を追求する経営者は，レバレッジを低めることで負債のもたらす規律圧力を低めるとともに，フリー・キャッシュフローを株主に還元することなく企業内に貯め込む誘因を持つものと考えられるためである．中野ほか（2002）の分析はこれとは逆の傾向を見出しており，コインシュランス効果の働きが推察される．ただし，彼らは財務比率の平均の比較のみ行っており，米国企業についてなされてきたような計量分析は行っていない．以下では，多角化が企業財務に及ぼす影響を，レバレッジと流動性保有に注目してより詳細に分析する．

288　第Ⅱ部　企業統治と事業再組織化

3　サンプルとデータ

3.1　多角化企業と専業企業の比較

　本章では，レバレッジの指標として有利子負債の総資産比（以下，負債比率という），流動性の尺度として現金と短期保有有価証券の和である手元流動性の総資産比（以下，流動性比率という）をそれぞれ用いる．また，有利子負債から手元流動性を差し引いた額の総資産に対する比率を純負債比率と呼ぶ．本章で用いられる変数のデータは，すべて日経NEEDS-Financial QUEST（FQ）より取得したものであり，変数の値は各年6月以前の直近本決算のものである．

　企業の多角化状況は事業セグメントデータに基づき把握する．具体的には，NEEDS-FQにおいて各セグメントにふられている日本標準産業分類（JSIC）の主コードに基づき，細分類（4桁）が異なるセグメントを持つ企業を多角化企業として定義する．複数のセグメントを持っていても，それらの細分類主コードが同じである企業は専業企業として扱う．サンプルは2001～2012年の期間において株式公開しており，データに問題のないすべての企業（金融機関を除く）である．ただし，金融セグメント（JSIC6100～6750）や分類不能セグメント（JSIC9999）を持つ企業は除外する．サンプルに含まれる企業数は約2万7300社（firm-years），ユニークベースで約3900社（firms）である．これらの企業に占める多角化企業の比率は，2000年代を通じてほぼ50％で安定している[3]．

　図8-1の（1）は，サンプル企業の負債比率，流動性比率，純負債比率の中位数の推移を見たものである．これら指標の推移には，財務政策の保守化傾向が顕著に表れている．2001年に24％であった負債比率は，2012年には17％まで低下した．逆に流動性比率は趨勢的に上昇しており，2001年に11％であった中

---

　3)　ただし，2011年以降に多角化企業比率の若干の上昇が見られる．これは同年に実施された，インダストリーアプローチからマネジメントアプローチへの移行を中心とするセグメント会計制度の変更が影響している可能性がある．この意味でデータの連続性が完全ではない可能性があるが，2010年以前に限定した分析と2011年以降を含めた分析の結果にほとんど違いが見られないため，本章ではより最近時点を含む後者を報告している．

図 8-1 負債比率，流動性比率，純負債比率の中位数の推移

(1) 全サンプル

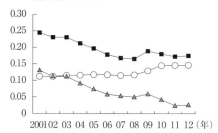

(2) 専業企業

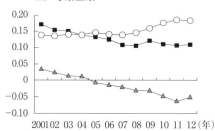

(3) 多角化企業

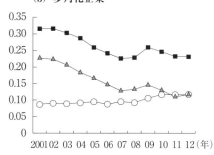

　■　負債比率　　─○─　流動性比率　　─▲─　純負債比率

位数は2012年には15％となった．これらの変化を反映して，純負債比率の中位数は2001年の13％から，2012年の2.6％まで低下した．「実質無借金」企業がサンプルに占める比率は，2012年に47％となっている[4]．

　図 8-1 の (2) は，専業企業の中位数の推移を見たものである．(1) と同様に，観測期間を通じて負債比率と純負債比率は低下，流動性比率は上昇する傾

向にある．ただし，全体サンプルに比べて専業企業の負債比率は低く，流動性比率は高い．このため，過半数企業での負債比率と流動性比率の逆転（＝純負債比率のマイナス化）が2005年と早いタイミングで起きている．専業企業に限定するならば，「実質無借金」企業が上場企業の過半数を占める状況は，2000年代半ばにはすでに生じていたということである．2012年における専業企業の純負債比率の中位数は，−5％まで低下している．

（3）は多角化企業について，中位数の推移を見たものである．多角化企業についてもレバレッジの低下，流動性保有レベルの上昇傾向が見られる．ただし，多角化企業は専業企業に比べ，もともと負債比率が高く，流動性比率は低い．純負債比率の中位数は2001年では23％であり，その後の低下にもかかわらず，2012年においても12％と大幅なプラスを維持している．これは2001年における全体サンプルの水準とほぼ同じである．

以上の比較から次の2点が明らかである．第1に，財務の保守化傾向は専業企業，多角化企業ともに観察される．第2に，多角化企業は専業企業に比べてレバレッジは高く，流動性保有のレベルは低い．これらの差は観測期間を通じて観測され，多角化がデフォルトリスクと過小投資リスクに対するヘッジとして機能するという見解と整合的である．ただし，多角化企業と専業企業の差が，多角化そのものに起因しているのかどうかについては，2つの理由からより詳細な分析が必要である．

第1に，多角化企業と専業企業には事業範囲の幅以外にも多くの違いがあり，それらの要因が財務政策の差異をもたらしている可能性がある．例えば，一般的に多角化企業の規模は専業企業よりも大きい．企業規模はレバレッジと正の相関があり（Rajan and Zingales, 1995; Lemmon et al., 2008; Frank and Goyal, 2009），現金保有とは負の相関がある（Opler et al., 1999; Almeida et al., 2004; Acharya et al., 2007）．このため，多角化企業と専業企業の財務の違いは，企業規模の差を反映している可能性がある．こうした問題に対処するためには，回帰分析による比較が必要である．

---

4) 先に紹介したように，『日本経済新聞』（2013年6月2日）の報道では，2012年度末に上場企業の半数以上が「実質無借金」企業となっている．本章サンプルの2012年の値の多くは2012年3月決算（2011年度）のものであるので，実質無借金化のペースはほぼ同程度といえる．

第2に，前記の比較は企業の事業ポートフォリオの違いを調整していない．Lemmon *et al.*（2008）が示すように，企業の資本構造は産業により大きく異なる．専業企業に比べて，多角化企業の事業領域が高（低）レバレッジ産業に偏っているならば，単純な比較は多角化のレバレッジへの効果を過大（過小）評価することになる．多角化企業の事業ポートフォリオは企業によって多様なため，産業ダミー変数による調整はうまく機能しない．しかしながら，Berger and Ofek（1995）によって考案された超過価値（excess value）の計測手法を援用すれば，柔軟な調整が可能である．そこで以下では，企業の事業ポートフォリオの差異を調整した負債比率と流動性比率の計測を行う．

3.2 超過比率による比較

本章では，ある企業の負債比率とその企業の事業ポートフォリオに含まれる産業の代表的専業企業の負債比率の加重和の差を超過負債比率と呼び，次のように定義する．

$$超過負債比率 = 負債比率 - \sum_j \frac{セグメント資産_j}{\sum_j セグメント資産_j} \cdot 中位負債比率_j$$

ここで，右辺第1項は企業の実際の負債比率である．右辺第2項のセグメント資産は企業の第jセグメントの資産額，中位負債比率はこのセグメントと同じ産業jで活動する専業企業の負債比率の中位数である．すなわち，第2項は企業の各セグメントと同じ産業に属している代表的専業企業の負債比率を，企業のセグメント資産額をウエイトとして加重平均したものであり，各セグメントが同業の代表的企業と同じようにファイナンスされていれば，企業全体として成り立つ仮説値である．実際の負債比率がこの値を上回れば超過負債比率はプラスであり，この企業は同じ産業の代表的専業企業のポートフォリオに比べ，負債への依存度が高いことになる．

同様に，企業の流動性比率と代表的専業企業のポートフォリオの流動性比率の差を超過流動性比率と呼び，次のように定義する．

$$超過流動性比率 = 流動性比率 - \sum_j \frac{セグメント資産_j}{\sum_j セグメント資産_j} \cdot 中位流動性比率_j$$

ここで右辺第1項は企業の実際の流動性比率，第2項の中位流動性比率はセグメントjと同産業の専業企業の流動性比率の中位数である．したがって，超過

流動性比率は企業が各セグメントの代表的専業企業の加重和に比べて高い流動性比率を持っていればプラスであり，低い流動性比率を持っていればマイナスである．以上の2変数に加えて，超過負債比率から超過流動性比率を差し引いたものを，超過純負債比率と定義する．なお，前記の定義式では年を表す添え字（t）を省略しているが，実際の計測は年ごとに行う．すなわち，産業の中位比率を含むすべての変数は年により異なる値となるため，同じ企業であっても超過比率は変動する．

　Berger and Ofek（1995）の超過価値の計測にならい，セグメントの産業は専業企業が5社以上存在すればJSIC細分類で，存在しない場合には5社以上の専業企業が確保できる最も詳細な分類レベルで定義する．専業企業は単一セグメントの企業と捉えられるので，専業企業の超過負債（流動性）比率は，企業の負債（流動性）比率から同年における同業専業企業の中位数を差し引いたものである．本社資産が存在すると，事業セグメント資産の合計は企業の資産額に一致しない．Berger and Ofek（1995）に従い，乖離幅が25％を超える企業はサンプルから除外し，乖離幅が25％未満の場合には，本社資産を除いてセグメントの資産構成比を計算する．

　図8-2は多角化企業の超過負債比率，超過流動性比率，超過純負債比率の中位数の推移を示したものである[5]．図8-2から明らかなように，多角化企業の超過負債比率は一貫してプラスである．すなわち，多角化企業の負債比率は同じ産業の代表的専業企業の負債比率を観測期間を通じて上回っている．逆に，超過流動性比率の中位数は一貫してマイナスである．したがって，事業ポートフォリオの産業構成を調整してもなお，多角化企業は専業企業に比べてレバレッジが高く，流動性保有レベルは低いという特徴が観察される．純負債比率で見ると，多角化企業のそれは同業の専業企業に比べ，10％ポイント以上高くなっている．次節では，回帰分析によりこうした差異と多角化の関係をより詳細に検討する．

---

[5]　超過比率の定義より，専業企業の中位数は常にゼロである．

図 8-2 多角化企業の超過比率の推移

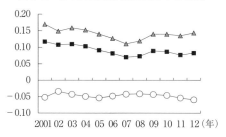

─■─ 超過負債比率　─○─ 超過流動性比率　─▲─ 超過純負債比率

4 回 帰 分 析

4.1 モデル

多角化の効果を推計するため，本章では通常の財務比率と超過比率の2種類の従属変数を用いた回帰分析を行う．Opler *et al.*（1999）が指摘するように，企業の流動性保有とレバレッジには，基本的に同じ要因が逆方向で作用する．したがって，以下の推計における独立変数は，すべての従属変数について同じである．具体的には，2001～2012年のデータをプールしたサンプルに基づき，次のようなモデルを推計する．

$$従属変数_{it} = \beta_0 + \beta_1 多角化_{it-1} + \beta_2 ln\,総資産_{it-1} + \beta_3 \left(\frac{固定資産}{総資産}\right)_{it-1}$$
$$+ \beta_4 \left(\frac{EBITDA}{売上高}\right)_{it-1} + \beta_5 Q_{it-1} + \beta_6 \left(\frac{研究開発費}{売上高}\right)_{it-1}$$
$$+ \beta_7 \left(\frac{マーケティング費}{売上高}\right)_{it-1} + \eta_t + \epsilon_{it}$$

ここで EBITDA は利払い・税金・償却前利益，マーケティング費は広告宣伝費と販売促進費の和である．q はトービンの q 比率であり，(負債＋株式時価総額)÷総資産として定義した．η は年固定効果である．内生性の問題を緩和するため，すべての説明変数について1年のラグをとっている．

過去の実証分析では，規模が大きく，固定資産の比率が大きな企業ほどレバレッジが高く，逆に利益率，q 比率が高く，研究開発をはじめとする無形資産

への投資が大きな企業ほどレバレッジが低くなる傾向が見出されている（Rajan and Zingales 1995; Lemmon *et al.*, 2008; Frank and Goyal, 2009）．したがって，（超過）負債比率を従属変数とする推計で期待される符号は，β_2 と β_3 がプラス，$\beta_4 \sim \beta_7$ がマイナスである．（超過）流動性比率を従属変数とする推計では，逆の符号が予想される．

推計における主たる関心は，多角化の効果（β_1）である．すなわち，企業規模や収益性等をコントロールしてもなお，多角化企業のレバレッジと流動性保有レベルに専業企業との有意な違いが見られるかどうかである．事業間のキャッシュフローの相互供給が企業の借入余力を高め，予備的な流動性保有の必要性を低めるのであれば，期待される多角化の効果は（超過）負債比率についてはプラス，（超過）流動性比率についてはマイナスである．多角化の計測には，2つの変数を用いる．第1は，JSIC細分類で複数のセグメントを持つ企業について1，それ以外の企業について0の値をとるダミー変数である．また，多角化の度合いを連続変数として把握するため，次式のように定義された多角化指数を用いる．

$$多角化指数_{it} = 1 - \sum_{j}^{n} \left(\frac{売上高_{ijt}}{\sum_{j=1}^{n} 売上高_{ijt}} \right)^2$$

ここで，右辺第2項の括弧内の分子は第 j セグメントの売上高である．すなわち多角化指数はセグメント売上高のハーフィンダール指数を1から差し引いたものである．したがって，多角化指数は専業企業であれば0，多角化企業については，多角化が進むにつれて1に近いより大きな値となる．

回帰モデルの推計は，従属変数1つにつき3パターン行う．第1は，多角化企業と専業企業の平均的な差異を推計するための，多角化ダミーを用いた全サンプルでの推計である．第2は，多角化度合いの効果を推計するための，多角化指数を用いた全サンプルでの推計である．第3は，多角化企業にサンプルを限定し，多角化指数を用いる推計である．推計は通常最小二乗法で行い，係数の標準誤差は企業ごとにクラスターしてある．また，外れ値の影響を除くため，多角化ダミーを除くすべての独立変数を1パーセンタイルと99パーセンタイルでウィンソライズ（winsorize）している．

表8-1は回帰変数の記述統計量（平均と標準偏差）を全企業と多角化企業，専業企業に分けて示したものである．ほとんどの独立変数について，多角化企

表 8-1　サンプル企業の記述統計量（平均と標準偏差）

	全企業		多角化企業		専業企業		平均の差	
負債比率	0.220	(0.187)	0.272	(0.183)	0.178	(0.180)	0.094	***
超過負債比率	0.062	(0.172)	0.100	(0.174)	0.031	(0.164)	0.069	***
流動性比率	0.158	(0.130)	0.119	(0.090)	0.190	(0.148)	−0.071	***
超過流動性比率	−0.009	(0.115)	−0.040	(0.089)	0.016	(0.127)	−0.056	***
純負債比率	0.061	(0.267)	0.152	(0.229)	−0.012	(0.273)	0.164	***
超過純負債比率	0.071	(0.238)	0.140	(0.218)	0.015	(0.239)	0.124	***
多角化ダミー	0.446	(0.497)	1.000	(0.000)	0.000	(0.000)	1.000	−
多角化指数	0.163	(0.233)	0.365	(0.219)	0.000	(0.000)	0.365	−
総資産（対数）	10.43	(1.529)	11.04	(1.567)	9.937	(1.302)	1.107	***
固定資産／総資産	0.461	(0.195)	0.492	(0.189)	0.436	(0.196)	0.056	***
EBITDA／売上高	0.085	(0.076)	0.082	(0.068)	0.087	(0.081)	−0.005	***
トービンの q	1.158	(0.696)	1.083	(0.483)	1.218	(0.825)	−0.135	***
研究開発費／売上高	0.014	(0.025)	0.014	(0.022)	0.015	(0.027)	−0.001	***
マーケティング費／売上高	0.014	(0.030)	0.011	(0.027)	0.016	(0.032)	−0.004	***

（注）　括弧内は標準偏差．平均の差は多角化企業の平均から専業企業の平均を差し引いたもの．*** は 1 ％水準で有意を表す．

業と専業企業の平均には統計的に有意な差がある．多角化企業は専業企業に比べ資産規模が大きく，総資産に占める固定資産の比率が高い．また，利益率とトービンの q，研究開発とマーケティングへの支出性向は多角化企業の方が低くなっている．過去の研究によると，こうした多角化企業の特徴のすべてがレバレッジを高め，流動性保有を低める効果を持つと考えられる．したがって，多角化の効果を推計するためには，これらの要因の影響をコントロールすることが不可欠である．

4.2　プールド推計の結果

表 8-2 の (1) ～ (3) は，負債比率の回帰分析結果を示したものである．(1) は多角化ダミーを用いた推計である．多角化ダミーの係数は 1 ％水準で有意にプラスであり，他の条件一定として，多角化企業の負債比率は専業企業のそれより平均で 7 ％ポイント高いことを示している．表 8-1 が示すように，専業企業の平均負債比率は18％であるので，これは 4 割近い増加に対応する効果である．(2) は多角化指数を用いた推計である．多角化指数の係数も有意にプラスであり，多角化の進んだ企業ほど負債比率が高くなる傾向を示している．推計結果に基づくと，多角化指数の 1 標準偏差の上昇は，負債比率を3.7％ポイント高める効果を持つ．もっとも，(2) における多角化指数の効果は専業企業と多角化企業の違いを捉えており，すでに多角化している企業が多角化をさ

表 8-2 負債比率の回帰分析の結果

従属変数	(1) 負債比率 全企業	(2) 負債比率 全企業	(3) 負債比率 多角化企業	(4) 超過負債比率 全企業	(5) 超過負債比率 全企業	(6) 超過負債比率 多角化企業
多角化ダミー	0.070*** (0.005)			0.060*** (0.005)		
多角化指数		0.157*** (0.012)	0.097*** (0.017)		0.140*** (0.012)	0.093*** (0.017)
総資産(対数)	0.003* (0.002)	0.003 (0.002)	0.005** (0.003)	0.000 (0.002)	−0.001 (0.002)	0.003 (0.003)
固定資産／総資産	0.337*** (0.016)	0.336*** (0.016)	0.321*** (0.024)	0.175*** (0.014)	0.174*** (0.014)	0.202*** (0.021)
EBITDA／売上高	−0.373*** (0.035)	−0.384*** (0.035)	−0.248*** (0.065)	−0.273*** (0.035)	−0.280*** (0.035)	−0.231*** (0.066)
トービンの q	0.019*** (0.003)	0.018*** (0.003)	0.026*** (0.007)	0.018*** (0.003)	0.017*** (0.003)	0.027*** (0.007)
研究開発費／売上高	−0.570*** (0.094)	−0.598*** (0.093)	−1.007*** (0.177)	0.190** (0.092)	0.166* (0.091)	0.018 (0.169)
マーケティング費／売上高	−0.408*** (0.081)	−0.381*** (0.081)	−0.288** (0.134)	−0.270*** (0.083)	−0.241*** (0.082)	−0.229* (0.134)
決定係数	0.204	0.207	0.166	0.079	0.084	0.066
観測値数	29,621	29,588	13,183	29,621	29,588	13,183

(注) 括弧内は企業でクラスターした標準誤差．***は1％水準で有意，**は5％水準で有意，*は10％水準で有意を表す．

らに進めることの効果を捉えていない可能性がある．そこで (3) では，多角化企業のみをサンプルとした推計を行っている．多角化指数の係数は有意にプラスであり，多角化の進展が多角化企業の負債比率を高める効果を持つことを示している．

企業の資本構成は産業により大きな違いがある．このため，事業ポートフォリオを調整しない推計は，多角化の効果と産業レベルの要因の効果を混同する可能性がある．(4)〜(6) は超過負債比率を従属変数とすることで，この問題に対処している．(4) は多角化ダミーを用いた定式化，(5) と (6) は多角化指数を用いた定式化である．どの推計においても，多角化の効果はプラスで高い水準で有意である．推計された多角化の効果の大きさは，負債比率を従属変数とした場合に比べ，若干小さくなる．(4) の結果は，多角化企業の負債比率が同じ産業の代表的専業企業のポートフォリオに比べて6％ポイント高いことを示している．以上の結果は，事業の多角化がコインシュランス効果を通じて企業の借入余力を高めるという仮説と整合的である．

表 8-3 は流動性保有の回帰分析の結果である．(1)〜(3) の従属変数は流動性比率である．多角化ダミーの係数は有意に負である．係数の値は他の条件

表 8-3 流動性比率の回帰分析の結果

従属変数 推計サンプル	(1) 流動性比率 全企業	(2) 全企業	(3) 多角化企業	(4) 超過流動性比率 全企業	(5) 全企業	(6) 多角化企業
多角化ダミー	−0.027*** (0.003)			−0.034*** (0.003)		
多角化指数		−0.048*** (0.006)	−0.021*** (0.007)		−0.067*** (0.006)	−0.032*** (0.008)
総資産（対数）	−0.020*** (0.001)	−0.020*** (0.001)	−0.015*** (0.001)	−0.009*** (0.001)	−0.009*** (0.001)	−0.007*** (0.001)
固定資産／総資産	−0.258*** (0.008)	−0.259*** (0.009)	−0.175*** (0.010)	−0.152*** (0.008)	−0.153*** (0.009)	−0.094*** (0.010)
EBITDA／売上高	0.392*** (0.025)	0.400*** (0.025)	0.203*** (0.027)	0.281*** (0.025)	0.289*** (0.026)	0.130*** (0.031)
トービンの q	0.026*** (0.002)	0.026*** (0.002)	0.022*** (0.004)	0.002 (0.003)	0.002 (0.003)	−0.001 (0.004)
研究開発費／売上高	0.334*** (0.076)	0.344*** (0.076)	0.266*** (0.088)	0.065 (0.076)	0.080 (0.076)	0.078 (0.092)
マーケティング費／売上高	0.458*** (0.055)	0.456*** (0.056)	0.373*** (0.059)	0.276*** (0.055)	0.270*** (0.055)	0.157** (0.071)
決定係数	0.388	0.386	0.277	0.163	0.160	0.076
観測値数	29,621	29,588	13,183	29,621	29,588	13,183

（注）括弧内は企業でクラスターした標準誤差．***は1％水準で有意，**は5％水準で有意，*は10％水準で有意を表す．

一定として，多角化企業の流動性比率が専業企業のそれよりも2.7％ポイント低いことを示している．この効果は専業企業の平均流動性比率の14％分の変化に相応する．(2) は多角化指数を用いた全企業での推計結果である．多角化指数の係数は有意に負であり，多角化の進んだ企業ほど流動性保有が少なくなることを示している．この傾向は，多角化企業にサンプルを限定した (3) の推計においても有意に表れる．これらの結果は，多角化企業が事業間でキャッシュフローを融通し合うことで，予備的な流動性保有の水準を低く抑えることができることを示唆している．

(4)～(6) は超過流動性比率を従属変数とする回帰分析の結果である．推計結果は (1)～(3) と定性的に同じであり，多角化企業，とりわけ多角化度合いの高い企業の流動性保有が専業企業に比べて低いことが示されている．(4) の多角化ダミーの係数は (1) の係数よりも絶対値で大きく，多角化企業の流動性比率は同じ産業の代表的専業企業に比べて3.4％ポイント低くなっている．(5) と (6) の多角化指数を用いた推計でも，多角化の効果は事業ポートフォリオを調整しない推計よりも大きく検出される．すなわち，事業ポートフォリオの構成を考慮しない推計は，多角化が企業の流動性保有へ及ぼす影響

表 8-4 純負債比率の回帰分析の結果

従属変数	(1)	(2)	(3)	(4)	(5)	(6)
	純負債比率			超過純負債比率		
推計サンプル	全企業	全企業	多角化企業	全企業	全企業	多角化企業
多角化ダミー	0.098*** (0.007)			0.094*** (0.007)		
多角化指数		0.205*** (0.014)	0.118*** (0.020)		0.207*** (0.014)	0.125*** (0.020)
総資産(対数)	0.023*** (0.002)	0.023*** (0.002)	0.020*** (0.003)	0.009*** (0.002)	0.008*** (0.002)	0.010*** (0.003)
固定資産/総資産	0.594*** (0.019)	0.595*** (0.019)	0.496*** (0.028)	0.327*** (0.019)	0.327*** (0.019)	0.295*** (0.026)
EBITDA/売上高	−0.765*** (0.048)	−0.784*** (0.049)	−0.451*** (0.078)	−0.554*** (0.049)	−0.569*** (0.050)	−0.361*** (0.083)
トービンの q	−0.007* (0.004)	−0.008* (0.004)	0.004 (0.007)	0.016*** (0.005)	0.015*** (0.005)	0.029*** (0.009)
研究開発費/売上高	−0.904*** (0.137)	−0.943*** (0.136)	−1.273*** (0.216)	0.125 (0.140)	0.086 (0.139)	−0.060 (0.219)
マーケティング費/売上高	−0.866*** (0.106)	−0.837*** (0.107)	−0.661*** (0.157)	−0.546*** (0.112)	−0.511*** (0.112)	−0.386** (0.168)
決定係数	0.356	0.355	0.257	0.149	0.151	0.093
観測値数	29,621	29,588	13,183	29,621	29,588	13,183

(注) 括弧内は企業でクラスターした標準誤差.***は1％水準で有意,**は5％水準で有意,*は10％水準で有意を表す.

を過小評価する傾向がある.

　表 8-4 は純負債比率と超過純負債比率を従属変数とする回帰分析の結果である.表 8-2,表 8-3 の結果から予想されるように,どちらの変数を用いた場合も,多角化の効果はプラスで高い水準で有意である.(1)の推計結果によると,多角化企業の純負債比率は専業企業に比べて,平均的に10％ポイント弱ほど高い.(4)の超過純負債比率を従属変数とする推計でも,多角化ダミーの係数は(1)と同程度の大きさになる.多角化指数の係数も(2)と(5)の全企業に基づく推計,(3)と(6)の多角化企業のみの推計の双方で有意にプラスであり,多角化の進んだ企業ほど純負債比率が高くなる傾向があることを示している.

4.3　多角化の効果の変化

　次に多角化の効果に観測期間を通じた変化が見られるか,単年データのクロスセクション回帰により検証する.ここでの従属変数は超過負債比率,超過流動性比率,超過純負債比率の3変数である.多角化の効果は多角化ダミーにより計測し,コントロール変数はプールド推計と同じである.

　表 8-5 は多角化ダミーの係数の推計結果をまとめたものである.(1)は超過

表 8-5 単年クロスセクション回帰による多角化効果の推計

年＼従属変数	(1) 超過負債比率	(2) 超過流動性比率	(3) 超過純負債比率
2001	0.067*** (0.008)	−0.045*** (0.004)	0.113*** (0.010)
2002	0.065*** (0.008)	−0.030*** (0.04)	0.095*** (0.010)
2003	0.062*** (0.008)	−0.035*** (0.005)	0.097*** (0.010)
2004	0.062*** (0.007)	−0.039*** (0.005)	0.101*** (0.010)
2005	0.065*** (0.007)	−0.037*** (0.005)	0.102*** (0.009)
2006	0.049*** (0.007)	−0.032*** (0.004)	0.081*** (0.009)
2007	0.052*** (0.007)	−0.028*** (0.004)	0.079*** (0.009)
2008	0.051*** (0.007)	−0.028*** (0.004)	0.079*** (0.009)
2009	0.063*** (0.007)	−0.027*** (0.005)	0.091*** (0.009)
2010	0.059*** (0.007)	−0.032*** (0.005)	0.091*** (0.009)
2011	0.051*** (0.007)	−0.037*** (0.005)	0.088*** (0.010)
2012	0.063*** (0.007)	−0.040*** (0.005)	0.103*** (0.010)

（注）各年のクロスセクション回帰における多角化ダミーの係数と標準誤差（括弧内）．***は1％水準で有意，**は5％水準で有意，*は10％水準で有意を表す．

負債比率を従属変数とした場合の結果である．すべての年で多角化の効果は有意にプラスである．推計された係数の値は4.9～6.7％の範囲にあり，12年の平均は5.9％である．時系列での変化に注目すると，2006～2008年頃に1％ポイントほどの効果の低下が見られるが，その後は6％程度に回復している．(2)は超過流動性比率の分析結果である．多角化ダミーの係数はすべての年で有意に負であり，12年の平均は−3.4％である．超過流動性比率についても，2007～2009年頃に多角化の効果の低下が見られるが，2010年以降は2006年以前と同程度の値に戻っている．(3)は超過純負債比率に基づく推計結果である．(1)と(2)と同様に，2000年代後半の一時期に多角化の効果の低下が見られるものの，その後は回復している．これらの結果は多角化の企業の財務政策への影響が，観測期間内において概ね安定的であったことを示している．

5 おわりに（多角化の効率性と非効率性）

多角化企業は，事業間でキャッシュフローの過不足を補い合うことで，デフォルトや投資機会の取り逃がしが発生するリスクを小さくすることができる．本章では，多角化のこうした効果が企業の財務政策に及ぼす影響を分析した．回帰分析の結果は，多角化企業が専業企業に比べて有意に高いレバレッジを持つ一方で，流動性保有レベルは低いことを示している．この結果は，事業の多角化が企業の借入余力を高め，予備的な流動性保有の必要性を低めるという仮説と整合的であるだけではなく，日本企業の財務政策が財務柔軟性の確保に配慮しつつ決定されていることを示唆するものである．

本章の分析結果はまた，負債の積極的な活用や現金保有の抑制を通じた株主資本の有効利用という見地から見ると，多角化企業の財務政策が専業企業のそれに比べて効率的であることを示している．既存研究で明らかにされた多角化ディスカウントの存在は，日本企業の多角化に何らかの非効率性があることを示唆している．しかしながら，本章で見出された多角化の企業財務への影響は，エージェンシー仮説の予測とは逆方向に作用している．したがって，多角化の非効率性を企業レベルでの財務の歪みに帰することは難しい．では何がディスカウントをもたらしているのか，一層の分析が必要である．

いま1つの重要な分析課題は，財務の保守化傾向の背景である．観測期間を通じて日本企業の多角化度合いはほぼ不変であり，多角化が財務政策に及ぼす効果も安定的であった．したがって，レバレッジの低下や手元流動性の増加といった変化を，企業の多角化戦略で説明することはできない．本章の結果は，財務柔軟性が財務政策に影響する重要な要因であることを示唆しているものの，それを重視するがゆえに日本企業の財務が保守化してきたことを示すものではない．この重要な変化の背景を明らかにするためには，本章とは異なる視点からの分析が必要とされる．

　　本章の作成にあたり，宮島英昭教授（早稲田大学）をはじめとするRIETIコーポレート・ガバナンス研究会メンバーから有益なコメントを得た．また，JSPS科研費（15K03617）の補助を受けた．記して感謝する．

【参考文献】

Acharya, V. V., H. Almeida and M. Campello (2007) "Is Cash Negative Debt? A Hedging Perspective on Corporate Financial Policies," *Journal of Financial Intermediation*, Vol. 16, pp. 515-554.

Ahn, S., D. J. Denis and D. K. Denis (2006) "Leverage and Investment in Diversified Firms," *Journal of Financial Economics*, Vol. 79, pp. 317-337.

Almeida, H., M. Campello and M. Weisbach (2004) "The Cash Flow Sensitivity of Cash," *Journal of Finance*, Vol. 59, pp. 1777-1804.

Berger, P. G. and E. Ofek (1995) "Diversification's Effect on Firm Value," *Journal of Financial Economics*, Vol. 37, pp. 39-65.

Berger, P. G., E. Ofek and D. L. Yermack (1997) "Managerial Entrenchment and Capital Structure Decisions," *Journal of Finance*, Vol. 52, pp. 1411-1438.

Comment, R. and G. A. Jarrell (1995) "Corporate Focus and Stock Returns," *Journal of Financial Economics*, Vol. 37, pp. 67-87.

Duchin, R. (2010) "Cash Holdings and Corporate Diversification," *Journal of Finance*, Vol. 65, pp. 955-992.

Frank M. Z. and V. K. Goyal (2009) "Capital Structure Decisions: Which Factors are Reliably Important?" *Financial Management*, Vol. 38, pp. 1-37.

Graham, J. R. and C. R. Harvey (2001) "The Theory and Practice of Corporate Finance," *Journal of Financial Economics*, Vol. 60, pp. 187-243.

Kim, E. H. and J. J. McConnell (1977) "Corporate Mergers and the Co-insurance of Corporate Debt," *Journal of Finance*, Vol. 32, pp. 349-365.

Lang, L. and R. Stulz (1994) "Tobin's q, Corporate Diversification, and Firm Performance," *Journal of Political Economy*, Vol. 102, pp. 1248-1280.

Lemmon, M. L., M. R. Roberts and J. F. Zender (2008) "Back to the Beginning: Persistence and the Cross-Section of Corporate Capital Structure," *Journal of Finance*, Vol. 63, pp. 1575-1608.

Lewellen, W. G. (1971) "A Pure Financial Rationale for the Conglomerate Merger," *Journal of Finance*, Vol. 26, pp. 521-537.

Opler, T., L. Pinkowitz, R. Stulz and R. Williamson (1999) "The Determinants and Implications of Corporate Cash Holdings," *Journal of Financial Economics*, Vol. 52, pp. 3-46.

Rajan, R., H. Servaes and L. Zingales (2000) "The Cost of Diversity: The Diversification Discount and Inefficient Investment," *Journal of Finance*, Vol. 55, pp. 35-80.

Rajan, R. and L. Zingales (1995) "What do We Know about Capital Structure? Some Evidence from International Data," *Journal of Finance*, Vol. 50, pp. 1421-1460.

Shin, H.-H. and R. M. Stulz (1998) "Are Internal Capital Markets Efficient?" *Quarterly Journal of Economics*, Vol. 113, pp. 531-552.

Stein, J. C. (2003) "Agency, Information and Corporate Investment," in G. M. Constantinides, M. Harris and R. M. Stulz eds., *Handbook of the Economics of Finance*, Vol. 1A, Elsevier.

Subramaniam, V., T. T. Tang, H. Yue and X. Zhou (2011) "Firm Structure and Corporate Cash Holdings," *Journal of Corporate Finance*, Vol. 17, pp. 759-773.

Tong, Z. (2012) "Coinsurance Effect and Bank Lines of Credit," *Journal of Banking & Finance*, Vol. 36, pp. 1592-1603.

Ushijima, T. (2016) "Diversification, Organization, and Value of the Firm," *Financial Management*, Vol. 45, pp. 467-499.

牛島辰男（2015）「多角化ディスカウントと企業ガバナンス」『フィナンシャル・レビュー』第121号，69-90頁．

佐々木隆文・佐々木寿記・胥鵬・花枝英樹（2016）「日本企業の現金保有と流動性管理――サーベイ調査による分析」『現代ファイナンス』第37号，19-48頁．

中野誠・久保直也・吉村行充（2002）「多角化企業の財務構造とバリュエーション」『証券アナリストジャーナル』第40巻第12号，76-91頁．

第III部
企業統治の有効性と統治制度改革の課題

第9章
企業統治制度の変容と経営者の交代

齋藤卓爾／宮島英昭／小川　亮

1 は じ め に

　経営者の交代と業績の関連性はコーポレート・ガバナンスが有効に機能しているか否かの最も重要な指標の1つである（Jensen and Ruback, 1983; Shleifer and Vishny, 1997）．そのため経営者の交代と企業業績との関係については，これまで内外で多くの研究が積み重ねられてきた．特に，先進諸国では経営者交代は，多かれ少なかれ業績に感応することから，多くの研究は，交代をもたらすメカニズムや経路，交代の業績感応度の時系列的な変化を企業統治制度の進化や特性との関係で解明することに向かった．例えば，米国に関する研究では，Weisbach（1988）が，先駆的に取締役会構成と経営者交代との関係を分析している．また，Denis et al.（1997）は，株主構造と経営者交代の関係を分析している．Parrino et al.（2003）は，経営者の交代に対して，単に敵対的買収による経営者の更迭やブロックホルダーの直接の関与のみでなく，機関投資家の退出の脅威が重要なメカニズムとなっていることを解明した．また，近年では，経営者の交代と業績の関係が，米国の統治制度の進化との関連でどのように変化したかに焦点を当てた分析も試みられている．独立社外取締役の選任など内部ガバナンスが整備される一方，経営権市場の活発化した1980年代には，経営者の交代頻度が上昇したこと，さらにSOX法などによりガバナンスが強

化された1990年代から2000年代には経営者の交代頻度のみならず，業績感応度が上がることが報告されている（Huson *et al.* 2001; Kaplan and Minton, 2012）．

他方，日本に関する研究では，メインバンクが経営者交代に与える影響が注目されてきた．多くの研究は，米国と同様に日本においても，業績が悪化すると経営者交代が起きる確率が高まり，特にメインバンクと強い関係を持っている企業でその傾向が顕著であることを報告している．そして，これらの結果はメインバンクが日本企業のコーポレート・ガバナンスにおいて重要な役割を果たしている重要な証しであるとされてきた．

しかし，バブル崩壊以降，日本企業のコーポレート・ガバナンスを取り巻く状況は大きく変化した．株式相互持ち合いの解消，機関投資家の保有比率の急速な増加など，株式所有構造が大きく変化する一方，これまでの日本企業の企業統治を特徴づけたメインバンクシステムが後退した．また，かつて，経営と監督の組織的未分離，「大きく」，もっぱら内部昇進者から構成された日本企業の取締役会は，この20年間を経て，経営と監督の組織的分離，取締役会規模の縮小，独立社外取締役の選任が徐々に進展した．では，こうした企業統治制度の変化は企業業績と経営者の交代の関係にどのような影響を与えたのか．本章の主題は，この問題に接近する点にある．

具体的な分析の焦点は，次の点に求められる．

・従来のメインバンクシステムは，もはや経営の規律における機能を失ったのか，それとも機能する領域が縮小しただけなのか．
・1990年代末以降，急速に増加した機関投資家，特に海外機関投資家は，日本企業の経営の規律においてメインバンクシステムに代替しつつあるのか．
・機関投資家が，経営者の交代への影響を増加させているとすれば，いかなるメカニズムか．ブロックホルダーの存在が経営者の交代を促すのか．
・独立社外取締役の増加は，経営者交代の業績感応度に有意な影響を持っているのか．

ここでは，1990年から2013年の長期の期間を対象に，東証第1部上場企業からランダムに選択した500社についてパネルデータを作成して，前記の諸点を解明する．

以下，本章は，次のように構成される．次節では，経営者の交代・企業業績・統治制度に関する内外の研究を概観する．第3節では，本章で用いられるデータを説明したうえで，経営者交代の近年の特徴を様式化する．第4節は，経営者の交代とパフォーマンスとの関係についての分析結果を要約する．第5節から第7節は，メインバンク制，機関投資家，独立社外取締役の経営者交代への影響の分析である．最終節は，結論と分析結果の含意を議論する．

2 経営者交代に関する先行研究

2.1 米国における研究

　Jensen and Ruback（1983）が，経営者の交代と業績の関連性はコーポレート・ガバナンスが有効に機能しているか否かが最も重要な指標の1つであると指摘して以来，米国では，1980年代半ばから，この点に関する研究が進展した．経営者の交代と業績の関係の先駆的な研究としては，Coughlan and Schmidt（1985），Warner et al.（1988）があり，経営者の交代が，業績に感応することを明らかとした．その後の研究は，このメカニズムを解明することに向かった．例えば，Weisbach（1988）が，取締役会構成と経営者交代との関係を分析している．また，Denis et al.（1997）は，株主構造と経営者交代を分析し，経営者の株式保有が多い企業ほど経営者交代の業績感応度が低いことを示した．

　また，近年には，経営者の交代と業績の関係が，米国の統治制度の進化との関連でどのように変化したかに焦点を当てた分析も試みられている．Huson et al.（2001）は，1971年から1994年までのCEOの交代を分析した．この期間の米国では，社外取締役の増加，社外取締役の機能の強化など内部ガバナンスが整備される一方，経営権市場の活発化など外部ガバナンスも進化した．もっとも，その間，懲罰的な経営者交代の頻度や，社外の経営者への交代は増えたが，業績への感応度は変化していないと報告している．

　Kaplan and Minton（2012）は，Huson et al.（2001）が扱った1992年から2007年までのCEOの交代を分析した．この期間，SOX法などによりさらにガバナンスが強化されたため，企業統治制度の変化が経営者の交代確率に影響を与えたか否かに，関心が向けられた．その分析結果によれば，経営者交代の頻

度が上昇し，また，業績への感応度も強くなっている．これらの変化をもたらした要因として，Kaplan and Minton（2012）は，ブロックホルダーの増加と取締役の独立性の上昇を指摘している．他方，Helwege et al.（2011）は，1980年以降の経営者の交代を取り上げ，1993年以前の経営者の交代が，ブロックホルダーの圧力と，機関投資家の退出の脅威に基づくのに対して，1994年から2006年の交代では，後者の（退出の脅威）の影響力が低下したことを指摘した．

米国以外については，海外機関投資家の増加が，業績の低迷した企業の経営者の交代を促しているかどうかについて分析が進展している．Aggarwal et al.（2011）は，新興国23カ国について株式所有構造の変化が経営者の交代に与える影響を検討し，機関投資家の増加が，経営者交代の企業パフォーマンスに対する感応度を引き上げることを指摘している．他方，世界各国のヘッジファンドアクティビズムの役割を検討したBecht et al.（2015）は，アジア地域（サンプルの過半は日本企業が占める）では，アクティビズムの成果は乏しく，経営者の選任に影響を与えた事例はまれなことを報告している．

2.2 日本における研究

日本に関する研究は，これまで経営者の交代に対するメインバンクの役割に注目してきた．この点を初めて強調したのは，Kaplan（1994）である．同論文は，1980年代半ばを対象に日・米・独の経営者交代と業績との関係を分析し，日本のメインバンクシステムが，米国の買収市場（market for corporate control）と同様の機能を果たしている点を強調した．その後の研究でも，Kang and Shivdasani（1995）は，1985年から1990年を分析対象に，Abe（1997）は，1974年から1990年を対象として，経営者交代と業績の関係を検討した．また，宮島（1998）は，1950年代から1990年代の5つの不況の時期を取り上げて，経営者の交代を分析している．いずれの分析も，米国と同様に日本でも，業績が悪化すると経営者交代が起こる確率は高くなること，また，メインバンクとの結び付きが強いほど，この経営者交代の業績への感応度が高くなることを指摘している．

しかし，日本企業のコーポレート・ガバナンスをめぐる状況は，近年大きく変化した．では，こうした企業統治制度の変化は，日本企業の経営者交代にど

のような影響を与えているのか．メインバンク制は，もはや経営の規律付けにおける役割を失ったのだろうか．増加する機関投資家，特に海外機関投資家は，経営者交代に実質的な影響を及ぼしているのであろうか．影響を与えているとすれば，いかなるメカニズムが想定されるのか．さらに，独立社外取締役の増加は，経営者の交代に期待されているような影響を確認することができるのか．これらの疑問に答えている先行研究は見当たらない．

3 経営者の交代：事実の様式化

3.1 データ

　サンプル企業は，東証第1部上場企業からランダムに選ばれた500社であり，2つのサンプルから構成される．サンプル1は，1990年時点で上場した非金融・非公益事業法人，計1070社からランダムに400社をピックアップした．このうち2013年まで存続する企業は，279社である．この間の減少は，経営破綻，解散，吸収合併，同業他社による買収，完全子会社化などによる．サンプル2は，1991～2006年に東証第1部に新規上場したか，上場変更した非金融・非公益事業法人，計393社からランダムに選択した100社である．これによって，1990～2013年の東証第1部上場企業の分布にほぼ照応したサンプルを得ることができる．

　また，推計期間は，1990～2013年であり，財務変数については，基本的に連結決算を利用する．また，前記の期間を経済環境の変動に注目して，以下8年ずつの3期間に区分した．

- 1990～1997年：バブルの崩壊から銀行危機までの時期
- 1998～2005年：銀行危機後，株式所有構造が急速に変化した時期
- 2006～2013年：株式所有構造が安定する一方，徐々に独立社外取締役の採用が進展した時期

　本章の主題は，以上の期間に関して，(1) 経営者交代の頻度は変化したのか，(2) 経営者交代と業績の感応度は変化したのか，(3) こうした交代の頻度と業

績感応度の変化と企業統治制度の変化とはいかなる関係にあるのか，を解明する点にある．

3.2 経営者交代のタイプ

経営者（社長）[1]が交代する理由は様々である．大別すれば，一定期間CEOを務めた後，健康上・体力面の理由から，自発的に退任する通常の交代と，経営能力，努力水準の低さが問題となって交代を余儀なくされる懲罰的な交代とがある．いうまでもなく，コーポレート・ガバナンスの研究で注目すべきは，後者の懲罰的な交代であり，両者を区別する必要がある．

これまでの研究もこの点を区別することに多くの努力を費やしてきた．例えば，米国の研究では，業績低迷等の退任理由が新聞・メディアで確認されたケースを，懲罰的交代（forced turnover）と定義し，それ以外の通常の交代（internal turnover）と区別して，この懲罰的交代に焦点を当てて分析を進めている[2]．

それに対して，戦後日本企業の場合，現経営者が一定（2期4年，または，3期6年）の任期を終えると，会長，ないし副会長に就任し，内部昇進者が継承するのを慣行としていた．そこで，本章では退任した経営者が会長または副会長に就任するケース（以下，「通常の交代」という）に対して，退任した経営者が会長・副会長に就任しなかった場合には，交代には何らかの懲罰的要素が反映していると捉え，懲罰的交代と考えた．日本企業に関するこれまでの研究の文脈でも，このケースを懲罰的交代の典型的ケースとして捉えてきた[3]．

もっとも，日本企業の中には，企業の慣行によって，この退任経営者の会長・副会長への就任を禁じているケースもある（例えば，本田技研工業）[4]．しかし，そうしたケースでも，退任した経営者は，通常取締役相談役や取締役

---

1) 本章では有価証券報告書に代表者として記載されている人物を経営者としている．ほとんどの企業は社長を代表者としているが，一部例外がある．
2) Huson *et al.*（2001）は，*Wall Street Journal* などの記事に基づいて懲罰的交代か否かを判断している．これに対して Kaplan and Minton（2012）は記事からでは判断できないとして，すべての経営者交代を分析している．
3) 例えば，Kang and Shivdasani（1995）と Kaplan（1994）はこの定義を採用している．
4) 本田技研工業がこうした慣行を持つ企業として最も著名だが，退任経営者を会長職に選任しないことを社是とする企業もある．

には就任するので，退任後，取締役会メンバーに残れなかった場合，さらに懲罰的な側面が強い．そこで本件研究では経営者が会長・副会長を含む取締役として残れなかったケースを懲罰的交代と定義した[5]．

また，懲罰的要素を含む別のタイプの交代としては，買収，統合，経営破綻により現経営者がその地位を失う場合がある．これを Kaplan and Minton (2012) は，通常，あるいは懲罰的交代と区別して external turnover と呼んでいる．M&A が低調で，財務悪化企業に対してはメインバンクによる私的整理が中心であった1990年代前半までの日本企業では，こうしたケースはまれであった．しかし，銀行危機後，こうしたケースが急速に増加した．例えば，我々のサンプルでも，上場廃止は分析期間中に135ケースあり，これは企業が存続した場合の全交代1398ケースに対して10％弱に当たる．そこで，この M&A や経営者の続投を許す DIP（debtor in possession）型会社更生のケースについても，上場廃止後，経営者の交代を追跡した．例えば，買収により子会社化されて経営者交代があった場合は懲罰的な性格を持つ交代があったとみなし，逆に子会社化されても経営者交代がなかった場合は，交代がなかったとみなした．

なお，経営者の交代を，通常の交代と，懲罰的交代（会長・副会長になれず，また取締役としても残れなかったケース）に分類するにあたって，会長・副会長，取締役に残れたか否かは基本的に1年後を判断基準としている．

3.3 交代パターンの様式化

1990～2013年の経営者の動向は，表9-1に要約されている．1990～2013年の経営者の交代確率は14.9％，平均交代確率は，1990～1997年が13.5％，1998～2005年がやや上昇して，15.8％，2006～2013年が15.2％である．2013年にやや低下しているものの，1990年度以降，交代確率は上昇していると判断できよう．図9-1は交代確率の推移を図示している．

経営者の在職期間の長期動向を見ると，1990～2013年に退職した経営者の在職年数の平均期間は，7.72年である．期間別には，1990～1997年が8.72年，1998～2005年が7.6年，2006～2013年が6.86年である．図9-2は退任した経営者の平均在職年数の推移を図示している．在職期間も1990年代後半以降短期化

---

[5] なお，以上を分類する場合，死亡・病気による退任の場合を除く必要があり，この点は，新聞記事により確認した．

表 9-1　経営者交代の推移

	サンプル数	交代	比率 (%)	M&A に伴う交代	破綻に伴う交代	退任後会長・副会長	退任後その他取締役	比率 (%)	懲罰的交代	懲罰的交代の比率 (%)
	(a)	(b)	(b)/(a)			(c)	(d)	((c)+(d))/(b)	(e)	(e)/(a)
1990	400	48	12.0	0	0	36	8	92	4	1.0
1991	400	55	13.8	2	0	46	4	91	5	1.3
1992	401	65	16.2	1	0	45	8	82	12	3.0
1993	401	39	9.7	1	0	29	4	85	6	1.5
1994	403	64	15.9	2	0	38	10	75	16	4.0
1995	405	53	13.1	0	0	43	7	94	3	0.7
1996	413	60	14.5	1	2	34	7	68	19	4.6
1997	414	52	12.6	1	3	29	7	69	16	3.9
1998	414	68	16.4	3	1	39	9	71	20	4.8
1999	414	66	15.9	3	3	40	8	73	18	4.3
2000	438	69	15.8	0	0	36	9	65	24	5.5
2001	443	62	14.0	3	11	33	5	61	24	5.4
2002	429	91	21.2	3	0	58	12	77	21	4.9
2003	430	66	15.3	1	1	42	5	71	19	4.4
2004	429	60	14.0	2	0	37	6	72	17	4.0
2005	430	61	14.2	4	0	36	11	77	14	3.3
2006	426	77	18.1	2	0	41	7	62	29	6.8
2007	418	63	15.1	1	0	43	5	76	15	3.6
2008	412	72	17.5	5	1	36	7	60	29	7.0
2009	401	62	15.5	2	0	28	9	60	25	6.2
2010	395	61	15.4	1	1	32	4	59	25	6.3
2011	387	50	12.9	2	1	30	2	64	18	4.7
2012	380	58	15.3	1	0	39	2	71	17	4.5
2013	376	44	11.7	3	0	33	3	82	8	2.1
合計	9,859	1,466	14.9	44	24	903	159	72	404	4.1
1990-1997	3,237	436	13.5	8	5	300	55	81	81	2.5
1998-2005	3,427	543	15.8	19	16	321	65	71	157	4.6
2006-2013	3,195	487	15.2	17	3	282	39	66	166	5.2

(注) サンプル企業は，東証第1部上場企業からランダムに選ばれた500社である．退任後の経営者のポジションは退任1年後の時点のものである．懲罰的交代は経営者の交代が死亡などの理由以外で起き，退任後，会長・副会長・その他の取締役とならなかったケースである．

しているといえよう．

　歴史的に見ると，1960年代まで経営者の在職期間は比較的長期で，必ずしも経営者交代は在職期間と強い相関を持っていなかった（宮島, 1996; 伊丹, 1995; 宮島, 1998）．しかし，1970年代に入って経営者（社長）の在職期間の短期化，社長地位のポスト化（伊丹, 1995）が進展した後，社長の在職期間は1990年以降にはやや長期化する兆しを見せていた．これを前提に，本章のデータと接続して1990年代前半をベンチマークとすると，1990年代後半から，経営者の交代確率は上昇し，在職期間は再び短期化していることがわかる．

第 9 章　企業統治制度の変容と経営者の交代　313

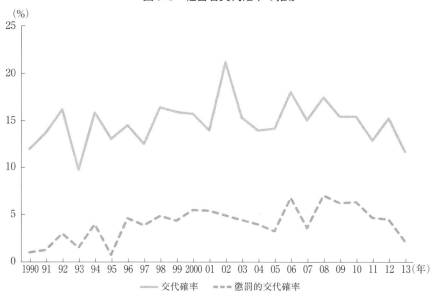

図 9-1　経営者交代確率の推移

（注）　サンプル企業は，東証第 1 部上場企業からランダムに選ばれた500社である．懲罰的交代は経営者交代が死亡などの理由以外で起き，退任後，会長・副会長・その他の取締役とならなかったケースである．交代確率は毎年の経営者交代数をサンプル数で割って求めている．懲罰的交代確率は毎年の懲罰的交代数をサンプル数で割って求めている．

　また，国際的に見ると，Kaplan and Minton（2012）によれば，米国のS&P500企業の1990年から2005年のCEOの平均交代確率は15％と試算されているので，日本の経営者の交代もほぼ同程度の頻度であるといえる．また，同論文によれば，S&P500企業の平均交代確率は，1990〜1997年の13.2％から，1998〜2005年の16.9％へと，3.7％ポイント上昇しているから，日本の経営者交代の上昇傾向は，世界的な傾向ということもできよう．

　次に，経営者交代のタイプを見ると，懲罰的傾向を持つ交代の頻度が1996年から2002年，さらに2007年から2010年に上昇していることが確認できる．前者は，銀行危機後の事業再組織化に当たり，ピークの2002年には，交代91ケース（交代確率21.2％）のうち21ケース（同4.9％）が懲罰的交代である．また，次のピークの2008年には，交代72ケース（同17.5％）のうち，懲罰的交代は29ケース（同7.0％）を占める．

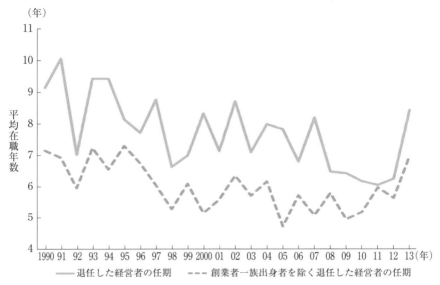

図 9-2 退任した経営者の平均在職年数の推移

(注) サンプル企業は,東証第1部上場企業からランダムに選ばれた500社である.各年に退任した経営者の経営者としての在職年数の平均値を示している.点線は創業者一族が株式を5%以上保有する創業者もしくは創業者一族出身の経営者を除いた退任した経営者の平均在職年数を示している.

4 経営者交代の業績感応度は変化しているのか

4.1 推計モデル

では,上昇傾向を示した経営者の交代は,企業業績に感応しているのか.ここでは,Probit モデルを利用した以下の標準的なモデルを推計する.

$$TURN_{i,j,t}=F[P_{i,t}, TENU_{i,t}, FAM_{i,t}, SUB_{i,t}, FAM_{i,t}*P_{i,t},$$
$$SUB_{i,t}*P_{i,t}, CONT] \tag{1}$$

ここで,$TURN$ は,企業 i の t 期の経営者の交代であり,j はそれぞれ全交代,通常の交代,懲罰的交代からなり,交代は,各社の決算期直後の株主総会で承認された経営者を比較することによって特定した.P_i は,企業のパフォーマンスであり,総資産利益率 (ROA),自己資本利益 (ROE),株式リターン (RET) をとった.パフォーマンスは,Kaplan and Minton (2012) などにならって,産業中央値との差をとり標準化した数値とした[6].また,多くの研究

にならって，標準化済みパフォーマンスがサンプル中の下位五分位に属する企業に，1を与えるダミー変数を作成し，それをパフォーマンス変数として代替する推計も試みた．これまでの銀行（メインバンク）の介入による経営者の規律付け（交代）は，金利支払い前のパフォーマンス（ROA）を指標としていたと見られるが，銀行危機以降の企業統治制度の進化の結果，経営者の交代が感応する業績指標が，株主の直接の利益を示す ROE，あるいは，株式リターンに移動したか否かが以下の大きな焦点である[7]．

$TENU_{i,t}$ は，企業 i の t 時点の経営者の在職期間に関する変数であり，日本企業でこれまで機能していたといわれる経営者の選任における年功制の要素を捉えるために導入した[8]．具体的には，在職期間 1～2年，3～4年，7～8年，9年以上についてダミー変数を作成した．したがって，各ダミー変数の係数は，ベンチマークとなる在職 5・6 年の経営者の交代確率に対する乖離を示すことになる．

$FAM_{i,t}$ は，ファミリー企業ダミーである．一般に，ファミリー企業は，経営者の交代は世襲を中心とするため，経営者の在職期間が長く，その業績感応度は低い．FAM はこの点をコントロールするために導入した．ここでファミリー企業は，創業家の株式持ち分が 5％以上で，経営者が創業者か，創業者の一族出身者と定義した．この条件を満たした企業は，全サンプル中 22.6％である．

$SUB_{i,t}$ は，子会社ダミーであり，日本に一般的とされる上場子会社の影響をコントロールするために導入した．他の上場会社（公開持株会社）を含む支配株主を持つ企業では，経営者の選任がグループ全体の人事政策の一環として行われるため，経営者の交代の業績感応度は低いと想定される．上場子会社の閾値としては他の事業法人の株式保有比率 30％を設定した．このダミーを与えられた企業は，サンプル中，13.7％を占める．

---

[6] その他，Aggarwal *et al.* (2011) は，超過収益率（abnormal return ＝株式リターン － MSCI index リターン），Parrino *et al.* (2003) は，Market adjusted RET を利用している．

[7] ROA ＝（営業利益＋営業外利益）÷総資産，ROE ＝純利益÷株主資本，RET ＝（年度末株価－前年度末株価＋1株配当金）÷前年度末株価

[8] 伊丹（1995）は，1970年代から，経営者の地位は年功ルールに従ってポスト化したと指摘している．

表 9-2 サンプル企業の統治構造
(%)

	1990	1996	1999	2001	2006	2009	2013	全体
サンプル（企業数）	400	413	414	443	426	401	376	8,466
サンプル1（成熟・既存企業）	400	394	380	372	330	302	277	1,393
サンプル2（新興・新規上場企業）	0	19	34	71	96	99	99	9,859
メインバンク持分	4.11	4.06	3.84	3.34	2.43	2.32	2.17	3.20
メインバンク3％以上	0.9	83.3	77.3	64.6	42.3	40.1	36.7	61.8
メインバンク役員派遣	43.5	36.1	36.0	32.7	27.9	22.9	22.6	32.3
メインバンクダミー	0.267	0.230	0.242	0.206	0.148	0.123	0.130	0.198
創業者一族持分平均	3.93	4.60	4.94	6.62	6.70	6.78	6.83	5.57
5％以上の企業の構成比	21.3	21.8	21.6	23.9	23.9	24.2	23.7	22.6
親会社持分	5.79	5.34	5.79	5.99	7.12	7.54	7.48	6.33
30％以上親会社の構成比	13.5	12.3	13.0	13.3	16.0	16.5	16.0	14.2
機関投資家持分	8.90	11.73	11.17	13.13	21.68	21.70	24.94	15.72
海外機関投資家持分	3.28	6.94	6.68	6.44	14.48	13.09	16.64	9.18
20％以上	0.0	4.4	9.4	7.4	29.8	25.2	35.6	14.0
独立社外取締役	NA	NA	NA	NA	37.4	43.3	61.4	NA
3人以上独立社外取締役	NA	NA	NA	NA	8.2	11.3	13.6	NA
独立社外取締役人数比率	NA	NA	NA	NA	5.67	7.65	11.59	NA

(注) サンプル企業は，東証第1部上場企業からランダムに選ばれた500社である．会社が特定する主取引銀行（『会社四季報』に基づく）が安定的である場合，その銀行をメインバンクとしている．
(出所) 日経 NEEDS-Cges, FactSet などに基づき筆者作成．

以上の企業特性を示す変数の時系列的な分布は，表9-2に要約されている．

4.2 推計結果

基本推計の結果は，表9-3に整理されている．注目すべきは次の諸点である．

第1に，経営者の交代は，全体として，産業調整済み ROA, ROE, RET のいずれの指標についても，有意に負に感応している．例えば，ROA の1標準偏差（4.1％）の上昇は，3.2％経営者の交代確率を上昇させ，これは，交代確率の平均15.6％の2割に当たる．また，経営者の交代は，経営者の在職期間に高い相関を持っていた．モデル1によれば，他の変数を平均と仮定すれば，就任後1〜2年の経営者の交代確率は，基準となる就任後5〜6年の経営者の交代確率に比べて17％，また，就任後3〜4年の経営者の交代確率は，7.1％低くなる．

第2に，経営者の交代を通常の交代と懲罰的交代に分けて推計した結果は，表9-3のモデル4，5の通りである[9)]．通常の交代がパフォーマンスに対して

表 9-3　経営者交代に企業業績が与える影響の分析結果

従属変数 =	全交代	全交代	全交代	通常の交代	懲罰的交代
業績指標 =	ROA	ROE	RET	ROA	ROA
	Model 1	Model 2	Model 3	Model 4	Model 5
産業の業績（中央値）	−0.424	−0.261	0.002	−0.167	−0.233**
	(0.279)	(0.237)	(0.021)	(0.199)	(0.113)
産業調整済み業績	−0.785***	−0.179***	−0.038**	−0.170	−0.482***
	(0.151)	(0.024)	(0.017)	(0.110)	(0.083)
Log（売上高）	0.003	0.003	0.001	0.008***	−0.004***
	(0.003)	(0.003)	(0.003)	(0.002)	(0.001)
在職年数1〜2年（ダミー）	−0.168***	−0.168***	−0.168***	−0.130***	−0.027***
	(0.013)	(0.012)	(0.013)	(0.010)	(0.004)
在職年数3〜4年（ダミー）	−0.071***	−0.070***	−0.070***	−0.065***	0.001
	(0.010)	(0.009)	(0.010)	(0.007)	(0.003)
在職年数7〜8年（ダミー）	−0.004	−0.004	−0.006	0.000	−0.004
	(0.011)	(0.011)	(0.012)	(0.007)	(0.005)
在職年数9年以上（ダミー）	−0.039***	−0.041***	−0.044***	−0.016**	−0.022***
	(0.010)	(0.010)	(0.010)	(0.008)	(0.004)
年齢70歳以上（ダミー）	0.139***	0.144***	0.143***	0.108***	0.020***
	(0.018)	(0.018)	(0.018)	(0.015)	(0.006)
ファミリー企業（ダミー）	−0.085***	−0.084***	−0.087***	−0.054***	−0.022***
	(0.008)	(0.008)	(0.008)	(0.006)	(0.005)
ファミリー企業×産業調整済み業績	0.596***	0.023	−0.050**	0.061	0.359*
	(0.124)	(0.062)	(0.023)	(0.127)	(0.211)
子会社（ダミー）	0.072***	0.077***	0.070***	0.030***	0.032***
	(0.008)	(0.009)	(0.017)	(0.008)	(0.004)
子会社×産業調整済み業績	0.084	0.078	0.017	0.248	0.067
	(0.290)	(0.058)	(0.052)	(0.243)	(0.097)
Pseudo-R^2	0.096	0.100	0.090	0.100	0.104
サンプル数	9,857	9,854	9,837	9,857	9,857

（注）　サンプル企業は，東証第1部上場企業からランダムに選ばれた500社である．分析期間は1990年から2013年である．産業調整済み業績は各企業の業績からその企業の属する産業の中央値を引いたものである．なお産業中央値は東証・大証・名証の全上場企業のデータを用いて計算している．通常の交代は退任後に会長もしくは副会長に就任したケースである．懲罰的交代は経営者交代が死亡などの理由以外で起き，退任後，会長・副会長・その他の取締役とならなかったケースである．分析はProbitモデルを用いて行っている．上段は限界効果，下段はクラスタロバスト標準誤差を示している．クラスタは企業レベルと年度レベルである．***は1％水準で，**は5％水準で，*は10％水準で統計的に有意であることを示している．

非感応な反面，在職年数1〜2年ダミー，3〜4年ダミーに対して有意に感応している．他方，懲罰的交代は，在職年数ダミーの効果が小さいのに対して，パフォーマンスに関しては，ROA，ROE，RETいずれの業績も有意に負に感応している[10]．例えば，ROA 1標準偏差の上昇は，2.0％懲罰的な経営者交代の確率を上昇させ，これはその平均4.1％の5割近くに当たる．

---

9)　通常の交代の業績感応度は，ROE，RETにパフォーマンス変数を代えても有意ではない．

最後に，こうした経営者の交代に対するファミリー，親会社の影響を確認しておこう．ファミリー企業では，しばしば指摘されるように，経営者の交代の頻度を下げる．定数項の係数は負，ROA との交差項の係数は正である．モデル1によれば，ファミリー企業では交代確率が他の企業に比べて8.5％低い．また，経営者交代の業績に対する感応度（例えば，モデル1では，－0.785）はファミリー企業の特性（交差項の係数は，0.596）によってほぼ相殺されることになる．

30％以上の株式を他の事業法人が保有するケースでは，ファミリー企業とは逆に定数項が有意に正，他方，交差項の係数については，十分に有意な結果は得られなかった．企業グループの全体の人事政策の一環として経営者が選任される傾向の強いこうした企業では，経営者の交代頻度は，他の株式保有が分散した企業に比べて，全交代では7％程度，懲罰的交代では，3％程度高いと推計される．

4.3　期間別推計

まず経営者交代の確率が変化したのかどうかを確認しよう．そのために，(1) 式に Period II（1998〜2005年）と Period III（2006〜2013年）の期間ダミーを加えた分析を行った．期間ダミーの係数は，いずれも有意に正であった．全交代で見れば，Period II の経営者交代確率は，パフォーマンスや現経営者の在職期間に還元できない要因によって，Period I に比べて3.5％高く，Period III は2.7％高かった．この期間効果は，懲罰的交代ではさらに大きく，ROA を指標とすると Period II・III では，Period I に比べて，経営者交代確率は，それぞれ1.9％，2.4％高かった．懲罰的交代の平均値は4.1％であるから，パフォーマンスや，在職期間以外の要因で，交代確率の半分程度が変化していることとなる[11]．これらの結果は24年間の間に経営者交代に何らかの変化が生じていたことを示していると考えられる．そこで次に，経営者交代の業績感応度が変化したのかどうかを分析していく．

1990年代の日本企業の統治構造における変化は，負債の圧縮に示される債権

---

10)　懲罰的交代のうち，会長・副会長に就任できなかった場合のみに限定した交代も推計したが，有意水準，決定係数とも取締役に就任できない場合を含めた方が高い．

11)　この間，期間ごとの年功的要素（勤続年数）の効果に大きな変化はない．

者の地位後退と，機関投資家の増加に示される株主の地位の上昇にある．こうした企業統治構造の変化は，経営者の交代における業績指標のシフトを予想させる．そこで，この点を明らかにするために期間別に前記の(1)式を推計する[12]．

表9-4パネルAによれば，全経営者の交代は，Period ⅢのROAの係数がPeriod Ⅰ・Ⅱのほぼ2分の1程度に低下しているのに対して，ROEは，-0.16から-0.29に5割以上上昇している．この傾向は，我々が注目する懲罰的交代ではさらに明瞭であり，そのROEのPeriod Ⅲの係数(-0.131)は，Period Ⅰ(-0.046)の3倍近くに達している．この規模を1標準偏差×係数で測ると(表9-4パネルB)，Period Ⅰの0.7％に対して，Period Ⅲでは，2.0％近くに上昇しており，ROEが懲罰的交代の感応する重要な業績指標となったことが確認できる．また，Period Ⅲに入ると，経営者の交代は，株式リターン(RET)にも有意に感応することとなった．以上の結果は，日本企業の統治構造が株主重視の方向に変化しつつあるという見方と整合的である．

以上の結果について，さらに次の方法で頑強性を確認した．

- Kaplan and Minton(2012)などのこれまでの研究は，交代前の利益の水準ではなく，利益の変化に注目している．そこで，ROAとROEを前年度からの変化分にしても基本的な結果は変わらない．
- 本章のサンプルは，1990年までに東証第1部に上場した企業と，それ以降に上場した新興企業からなる．こうした企業の特性差が，前記の期間ごとの変化を規定している可能性がある．そこで，サンプルを，サンプル1の既存企業に限定の推計も試みた．結果の報告は省略するが，経営者の交代は増加傾向，経営者の交代の業績感応度，懲罰的交代の業績感応度，業績指標のROAからROE，リターンへのシフトに関して，結果に大きな差はなかった．

---

12) 期間ごとのROA，ROE，RETの相関は以下の通りである．

	Period Ⅰ	Ⅱ	Ⅲ
ROA-ROE	0.39	0.39	0.56
ROA-RET	0.23	0.19	0.29
ROE-RET	0.12	0.16	0.18

表 9-4　経営者交代の業績感応度の期間別分析結果

従属変数＝ 業績指標＝	全交代			懲罰的交代		
	ROA	ROE	RET	ROA	ROE	RET
	Model 1	Model 2	Model 3	Model 4	Model 5	Model 6
パネル A：期間別推計の産業調整済み業績変数の係数						
Period Ⅰ （1990～1997年）	−1.125*** (0.210)	−0.157*** (0.036)	−0.083** (0.034)	−0.403*** (0.119)	−0.046*** (0.014)	−0.032 (0.021)
Period Ⅱ （1998～2005年）	−0.970*** (0.264)	−0.144*** (0.028)	−0.036* (0.020)	−0.625*** (0.155)	−0.076*** (0.007)	−0.023 (0.019)
Period Ⅲ （2006～2013年）	−0.537*** (0.202)	−0.291*** (0.049)	−0.015 (0.039)	−0.428*** (0.119)	−0.131*** (0.011)	−0.046* (0.024)
パネル B：1標準偏差業績が悪化した際の交代確率の増分						
全期間 （1990～2013年）	3.233%	3.028%	1.137%	1.987%	1.340%	0.949%
Period Ⅰ （1990～1997年）	3.853%	2.488%	1.836%	1.381%	0.727%	0.707%
Period Ⅱ （1998～2005年）	4.228%	2.795%	1.355%	2.725%	1.484%	0.848%
Period Ⅲ （2006～2013年）	2.393%	4.320%	0.427%	1.908%	1.953%	1.321%

(注)　サンプル企業は，東証第1部上場企業からランダムに選ばれた500社である．分析期間は1990年から2013年である．産業調整済み業績は各企業の業績からその企業の属する産業の中央値を引いたものである．なお産業中央値は東証・大証・名証の全上場企業のデータを用いて計算している．懲罰的交代は経営者交代が死亡などの理由以外で起き，退任後，会長・副会長・その他の取締役とならなかったケースである．パネルAは期間ごとに分析した結果のうち，業績の結果のみを示している．パネルBは表9-3とパネルAの結果に基づき1標準偏差業績が悪化した際の交代確率の増分を示している．分析はProbitモデルを用いて行っている．上段は限界効果，下段はクラスタロバスト標準誤差を示している．クラスタは企業レベルと年度レベルである．***は1％水準で，**は5％水準で，*は10％水準で統計的に有意であることを示している．

　以上から，1990～2013年でも，日本企業の経営者の交代は，業績に有意に感応し，その意味で，企業統治に大きな空白があるとはいえないこと，しかし，経営者の交代が感応する業績指標では，ROEや株式リターンなど株主の利益を直接代表する指標の重要性が増していたと判断してよいだろう．

5　統治制度の変化の影響：メインバンクの影響

　かつて日本企業の経営の規律は，メインバンクによって担われているとされてきた．Aoki（1994）の理論モデルが提示し，また，Kaplan（1994），Sheard（1994），Abe（1997），宮島（1998）が想定してきたのは，顧客企業の業績が悪化した場合，債権者としても株主としても企業に強い利害を持つメインバンクは，役員を派遣して監視を強め，決定的に悪化すると取締役会を事実上「乗っ

取り」,経営者の交代にイニシアティブを発揮するという事態である(状態依存ガバナンス).こうしたメインバンクによる経営の規律付けはまだ機能しているのか.

この点を明らかにするために,(1)式にメインバンク関係を表す変数を追加した(2)式を推定する.

$$TURN_{i,j,t} = F[P_{i,t}, MB_{i,t}, MB_{i,t} \times P_{i,t}, CONT] \qquad (2)$$

ここで,TURN は懲罰的交代のみに限定する.MB はメインバンクダミーであり,以下の要領で作成した.

(1) メインバンクは,会社が特定する主取引銀行(『会社四季報』に基づく)が安定的(5年前と同一)であることを条件とする.

(2) メインバンク関係は,企業の一定以上の借入依存を想定するために,借入依存度(銀行借入/総資産)が各年の産業中央値以上の条件を課す.

メインバンクダミーは,前記の(1)(2)の条件を満たし,さらにメインバンクからの役員派遣が確認できるケースである.度数は Period I の1996年で23%,Period III の2009年では12%である.推計結果は表9-5に要約されている.

第1に,パネル A が示すように,全期間を対象とした分析では役員派遣を条件としたメインバンクダミーは懲罰的経営者交代の業績感応度を,ROA に限って引き上げるが,有意水準は十分に高くない.他方,ROE との交差項の係数は,同じく十分に有意ではないが正であり,強いメインバンク関係は,株主利益を直接示す ROE に対する経営者交代の業績感応度をむしろ緩和している.

第2に,パネル B が示すように時期的に見ると,Period I では懲罰的交代の ROE 感応度を引き下げる効果が見られる.全期間の推計で見られた緩和効果は主としてこの時期の関係を反映したものであり,1990年代メインバンクが,追加融資を通じて事業再組織化を阻害したという通説的理解(Hoshi and Kashyap, 2001)と整合している.それに対して,Period II では,全交代,懲罰的交代について ROA との交差項の係数の符号は負であったが,統計的に有意なものではない.他方,メインバンク関係が縮小した Peiriod III では,ROA との交差項の係数の符号は10%水準で統計的に有意に負であった.この結果は2006年以降もメインバンクが経営者交代に影響を及ぼしていることを示している.

表 9-5　経営者交代の業績感応度にメインバンクが与える効果

従属変数 =	全交代	懲罰的交代	懲罰的交代	懲罰的交代
業績指標 =	ROA	ROA	ROE	RET
	Model 1	Model 2	Model 3	Model 4
パネル A：全期間（1990～2013年）				
産業調整済み業績	−0.667***	−0.436***	−0.085***	−0.030***
	(0.145)	(0.085)	(0.010)	(0.011)
メインバンク（ダミー）	0.006	0.008*	0.013***	0.018***
	(0.010)	(0.005)	(0.004)	(0.005)
メインバンク×産業調整済み業績	−0.693***	−0.171	0.019	−0.001
	(0.271)	(0.106)	(0.012)	(0.025)
パネル B：期間別の推定結果				
Period Ⅰ（1990～1997年）				
産業調整済み業績	−9.730***	−0.390***	−0.058***	−0.044*
	(1.974)	(0.124)	(0.014)	(0.026)
メインバンク（ダミー）	0.040***	0.015***	0.021***	0.019***
	(0.014)	(0.006)	(0.005)	(0.005)
メインバンク×産業調整済み業績	−0.325	0.056	0.036**	0.030
	(0.570)	(0.136)	(0.018)	(0.034)
Period Ⅱ（1998～2005年）				
産業調整済み業績	−0.790***	−0.544***	−0.072***	−0.019
	(0.244)	(0.168)	(0.015)	(0.013)
メインバンク（ダミー）	−0.020	0.015**	0.018***	0.030***
	(0.018)	(0.007)	(0.005)	(0.007)
メインバンク×産業調整済み業績	−1.225***	−0.217	0.002	−0.006
	(0.364)	(0.150)	(0.022)	(0.024)
Period Ⅲ（2006～2013年）				
産業調整済み業績	−0.472**	−0.388***	−0.126***	−0.039*
	(0.205)	(0.120)	(0.018)	(0.022)
メインバンク（ダミー）	0.006	−0.002	0.004	0.005
	(0.022)	(0.006)	(0.007)	(0.007)
メインバンク×産業調整済み業績	−0.460	−0.285*	−0.015	−0.036
	(0.438)	(0.176)	(0.033)	(0.036)

(注)　サンプル企業は，東証第1部上場企業からランダムに選ばれた500社である．分析期間は1990年から2013年である．産業調整済み業績は各企業の業績からその企業の属する産業の中央値を引いたものである．なお産業中央値は東証・大証・名証の全上場企業のデータを用いて計算している．懲罰的交代は経営者交代が死亡などの理由以外で起き，退任後，会長・副会長・その他の取締役とならなかったケースである．メインバンクダミーは銀行からの借入が産業中央値を上回っており，主取引銀行が安定的であり，なおかつメインバンクから取締役の派遣がある場合に1をとる．パネルBは期間ごとに分析した結果のうち，メインバンクダミーと業績の交差項の結果のみを示している．分析はProbitモデルを用いて行っている．上段は限界効果，下段はクラスタロバスト標準誤差を示している．クラスタは企業レベルと年度レベルである．＊＊＊は1％水準で，＊＊は5％水準で，＊は10％水準で統計的に有意であることを示している．

以上の結果から，メインバンクが密接な関係を持つ企業群は，この20年間で大きく減少したが，縮小した範囲ではいまだに重要なガバナンスの役割を果たしていることを示していると考えられる．

6　機関投資家の役割

6.1　機関投資家保有比率の上昇と経営者の交代

　本章の次の関心は，1990年代後半から急速に持株比率が増大した機関投資家が経営者の交代の意思決定に実質的な影響を与えているか否かである．既述のAggarwal et al. (2011) は，新興国では，海外機関投資家の保有比率が高い企業で，経営者の交代の業績感応度が高いことを報告している．他方，ヘッジファンドアクティビズムの役割を検討したBecht et al. (2015) は，アクティビズムの成果が，サンプルの大部分を日本が占めるアジア地域では乏しく，経営者の選任にもほとんど影響を与えていないことを報告している．もっとも，日本企業について，1990年代末から急速に増加した海外機関投資家が経営者の交代にいかなる影響を与えたかを直接分析した研究は存在しない．

　この点を明らかにするために，(2) 式のメインバンクダミーに代えて海外機関投資家持株比率を用いた分析を行った．海外機関投資家持株比率は，各社の保有主体別分布の外国人から海外事業法人の保有部分を除して求めた．また，この海外機関投資家保有比率が20％を超える企業に1を与えるダミー変数も作成した．

　分析期間中の機関投資家，海外機関投資家の保有比率の分布は，前掲表9-2に要約されている．推計結果は表9-6に示されており，次の点が注目されるべきである．

　パネルAは全期間のデータを用いた場合の海外機関投資家の保有比率の効果を示している．海外機関投資家の保有比率とパフォーマンスの交差項は，ROEについて1％水準で有意であって，海外機関投資家の期初の保有水準が経営者の交代に影響を与えている．メインバンクが，経営者のROA感応度を引き上げたのに対して，高い海外機関投資家保有比率は，経営者交代のROE感応度を引き上げた．その経済的規模は，例えば，海外機関投資家持株比率が

表 9-6　経営者交代の業績感応度に海外機関投資家が与える効果

従属変数 =	全交代	全交代	全交代	懲罰的交代	懲罰的交代	懲罰的交代
業績指標 =	ROA	ROE	RET	ROA	ROE	RET
	Model 1	Model 2	Model 3	Model 4	Model 5	Model 6
パネル A：全期間（1990～2013年）						
産業調整済み業績	−1.021***	−0.165***	−0.040*	−0.533***	−0.069***	−0.030*
	(0.190)	(0.024)	(0.023)	(0.083)	(0.008)	(0.016)
海外機関投資家持株比率	0.0006	0.0003	−0.0001	0.0005	0.0002	0.0001
	(0.001)	(0.001)	(0.001)	(0.000)	(0.000)	(0.000)
海外機関投資家持株比率 × 産業調整済み業績	0.0151	−0.0027	0.0002	0.0033	−0.0020***	−0.0001
	(0.010)	(0.002)	(0.001)	(0.005)	(0.001)	(0.001)
パネル B：期間別の推定結果						
Period I（1990～1997年）						
産業調整済み業績	−1.363***	−0.152***	−0.085**	−0.316**	−0.044**	−0.044***
	(0.279)	(0.046)	(0.042)	(0.142)	(0.020)	(0.019)
海外機関投資家持株比率	−0.001	−0.001	−0.001	0.000	0.000	0.000
	(0.002)	(0.002)	(0.002)	(0.001)	(0.001)	(0.001)
海外機関投資家持株比率 × 産業調整済み業績	0.044**	0.000	0.001	−0.018	0.000	0.002**
	(0.020)	(0.006)	(0.005)	(0.011)	(0.003)	(0.001)
Period II（1998～2005年）						
産業調整済み業績	−1.198***	−0.118***	−0.046	−0.646***	−0.057***	−0.024
	(0.267)	(0.024)	(0.033)	(0.163)	(0.007)	(0.023)
海外機関投資家持株比率	−0.001*	−0.001	−0.002**	0.000	−0.001	−0.001
	(0.001)	(0.001)	(0.001)	(0.001)	(0.001)	(0.001)
海外機関投資家持株比率 × 産業調整済み業績	0.0257*	−0.0051	0.0012	0.0032	−0.0042**	0.0003
	(0.015)	(0.006)	(0.009)	(0.012)	(0.002)	(0.002)
Period III（2006～2013年）						
産業調整済み業績	−0.596*	−0.288***	0.001***	−0.470***	−0.119***	−0.038
	(0.306)	(0.051)	(0.046)	(0.119)	(0.011)	(0.030)
海外機関投資家持株比率	0.001	0.001	0.001	0.000	0.000	0.000
	(0.001)	(0.001)	(0.001)	(0.000)	(0.000)	(0.000)
海外機関投資家持株比率 × 産業調整済み業績	0.0005	−0.0002	−0.0011	0.0018	−0.0010*	−0.0006
	(0.013)	(0.002)	(0.002)	(0.006)	(0.001)	(0.001)
パネル C：ブロックホルダーの効果						
Period III（2006～2013年）						
産業調整済み業績	−0.257	−0.162***	−0.015	−0.314***	−0.095***	−0.021*
	(0.186)	(0.052)	(0.033)	(0.049)	(0.019)	(0.012)
国内機関投資家ブロックホルダー（ダミー）	−0.018	−0.009	−0.016	0.001	0.003	0.000
	(0.020)	(0.019)	(0.021)	(0.007)	(0.006)	(0.003)
国内機関投資家ブロックホルダー × 産業調整済み業績	0.741**	0.270	0.035	0.335*	0.074	0.0140
	(0.314)	(0.218)	(0.046)	(0.188)	(0.066)	(0.012)
海外機関投資家ブロックホルダー（ダミー）	−0.011	−0.024	−0.017	0.001	−0.005	0.000
	(0.012)	(0.016)	(0.013)	(0.008)	(0.009)	(0.004)
海外機関投資家ブロックホルダー × 産業調整済み業績	−0.067**	−0.426**	−0.021	−0.236**	−0.093**	0.000
	(0.029)	(0.194)	(0.040)	(0.108)	(0.042)	(0.014)

(注)　サンプル企業は，東証第1部上場企業からランダムに選ばれた500社である．産業調整済み業績は各企業の業績からその企業の属する産業の中央値を引いたものである．なお産業中央値は東証・大証・名証の全上場企業のデータを用いて計算している．懲罰的交代は経営者交代が死亡などの理由以外で起き，退任後，会長・副会長・その他の取締役とならなかったケースである．パネルBは期間ごとに分析した結果のうち，海外機関投資家持株比率と業績の交差項の結果のみを示している．パネルCは3％以上の株式を保有するブロックホルダーの有無を示すダミー変数を用いた場合の結果を示している．分析はProbitモデルを用いて行っている．上段は限界効果，下段はクラスタロバスト標準誤差を示している．クラスタは企業レベルと年度レベルである．***は1％水準で，**は5％水準で，*は10％水準で統計的に有意であることを示している．

20％の場合，ROE が1標準偏差低下すると，懲罰的な交代確率は，0.68％（0.002×0.17×20％）上昇することとなる．また，この結果は，海外機関投資家の保有比率を，その集計値から，20％以上ダミーに代えても同様である[13]．

さらに，この海外機関投資家の効果を時期別に区分して推計してみるとパネルBの通り，特にPeriod Ⅱ・ⅢのROEについて有意な影響を与えていることが確認される．その経済的規模は，海外機関投資家比率が3％上昇した場合，懲罰的交代の確率が1.3％上昇する．他方，Period Ⅲの交差項の係数 −0.0001 は Period Ⅱの−0.0042に比べて低下しており，一見影響が低下しているように見えるが，業績の定数項は−0.057から−0.119に上昇しているので，海外機関投資家保有比率の上昇が感応度を平均的に引き上げている効果をより重視すべきであろう．また，海外機関投資家の保有比率を，20％以上の保有のダミー変数に代えた場合も結果はほぼ同様であり，Period Ⅱ，Ⅲについて，経営者交代のROE感応度を有意に引き上げる効果を確認できた．

以上，海外機関投資家の期初の保有比率（水準）は，経営者の交代のROE感応度に有意な影響を与えていた．では，これはいかなるメカニズムで発生しているのだろうか．

6.2 ブロックホルダーによるエンゲージメント

機関投資家の保有比率の上昇が経営者の交代に与える経路の1つは，一定の株式を保有した機関投資家が，議決権行使，あるいはエンゲージメントを通じて，経営者の交代に影響を与える経路である．もっとも，同じブロックホルダーでも，国内機関投資家と，海外機関投資家では機能が異なる可能性がある．投資対象企業と何らかの取引関係がある国内機関投資家は影響力が弱いのに対して，投資対象から独立性の高い海外機関投資家はより実質的な影響力を行使できる（Ferreira and Matos, 2008; Giannetti and Laeven, 2009）．

この点を明らかにするために，統一的に議決権を行使する主体が3％以上保有している場合に1を与えるダミー変数を作成し，海外機関投資家持株比率に代えてこのダミー変数を用いた分析を行った[14]．これは，FactSetの供給するデータを利用することによって初めて可能となった．これまでの実証分析では，

---

13) 20％以上ダミーの係数は，0.173，5％水準で有意であった．

必ずしも十分に考慮されてこなかったが，2000年代に入って増加した機関投資家の保有部分は，議決権行使などの管理を信託銀行・カストディアン（例えば，日本マスタートラストや，海外機関投資家の場合は，ステートストリートなど）に委託しており，機関投資家保有比率の高い企業の10大株主名簿の上位株主の多くは，このカストディアンが占めている[15]．しかし，これらカストディアンの保有部分は，複数の機関投資家の保護預かり部分が合計され，単一の主体の保有分を示していない．FactSetは，悉皆調査ではない点で利用に注意が必要であるが[16]，最終的な所有主体を報告している点で貴重であり，以下では同資料を利用して，ブロックホルダーの効果を分析する．推計期間は，機関投資家の保有比率がピークに達した2006年以降である[17]．

外部大株主が確認できるケースの分布を確認しておけば，3％以上ブロックを保有する機関投資家は，サンプル企業の40％程度を占める．このうち，三井住友信託，野村アセットマネジメントなどの国内機関投資家が23％，海外機関投資家が27％である．このブロックホルダーの保有については，さらに次の2点を指摘しておこう．

第1に，集計された機関投資家の保有比率が上昇しただけでなく，このようにアウトサイダーのブロックシェアホルダーが登場したことは，2000年代半ば以降の大きな特徴であるが，このブロックシェアホルダーの比重は，米国，英国に比べれば依然としてかなり低い．例えば，株式所有構造が高度に分散し，事業法人，銀行が上場企業の株式を保有することが少ないと理解されている米国でも，S&P500社のうち89％の企業には5％以上のブロックホルダーが存在すると報告されている（Holderness, 2009, p.1378）．

第2に，ブロックホルダーの分布は，規模別に大きな偏りがあることである．

---

14) これまでの研究史では，5％が閾値として利用されてきた（Holderness, 2009）．この基準は大量報告書の報告義務の閾値とも合致する．しかし，5％以上の度数は3％を閾値にした場合に比べて少ない（2006～2013年の平均で19.7％）．また，5％に明確な根拠があるわけではなく，投資家は，大量保有報告書の閾値以下に保有比率をとどめる傾向もあるから，少数株主権利が保障される3％を閾値として利用した．

15) 唯一の例外は，保田（2016）である．

16) 例えば，2006年について，集計された外国人の保有比率（24％）に対して，FactSetのデータで保有したが捕捉できるのは14％であり，カバレッジは60％程度である．この点については，保田（2016）も参照．

17) 2005年以前については，FactSetのカバレッジが十分でないため，推計していない．

すでに別の機会で強調した通り（宮島・保田, 2015），機関投資家，特に海外機関投資家には，規模，流動性に対する強い投資バイアスがある．本章のサンプルの場合，時価総額四分位で区分すると，第4四分位（1451億円以上）に属する企業群では，3％以上の株式を保有する単一の海外機関投資家を持つ企業は33％（5％以上の株式を保有する海外機関投資家を持つ企業は17％）であるのに対して，第1四分位に属する企業では，9.3％（同3.6％）にとどまる．他方，国内機関投資家の投資対象は，やや異なり，ブロックホルダーのシェアが最も高い分位は，第3四分位である．この結果は，海外機関投資家が時価総額300〜400位の企業から構成されるMSCI構成銘柄に事実上投資対象を限っているのに対して，国内機関投資家は，むしろ非MSCI構成銘柄を選好するというインタビュー結果とも合致する．

　3％以上の国内もしくは海外機関投資家のブロックホルダーが存在する場合に1を与えるダミー変数を海外機関投資家持株比率に代えた推計結果は，表9-6のパネルCに要約されている．

　注目されるのは，国内機関投資家ブロックホルダーと，海外機関投資家ブロックホルダーの効果が大きく異なることである．国内機関投資家ブロックホルダーとパフォーマンスとの交差項の符号は正，ROAをパフォーマンス変数とする場合には，全交代，懲罰的交代のいずれでも10％以上の水準で有意である．これは国内機関投資家の行動が，顧客企業との取引関係に制約されるという見方と整合的であろう（Ferreira and Matos, 2008）．それに対して，海外機関投資家ブロックホルダーのパフォーマンスとの交差項の係数の符号は負であり，特にROEをパフォーマンス変数とする場合，全交代，懲罰的交代ともに5％水準で有意である．国内機関投資家と異なって，顧客企業との取引上関係で独立的な海外機関投資家ブロックホルダーの存在は，特に株主の利害を直接表すROEについて，経営者交代の業績感応度を有意に引き上げる．海外機関投資家がブロックホルダーとなるケースは限られるものの，いったんブロックを保有すれば，議決権行使，エンゲージメントなどを通じて経営者の交代に影響を与えるものと見ることができよう．

7 独立社外取締役の役割

7.1 独立社外取締役と経営者の交代

　2000年代の日本の企業統治における変化の1つは，取締役改革を通じて独立社外取締役の選任が進む一方，取締役会が従来の経営執行にも関与するマネジメントボードから，経営の監視を中心的な機能とするモニタリングボードに変化したことである．本節では，2000年代の経営者の交代頻度の上昇や，感応する業績指標の変化に対して，こうした取締役会制度の改革がどの程度の影響を持つかを検討する．

　推計モデルは，(2) 式のメインバンクダミーを独立社外取締役ダミーに代えたものである．この主題の先駆的な研究である Weisbach (1988) によれば，取締役会メンバーは，①社内出身者 (inside directors)，②独立社外取締役 (outside directors)，③企業との取引関係を持つ機関出身の取締役 (grey directors) に分けることができ，経営者の交代に有意な影響を与えるのは②である．また，会社法上の独立社外取締役は，前記の区分ではほぼ②に該当する．そこで，この②の定義に近い数値を日経 NEEDS から確認し，1人でも独立社外取締役を選任している企業に1を与えるダミーと，3人以上独立社外取締役を選任している企業に1を与えるダミーを作成した．それぞれの度数は，2006～2013年全体ではサンプルの46％と11％であり，2013年では61％と14％である．

　推計結果は，表9-7 に整理されている．1人でも独立社外取締役を選任しているケースの効果を推計したパネル A では，いずれの業績指標でも，独立社外取締役とパフォーマンスの交差項の係数は，予想に反して有意ではないものの正であり，独立社外取締役が経営者交代の業績感応度を引き下げる傾向にあることがわかる．例えば，ROE で見ると独立社外取締役を選任する企業は，それを欠く企業に比べて，経営者の業績感応度が，3割ほど低い（0.047/ －0.152）．

　それに対して，3人以上の独立社外取締役のダミー変数を加えると，パネル B が示すように，この3人以上ダミーと ROA の交差項は1％水準で有意に負

表 9-7 経営者交代の業績感応度に独立社外取締役が与える効果

従属変数＝	全交代	全交代	全交代	懲罰的交代	懲罰的交代	懲罰的交代
業績指標＝	ROA	ROE	RET	ROA	ROE	RET
	Model 1	Model 2	Model 3	Model 4	Model 5	Model 6
パネルA：独立社外取締役の有無の効果						
産業調整済み業績	−0.604***	−0.295***	−0.005*	−0.529***	−0.152***	−0.063**
	(0.163)	(0.042)	(0.003)	(0.109)	(0.015)	(0.028)
独立社外取締役（ダミー）	0.012	0.011	0.015	0.003	0.003	0.002
	(0.011)	(0.012)	(0.009)	(0.007)	(0.006)	(0.007)
独立社外取締役×産業調整済み業績	0.169	0.013	−0.024	0.237	0.047**	0.040**
	(0.375)	(0.077)	(0.035)	(0.149)	(0.023)	(0.016)
パネルB：独立社外取締役の人数の効果						
産業調整済み業績	−0.591***	−0.290***	−0.005	−0.485***	−0.151***	−0.063**
	(0.160)	(0.041)	(0.047)	(0.104)	(0.015)	(0.029)
独立社外取締役（ダミー）	0.008	0.010	0.012*	0.001	0.001	0.000
	(0.009)	(0.016)	(0.007)	(0.008)	(0.008)	(0.006)
独立社外取締役×産業調整済み業績	0.441	0.042	−0.029	0.352***	0.053**	0.039**
	(0.355)	(0.061)	(0.037)	(0.133)	(0.025)	(0.016)
独立社外取締役3人以上（ダミー）	0.020*	0.008	0.013	−0.001	0.012	0.016
	(0.011)	(0.012)	(0.011)	(0.009)	(0.014)	(0.014)
独立社外取締役3人以上×産業調整済み業績	−1.972**	−0.188**	0.028	−1.436***	−0.037	0.001
	(0.935)	(0.093)	(0.095)	(0.353)	(0.029)	(0.045)

（注）サンプル企業は，東証第1部上場企業からランダムに選ばれた500社である．分析期間は2006年から2013年である．産業調整済み業績は各企業の業績からその企業の属する産業の中央値を引いたものである．なお産業中央値は東証・大証・名証の全上場企業のデータを用いて計算している．懲罰的交代は経営者交代が死亡などの理由以外で起き，退任後，会長・副会長・その他の取締役とならなかったケースである．独立社外取締役ダミーは独立社外取締役を1人でも任命している場合に1をとる．独立社外取締役3人以上ダミーは独立社外取締役を3人以上任命しているときに1をとる．分析はProbitモデルを用いて行っている．上段は限界効果，下段はクラスタロバスト標準誤差を示している．クラスタは企業レベルと年度レベルである．***は1％水準で，**は5％水準で，*は10％水準で統計的に有意であることを示している．

であり，経営者交代のROA感応度を引き上げる．この結果は，1人か2人程度の独立社外取締役の選任では，経営者交代の業績感応度を引き上げるどころか，むしろ，感応度を引き下げるウインドウ・ドレッシング効果を持つ可能性があること，しかし，3人以上の独立社外取締役の選任は，経営者の交代の業績感応度を引き上げる可能性があることを示唆する．この点の頑強性をテストするために，さらに以下の推計を試みた．

・独立社外取締役1，2，3人以上のそれぞれにダミー変数を作成した．業績とダミー変数の交差項は，1，2人が有意に正で，3人以上が有意に負である．
・ダミー変数に代えて独立社外取締役比率の連続数，および30％以上のダミ

ーを導入しそれぞれについて推計を試みた．独立社外取締役比率と業績の交差項は有意でなく，30％以上ダミーは1％水準で有意であった．

以上，経営者交代の業績感応度に対する独立社外取締役の関係は線形ではなく，人数で3人，構成比で30％にかなり明確な閾地があると判断できよう．

7.2 機関投資家と独立社外取締役の補完性

ところで，以上の独立社外取締役のガバナンス効果は機関投資家の保有比率と補完，ないし代替関係を持つ可能性がある．一方で，独立社外取締役のウインドウ・ドレッシング効果は，機関投資家の圧力が強ければ，その効果が緩和される可能性がある．しかし，反面，機関投資家が，独立社外取締役の選任する企業に対する選好を持ち，企業が投資家を惹きつけるために形式的に独立社外取締役を選任すれば，ウインドウ・ドレッシング効果は，さらに増幅されるかもしれない．

また，独立社外取締役の複数選任（ここでは3人以上）の経営の規律付け効果は，機関投資家の圧力があって初めて作用する可能性がある反面，むしろ機関投資家に代替する形で顕著に発揮される可能性もある[18]．そこで，最後にサンプルを機関投資家の保有比率20％を閾値として，サンプルを二分し，独立社外取締役の効果を再推計する．

結果は，表9-8の通りである．独立社外取締役のウインドウ・ドレッシング効果は，海外機関投資家の保有比率が20％以下の企業群では，ROA，ROEについて確認でき，海外機関投資家保有比率が20％以上の企業ではROAとRETで確認できる．

他方，複数独立社外取締役の規律付け効果は，機関投資家保有比率が20％以下，20％以上のいずれの企業群でも有意であるが，20％以上の企業群の方が，係数，有意水準ともにやや高い．20％以上の企業群では，3人以上の独立社外取締役が選任されている企業のみで，経営者の交代は，業績に有意に負に感応しており，両者の間に補完的な関係があることを示唆する．

---

[18] 内田（2012）は，独立社外取締役のパフォーマンス効果が，機関投資家と代替的であるとの推計結果を得ている．

表 9-8　独立社外取締役の効果と海外機関投資家持株比率の関係

	海外機関投資家の持株比率20％以下			海外機関投資家の持株比率20％以上		
従属変数＝	懲罰的交代	懲罰的交代	懲罰的交代	懲罰的交代	懲罰的交代	懲罰的交代
業績指標＝	ROA	ROE	RET	ROA	ROE	RET
	Model 1	Model 2	Model 3	Model 4	Model 5	Model 6
産業調整済み業績	−0.620***	−0.173***	−0.065**	−0.202***	−0.088***	−0.078*
	(0.167)	(0.015)	(0.031)	(0.050)	(0.032)	(0.045)
独立社外取締役（ダミー）	−0.005	−0.007	−0.008	0.010	0.022*	0.020*
	(0.013)	(0.011)	(0.011)	(0.009)	(0.012)	(0.011)
独立社外取締役×産業調整済み業績	0.270***	0.046**	0.021	0.326**	0.114	0.064*
	(0.090)	(0.022)	(0.020)	(0.154)	(0.120)	(0.033)
独立社外取締役3人以上（ダミー）	0.014	0.031	0.018	−0.009	−0.004	0.000
	(0.016)	(0.020)	(0.018)	(0.012)	(0.016)	(0.017)
独立社外取締役3人以上×産業調整済み業績	−0.829**	0.089	0.161**	−1.586***	−0.174	−0.074**
	(0.364)	(0.126)	(0.073)	(0.530)	(0.152)	(0.034)
コントロール変数	Yes	Yes	Yes	Yes	Yes	Yes
Pseudo-R^2	0.106	0.129	0.095	0.168	0.119	0.102
サンプル数	2,320	2,320	2,320	868	868	868

（注）　サンプル企業は，東証第1部上場企業からランダムに選ばれた500社である．分析期間は2006年から2013年である．産業調整済み業績は各企業の業績からその企業の属する産業の中央値を引いたものである．なお産業中央値は東証・大証・名証の全上場企業のデータを用いて計算している．懲罰的交代は経営者交代が死亡などの理由以外で起き，退任後，会長・副会長・その他の取締役とならなかったケースである．独立社外取締役ダミーは独立社外取締役を1人でも任命している場合に1をとる．独立社外取締役3人以上ダミーは独立社外取締役を3人以上任命しているときに1をとる．分析はProbitモデルを用いて行っている．上段は限界効果，下段はクラスタロバスト標準誤差を示している．クラスタは企業レベルと年度レベルである．***は1％水準で，**は5％水準で，*は10％水準で統計的に有意であることを示している．

8　結び：多元的構造の出現

以上，1990〜2013年に関して，経営者の交代と企業パフォーマンスの関係を追跡してきた．簡単に分析結果を整理しておこう．

1990年代に入って，日本の経営者の交代頻度は上昇した．また，日本の経営者交代は，業績に有意に負に感応しており，この20年間，業績の悪化した企業で経営者交代がシステマチックに発生する関係が失われたわけではない．むしろ，この間の最大の変化は経営者交代の感応する業績指標が，これまでの金利支払い前の指標 ROA から，株主利益に直接関連する ROE や株式リターンに移動したことである．この結果は，株式相互持ち合いの解消，海外機関投資家の保有比率の上昇，取締役会改革の進展といった企業統治制度の進化と整合的である．ただ，その影響は，もともと経営者交代が株式リターンに感応し，その感応度が近年上昇した米国ほどには強くないと考えられる．

従来のメインバンクシステムは経営の規律における機能を失ったわけではない．メインバンクは，その機能する領域が大きく縮小したものの，負債依存度が高く，メインバンクが役員を派遣している企業では，近年でも経営の規律における一定の役割を演じている．

　他方，1990年代末以降，急速に増加した機関投資家，特に海外機関投資家の保有水準は，経営者の交代の頻度を高めるだけでなく，その業績感応度を高めていた．この点で，機関投資家がメインバンク制に代替して，経営の規律付けのメカニズムとして機能し始めたと見ることができよう．このように海外機関投資家の保有が経営者交代の業績感応度を引き上げるメカニズムとしては，ブロック保有が重要である．高い機関投資家保有比率は，議決権行使，経営への関与を通じて，あるいは，また，退出を通じて経営者の交代に影響を与え始めた．もっとも，このメカニズムが機能している企業は時価総額が大きく，海外機関投資家によく知られている企業に限定されていることには十分注意を払っておく必要があろう．

　最後に，独立社外取締役の役割に関しては，経営者交代の業績感応度を引き上げるには，複数選任が重要である．独立社外取締役の選任が経営者交代の業績感応度を引き上げるかどうかについては，本章の推計結果によれば，少なくとも，1か2人程度の選任では，ウインドウ・ドレッシング効果の方が，経営の規律付け効果を上回っている．経営者の交代に対して実質的な効果を与えるためには，少なくとも3人，または30％の独立社外取締役の就任が重要な条件となろう．

　2006～2013年の経営者交代とパフォーマンスとの関係は1998年以前と比べ明らかに変化した．しかし，大きく変化したとはいえ，最近の日本企業の経営者交代が，株主価値に直接反映する指標（株式リターン）に強く感応的となったわけではなく，状況は，かつての日本企業と，米国企業の中間にあると見ることが適切であろう．こうした状況が，米国型の企業統治に向かう収斂過程における経過的な関係なのか，それとも安定的な関係なのかは，今後の事態の進展を注意深く観察しながら，立ち入って検討する必要があろう．

　　　本章は，RIETI コーポレート・ガバナンス研究会の成果の一部として作成された．
　　　RIETI，DBJ アカデミックセミナーで貴重なアドバイスを得た．本章のデータ作

成にあたって文部科学省の科研費（15H01958），および日本学術振興会「課題設定による先導的人文学・社会科学研究推進事業グローバル展開プログラム」の助成を受けた．

【参考文献】

Abe, Y. (1997) "Chief Executive Turnover and Firm Performance in Japan," *Journal of the Japanese and International Economies*, Vol. 11, pp. 2-26.

Aggarwal, R., I. Erel, M. Ferreira and P. Matos (2011) "Does Governance Travel around the World? Evidence from Institutional Investors," *Journal of Financial Economics*, Vol. 100, pp. 154-181.

Aoki, M. (1994) "The Contingent Governance of Teams: Analysis of Institutional Complementarity," *International Economic Review*, Vol. 35, pp. 657-676.

Becht, M., J. Franks, J. Grant and H. Wagner (2015) "The Returns to Hedge Fund Activism: An International Study," European Corporate Governance Institute (ECGI) Finance Working Paper, No. 402/2014.

Coughlan, A. and R. Schmidt (1985) "Executive Compensation, Management Turnover, and Firm Performance: An Empirical Investigation," *Journal of Accounting and Economics*, Vol. 7, pp. 43-66.

Denis, D., D. Denis and A. Sarin (1997) "Ownership Structure and Top Executive Turnover," *Journal of Financial Economics*, Vol. 45, pp. 193-221.

Ferreira, M. and P. Matos (2008) "The Colors of Investors' Money: The Role of Institutional Investors around the World," *Journal of Financial Economics*, Vol. 88, pp. 499-533.

Giannetti, M. and L. Laeven (2009) "Pension Reform, Ownership Structure, and Corporate Governance: Evidence from a Natural Experiment," *Review of Financial Studies*, Vol. 22, pp. 4091-4127.

Helwege, J., V. Intintoli and A. Zhang (2011) "Voting with their Feet or Activism? Institutional Investors' Impact on CEO Turnover," *Journal of Corporate Finance*, Vol. 18, pp. 22-37.

Holderness, C. (2009) "The Myth of Diffuse Ownership in the United States," *Review of Financial Studies*, Vol. 22, pp. 1377-1408.

Hoshi, T. and A. Kashyap (2001) *Corporate Financing and Governance in Japan: The Road to the Future*, Boston: MIT Press.

Huson, M., R. Parrino and L. Starks (2001) "Internal Monitoring Mechanisms and CEO Turnover: A Long-term Perspective," *Journal of Finance*, Vol. 56, pp. 2265-2297.

Jensen, M. and R. Ruback (1983) "The Market for Corporate Control: The Scientific Evidence," *Journal of Financial Economics*, Vol. 11, pp. 5-50.

Kang, J. and A. Shivdasani（1995）"Firm Performance, Corporate Governance, and Top Executive Turnover in Japan," *Journal of Financial Economics*, Vol. 38, pp. 29-58.

Kaplan, S.（1994）"Top Executives Rewards and Firm Performance: A Comparison of Japan and the United States," *Journal of Political Economy*, Vol. 102, pp. 510-546.

Kaplan, S. and B. Minton（1994）"Appointments of Outsiders to Japanese Boards," *Journal of Financial Economics*, Vol. 36, pp. 225-258.

Kaplan, S. and B. Minton（2012）"How has CEO Turnover Changed?" *International Review of Finance*, Vol. 12, pp. 57-87.

Parrino, R., R. W. Sias and L. T. Starks（2003）"Voting with their Feet: Institutional Ownership Changes around Forced CEO Turnover," *Journal of Financial Economics*, Vol. 68, pp. 3-46.

Sheard, P.（1994）"Main Banks and the Governance of Financial Distress," in M. Aoki and H. Patrick eds., *The Japanese Main Bank System: Its Relevance for Developing and Transforming Economics*, Oxford University Press.

Shleifer, A. and R. Vishny（1997）"A Survey of Corporate Governance," *Journal of Finance*, Vol. 52, pp. 737-783.

Warner, J., R. Watts and K. Wruck（1988）"Stock Prices and Top Management Changes," *Journal of Financial Economics*, Vol. 20, pp. 461-492.

Weisbach, M.（1988）"Outside Directors and CEO Turnover," *Journal of Financial Economics*, Vol. 20, pp. 431-460.

伊丹敬之（1995）「戦後日本のトップ・マネジメント」森川英正・米倉誠一郎編『日本経営史5　高度成長を超えて』岩波書店.

内田交謹（2012）「社外取締役割合の決定要因とパフォーマンス」『証券アナリストジャーナル』第50巻第5号，8-18頁.

保田隆明（2016）「機関投資家の株式保有比率がペイアウト政策に与える影響——顧客効果の検証」mimeo.

宮島英昭（1996）「財界追放と経営者の選抜——状態依存的ガヴァナンス・ストラクチュアの形成」橋本寿朗編『日本企業システムの戦後史』東京大学出版会.

宮島英昭（1998）「戦後日本企業における状態依存的ガヴァナンスの進化と変容—— Logit モデルによる経営者交代分析からのアプローチ」『経済研究』第49巻第2号，97-112頁.

宮島英昭・保田隆明（2015）「株式所有構造と企業統治——機関投資家の増加は企業パフォーマンスを改善したのか」『フィナンシャル・レビュー』第121号，3-36頁.

第10章 企業統治と会計不正
企業のガバナンス改革は有効か？

青木英孝

1 はじめに：背景と問題意識

　企業のガバナンス改革は，粉飾決算などの会計不正の防止に有効なのだろうか．毎年のように企業不祥事が発生し，そのたびに再発防止策として企業に対する監視メカニズムの強化が謳われ，社外取締役の導入などのガバナンス改革が実施されてきた．コーポレート・ガバナンスの目的に関しては，企業価値の最大化や長期的・持続的な企業の発展といった車のアクセルのような側面ももちろん重要であるが，経営者の暴走を抑止し，業績の上がらない経営者を交代させる仕組みの有効性や，内部統制の整備，企業不祥事の防止といったブレーキの側面も重要である．たとえどんなに企業価値を高めるガバナンスが有効に機能していたとしても，ひとたび粉飾決算などの企業不祥事が発生すれば，これまで地道に積み上げてきた価値が一気に消し飛ぶほど大きな影響を企業に与えるからである．不祥事を引き起こした企業の信頼は失墜し，ブランド価値は毀損され，株価は大きく下落するだろう．迷惑を被るのは何も株主ばかりではない．廃業にでも至れば，経営者や従業員はもとより取引先や顧客など多くのステークホルダーに与える影響は計り知れない．したがって，企業のガバナンスの仕組みが，企業不祥事の発生に対してどのような影響を与えるのかを検証することには大きな意義がある．

米国のエンロン事件後，日本では2006年の金融商品取引法や2008年の日本版SOX法によって内部統制の整備，チェック・システムの強化が進められた．また，2011年にオリンパスで粉飾決算が発覚した後には，上場企業に対して社外取締役の設置を義務づけることが会社法改正の過程で議論された[1]．2015年には，ガバナンスの優等生とされた東芝で不適切な会計問題が発生し，歴代3社長と取締役の計9人が引責辞任する事態となった．第三者委員会の調査報告書によると，2008年から2014年にかけて1518億円もの利益の水増しが行われていたが，その再発防止策の提言の中には社外取締役の強化策が盛り込まれている．この2015年はコーポレート・ガバナンス元年とも称される．コンプライ・オア・エクスプレイン・ルールによって社外取締役の設置を強く推奨する会社法の改正が5月に施行され，6月には東京証券取引所が少なくとも2人以上の独立社外取締役の選任を求めるなどのコーポレートガバナンス・コードを上場規則として施行した．

　このように企業のガバナンス改革は着実に進んでいるにもかかわらず，一向に企業不祥事はなくならない．企業がガバナンスの仕組みを強化しても，粉飾決算などの不祥事は抑止できないのだろうか．あるいは，不祥事をゼロにできなくとも，減らすことはできないのだろうか．企業不祥事の対策には，その原因を知ることがもちろん重要である．不祥事の原因は，ガバナンス以外にも倫理や組織内コミュニケーションの問題など様々であるから，ガバナンスだけを改革しても効果が明確でない可能性は十分にある[2]．ただし，ガバナンスのあり方が企業不祥事に与える影響の検証も十分とは言い切れない[3]．特に，日本

---

1) ただし，2014年の改正会社法では，社外取締役設置の義務化には至らず，従来の監査役会設置会社および委員会設置会社（改正後は指名委員会等設置会社）に加えて，監査等委員会設置会社制度が創設された．これは，社外取締役を活用しやすい機関設計を目指したものである．
2) 例えば経済産業省企業行動課編（2007）は，企業不祥事の原因として，コーポレート・ガバナンスにおける問題，内部環境に関する問題，リスクの認識・評価に関する問題，リスクへの対応に関する問題，情報と伝達における問題，統制活動に関する問題，監視活動に関する問題，の7つを指摘している．
3) 樋口（2012）は，先行研究に不祥事分析のフレームワークが確立していない問題点，具体的には実証性や多面性の不足が見られることを指摘している．同時に，企業統治の不備が原因ではない組織不祥事も多いことを認識しつつも，企業統治の確立が組織不祥事の防止に寄与すること，組織不祥事の発生メカニズムを企業統治の視点から分析することの重要性も指摘している．

においては，企業のガバナンス特性が企業不祥事に与える影響を定量的に検証する研究の蓄積が進んでいない．その主因は，不祥事の背景には各社に固有の事情があること，すなわち企業不祥事が特異なケースであるため定量的な分析よりもケース分析が先行したことにあると思われる．したがって，先行研究では，個々のケースを定性的に分析した研究，企業不祥事の類型化を試みた研究，不祥事の防止に関するアンケート調査，失敗を組織の経済学的視点から分析した研究，倫理規範の重要性を強調する研究など，様々なアプローチの研究が蓄積されている[4]．例えば佐賀（2006）は，企業不祥事の代表的なケースとしてエンロンや山一證券を取り上げ，取締役会の情報問題や独立性問題，社外取締役や監査役・監査法人の限界などを，ケース分析により明らかにしている．しかしながら一方で，不祥事に対するガバナンス特性の影響を定量的に分析した研究の蓄積は必ずしも厚くなかった．本章の意図は，企業不祥事に関する定性的な研究を定量的な視点から補完することにある．

そこで本章では，企業不祥事の中でも特に粉飾決算や所得隠しなど，会計関連の不正行為をターゲットとし，企業のガバナンス特性が会計不正の発生確率に与える影響を検証する．先行研究では，監査法人などの会計のプロが仕事を得るために監査に手心を加えるような可能性も指摘されている[5]．これらの事例は特異な例外なのだろうか．不祥事のたびに繰り返される社外取締役の導入は本当に会計不正の抑止に有効なのだろうか[6]．取締役会のモニタリング機能の強化や経営者インセンティブの強化などのガバナンス改革には，会計不正を防止する効果が認められるのだろうか．これらが主な問題意識である．つまり，企業のガバナンス特性と企業不祥事，特に粉飾決算などの会計不正との関係を解明することが本章のリサーチ・クエスチョンである．

以下，本章は次のように構成される．第2節では，会計不正に与える影響と

---

[4] 樋口（2012），平田（2008），日本監査役協会ケース・スタディ委員会（2003; 2009），菊澤（2011），中林（2007）などを参照のこと．また，青木（2010）のように，不祥事そのものよりもその後の企業対応に焦点を当て，事後対応という2次クライシスの重さを指摘した研究もある．

[5] 会計不正の問題とそれを生み出した金融情報に関する情報生産システムの構造を分析した中北・佐藤（2003）は，外部監査が不正防止に失敗した一因として，監査ファームの商業化傾向を指摘している．

[6] 青木（2016）は，企業不祥事がコーポレート・ガバナンス改革に与える影響を検証し，企業不祥事の発生が社外取締役のウエイトを高める契機となっていることを報告している．

いう観点から企業のガバナンス特性に関する検討課題を提示し，本章で用いるサンプルおよび推計モデルと変数を説明する．第3節では，会計不正の規模や年度別推移などの概略を整理する．第4節は本章の中心であり，粉飾決算や申告漏れ等の会計不正の発生確率に対する企業ガバナンス特性の影響を検証する．続く第5節では追加的な分析を行い，推計結果を別の視角から再検討する．最終節はまとめとインプリケーションである．

2 分析の枠組み

2.1 検証課題

本章の課題は，企業のガバナンス特性と会計不正との関係を定量的に検証することである．もし，特定のガバナンス特性を有する企業で，粉飾決算等の発生確率が有意に低いことが実証されれば，学術的にも実務的にも大きな意義があるだろう．会計不正を抑止するガバナンス・メカニズムの解明に寄与しうるし，実際のガバナンス改革のモデルになりうるからである．そこで本章では，企業のガバナンス特性として，取締役会構成などのトップ・マネジメント特性，ストック・オプション制度の導入などの経営者インセンティブ，および外国人株主をはじめとする機関投資家などの株式所有構造に着目し，会計不正の発生確率に与える影響をテストする．具体的な検討課題は以下の通りである．

① **トップ・マネジメント特性と会計不正**

はじめに，トップ・マネジメント特性が会計不正に与える影響を検討する．具体的には，執行役員制度，社外取締役，監査役の影響を検証する．

伝統的日本企業では，これまで肥大化した取締役会の機能不全が問題とされてきた．取締役会規模と企業価値や生産性との関係を検証した結果から，大規模な取締役会は非効率であることが指摘されてきたのである[7]．しかし，2000

---

7) 例えば，中山 (1999) は生産の技術的非効率性と役員数の関係を調査し，通信用・家庭用電気機器産業において役員数が少ないほど生産効率が高いことを発見している．また，米国大企業452社を対象とした Yermack (1996) も取締役会規模と企業価値（トービンの q）との間に負の相関関係があることを報告している．

年以降は，執行役員制度の一般化に伴って取締役会のスリム化が大きく進展した．ただし重要な点は，執行役員制度が，単に取締役会のダウンサイジングを目的とするものではないことである．その目的はむしろ，大規模で，内部昇進者優位で，現業部門トップとの兼任等を特徴とする日本型取締役会の抱える構造上の問題，すなわち戦略的意思決定機能とモニタリング機能の問題を改善することにあった[8]．執行役員制度のエッセンスは，経営と執行の分離，監督と執行の分離にある．つまり，取締役が Plan と See を担当し，執行役員が Do を担当する仕組みである．これによって取締役は，全社戦略の立案と業務執行の監視・評価に集中できるため，取締役会の戦略的意思決定機能とモニタリング機能は強化される．会計不正の抑止に重要なモニタリング機能に関しては，監視する側とされる側を分離することで，自分で自分を監視するというセルフモニタリングの問題点が改善される．したがって，執行役員制度の導入は会計不正を防止すると期待される．ただし，多くの日本企業で執行役員制度が導入された後も，取締役と執行役員の兼任が多く，実質的な経営と執行，監督と執行の分離が進んでいるとは言い難い．兼任の理由は主に現場情報に基づいた経営戦略の策定にある．つまり，現場を知る執行役員が全社戦略策定の場である取締役会に参加することで，生産や販売などの現場情報を戦略に反映させることが可能になる．例えば，井上（2003）はトヨタのガバナンス改革について，戦略決定と業務執行を分離してしまうと，現場の真のニーズを把握・理解できないまま戦略決定を行ってしまう危険性があることを指摘している．他方，モニタリング機能の面からも一定の兼任には意味がある．監督と執行を完全に分離してしまうと，執行側には現場の事情をよく知らない者に監督・評価されることに対する不安や不満が起こるだろうし，監督する側も実際の業務を知らないと適切な監督・評価が難しいという問題があるからである．

　以上のことから，執行役員制度の導入や監督と執行の分離に関しては，これらが取締役会のモニタリング機能の強化に寄与し会計不正を防止するという仮説が立つ一方で，現場における不適切な会計処理等の問題が発見しにくくなる

---

8) Aoki（2004）参照．ただし，執行役員制度導入の効果に関しては，戦略的意思決定能力の向上に対する影響を検証した延岡・田中（2002）も，企業パフォーマンスに対する影響をテストした Aoki（2004）や宮島・新田（2007）も，ともに積極的な効果を確認できていない．

という逆の仮説も立てられる．本章では，執行役員制度の導入が会計不正に与える影響に加えて，執行役員を兼任する取締役や業務執行に携わる取締役がどれくらいいるのか，すなわち，実質的な監督と執行の分離度の影響もテストする．

さて，執行役員制度を導入し監督と執行を分離したとしても，モニタリング機能の強化は十分ではない．内部昇進者が多数を占める日本企業のトップ・マネジメント構造では，監督する取締役と監督される執行役員は先輩と後輩の関係であることが普通であり，身内が身内を監視するという構造は変わらないからである．そこで，社外の目によるモニタリング機能の客観性向上を狙った改革が，社外取締役の導入である．したがって，モニタリング機能を向上させる社外取締役には会計不正を防止する効果が期待される．内部昇進者の取締役に比べて，しがらみに囚われない外部者がいることで，社内の論理は通用しないという緊張感が生まれるだろう．さらに，公認会計士や税理士など，会計の専門知識を有する社外取締役がいれば，その緊張感は会計処理の適正化に貢献すると思われる．第三者委員会から監査委員会による内部統制機能が働いていなかったと指摘された東芝では，財務・経理に十分な知見を有している者がいなかったとして，社外取締役の増強とともに人選や構成にも配慮した改革案が提示されている．その社外取締役の構成は，企業経営者3人，会計専門家2人，法曹1人，学者1人の計7人であり，2015年8月18日付けの「新経営体制及びガバナンス体制改革策並びに過年度決算の修正概要及び業績予想についてのお知らせ」には，「特に，今回のような不適切会計問題を二度と起こさないため，公認会計士2名を社外取締役候補者といたしました」と記載されている．

海外の研究では，取締役会の構成に関してFama（1980）やFama and Jensen（1983）が，外部取締役比率が高いほど取締役会のモニタリング機能が高まることを示し，Beasley（1996），Uzun *et al.*（2004），Farber（2005）などが，社外取締役が多いと金融不正の発生確率が低下するという実証結果を報告している．例えばBeasley（1996）は，社外取締役の持株比率が高く，在職期間が長く，他社との兼任が少ないほど，企業不祥事の発生確率が低いことを発見し，社外取締役の「中身」や「質」を検討している．これらの先行研究の結果は，日本においても社外取締役が会計不正の防止に有効である可能性を示唆する．

しかし他方で，社外取締役が会計不正の抑止に有効でないという可能性も十分考えられる．第1に，外部者が内部情報を獲得し理解できるかという情報の問題がある．Adams and Ferreira（2007）や Harris and Raviv（2008）は，取締役会のモニタリングやアドバイスが有効に機能するためには，企業の内部情報が重要な意味を持つことを理論的に示している．例えば Coles et al.（2008）も，R&D 志向で内部者の企業特殊的知識が相対的に重要な企業では，外部取締役よりも内部取締役の役割が重要であることを示している[9]．会計不正防止の観点からは，モニタリングの実効性は外部者が内部情報を獲得し理解しうるかに依存するという点が重要である．実際，外部者が，特に会計の専門知識を持たない外部者や実際の業務内容に精通しない外部者が，会社側が準備した資料を短時間確認するだけでは，不正を見抜くことはできないという限界は確かにあるだろう．

第2に，監視される者が監視する者を選ぶという構造上の問題がある．Bhagat and Black（2002），Bebchuk and Fried（2006）などは，社外取締役はただの飾りであり実効性はないという window dressing view を提示している．すなわち，経営者は自社に友好的な社外取締役を選任することが可能であり，厳しいモニタリングは期待できないという見方である．実際，社外取締役3人を擁したオリンパスでも粉飾決算が行われていた．また，2003年に委員会設置会社に移行し，監査委員会に3人，全体でも16人の取締役中4人の社外取締役がいたガバナンス優等生の東芝でも粉飾決算を防ぐことはできなかった．不祥事後に増える社外取締役は，その実効性よりもむしろ，トップ・マネジメント改革の象徴としてのシグナルの意味合いが大きかったのかもしれない．

第3に，社外取締役を選任している企業の特性を考慮する必要もある．齋藤（2011）は日経500企業をサンプルに社外取締役の導入要因を分析し，監視や助言に必要な情報を得やすい企業や，フリー・キャッシュフローが大きくエージェンシー問題が深刻な企業ほど社外取締役の導入が進んでいないことを報告している[10]．つまり，経営者が自身に都合の良い取締役会構成を選択した結果，社外取締役の選任は，問題が大きい企業で進まない一方，問題が少ない企業ほど進んでいたのである．会計不正という本章の文脈で考えると，外部者による

---

9) Linck et al.（2008）も，研究開発費が多く外部者による情報獲得が困難なほど社外取締役の比率が低くなることを報告している．

厳しいチェックを受けても問題がない企業，すなわち会計処理が適切に行われている清廉潔白な企業ほど社外取締役を導入している可能性がある．だとすれば，そもそも問題がないのであるから，社外取締役が会計不正の発生確率を低下させる可能性は小さくなるだろう．

最後に，監査役の影響も検討する．Abbott et al.（2004）は，監査委員会の独立性が高く，活動が活発で，金融専門家がいる場合，利益修正や不祥事は少ないことを報告している．もちろん監査役の一義的な仕事は，会計処理が適切に行われているかどうかをチェックすることにあるため，監査役の影響力が強いほど会計不正の可能性は低くなると期待される．

② **経営者インセンティブと会計不正**

経営者インセンティブに関しては，ストック・オプション制度の導入と経営者による株式保有の影響を検証する．例えば，Efendi et al.（2007）は，CEOが相当のストック・オプションを保有する場合に財務諸表の虚偽記載の可能性が上昇することから，経営者が株価維持のために不正を行うというエージェンシー・コストが増大することを示唆している．また，Burns and Kedia（2006）も，ストック・オプションが虚偽記載を行う強いインセンティブになることを報告している．さらに，Denis et al.（2006）も，会計不正の発生確率と役員のストック・オプション保有によるインセンティブ強度の間に有意な正の相関があることを報告している．そして，この関係は外部のブロックホルダーや機関投資家の保有比率が高い企業でより明確であることを発見し，ストック・オプションが詐欺的な行為を誘発するという見方と，この負のインセンティブが機関投資家やブロックホルダーによって増幅されるという見方を提示している．このように先行研究では，経営者インセンティブの強化が会計不正のトリガーになるという危険性が示されている．すなわち，粉飾決算を行い株価が上昇すれば，ストック・オプションの場合は権利行使により多額の報酬を得る機会が増大するし，自社株保有の場合はその資産価値が上昇するため，不正を行う負のインセンティブが強化されてしまうわけである．

---

10) 内田（2012）も，2002年12月から2011年3月決算までの全上場企業を対象に，情報の非対称性が深刻な企業，すなわち，社外取締役の機能が限定的と考えられる企業ほど社外取締役が導入されているという傾向を確認している．

ただし，当然逆の可能性も考えられる．経営者がストック・オプションを付与された場合，あるいは自社株を保有する場合，仮に粉飾決算が発覚して株価が暴落すれば，権利行使の可能性は遠のき，保有株の資産価値も大きく毀損してしまうことは容易に予想できる．そのため，ストック・オプションの導入や自社株保有が，会計不正の防止に対する経営者の意識を高め，より慎重なモニタリングを行うインセンティブを強めるという可能性である．もちろん，ストック・オプションの場合，粉飾決算の発覚で株価が下落しても，経営者は権利行使によって利益を得ることができないだけで，直接的な損失を被るわけではない．しかしながら，レピュテーション・リスクや，責任追及により辞任に追い込まれる可能性は非常に高い．したがって，経営者インセンティブの強化が，会計不正を行うという負のインセンティブとなるのか，不正防止の意識を高める正のインセンティブとなるのかが分析の焦点である．

③ 株式所有構造と会計不正

所有構造が粉飾決算に与える影響に関しては，安定株主，および外国人株主と機関投資家の影響を検討する．これまで，株式の相互持ち合いに代表される安定株主の存在は，経営者を資本市場からの短期的利益圧力から解放し，長期的な視点に基づく経営戦略の策定に貢献してきたというプラスの側面と，「もの言わぬ」サイレント・パートナーとして経営に対する規律付けが弱いというマイナスの側面とが指摘されてきた．他方，安定株主とは対照的な「もの言う」外国人株主や機関投資家は，経営に対する規律付けメカニズムとして機能してきたというプラスの側面が指摘される一方で，経営に対する短期的な利益圧力が長期的な企業の発展を阻害してしまうというマイナスの側面も指摘されてきた．強すぎるプレッシャーが近視眼的経営をもたらすという批判である．このように，「もの言わぬ」株主も「もの言う」株主も，それぞれ企業経営に対してプラスとマイナス両方の影響を与える可能性が考えられる．

それでは，株主特性は会計不正に対してどのような影響を与えるのだろうか．「もの言わぬ」株主の影響に関しては，安定株主の持株比率が高く，経営者が資本市場からの株価上昇圧力から相対的にフリーであれば，企業は無理な会計処理を行う必要がなくなるため，会計不正の発生確率は低くなると予想される．また，田中（2014）が指摘するように，持ち合い株主といった伝統的なガバナ

ンス構造が，経営者の良心に基づく自律的ガバナンスの触媒として機能する可能性もある．つまり，馬鹿なことをして支持してくれる相手に迷惑をかけてはいけないという道徳心が働き，粉飾決算といった愚かな行為が自制されるという可能性である．

　他方，「もの言う」株主の影響に関しては，外国人株主や機関投資家の持株比率が高いほど，企業は短期的な利益圧力に直面し，不適切な会計処理を行う可能性が高くなるという仮説が立てられる．エンロンとワールドコム事件を検証した中北・佐藤（2003）も，不正な財務報告の誘因として資本市場からの株価圧力があったことを示唆している．しかし他方で，「もの言う」株主の規律付けが正の効果を持つという可能性も考えられる．経営者が，粉飾決算を行い万一これが発覚した場合には自らの監督責任・経営責任が厳しく追及されることを予測し，会計処理の適正化に注力するという可能性である．このストーリーが正しければ，外国人株主や機関投資家などの「もの言う」株主のプレゼンスが高い方が，会計不正の発生確率は低下することになる．

2.2　分析サンプルと推計モデルの定式化

　分析のサンプルは，2009年度から2013年度の日本の上場企業全般（非金融事業法人）である．会計不正に関しては，その発生と発覚とを区別して分析することが重要である．本章では，実際に財務諸表等に虚偽記載がなされていたことを会計不正の「発生」，粉飾決算等の不正行為が新聞等によって公表されたことを会計不正の「発覚」として区別する．研究の目的は，どういったガバナンス特性が会計不正を抑止するのかを検証することであるから，会計不正の「発覚」ではなく「発生」が重要になる．この会計不正に関しては，一般マスコミ報道や企業の公表資料から，コーポレート・ガバナンスやCSR等に関連する企業不祥事をデータベース化しているCR-Labsの企業不祥事データベースをもとに，会計不正に関連するキーワードを抽出し，新聞記事検索によって年度を拡張してデータベースを構築した[11]．具体的には，会計不正，不適切会計，不正会計，粉飾決算，有価証券報告書等虚偽記載，損失隠し，申告漏れ，所得隠しなどをキーワードとして設定し，2009年度から2013年度分の会計不正の「発覚」に関するデータベースを構築した．次に，この手続きによって得られた会計不正の「発覚」データのそれぞれについて，実際に粉飾等の不正な会

計処理が行われていた年度を企業ごとに特定し，会計不正の「発生」の有無に関するデータベースを作成した．また，企業のガバナンス関連のデータは，日経 NEEDS-Cges，東洋経済新報社の『役員四季報』および各社の有価証券報告書等から，企業の財務データ等は日経 NEEDS-FinancialQUEST から取得した．

　2009年度から2013年度までの 5 年間に発生した会計不正の要因を検討するために，t 期における会計不正の発生を被説明変数とし，これを t−1 期のガバナンス特性に回帰する以下の推計式を，ロジット・モデル（logit model）によって推計した．なお，Beasley（1996）のロジット・クロスセクション・モデル（logit cross-sectional regression analysis）を参考に，分析にはマッチング・サンプルを用いた．すなわち，会計不正のあった企業群に会計不正のなかった企業群から年度・業種・規模が類似した特性を持つコントロール・グループをマッチングさせたサンプルによる推計を行った．

$$FRAUD_t = f[GOV_{t-1}, CV_{t-1}] \tag{1}$$

　推計式中の添え字 t は年度を表す．被説明変数である $FRAUD$ は会計不正の発生を表す変数であり，会計不正が行われていた企業年度に 1 を付与したダミー変数である．会計不正がどういった経緯で明らかになったのかも重要な論点ではあるが，本章では会計不正の「発覚」ではなく，実際に不正が行われていたという会計不正の「発生」を問題とする．なお，会計不正の場合，売上や利益を水増ししたり，損失を隠蔽や先送りすることによって結果を実際よりも良く見せるいわゆる粉飾決算の場合と，税金逃れ等の目的で利益を過小に報告したり，所得等を隠したりして実際よりも悪く見せる場合がある．そこで，会計不正のうち前者のケースに 1 を付与した粉飾決算ダミーと，後者のケースに 1 を付与した申告漏れ等ダミーを準備した．

---

11)　CR-Labs の企業不祥事データベースから，スポーツ新聞やタブロイド紙等をソースとする不祥事を，情報の信頼性の観点から除外した．したがって，基本的には新聞社やテレビ局，国内外の通信社，官公庁や公正取引委員会などの行政機関，および各社のニュース・リリースが情報源となる．なお，購入した CR-Labs の企業不祥事データは2010年 1 月 1 日から2013年12月31日までの 4 年分であるため，会計不正関連のキーワードに基づいて新聞記事検索を行い，データベースを拡張した．具体的には，2009年 4 月 1 日から同年12月31日までの新聞記事検索で2009年度のデータベースを補足し，2014年 1 月 1 日から同年 3 月31日までの新聞記事検索で2013年度のデータベースを補足した．

説明変数の GOV は企業のガバナンス特性を表す変数である．具体的には，トップ・マネジメント特性，経営者インセンティブ，株式所有構造に関する以下の変数を採用した．トップ・マネジメント特性に関しては，執行役員制度を採用している企業年度に 1 を付与した執行役員制度導入ダミー，取締役執行役員実質兼任比率[12]，社外取締役比率（社外取締役人数／取締役人数），公認会計士等の会計専門の社外取締役の人数，社外取締役のインセンティブ強度を見る社外取締役持株比率，および監査役比率（監査役人数／取締役人数）を採用した．経営者インセンティブに関しては，ストック・オプション制度を導入している企業年度に 1 を付与したストック・オプション導入ダミーと，経営者持株比率（社長級の持株比率）を採用した．株式所有構造に関しては，「もの言わぬ」株主の影響を見る変数として安定株主持株比率[13]を，「もの言う」株主の影響を見る変数として外国人株主持株比率と機関投資家持株比率[14]を採用した．

CV はコントロール変数であり，以下の変数を採用した．まずは企業パフォーマンスの影響を考慮する．過去の粉飾決算の事例では，過度な利益追求が会計不正の一因であることがしばしば指摘されてきた[15]．したがって，企業業績の悪化は会計不正の動機となる可能性があるためコントロール変数に加えた．具体的には，資産効率を表す ROA（総資産経常利益率，連結決算ベース）を採用した．次に，事業構造の複雑性の影響を考慮する．例えば，研究開発費が大きい場合，海外での売上が大きくグローバル化が進展している場合，あるいは，より多くの子会社を抱えグループ化が進展している場合，企業の外部者が

---

12) 取締役執行役員実質兼任比率は，（執行役員を兼任する取締役人数＋執行業務に携わる取締役数）／取締役人数×100である．

13) 安定株主持株比率は，国内会社による保有株式のうち，①相互保有関係にある会社が保有する株式，②生損保・銀行・信金が保有する株式（除く特別勘定，信託勘定），③公開会社が保有する金融機関株式，④公開関連会社（親会社など）が保有する株式に該当する場合の株式保有比率合計，⑤役員持株比率，⑥持株会持株比率，⑦自己株式，⑧法人が保有する大口株式（3％以上，含む外国会社，除く信託銀行等）のいずれかに属する株式の比率である．

14) 機関投資家持株比率は，外国人株式保有比率(除く外国法人判明分)＋信託勘定株式保有比率＋生保特別勘定株式保有比率である．

15) 例えば，2015年に不適切会計が発覚した東芝の場合，直接的な原因の1つとして，当期利益至上主義と目標必達のプレッシャーが第三者委員会調査報告書で指摘されている．

第10章 企業統治と会計不正

表10-1 基礎統計量

	平均	標準偏差	最小値	最大値
会計不正ダミー	0.01	0.12	0.00	1.00
粉飾決算ダミー	0.01	0.08	0.00	1.00
申告漏れ等ダミー	0.01	0.09	0.00	1.00
執行役員制度導入ダミー	0.55	0.50	0.00	1.00
取締役執行役員実質兼任比率	85.69	20.50	0.00	100.00
社外取締役比率	10.75	14.35	0.00	86.67
会計専門社外取締役人数	0.32	0.54	0.00	3.00
社外取締役持株比率	0.03	0.25	0.00	5.01
監査役比率	51.18	18.87	0.00	166.67
ストック・オプション導入ダミー	0.30	0.46	0.00	1.00
経営者持株比率	4.83	8.66	0.00	42.59
安定株主持株比率	44.13	17.47	0.00	93.45
外国人株主持株比率	8.68	11.29	0.00	92.81
機関投資家持株比率	14.06	15.20	0.00	78.00
ROA	4.35	5.74	−23.13	31.73
研究開発集約度	0.02	0.04	0.00	2.51
海外売上高比率	0.13	0.22	−0.24	1.40
連結子会社数	19.90	55.75	0.00	1,312.00
総資産対数	12.95	1.63	7.97	19.69
取締役会規模（人数）	7.92	3.17	3.00	29.00

（注）サンプル数は1万3362企業年度である．取締役会規模（人数）は参考のため表掲．社外取締役持株比率，経営者持株比率，ROAは異常値処理済み．

内部情報を得ることはより困難になる．つまり，情報の非対称性がより大きくなる．そして，外部からわかりにくくなるほど，不正は隠しやすくなると考えられる．したがって，事業構造が複雑なほど不正な会計処理を行うインセンティブが大きくなる可能性があるためコントロール変数に加えた．具体的には，研究開発集約度（研究開発費／売上高），海外売上高比率（海外売上高／売上高），連結子会社数を採用した．

以上，推計式は前期（t−1）のガバナンス特性が，当期（t）における会計不正の発生確率に与える影響を検証するモデルとなっており，因果関係を推定する際の時間的整合性は確保されている[16]．なお，各変数の基礎統計量は表

---

[16] もちろん，1期前のガバナンス特性のみで会計不正の発生を説明することに問題はあるが，ガバナンス特性と会計不正の発生を同年度にした場合，会計不正の発生によって取締役会構造が変化した（改革が行われた），あるいは所有構造が変化した（株式が売り込まれた）といった可能性を明確に排除できず，逆方向の因果関係まで分析結果に含まれてしまう．

10-1に示されている[17].会計不正ダミーの平均は0.01（1.44％），粉飾決算ダミーの平均は0.01（0.58％），申告漏れ等ダミーの平均は0.01（0.86％）であり，会計不正は平均するとおよそ1％の確率で発生していることがわかる.

3　会計不正の概略

　はじめに，会計不正の規模がどの程度のものであったのかを確認しておこう.ここでは，会計不正が発覚した際の新聞記事等から，その不正額を把握した.したがって，ある会計不正の事例に関して，必ずしも当該企業のすべての会計年度にそれぞれの不正額がカウントされているわけではないことに注意されたい.例えば，2012年の新聞に，「X社が2010年から2011年の2年間で総額10億円の粉飾決算を行っていた」と報道された場合，X社の2010年と2011年それぞれの粉飾額の内訳（2件のデータ）ではなく，発覚した2012年の時点で，X社10億円とカウントしている（1件のデータ）.実際のケースでは，例えば2011年にウッドフォード社長の解任劇から粉飾決算が発覚したオリンパスでは，バブル崩壊後に抱えた巨額損失を長期にわたって隠し続け，2008年に実態と大きく乖離した巨額な企業買収の投資失敗による特別損失で減損処理しようとしたことがその後明らかにされた.この場合，実際に粉飾決算が行われていたのは1990年代以降の10年以上の長期間にわたるが，各年度の粉飾額を把握したわけではなく，2011年度にオリンパス1件分の粉飾金額をカウントしている.会計不正のうち実際の金額や推定金額がわかるデータ174件をもとに，その金額の分布を示したものが図10-1である.第1に，粉飾決算が70件，申告漏れ等が104件であり，やや申告漏れ等の件数が多かった.第2に，粉飾決算の場合も申告漏れ等の場合も10億円未満のケースが最も多く，少額で発覚するかどうかのギリギリの線で不正を行っていることがわかる.ただし第3に，粉飾決算の場合も申告漏れ等の場合も，100億円を超える大型の会計不正も存在した[18].

---

17)　社外取締役持株比率，経営者持株比率，ROAは，平均から3標準偏差を基準に異常値処理を行った.例えば，異常値処理前の社外取締役持株比率の最大値は69.99％と極めて大きい.クラウドゲート（札幌アンビシャス上場）の2009～2010年度，ジー・スリーホールディングス（東証第2部上場）の2011～2012年度，光ハイツ・ヴェラス（札幌アンビシャス上場）の2008～2012年度が，社外取締役持株比率が50％超であった.

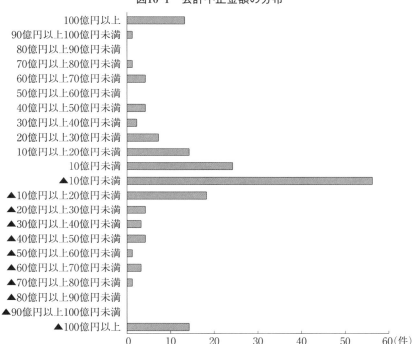

図10-1 会計不正金額の分布

さて，より重要な情報は，実際にいつ会計不正が行われていたかである．図10-2は，会計不正の件数を年度別に整理したものである．これを見ると，会計不正は2009年度の75件から2013年度の7件へと明確な減少傾向が確認できる．ポジティブな解釈は，企業が他社の粉飾決算等の発覚事例から学習し，会計処理の適正化が自律的に進んだという可能性，あるいは，ガバナンス関連の法改正等を経て企業におけるチェック・システム，内部統制の整備が進んだため不正が起きにくくなったという可能性である．ただし，この会計不正件数の減少傾向は，データの構造的な問題が影響している可能性も十分考えられる．本章では，粉飾決算等が発覚すると，その報道内容から不正が実際に行われていた過去の会計年度を特定している．したがって，2014年度以降に発覚した会計不正の報道から，本章の分析対象期間における会計不正の発生が新たに判明する

18) 粉飾決算のトップは1178億円のオリンパス（2011年），申告漏れ等のトップは540億円のヤフー（2010年）であった．

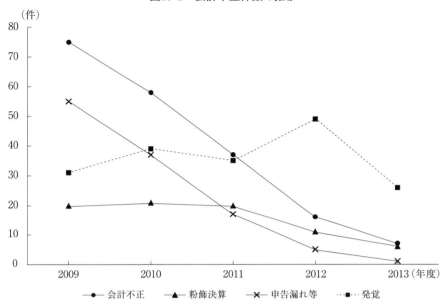

図10-2　会計不正件数の推移

可能性はある．その場合，年度が新しいほど不正の件数が上積みされる可能性が高い．実際に会計不正の「発覚」の件数を見ると，2013年度は26件と少ないが2012年度は49件と最も多く，会計不正の明確な減少傾向を読み取ることができない．また，2009年度はリーマン・ショック後で特に会計不正の件数が多いだけで，その後もとの水準に落ち着いているだけという可能性もある．

　なお，会計不正の発生を業種別に整理すると，発生率が高い上位5業種は，水産の15.2％，輸送用機器の6.8％，鉱業の4.9％，小売業の3.7％，造船の3.6％であった．ただし，ここでは財務諸表等に虚偽の記載がなされていた年度はすべて会計不正が発生したとカウントしているため，例えば業界内の1社が分析対象の5年間すべてで不正を行っていた場合，会計不正は5件とカウントされる．すなわち分析単位は企業ではなく，企業年度であることに注意が必要である．また，造船における会計不正は1件しかないが，業界内の企業数が少ないため会計不正比率が高くなっていることにも注意が必要である．他方，会計不正が5年間に一度も発生していない業種は，繊維，紙パルプ，医薬品，石油，非鉄金属，その他製造，海運，空運，ガスの9業種であった．

4　ガバナンス特性が会計不正に与える影響：マッチング・サンプルによる分析

4.1　会計不正の要因分析

　はじめに，会計不正を行った企業と会計不正を行っていない企業との間で，ガバナンス特性にどのような差異があったのかを検討する．本節では，会計不正が行われていた企業群の観測データ181件それぞれに対して，年度と日経業種中分類が同一で，総資産規模が最も近い企業年度データをマッチングさせ，両グループ間のガバナンス特性を前年度の時点で比較する．なお，コントロール・グループとしてマッチングさせたサンプル181件はすべて，本章の分析期間中に一度も会計不正を起こしていない企業の中から選択した．したがって，181の会計不正企業群では翌年度に会計不正が行われ，マッチングさせた181のコントロール企業群では翌年度に会計不正が行われていないことになる．このように分析のサブ・サンプル362件を設定したうえで，両群の各ガバナンス特性を比較した．

　表10-2のパネルAには，両グループのガバナンス変数の平均値に有意な差があるのか否かをt検定した結果が示されている．第1に，会計専門の社外取締役に関して両グループ間に統計的に有意な差があることがわかる．会計専門社外取締役人数の平均は，会計不正ありの企業群では0.22人であるのに対して，会計不正なしの企業群では0.30人とやや多く，その差は10％水準ながら統計的に有意であった．この結果は，会計専門の社外取締役の存在が，会計不正の防止に寄与する可能性を示唆する．第2に，経営者インセンティブに関しても両グループ間に統計的に有意な差が確認できた．経営者持株比率の平均は，会計不正ありの企業群では5.34％であるのに対して，会計不正なしの企業群では3.61％と低く，その差は10％水準ながら統計的に有意であった．この結果は，強い経営者インセンティブが会計不正の一因になる可能性を示唆する．

　パネルBには，(1)式をロジット・モデルによって推計した結果が整理されている．第1に，会計専門社外取締役人数の係数は，すべての推計モデルで10％水準ながら統計的に有意に負であった．したがって，会計専門の社外取締

表10-2 会計不正の

パネルA：平均値の差の検定

	全体 N=362		会計不正あり N=181		会計不正なし N=181		平均値の差 t値
	平均	標準偏差	平均	標準偏差	平均	標準偏差	
執行役員制度導入ダミー	0.57	0.50	0.54	0.50	0.60	0.49	1.06
取締役執行役員実質兼任比率	82.01	22.79	82.63	22.74	81.39	22.89	-0.52
社外取締役比率	13.21	16.47	12.03	14.26	14.40	18.38	1.37
会計専門社外取締役人数	0.26	0.47	0.22	0.45	0.30	0.48	1.68*
社外取締役持株比率	0.01	0.04	0.00	0.02	0.01	0.06	1.39
監査役比率	45.31	19.38	44.73	18.49	45.89	20.27	0.57
ストック・オプション導入ダミー	0.45	0.50	0.44	0.50	0.46	0.50	0.32
経営者持株比率	4.48	8.85	5.34	10.12	3.61	7.30	-1.87*
安定株主持株比率	38.60	19.98	37.30	20.64	39.90	19.27	1.24
外国人株主持株比率	13.59	12.84	13.79	13.24	13.38	12.46	-0.31
機関投資家持株比率	23.03	19.07	22.84	19.01	23.22	19.17	0.19
ROA	3.75	5.85	3.66	6.06	3.84	5.65	0.29
研究開発集約度	0.02	0.03	0.02	0.03	0.01	0.03	-1.05
海外売上高比率	0.17	0.26	0.18	0.26	0.17	0.27	-0.33
連結子会社数	68.97	148.83	64.07	137.59	73.87	159.51	0.63
総資産対数	14.18	2.11	14.19	2.14	14.17	2.08	-0.11
取締役会規模（人数）	9.70	4.36	9.87	4.62	9.54	4.08	-0.74

役が多い方が，会計不正の発生確率は低下するといえる．第2に，経営者持株比率の係数は，すべての推計モデルで5％水準で統計的に有意に正であった．したがって，経営者持株比率が高いほど，会計不正の発生確率は高くなるといえる．第3に，安定株主持株比率の係数は5％水準（モデル3・4）ないし10％水準（モデル1・2）で統計的に有意に負であった．したがって，安定株主の持株比率が高いほど，会計不正の発生確率は低下することがわかる．

　会計不正のうち，実際よりも内容を良く見せる粉飾決算も悪く見せる申告漏

要因分析

パネル B：ロジット・モデルによる推計

	(1)	(2)	(3)	(4)
執行役員制度導入ダミー	−0.249 (−1.048)		−0.188 (−0.787)	
取締役執行役員実質兼任比率		−0.002 (−0.276)		−0.002 (−0.380)
社外取締役比率	−0.004 (−0.504)	−0.005 (−0.585)	−0.004 (−0.483)	−0.005 (−0.624)
会計専門社外取締役人数	−0.471* (−1.908)	−0.454* (−1.851)	−0.464* (−1.883)	−0.453* (−1.851)
社外取締役持株比率	−3.790 (−0.985)	−4.022 (−1.017)	−4.144 (−1.051)	−4.355 (−1.084)
監査役比率	−0.004 (−0.629)	−0.005 (−0.780)	−0.005 (−0.822)	−0.006 (−0.952)
ストック・オプション導入ダミー	−0.121 (−0.524)	−0.116 (−0.500)	−0.095 (−0.408)	−0.094 (−0.404)
経営者持株比率	0.034** (2.345)	0.036** (2.507)	0.032** (2.222)	0.034** (2.340)
安定株主持株比率	−0.013* (−1.958)	−0.013* (−1.896)	−0.016** (−2.300)	−0.016** (−2.249)
外国人株主持株比率	0.003 (0.280)	−0.001 (−0.043)		
機関投資家持株比率			−0.006 (−0.679)	−0.008 (−0.964)
ROA	−0.007 (−0.346)	−0.007 (−0.320)	−0.002 (−0.096)	−0.002 (−0.080)
研究開発集約度	5.145 (0.968)	5.118 (0.961)	5.931 (1.106)	5.940 (1.103)
海外売上高比率	0.118 (0.227)	0.125 (0.239)	0.197 (0.381)	0.203 (0.391)
連結子会社数	−0.001 (−1.409)	−0.001 (−1.336)	−0.001 (−1.257)	−0.001 (−1.231)
切片	0.900* (1.778)	0.980 (1.302)	1.151** (2.084)	1.329* (1.693)
サンプル数	362	362	362	362

（注）　括弧内は z 値．***は 1 ％水準で有意，**は 5 ％水準で有意，*は10％水準で有意．

れ等も，真実とは異なる報告をすることで，株価が上昇したり，ライバルに見劣りしないといった虚栄心が満たされたり，節税できたりと，企業が得をすることは本質的に同じである．しかし，先行研究が主に問題として扱ってきたのは粉飾決算であるため，両者の発生メカニズムに違いがあるのか否かはわからない．そこで以下では，粉飾決算と申告漏れ等を区別して，ガバナンス要因の影響が異なるのか否かを検討する．

表10-3 粉飾決算の

パネル A：平均値の差の検定

	全体 N=146		粉飾決算あり N=73		粉飾決算なし N=73		平均値の差 t値
	平均	標準偏差	平均	標準偏差	平均	標準偏差	
執行役員制度導入ダミー	0.43	0.50	0.36	0.48	0.51	0.50	1.85*
取締役執行役員実質兼任比率	83.03	23.20	83.19	22.98	82.87	23.56	−0.08
社外取締役比率	14.18	17.23	12.94	15.56	15.43	18.78	0.87
会計専門社外取締役人数	0.32	0.54	0.32	0.55	0.33	0.53	0.15
社外取締役持株比率	0.01	0.07	0.01	0.03	0.02	0.09	1.25
監査役比率	47.89	20.79	48.85	21.06	46.94	20.63	−0.55
ストック・オプション導入ダミー	0.45	0.50	0.52	0.50	0.38	0.49	−1.67*
経営者持株比率	6.68	10.26	8.66	12.12	4.69	7.57	−2.38**
安定株主持株比率	43.24	22.23	40.10	24.02	46.38	19.97	1.72*
外国人株主持株比率	8.27	11.33	6.94	9.31	9.61	12.97	1.43
機関投資家持株比率	13.91	16.93	13.53	16.67	14.29	17.30	0.27
ROA	4.43	6.62	4.10	7.52	4.75	5.62	0.60
研究開発集約度	0.01	0.02	0.01	0.02	0.01	0.03	1.06
海外売上高比率	0.13	0.25	0.11	0.23	0.15	0.27	0.92
連結子会社数	50.45	122.74	42.93	106.01	57.96	137.80	0.74
総資産対数	13.20	2.10	13.22	2.17	13.18	2.05	−0.12
取締役会規模（人数）	8.50	4.29	8.26	4.53	8.74	4.06	0.67

4.2 粉飾決算の要因分析

　はじめに，粉飾決算を行った企業と粉飾決算を行っていない企業との間で，ガバナンス特性にどのような差異があったのかを検討する．ここでは，粉飾決算が行われていた企業群のデータ73件それぞれに対して，年度と日経業種中分類が同一で総資産規模が最も近い企業年度データをマッチングさせ，両グループ間のガバナンス特性を前年度の時点で比較する．なお，コントロール・グル

要因分析

パネル B：ロジット・モデルによる推計

	(1)	(2)	(3)	(4)
執行役員制度導入ダミー	−0.680*		−0.857**	
	(−1.716)		(−2.169)	
取締役執行役員実質兼任比率		−0.007		0.001
		(−0.642)		(0.067)
社外取締役比率	0.003	−0.000	−0.002	−0.002
	(0.268)	(−0.006)	(−0.179)	(−0.192)
会計専門社外取締役人数	−0.421	−0.333	−0.385	−0.254
	(−1.108)	(−0.939)	(−1.008)	(−0.719)
社外取締役持株比率	−5.298	−6.385	−4.024	−4.564
	(−1.285)	(−1.389)	(−1.062)	(−1.119)
監査役比率	−0.002	0.000	−0.001	−0.003
	(−0.171)	(0.024)	(−0.141)	(−0.250)
ストック・オプション導入ダミー	0.623	0.521	0.718*	0.626
	(1.454)	(1.234)	(1.663)	(1.484)
経営者持株比率	0.051**	0.051**	0.046**	0.047**
	(2.219)	(2.329)	(2.036)	(2.153)
安定株主持株比率	−0.031***	−0.028***	−0.025**	−0.022**
	(−3.013)	(−2.807)	(−2.361)	(−2.185)
外国人株主持株比率	−0.042	−0.059**		
	(−1.487)	(−2.002)		
機関投資家持株比率			0.007	−0.001
			(0.410)	(−0.052)
ROA	−0.027	−0.028	−0.036	−0.037
	(−0.823)	(−0.865)	(−1.075)	(−1.141)
研究開発集約度	−14.141	−13.083	−14.519	−13.524
	(−1.393)	(−1.307)	(−1.432)	(−1.355)
海外売上高比率	0.593	0.746	−0.135	−0.130
	(0.550)	(0.692)	(−0.131)	(−0.127)
連結子会社数	−0.000	0.001	−0.002	−0.001
	(−0.083)	(0.279)	(−1.033)	(−0.726)
切片	1.814**	2.017*	1.432*	1.019
	(2.227)	(1.741)	(1.676)	(0.861)
サンプル数	146	146	146	146

（注）括弧内は z 値．***は1％水準で有意，**は5％水準で有意，*は10％水準で有意．

ープの73件はすべて，一度も粉飾決算がなかった企業の中から選択した．したがって，73の粉飾決算企業群では翌年度に粉飾決算が行われ，マッチングさせた73のコントロール企業群では翌年度に粉飾決算が行われていないことになる．このように分析のサブ・サンプル146件を設定したうえで，両群の各ガバナンス特性を比較した．

表10-3パネル A には，両グループのガバナンス変数の平均値の差を t 検定した結果が示されている．第1に，執行役員制度導入ダミーの平均は，粉飾決

算ありの企業群が0.36であるのに対して，粉飾決算なしの企業群では0.51と高く，その差は10％水準ながら統計的に有意であった．この結果は，執行役員制度が粉飾決算の防止に寄与する可能性を示唆する．第2に，経営者インセンティブに関しても両グループ間に統計的に有意な差を確認することができた．ストック・オプション導入ダミーの平均は，粉飾決算ありの企業群が0.52であるのに対して，粉飾決算なしの企業群では0.38と低く，その差は10％水準ながら統計的に有意であった．また，経営者持株比率の平均は，粉飾決算ありの企業群が8.66％であるのに対して，粉飾決算なしの企業群では4.69％と低く，その差は5％水準で統計的に有意であった．したがって，ここでの結果は，経営者インセンティブの強化が粉飾決算のトリガーになる可能性を示唆する．第3に，安定株主持株比率の平均は，粉飾決算ありの企業群では40.10％であるのに対して，粉飾決算なしの企業群では46.38％と高く，その差は10％水準ながら統計的に有意であった．この結果は，安定株主の存在が粉飾決算を抑止する可能性を示唆する．

パネルBには，ロジット・モデルによる推計結果が整理されている．第1に，執行役員制度導入ダミーの係数は，5％水準（モデル3）ないし10％水準（モデル1）で統計的に有意に負であった．したがって，執行役員制度の導入は，粉飾決算の発生確率を低下させるといえる．第2に，ストック・オプション導入ダミーの係数は一部の推計モデルで10％水準（モデル3）ながら統計的に有意に正，経営者持株比率の係数はすべての推計モデルで5％水準で統計的に有意に正であった．これらの結果は，ストック・オプションの導入や経営者による株式保有が，粉飾決算の発生確率を高めることを意味する．第3に，所有構造の影響を見ると，安定株主持株比率の係数が，すべての推計モデルで1％水準（モデル1・2）ないし5％水準（モデル3・4）で統計的に有意に負であった．この結果は，安定株主の持株比率が高いほど，粉飾決算の発生確率が低いことを意味する．また，外国人株主持株比率の係数も5％水準で統計的に有意に負であり（モデル2），外国人株主の存在が粉飾決算を抑止する方向に作用していることがわかる．

4.3　申告漏れ等の要因分析

次に，申告漏れ等があった企業と申告漏れ等がなかった企業との間で，ガバ

ナンス特性にどのような差異があったのかを検討する．ここでは，申告漏れ等があった企業群のデータ108件それぞれに対して，年度と日経業種中分類が同一で総資産規模が最も近い企業年度データをマッチングさせ，両グループ間のガバナンス特性を前年度の時点で比較する．これまでと同様に，コントロール・グループの108件はすべて一度も申告漏れ等がなかった企業の中から選択した．したがって，108の申告漏れ等企業群では翌年度に申告漏れ等が発生し，マッチングさせた108のコントロール企業群では翌年度に申告漏れ等が発生していないことになる．このように分析のサブ・サンプル216件を設定したうえで，両群の各ガバナンス特性を比較した．

表10-4パネルAには，両グループのガバナンス変数の平均値の差をt検定した結果が示されている．第1に，会計専門社外取締役人数の平均は，申告漏れ等ありの企業群では0.16人であるのに対して，申告漏れ等なしの企業群では0.29人と多く，その差は5％水準で統計的に有意であった．この結果は，会計専門の社外取締役の存在が，申告漏れ等の防止に寄与する可能性を示唆する．第2に，ストック・オプション導入ダミーの平均は，申告漏れ等ありの企業群では0.39であるのに対して，申告漏れ等なしの企業群では0.51と高く，その差は10％水準ながら統計的に有意であった．この結果は，ストック・オプションの導入が申告漏れ等を防止する方向に作用する可能性を示唆する．

パネルBは，ロジット・モデルの推計結果を示している．第1に，会計専門社外取締役人数の係数は，すべての推計モデルで5％水準（モデル1・2）ないし10％水準（モデル3・4）で統計的に有意に負であった．したがって，会計専門の社外取締役が多いほど，申告漏れ等の発生確率は低下するといえる．第2に，ストック・オプション導入ダミーの係数は，すべての推計モデルで5％水準（モデル1・2）ないし10％水準（モデル3・4）で統計的に有意に負であった．したがって，ストック・オプション制度を導入しているほど，申告漏れ等の発生確率は低いといえる．第3に，外国人株主持株比率の係数は，10％水準（モデル1・2）で統計的に有意に正であった．したがって，外国人株主の持株比率が高いほど，申告漏れ等の発生確率は高くなるといえる．

表10-4 申告漏れ等の

パネル A：平均値の差の検定

	全体 N=216		申告漏れ等あり N=108		申告漏れ等なし N=108		平均値の差 t値
	平均	標準偏差	平均	標準偏差	平均	標準偏差	
執行役員制度導入ダミー	0.66	0.47	0.67	0.47	0.66	0.48	-0.14
取締役執行役員実質兼任比率	81.33	22.54	82.26	22.68	80.40	22.47	-0.61
社外取締役比率	12.56	15.95	11.41	13.36	13.70	18.16	1.05
会計専門社外取締役人数	0.22	0.42	0.16	0.37	0.29	0.45	2.31**
社外取締役持株比率	0.00	0.01	0.00	0.00	0.00	0.01	1.06
監査役比率	43.56	18.21	41.95	16.05	45.18	20.08	1.31
ストック・オプション導入ダミー	0.45	0.50	0.39	0.49	0.51	0.50	1.78*
経営者持株比率	2.99	7.42	3.10	7.80	2.88	7.05	-0.21
安定株主持株比率	35.46	17.68	35.41	17.88	35.52	17.57	0.05
外国人株主持株比率	17.18	12.57	18.43	13.51	15.93	11.48	-1.46
機関投資家持株比率	29.19	17.96	29.13	17.94	29.26	18.05	0.05
ROA	3.29	5.23	3.36	4.85	3.22	5.61	-0.20
研究開発集約度	0.02	0.03	0.02	0.03	0.01	0.03	-2.01**
海外売上高比率	0.20	0.27	0.22	0.27	0.18	0.27	-1.14
連結子会社数	81.49	163.22	78.36	154.19	84.62	172.43	0.28
総資産対数	14.85	1.84	14.85	1.85	14.84	1.83	-0.05
取締役会規模（人数）	10.52	4.22	10.96	4.37	10.07	4.03	-1.55

5 頑健性テスト：追加分析

5.1 全サンプルを用いた分析

　前節までは，会計不正が発生したケースに特性が近いペアをマッチングさせたサンプルを用いてガバナンス特性の影響を検証してきた．本節では，いくつ

要因分析

パネルB：ロジット・モデルによる推計

	(1)	(2)	(3)	(4)
執行役員制度導入ダミー	0.010 (0.028)		0.189 (0.551)	
取締役執行役員実質兼任比率		−0.001 (−0.144)		−0.003 (−0.279)
社外取締役比率	−0.004 (−0.338)	−0.005 (−0.364)	−0.004 (−0.347)	−0.006 (−0.425)
会計専門社外取締役人数	−0.774** (−2.036)	−0.778** (−2.045)	−0.628* (−1.675)	−0.645* (−1.718)
社外取締役持株比率	−21.000 (−0.467)	−20.775 (−0.467)	−17.478 (−0.489)	−17.894 (−0.492)
監査役比率	−0.006 (−0.586)	−0.006 (−0.615)	−0.011 (−1.054)	−0.009 (−0.907)
ストック・オプション導入ダミー	−0.637** (−2.071)	−0.645** (−2.081)	−0.518* (−1.674)	−0.552* (−1.767)
経営者持株比率	0.019 (0.871)	0.020 (0.912)	0.015 (0.661)	0.012 (0.563)
安定株主持株比率	0.008 (0.725)	0.008 (0.733)	−0.003 (−0.244)	−0.002 (−0.187)
外国人株主持株比率	0.032* (1.826)	0.032* (1.873)		
機関投資家持株比率			−0.004 (−0.341)	−0.003 (−0.217)
ROA	−0.013 (−0.417)	−0.013 (−0.421)	0.009 (0.297)	0.009 (0.280)
研究開発集約度	11.151 (1.604)	11.111 (1.594)	13.506* (1.906)	13.422* (1.894)
海外売上高比率	0.098 (0.149)	0.101 (0.154)	0.261 (0.397)	0.275 (0.420)
連結子会社数	−0.001 (−1.150)	−0.001 (−1.159)	−0.001 (−0.861)	−0.001 (−0.886)
切片	−0.147 (−0.187)	−0.018 (−0.015)	0.719 (0.859)	0.943 (0.795)
サンプル数	216	216	216	216

（注）括弧内はz値．***は1％水準で有意．**は5％水準で有意．*は10％水準で有意．

かの追加的な分析を行うことで，これまで得られた結果の頑健性をテストしよう．

はじめに，本章の分析サンプル全体を用いて，会計不正の発生確率に対する企業のガバナンス特性の影響を検討する．表10-5は，会計不正，粉飾決算，申告漏れ等それぞれの発生を被説明変数とする推計式（1）を，すべての企業年度データをプールし，ロジット・モデルを用いて推計した結果を整理したものである．なお，前節までの分析では，各会計不正に対して同年度かつ同業種

表10-5 会計不正の要因分析:全体サンプル

	会計不正 (1)	会計不正 (2)	粉飾決算 (3)	粉飾決算 (4)	申告漏れ等 (5)	申告漏れ等 (6)
執行役員制度導入ダミー	−0.352** (−2.081)		−0.706*** (−2.727)		−0.004 (−0.017)	
取締役執行役員実質兼任比率		0.002 (0.472)		0.001 (0.162)		0.003 (0.473)
社外取締役比率	−0.002 (−0.368)	−0.002 (−0.266)	0.009 (1.140)	0.007 (0.743)	−0.005 (−0.622)	−0.003 (−0.262)
会計専門社外取締役人数	−0.396** (−2.389)	−0.387** (−2.334)	−0.152 (−0.708)	−0.135 (−0.624)	−0.636** (−2.475)	−0.638** (−2.483)
社外取締役持株比率	−1.373 (−0.957)	−1.444 (−0.986)	−0.937 (−0.782)	−0.990 (−0.796)	−49.482 (−1.504)	−49.779 (−1.513)
監査役比率	−0.005 (−1.024)	−0.007* (−1.662)	−0.001 (−0.201)	−0.006 (−0.918)	−0.008 (−1.323)	−0.008 (−1.407)
ストック・オプション導入ダミー	0.412** (2.470)	0.408** (2.444)	0.806*** (3.189)	0.778*** (3.084)	0.131 (0.581)	0.140 (0.619)
経営者持株比率	0.034*** (3.804)	0.036*** (3.949)	0.038*** (3.266)	0.040*** (3.410)	0.031** (2.167)	0.031** (2.180)
安定株主持株比率	−0.017*** (−2.994)	−0.017*** (−3.064)	−0.029*** (−3.522)	−0.031*** (−3.755)	−0.006 (−0.724)	−0.006 (−0.722)
機関投資家持株比率	−0.001 (−0.151)	−0.001 (−0.167)	−0.037*** (−2.889)	−0.038*** (−2.954)	0.019** (1.980)	0.019** (1.969)
ROA	−0.030** (−2.081)	−0.030** (−2.068)	−0.024 (−1.157)	−0.023 (−1.128)	−0.033 (−1.639)	−0.033* (−1.646)
研究開発集約度	1.838 (0.687)	1.981 (0.739)	−11.347 (−1.499)	−11.676 (−1.546)	7.131*** (2.635)	7.120*** (2.637)
海外売上高比率	0.089 (0.204)	0.063 (0.143)	−0.006 (−0.008)	−0.202 (−0.262)	0.254 (0.460)	0.248 (0.449)
連結子会社数	0.000 (0.509)	0.001 (0.735)	0.000 (0.311)	0.001 (0.580)	0.000 (0.324)	0.000 (0.329)
総資産対数	0.379*** (5.041)	0.348*** (4.708)	0.310*** (2.716)	0.252** (2.214)	0.446*** (4.385)	0.452*** (4.524)
切片	−9.745*** (−8.776)	−9.573*** (−7.861)	−8.112*** (−5.098)	−7.447*** (−4.273)	−13.557*** (−7.675)	−13.913*** (−7.294)
年度ダミー	あり	あり	あり	あり	あり	あり
業種ダミー	あり	あり	あり	あり	あり	あり
サンプル数	11,646	11,646	9,656	9,656	11,404	11,404

(注) 括弧内はz値. ***は1％水準で有意, **は5％水準で有意, *は10％水準で有意.

で総資産規模が最も近いペアをコントロール・グループとしてマッチングさせたため,推計には年度,業種,規模の影響をコントロールする変数を含めていなかったが,ここでは年度や産業固有の影響をコントロールするために年度ダミーと業種ダミーを,企業規模の影響をコントロールするために連結総資産の自然対数を推計に含めた.

はじめにトップ・マネジメント構造の影響を見ると,執行役員制度導入ダミ

ーの係数が，会計不正に対しては5％水準（モデル1）で，粉飾決算に対しては1％水準（モデル3）でそれぞれ統計的に有意に負であり，執行役員制度を導入している企業ほど会計不正・粉飾決算の発生確率が低いことが確認できる．また，会計専門社外取締役人数の係数が，会計不正に対しても（モデル1・2），申告漏れ等に対しても（モデル5・6），ともに5％水準で統計的に有意に負であった．この結果は，会計専門の社外取締役が多いほど，会計不正・申告漏れ等の発生確率が低いことを示している．さらに，監査役比率の係数も，会計不正に対して一部の推計モデルで10％水準（モデル2）ながら統計的に有意に負であり，監査役比率が高いほど会計不正の発生確率が低いことも確認できる．

次に経営者インセンティブの影響を見ると，ストック・オプション導入ダミーの係数は，会計不正に対しては5％水準（モデル1・2）で，粉飾決算に対しては1％水準（モデル3・4）でそれぞれ統計的に有意に正であり，ストック・オプションを導入している企業ほど会計不正・粉飾決算の発生確率が高いことが確認できる．また，経営者持株比率の係数は，会計不正と粉飾決算に対してはすべて1％水準（モデル1～4）で，申告漏れ等に対してはすべて5％水準（モデル5・6）で統計的に有意に正であり，経営者持株比率が高いほど会計不正全般の発生確率が高いことが明白である．

所有構造の影響を見ると，安定株主持株比率の係数が，会計不正と粉飾決算に対してすべて1％水準（モデル1～4）で統計的に有意に負であり，安定株主の持株比率が高いほど会計不正・粉飾決算の発生確率が低いことが確認できる．他方「もの言う」株主の影響は，粉飾決算と申告漏れ等で異なっていた．機関投資家持株比率の係数は，粉飾決算に対しては1％水準（モデル3・4）で統計的に有意に負であり，機関投資家の持株比率が高いほど粉飾決算の発生確率は低いことがわかる．他方，申告漏れ等に対しては，機関投資家持株比率の係数は5％水準（モデル5・6）で統計的に有意に正であるから，機関投資家の持株比率が高いほど申告漏れ等の発生確率は高いことがわかる[19]．した

---

19) 機関投資家持株比率の代わりに外国人株主持株比率を用いた場合も同様の推計結果であった．すなわち外国人株主持株比率の係数は，会計不正に対しては統計的に有意ではなく，粉飾決算に対しては1％水準で統計的に有意に負，申告漏れ等に対しては10％水準で統計的に有意に正であった．

がって，もの言う株主による株式保有は，粉飾決算を抑止する規律付けとして機能する一方，申告漏れ等を誘発するという点で過度な利益圧力を与える可能性を指摘できる．なお，ROA の係数が，会計不正に対しては5％水準（モデル1・2）で，申告漏れ等に対しては一部で10％水準（モデル6）ながらそれぞれ統計的に有意に負であるから，基本的には企業パフォーマンスの低下が会計不正の一因であることも確認できる[20]．

5.2 企業特性を考慮した分析

これまでは，基本的に会計不正を起こしてしまった企業と起こさなかった企業の間に，何らかのガバナンス特性の違いがあるのではないかという視点から分析を進めてきた．ただし，粉飾決算などの会計不正が発覚した際の第三者委員会等の調査では，その原因としてしばしば企業体質や企業文化などが影響していると指摘されてきた[21]．確かに，体質や文化や風土といった要因は企業不祥事に影響しているだろうが，これらを数値データによって表現しその影響を直接コントロールすることは困難である．そこで本節では，2009年度から2013年度に粉飾決算などの会計不正が行われていた企業のみを分析対象として，その企業に固有の何らかの特性を考慮に入れたうえで，どのようなガバナンス特性を持つときに会計不正が起きやすいのかを分析する[22]．具体的には，企業固有の効果を考慮した以下の推計式を固定効果ロジット・モデル（fixed effect logit model）によって推計した．基本的にはこれまでの推計と同様であるが，分析対象期間中にほぼ変化がない業種ダミーは推計式から除いてある．なお，添え字 i は企業，添え字 t は年度を表す．

---

20) ただし，ROA の代わりにトービンの q を用いた場合，その係数は会計不正・粉飾決算・申告漏れ等のすべてに対して統計的に有意に正であり，q が高いほど会計不正の発生確率が高いことも確認された．トービンの q が高いということは，その企業が大きなビジネス・チャンスを抱えており，外部ファイナンスの需要が高いといえる．したがって，業績を良く見せることで資金調達を有利にしようとすることが会計不正の誘因になるのかもしれない．

21) 例えば東芝の場合，不適切会計の直接的な原因の１つに，上司の意向に逆らうことができないという企業風土が第三者委員会の調査報告書で指摘されている．

22) 厳密には，分析対象期間内に会計不正ありと会計不正なしの両方の観測値を持つ企業が対象である．したがって，一度も会計不正がない企業だけではなく，すべての年度で会計不正があった企業もサンプルから落ちている．

表10-6 会計不正の要因分析:固定効果ロジット・モデル

	会計不正			
	(1)	(2)	(3)	(4)
執行役員制度導入ダミー	−1.847 (−0.639)		−1.438 (−0.479)	
取締役執行役員実質兼任比率		−0.028 (−0.956)		−0.027 (−0.942)
社外取締役比率	−0.060* (−1.775)	−0.068* (−1.932)	−0.057* (−1.653)	−0.065* (−1.824)
会計専門社外取締役人数	0.460 (0.413)	0.384 (0.339)	0.318 (0.285)	0.255 (0.227)
社外取締役持株比率	0.328 (0.136)	0.390 (0.161)	0.306 (0.130)	0.379 (0.161)
監査役比率	−0.063** (−1.964)	−0.069** (−2.129)	−0.067** (−2.062)	−0.073** (−2.229)
ストック・オプション導入ダミー	−0.949 (−0.849)	−0.915 (−0.803)	−0.960 (−0.858)	−0.938 (−0.818)
経営者持株比率	−0.066 (−0.732)	−0.086 (−1.051)	−0.089 (−0.908)	−0.108 (−1.099)
安定株主持株比率	−0.003 (−0.041)	0.010 (0.146)	0.025 (0.346)	0.037 (0.531)
外国人株主持株比率	−0.025 (−0.493)	−0.026 (−0.496)		
機関投資家持株比率			0.029 (0.553)	0.038 (0.666)
ROA	0.157* (1.702)	0.153 (1.632)	0.167* (1.901)	0.168* (1.893)
研究開発集約度	−48.626 (−0.670)	−47.732 (−0.661)	−56.824 (−0.768)	−57.588 (−0.781)
海外売上高比率	−5.365 (−1.483)	−5.224 (−1.442)	−5.577 (−1.538)	−5.505 (−1.511)
連結子会社数	−0.045 (−0.998)	−0.042 (−0.971)	−0.044 (−0.973)	−0.041 (−0.956)
総資産対数	−1.531 (−0.868)	−1.074 (−0.602)	−1.659 (−1.004)	−1.282 (−0.750)
年度ダミー	あり	あり	あり	あり
サンプル数	356	356	356	356
企業数	73	73	73	73

(注) 括弧内は z 値.***は1%水準で有意.**は5%水準で有意.*は10%水準で有意.

$$FRAUD_{it} = f[GOV_{it-1}, CV_{it-1}] \qquad (2)$$

表10-6 は,被説明変数として会計不正の発生ダミーを用いた場合の推計結果を示している.第1に,トップ・マネジメント構造の影響を見ると,社外取締役比率の係数がすべての推計モデルで10%水準ながら統計的に有意に負であ

り，社外取締役比率が高いほど会計不正の発生確率は低いことが確認できる．また，監査役比率の係数もすべての推計モデルで5％水準で統計的に有意に負であり，監査役比率が高いほど会計不正の発生確率が低いことも確認できる．したがって，基本的には社外取締役の導入や監査役会を充実させることでモニタリング機能の向上を図ることが，会計不正の防止に有効であることが確認できた．第2に，ストック・オプションや経営者持株といった経営者インセンティブの強度も，安定株主，外国人株主，機関投資家による株式保有といった所有構造も，会計不正の発生確率に対して統計的に有意な影響を与えていないことが確認できる．

6 まとめとインプリケーション

　これまでもオリンパスや東芝など，日本を代表する大企業においても粉飾決算などの会計不正が発覚し，そのたびにコーポレート・ガバナンスの強化が図られてきた．ただし，粉飾決算などの企業不祥事はいわゆる特異事例であるためか，日本においては定量的実証研究の蓄積が進んでいなかった．本章の意図は，企業不祥事に関する定性的な先行研究の成果を定量的な視点から補完しつつ，不祥事に対する企業ガバナンスの影響に関して，実証証拠を提供することで学術的貢献を目指すことにあった．そして，企業不祥事の中でも，特に粉飾決算などの会計不正問題に分析の焦点を当てた．分析の結果，企業のガバナンスは会計不正に影響していることが明らかになった．本章から得られる主な示唆は次の3点である．

　第1に，経営に対するモニタリング機能の強化を図るというガバナンス改革の方向性が間違いではないことが確認された．ただし，公認会計士など会計の専門知識を持つ社外取締役の存在が会計不正の抑止に重要であることが示されたように，今後は社外取締役の中身あるいは質がより重要になるだろう．なお，執行役員制度に関しては，導入企業ほど会計不正，特に粉飾決算の発生確率が低く，モニタリング機能の強化に一定の意味を持つことが確認できた．しかし，取締役と執行役員の実質的な兼任比率が会計不正に与える影響は確認できないため，監督と執行を単純に分離すればよいというものでもないことが示唆される．

第2に，経営者インセンティブは単純に強化すればよいというものではなく，会計不正の誘発リスクがあるという意味で，歪んだインセンティブを付与してしまう可能性への配慮も必要である．経営者による株式保有が大きいほど会計不正の発生確率が高いという関係が明確であったからである．また，ストック・オプション制度は，マッチング・サンプルを用いた分析では，導入が粉飾決算の一因になる可能性がある一方，申告漏れ等を抑止する作用も確認できた．この意味では，インセンティブ強化が不正防止に一定の効果を持つ可能性も示された．ただし，全体サンプルを用いた分析では，ストック・オプションの導入が，申告漏れ等を抑止する効果が明確でない一方，会計不正，特に粉飾決算の発生確率を高めるという関係が明確であった．したがって，ガバナンス改革の一環として，経営者インセンティブの強化は重要な課題であるが，経営者に対してリスクテイクを促すと同時に，会計不正の予防に対する意識をも高めるような制度設計における工夫が重要となろう．

　第3に，もの言う株主は諸刃の剣である一方，安定株主は明確な会計不正の抑止効果を持つことが示された．外国人株主や機関投資家の存在は，粉飾決算を抑止するという意味で規律付け効果を持つ一方，申告漏れ等を誘発するという意味で過度の利益圧力を与えている可能性も示唆された．これに対して，安定株主の持株比率が高いほど会計不正，特に粉飾決算の発生確率が低いという関係は明白であった．ただし，発言も退出もしない安定株主が積極的にモニタリングにコミットし，経営の規律付け効果を持つとは考えにくい．したがって，会計不正という愚かな行為の自制に関しては，無理な会計処理をする必要がないことや大切なパートナーに迷惑をかけてはいけないという心理が，意外にも大きな意味を持つ可能性が示唆された．

　なお，会計不正が行われる背景に，企業文化や組織風土といった各社に固有な特性が関係していることも事実であろう．そこで，文化や風土といった企業ごとに異なる何らかの特性を考慮して分析を行った結果，社外取締役や監査役が会計不正の抑止効果を持つことが確認できた．一方で，ストック・オプションや経営者持株といった経営者インセンティブも，安定株主，外国人株主や機関投資家といった所有構造も，会計不正の発生確率にまったく影響していなかった．したがって，会計不正の防止にとって重要な点は，経営者インセンティブの強化や株式の所有構造よりもむしろ，取締役会や監査役会等を中心とする

内部ガバナンスの充実にあるといえるだろう．

最後に，残された課題について触れておく．今回は粉飾決算などの会計不正に対する企業ガバナンス特性の直接的な影響を検証したが，複数のガバナンス要因間の相互作用の影響を分析することは今後の課題である[23]．また，今回は特に会計不正に分析の焦点を当てたが，企業不祥事はなにもそれだけではない．談合やカルテル，実験データや賞味期限などの偽装・隠蔽などの意図的な不祥事もあれば，リコールや情報漏洩，工場の爆発事故や集団食中毒などの事故的な不祥事も多数存在する[24]．これらの企業不祥事に対する企業のガバナンス特性の影響を検証することも今後の大きな課題である．

> 本章は，科学研究費補助金（基盤研究C）課題番号26380473の成果の一部である．
> 本章の作成では，経済産業研究所（RIETI）コーポレート・ガバナンス研究会のメンバーのほか，中村周史，花枝英樹，山野井順一，渡辺周の各氏から有益なコメントを頂戴した．記して感謝申し上げる．

【参考文献】

Abbott, L. J., S. Parker and G. F. Peters (2004) "Audit Committee Characteristics and Restatements," *Auditing A Journal of Practice and Theory*, Vol. 23, pp. 69-87.
Adams, R. and D. Ferreira (2007) "A Theory of Friendly Boards," *Journal of Finance*, Vol. 62, pp. 217-250.
Aoki, H. (2004) "Boardroom Reform in Japanese Business: An Analysis of the Introduction of the Executive Officer System and its Effects," *Asian Business & Management*, Vol. 3, pp. 173-199.
Beasley, M. S. (1996) "An Empirical Analysis of the Relation between the Board of Director Composition and Financial Statement Fraud," *Accounting Review*, Vol. 71, pp. 443-465.
Bebchuk, L. and J. Fried (2006) "Pay without Performance: Overview of the Issues," *Academy of Management Perspectives*, Vol. 20, pp. 5-24.
Bhagat, S. and B. Black (2002) "The Non-correlation between Board Independence and Long-term Firm Performance," *Journal of Corporation Law*, Vol. 27, pp. 231-273.
Burns, N. and S. Kedia (2006) "The Impact of Performance-based Compensation on

---

23) Misangyi and Acharya (2014) が指摘するように，ガバナンス特性の相互補完性については，所有構造，取締役会の独立性，外部市場からの圧力というガバナンスの個々の側面の機能に焦点を当ててきたガバナンス研究における喫緊の課題である．
24) 企業不祥事の区分は青木（2016）等を参照のこと．

Misreporting," *Journal of Financial Economics*, Vol. 79, pp. 35-67.
Coles, J., N. Daniel and L. Naveen (2008) "Boards: Does One Size Fit All?" *Journal of Financial Economics*, Vol. 87, pp. 329-356.
Denis, D. J., P. Hanouna and A. Sarin (2006) "Is There a Dark Side to Incentive Compensation?" *Journal of Corporate Finance*, Vol. 12, pp. 467-488.
Efendi, J., A. Srivastava and E. P. Swanson (2007) "Why Do Corporate Managers Misstate Financial Statements? The Role of Option Compensation and Other Factors," *Journal of Financial Economics*, Vol. 85, pp. 667-708.
Fama, E. F. (1980) "Agency Problem and the Theory of the Firm," *Journal of Political Economy*, Vol. 88, pp. 288-307.
Fama, E. F. and M. C. Jensen (1983) "Separation of Ownership and Control," *Journal of Law and Economics*, Vol. 26, pp. 301-325.
Farber, D. B. (2005) "Restoring Trust after Fraud: Does Corporate Governance Matter?" *Accounting Review*, Vol. 80, pp. 539-561.
Harris, M. and A. Raviv (2008) "A Theory of Board Control and Size," *Review of Financial Studies*, Vol. 21, pp. 1797-1832.
Linck, J., J. Netter and T. Yang (2008) "The Determinants of Board Structure," *Journal of Financial Economics*, Vol. 87, pp. 308-328.
Misangyi, V. and A. Acharya (2014) "Substitutes or Complements? A Configurational Examination of Corporate Governance Mechanisms," *Academy of Management Journal*, Vol. 57, pp. 1681-1705.
Uzun, H., S. H. Szewczyk and R. Varma (2004) "Board Composition and Corporate Fraud," *Financial Analysis Journal*, Vol. 60, pp. 33-43.
Yermack, D. (1996) "Higher Market Valuation of Companies with a Small Board of Directors," *Journal of Financial Economics*, Vol. 40, pp. 185-211.
青木崇（2010）「企業不祥事のメカニズムと現代経営者の役割」『日本経営倫理学会誌』第17号，45-57頁．
青木英孝（2016）「コーポレート・ガバナンスと企業不祥事の実証分析」日本経営学会編『株式会社の本質を問う──21世紀の企業像』経営学論集第86集，千倉書房，67-77頁．
井上輝一（2003）「トヨタ自動車のコーポレート・ガバナンスに関する一考察」『フィナンシャル・レビュー』第68号，194-202頁．
内田交謹（2012）「社外取締役割合の決定要因とパフォーマンス」『証券アナリストジャーナル』第50巻第5号，8-18頁．
菊澤研宗（2011）『なぜ「改革」は合理的に失敗するのか──改革の不条理』朝日新聞出版．
経済産業省企業行動課編（2007）『コーポレート・ガバナンスと内部統制──信頼される経営のために』経済産業調査会．
齋藤卓爾（2011）「日本企業による社外取締役の導入の決定要因とその効果」宮島英昭編著『日本の企業統治──その再設計と競争力の回復に向けて』東洋経済新報社，181-213頁．
佐賀卓雄（2006）「企業不祥事とコーポレート・ガバナンス改革」『証券レビュー』第46巻第

7号，88-103頁．
田中一弘（2014）『「良心」から企業統治を考える──日本的経営の倫理』東洋経済新報社．
中北徹・佐藤真良（2003）「エンロン，ワールドコム事件と企業統治──財務情報の公正性担保と生産構造からの考察」『フィナンシャル・レビュー』第68号，8-33頁．
中林真理子（2007）「リスクマネジメントと企業倫理──『企業不祥事』をめぐって」企業倫理研究グループ著『日本の企業倫理──企業倫理の研究と実践』白桃書房，65-84頁．
中山徳良（1999）「日本企業の生産性と役員数」『日本経済研究』第38号，48-61頁．
日本監査役協会ケース・スタディ委員会（2003）「企業不祥事防止と監査役の役割」9月24日．
日本監査役協会ケース・スタディ委員会（2009）「企業不祥事の防止と監査役」10月2日．
延岡健太郎・田中一弘（2002）「トップ・マネジメントの戦略的意思決定能力」伊藤秀史編著『日本企業 変革期の選択』東洋経済新報社，173-199頁．
樋口晴彦（2012）『組織不祥事研究──組織不祥事を引き起こす潜在的原因の解明』白桃書房．
平田光弘（2008）『経営者自己統治論──社会に信頼される企業の形成』中央経済社．
宮島英昭・新田敬祐（2007）「日本型取締役会の多元的進化──その決定要因とパフォーマンス効果」神田秀樹・財務省財務総合政策研究所編『企業統治の多様化と展望』金融財政事情研究会，27-77頁．

第11章 企業統治改革の現状と展望
取締役会制度を中心に

田中　亘

1　はじめに

　2015年（平成27年）に，企業統治に関する2つの重要な制度改正が実施された．その1つは，平成26年改正会社法の施行（2015年5月1日）であり，もう1つは，東京証券取引所によるコーポレートガバナンス・コード（東京証券取引所, 2015a）（以下，「CGコード」という）の制定・実施（2015年6月1日）である．

　本章は，この2つの制度改正を検討の対象にするが，紙幅の関係もあり，前記の制度改正のうち，特に取締役会に関するものに絞って，分析，検討を行う．経営上の意思決定を行う包括的権限を有すると同時に経営者の監督を職務とする取締役会は，企業統治の要の1つであり，それが有効に機能するかどうかは，会社の収益性や成長性を大きく左右すると考えられる[1]．また，今回の制度改正において，上場会社に対して独立社外取締役を2人以上選任することがCGコードにより求められるなど，モニタリング・モデルを志向する重要な改正が行われており，詳しい検討に値すると考えられるためである．

　本章では，まず第2節で，米国で提唱され世界各国に広まった企業統治のモ

1）　取締役会研究に関するレビュー論文として，Hermalin and Weisbach（2003）参照．日本の取締役会に関して，齋藤（2011）も参照．

デルであるモニタリング・モデルについて説明する．次の第3節では，今回の制度改正の特徴として，①上場会社に対してモニタリング・モデルを志向した企業統治改革を求めるという方向性をかなり明確に打ち出したこと，②そうした企業統治改革は，強行法規ではなく，原則を実施しない会社に対してその理由の説明を求めるというコンプライ・オア・エクスプレイン・ルールによって行うという方向性を打ち出したことを明らかにする．そのうえで，第4節では，CGコード（および，社外取締役に関する会社法改正）が採用しているコンプライ・オア・エクスプレイン・ルールという規制方法にどのような存在意義（機能）があるのかについて，検討を行う．とりわけ，企業統治は，多くの会社が同じものを採用するほど価値が高まるという性質（ネットワーク外部性）を有していることから，コンプライ・オア・エクスプレイン・ルールが人々の行動をコーディネートすることによって，望ましい企業統治の採用を誘導することができるという可能性を指摘する．最後の第5節では，上場会社の（独立）社外取締役の選任が，制度改正の前後でどの程度，変化したか，および各会社がCGコードをどれだけ実施しているかについての実証結果を報告する．

2　モニタリング・モデル

モニタリング・モデルとは，取締役会は経営陣の監督（monitoring）を主要な任務とするという，企業統治のモデルのことである[2]．このモデルの下では，取締役会の構成員の相当数は，経営陣から独立した取締役（独立取締役 independent directors または社外取締役 outside directors）[3]によって占められる．経営の基本方針を決めるのは取締役会であるが，当該方針の下での具体的な企業経営は，最高経営責任者（CEO）を頂点とする経営陣の組織に委ねられる．取締役会の主要な役割は，経営陣の選定，解職や報酬決定等を通じ，経営陣を

---

[2]　モニタリング・モデルを，わが国の伝統的な取締役会像と対比しながら分析するものとして，藤田（2014）参照．

[3]　どのような要件を満たせば「経営陣から独立した取締役」といえるか，また，そのような取締役がどのような名称で呼ばれているかは，各国の法制度や取引所規則の内容によって異なる．日本では，会社法の社外性の要件を満たす者を「社外取締役」と呼び，社外取締役のうちで，取引所が定める独立性の要件をも満たす者を「独立社外取締役」と呼んでいる．

図11-1　モニタリング・モデルと伝統的な日本企業の取締役会像

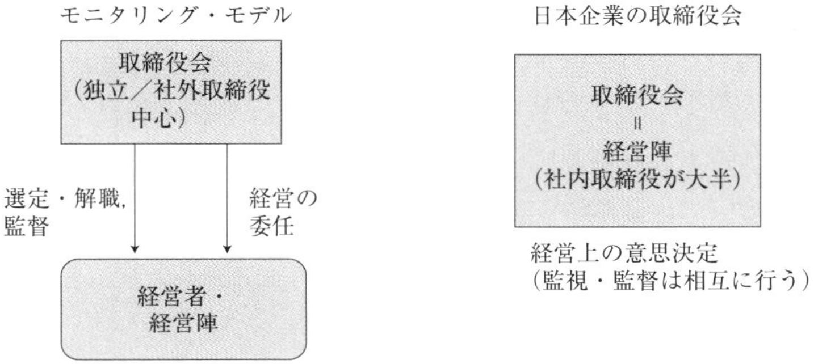

モニタリング・モデル

取締役会
（独立／社外取締役中心）

選定・解職、監督 ／ 経営の委任

経営者・経営陣

日本企業の取締役会

取締役会
＝
経営陣
（社内取締役が大半）

経営上の意思決定
（監視・監督は相互に行う）

（注）　筆者作成．

監督することにある（図11-1）．

　モニタリング・モデルに基づく企業統治は，米国において，1970年頃の企業不祥事を契機として提唱され（Eisenberg, 1976），その後，今日までに世界的に広まった．米国の上場会社では，取締役の大半が独立取締役で占められていることはよく知られていよう[4]．英国でも，1992年のキャドベリー報告書（Cadbury, 1992）が，上場会社に対して少なくとも3人の独立取締役を置くように勧告したことを契機として，独立取締役の任用が増加した（Dahya and McConnell, 2007）[5]．今日では，欧米先進諸国においては，少なくとも大規模な上場会社では，取締役の過半数が独立取締役で占められることが通常である．また，一部の新興国（インドや南アフリカ）においても，独立取締役が過半数を占める上場会社が多くなっている[6]．

　これに対し，第2次世界大戦後のわが国の上場会社では，従業員から内部昇

---

[4]　1991年時点の米国の大規模上場会社934社を対象とした実証研究では，平均して11人の取締役中，7人（約64％）が独立取締役であった（Bhagat and Black, 2002, p.245, table 1）．2005年時点の調査では，S&P 500上場会社で，取締役のうち独立取締役の割合は75％を超えていた（Gordon, 2007, p.1475）．

[5]　2011年の調査では，英国のFTSE 350に含まれる上場会社のうち79.9％が，同国のコーポレートガバナンス・コード（以下，「英国版CGコード」という）の原則（FRC, 2016, B.1.2）に従って，取締役会議長以外の取締役のうち半数以上を独立取締役としている（Grant Thornton, 2011, p.40）．

[6]　各国における，取締役に占める独立（社外）取締役の割合については，齋藤（2011, 189-190頁）参照．

進して会社の業務執行を行う者（いわゆる社内取締役）が取締役の大半を占め，取締役会と経営陣とが一体化した企業統治構造が一般的であった．1990年代に多くの上場会社で行われた企業統治改革は，取締役員数のドラスティックな削減をもたらしたが（宮島・新田，2007; 田中，2013），社内取締役が構成員の大半を占め，経営者の監督よりも経営上の意思決定を主な役割とするという日本の取締役会像には，基本的に変更はなかった[7]．

　2002年（平成14年）の商法改正では，モニタリング・モデルを志向した企業統治の形態として，委員会等設置会社が導入された．委員会等設置会社は，2005年（平成17年）の会社法制定に伴い，委員会設置会社に名称変更され，さらに平成26年会社法改正では，新設された監査等委員会設置会社と区別するため，指名委員会等設置会社に名称変更された．指名委員会等設置会社では，取締役会が選定した代表執行役その他の執行役が，会社の業務執行を行う．また，株主総会における取締役の選任議案を決定する指名委員会，取締役・執行役の職務執行を監査する監査委員会，および取締役・執行役の報酬を決定する報酬委員会の3委員会が置かれる．各委員会の委員は，取締役の中から取締役会が選定する．各委員会の委員は3人以上で，過半数は，社外取締役でなければならない[8]．このように，指名委員会等設置会社は，社外取締役を主要な構成員とする委員会に，指名，監査および報酬という企業統治上重要な役割を担わせるという，モニタリング・モデルを志向する企業統治形態である．もっとも，その採用のためには定款の定めが必要であり，今日までに，指名委員会等設置会社に移行した企業は，上場会社の中でも少数にとどまる[9]．

---

[7]　日経500に含まれる上場会社の取締役会構成を研究した齋藤（2011, 185頁，表4-1）によれば，2008年の時点でも，社外取締役の員数（割合）の平均は1.11人（10.78％）にすぎず，また，2007年以前には，調査対象会社の半数以上が，社外取締役を1人も選任していなかった．

[8]　指名委員会等設置会社の企業統治構造については，田中（2016, 310-323頁）．

[9]　2016年8月15日現在，東京証券取引所（以下，「東証」という）上場会社3501社のうち，指名委員会等設置会社が70社（2.0％）である．なお，上場会社の伝統的な組織形態である監査役設置会社が2783社（79.5％），平成26年会社法改正で新設された監査等委員会設置会社（3.2節③参照）が648社（18.5％）である（東証コーポレート・ガバナンス情報サービスによる）．なお，東証の上場規程により，監査役設置会社は，すべて監査役会設置会社でなければならない（東証有価証券上場規程437条）．

3 取締役会に関する制度改正の内容

3.1 はじめに

　2010年2月の法務大臣による諮問を受けて始まった平成26年会社法改正の審議においては[10]，モニタリング・モデルを志向する規制強化も検討の俎上に載せられた．具体的には，一定の株式会社に対して社外取締役の選任を義務づけることや，社外性の要件の強化が検討された．しかし，モニタリング・モデルに基づく取締役会改革を強行法規を通じて実現しようとするアプローチは，（社外性の要件強化の一部を除き）実現せず，それに代えて，コンプライ・オア・エクスプレイン・ルールを通じて上場会社に企業統治改革を促すアプローチがとられることになった．以下，本節では，2015年に実現した取締役会に関する制度改正について説明する．

3.2 取締役会に関連する平成26年会社法改正

① 社外取締役選任義務化の見送りとコンプライ・オア・エクスプレイン・ルール

　法制審議会会社法制部会では，一定の株式会社に対し，社外取締役の選任を義務づけるかどうかが議論された．しかし，各社がその特性に適した企業統治を採用する自由を妨げるべきではないことなどを理由とする反対論も強く[11]，結局，義務づけは見送られた．ただ，その代わり，公開大会社である監査役会設置会社であって有価証券報告書の提出義務を負う会社（概ね，上場会社がこれに相当する）が，社外取締役を置かないときは，「社外取締役を置

---

10) 平成26年会社法改正の審議は，法制審議会会社法制部会で行われ，同部会が取りまとめた要綱案に基づき，法制審議会が2012年9月7日に，「会社法制の見直しに関する要綱」を採択した（法制審議会, 2012）．その後，同要綱に基本的に沿った会社法改正法案が国会に提出され，2014年6月27日に公布された．本章で取り上げる事項以外のものを含む改正法全体の解説として，坂本（2015）参照．

11) 会社法制部会では，こうした反対論は，主として産業界出身者から寄せられたが，学会出身の委員・幹事の中にも，選任強制に対しては慎重な立場をとる者もいた．八木ほか（2013, 18頁［藤田友敬発言］）．

くことが相当でない理由」を，株主総会で説明するとともに（会社法327条の2），事業報告（会社法施行規則124条2項）および取締役選任議案を決議する株主総会における株主総会参考書類（同74条の2）に記載することを義務づけるという，コンプライ・オア・エクスプレイン・ルールが採用された[12]．

② 社外性の要件の改正

平成26年会社法改正の審議においては，社外取締役の資格要件についても検討が行われた．改正前の会社法では，ある株式会社の社外取締役になるためには，当該株式会社またはその子会社の業務執行取締役，執行役または使用人（以下，「業務執行取締役等」という）ではなく，かつ，過去において業務執行取締役等であったこともないことが必要であった（改正前会社法2条15号．表11-1参照）．この基準の下では，当該株式会社に親会社がある場合における親会社関係者（その取締役，使用人など）や，当該株式会社の主要な取引先（メインバンクなど）の関係者が社外取締役になることは差し支えないこととなる．実務上も，例えば親会社関係者が社外取締役となる例は少なくなかった[13]．

このように，親会社や主要な取引先の関係者が取締役となること（海外では，affiliated director と呼ばれる）には，一長一短がありうる．そうした取締役は，会社の事情に通じており，経営者に対する監督を有効に行うことができる，という長所もありうる．半面，そうした取締役は，親会社や取引先の利益のため，一般株主の利益を犠牲にする危険もある．審議の結果，親会社関係者については，法改正により，社外取締役にはなれないこととした（会社法2条15号ハニ．表11-1参照）．他方，主要な取引先の関係者については，「主要」であることをどういう基準で判断するかが難しいといった理由から，これを社外取締役から外すことは見送られた．なお，今回の改正により，株式会社の業務執行取締役，執行役または重要な使用人の近親者も，社外取締役にはなれないものとした（会社法2条15号ホ）．

こうした社外性要件の強化の一方で，改正法は，過去に株式会社またはその

---

12) 以上の立法経緯につき，坂本（2015, 77頁）参照．何が「相当でない理由」といえるかの解釈問題に関する検討として，田中（2015）参照．
13) 2014年7月14日時点で，親会社を有する東証上場会社の社外取締役のうち，親会社出身者である者の比率は49.5％に上った（東京証券取引所，2015b, 36頁）．

表11-1 社外性要件の改正

平成26年改正前会社法 2 条15号	
A	B
①当該株式会社自身	業務執行取締役等*1
②子会社	＋過去に業務執行取締役等であった者

平成26年改正後会社法 2 条15号	
A	B
①当該株式会社自身	業務執行取締役等＋過去10年内に業務執行取締役等であった者＋横滑り規制*2
②子会社	
③親会社等*3	親会社等自身*4，業務執行取締役等
④親会社等の子会社等（①②を除く）	業務執行取締役等
⑤取締役，重要な使用人，親会社等*4	近親者（配偶者＋2親等内の親族）

(注) ある株式会社の「A列記載のもの」の「B列記載の地位にある者」は，当該株式会社の社外取締役になることができないことを示す．
  * 1　業務執行取締役等＝業務を執行する取締役，執行役，使用人．
  * 2　横滑り規制（会社法2条15号ロ）については，注14を参照．
  * 3　親会社等＝親会社のほか，株式会社の経営を支配するものとして法務省令で定めるもの（会社法2条4号の2，会社法施行規則3条の2第2項）．自然人を含む．
  * 4　親会社等が自然人である場合．

　子会社の業務執行取締役等であった者は，永久に当該株式会社の社外取締役になれないこととしていた規制を改めて，そのような者も，業務執行取締役等を退いてから10年経過すれば，社外取締役になることができることとした（会社法2条15号イ)[14]．

　以上のような社外取締役の要件に関する改正と歩調を合わせる形で，社外監査役の要件についても改正が行われた（会社法2条16号）．

---

14) 本文のような改正をすると，株式会社の業務執行取締役等がその職を退いた後，当該株式会社またはその子会社の業務執行をしない取締役や監査役など（以下，「非業務執行取締役等」という）に就任し，10年を経過してから，当該株式会社の社外取締役に就任するといった「横滑り」人事により，実際には独立性を欠く者が社外取締役になるおそれがある．そこで，改正法は，上記のような場合は，非業務執行取締役等がその職に就任する前10年以内に，当該株式会社または子会社の業務執行取締役等であった場合は，社外取締役になることはできないこととしている（会社法2条15号ロ）．

③ 監査等委員会設置会社の導入

　平成26年会社法改正のうち，取締役会に関連する重要な改正としては，もう1つ，監査等委員会設置会社の導入が挙げられる．

　平成26年改正前は，上場会社は，委員会設置会社（平成26年改正後は，指名委員会等設置会社と改称）または監査役会設置会社の，いずれかの組織形態をとる必要があった（東京証券取引所・有価証券上場規程［平成26年改正前］437条）．委員会設置会社は，社外取締役を構成員の過半数とする3委員会を設置しなければならないといった厳格な規制のために，採用社数は少なく，大多数の上場会社は，監査役会設置会社となっている[15]．監査役会設置会社は，取締役の職務執行を監査する監査役を3人以上置かなければならず，そのうち半数以上は，社外監査役でなければならない（会社法335条3項）．

　戦後の商法改正を通じて，わが国の会社法制は，企業統治の強化の要請に対しては，監査役制度の強化，とりわけ，経営陣から独立した社外監査役の導入，増員によって対応してきた（松井，2010，400-468頁）．けれども，監査役は，取締役会における議決権を有しないことから，経営陣を監督する機能には限界があると指摘されてきた（坂本，2015，18頁）．他方，監査役会設置会社が社外取締役を選任しようとする場合，別に社外監査役を最低2人は選任しなければならないことから，重複負担となるという問題も指摘されていた（坂本，2015，18頁）．

　監査等委員会設置会社は，以上のような指摘を踏まえて会社法が新たに用意した新しい株式会社の組織形態である（図11-2）[16]．株式会社は，定款の定めにより監査等委員会を設置することで，監査等委員会設置会社になることができる（会社法326条2項）．監査等委員会設置会社には，監査役・監査役会は置かれず（同法327条4項），代わりに，株主総会で監査等委員として他の取締役と区別して選任された取締役（同法329条2項）が，監査等委員会を組織する（同法399条の2第1項・2項）．監査等委員は3人以上で，過半数は社外取締役でなければならない（同法331条6項）．監査等委員会は，監査役（会）設置会社の監査役（会）と同様，取締役の職務執行を監査する職務権限がある（同

---

15) 組織形態別の上場会社の社数につき，前掲注9参照．
16) 監査等委員会設置会社導入の経緯およびその組織構造については，坂本（2015, 16-80頁）．

図11-2　監査等委員会設置会社の組織構造

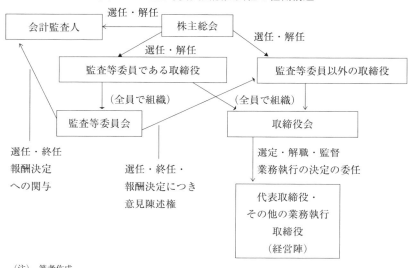

（注）筆者作成.

法399条の2第3項1号). また, 株主総会における取締役の選任議案や報酬議案について, 意見を述べる権限も与えられている（同法342条の2第4項, 361条6項. 監査等委員会設置会社という名称はここからきている). 監査等委員会設置会社はまた, 会計監査人の選任・終任（同法340条1項・5項, 399条の2第3項2号）や報酬の決定（同法399条1項・3項）にも関与する.

監査等委員会設置会社の取締役会は, 監査役会設置会社の取締役会と同様, 代表取締役（経営者）の選定・解職, 取締役の職務執行の監督のほか, 業務執行の決定（経営判断）も行う（同法399条の13第1項). ただし, 監査等委員会設置会社は, 定款の定めによれば, 業務執行の決定権限の大部分を, 取締役（経営陣）に委任することができる（同法399条の13第6項).

上場会社が監査等委員会設置会社になると, 社外監査役の選任との重複負担がなくなるため, 社外取締役の増員を進めやすくなると期待される. また, 社外取締役が, 監査等委員としての職務を通じて会社の事情について情報を得ることにより, 経営陣の監督をより実効的に行うことができるようになることも期待される. このように, 監査等委員会設置会社は, 上場会社がモニタリング・モデルに基づく企業統治の改革を進めやすくするという狙いを持っている

ということができる．

　監査等委員会設置会社は，導入後まだ2年しか経たないが，上場会社による社外取締役の増員（第5節参照）と軌を一にして，採用社数が急速に増加している．2016年8月15日現在，東証上場会社3501社のうち，648社（18.5％）が，監査等委員会設置会社となっている[17]．

3.3　日本版コーポレートガバナンス・コードの志向するモニタリング・モデル

①　コード策定の経緯および特徴

　コーポレートガバナンス・コード（CGコード）とは，実効的な企業統治のための主要な原則をまとめたものである．英国のCGコード（FRC, 2016）（以下，「英国版CGコード」という）[18]が特に著名であるが，今日では，欧州やアジアを中心に，多数の国で採用されている（油布, 2015b）．

　今回，わが国で制定されたCGコード（以下，「日本版CGコード」または単に「CGコード」という）は，2014年6月の「『日本再興戦略』改訂2014」の中で，日本企業の生産性・収益性（「稼ぐ力」）向上のための企業統治の強化の一環として，その策定方針が打ち出された．これを受けて，金融庁と東証を事務局とする有識者会議が，日本版CGコードの原案を作成した（コーポレートガバナンス・コードの策定に関する有識者会議, 2015）．東証は，2015年6月1日に，基本的に原案通りの内容の日本版CGコードを制定し（東京証券取引所, 2015a），即日，施行した．策定方針の表明から制定・施行まで約1年と，非常に速いペースで，日本版CGコードは作られたことになる[19]．

　日本版CGコードは，「基本原則」と「原則」および「補充原則」の三層構造となっており，全部で73の原則からなる．CGコードの基本的な仕組みとして，いわゆるコンプライ・オア・エクスプレイン・アプローチがとられているということが挙げられる．すなわち，上場会社は，日本版CGコードの各原則について，当該原則を実施するか，もし実施しない場合にはその理由を十分に説明することが求められる[20]．これは，英国版CGコードをはじめ，世界各国

---

17)　前掲注9参照．
18)　英国版CGコードの概要につき，Davies and Worthington（2012, pp.424-432）参照．
19)　金融庁担当官によるCGコードの解説として，油布（2015a; 2015b）参照．

のCGコードで採用されているアプローチである．ただし，上場会社のうち，CGコードの原則全部について，実施または実施しない理由の説明を求められるのは，市場第1部・第2部上場会社に限られる．新興市場（JASDAQ・マザーズ）上場会社は，CGコードの各原則のうち，5つの基本原則についてのみ，実施するかまたは実施しない理由の説明をすればよい（東証有価証券上場規程436条の3）．なお，CGコードの各原則を実施しない場合の理由の説明は，上場会社が東証に提出し，東証のウェブサイトで公表されている「コーポレートガバナンスに関する報告書」（以下，「CG報告書」という）に記載する形で行われる．

② **日本版 CG コードにおけるモニタリング・モデル志向**

日本版CGコードは，モニタリング・モデルを志向する原則を数多く含んでいる．

特に重要なのは，上場会社に対し，独立社外取締役を2人以上選任することを求めていることである（日本版CGコード・原則4-8)[21]．

ここでいう「独立社外取締役」とは，会社法上の社外取締役であり，かつ独立性の基準をも満たす者をいう．独立性の基準については，各上場会社が，取引所が定める独立性基準[22]を踏まえつつ，自社の個別事情に応じた独立性判断基準を策定し，開示することが求められている（原則4-9．油布ほか（2015，48頁））．例えば，上場会社の主要な取引先またはその業務執行者は，取引所の基準により，独立性を満たさないが[23]，そこにいう「主要な取引先」とは，「上場会社における事業等の意思決定に対して，親子会社・関連会社と同程度の影響を与え得る取引関係がある取引先」をいうとの取引所の基準（東京証券取引所，2015c，Ⅰ.3(2)）を踏まえて，各社が具体的な基準を定めることになる．

---

20) したがって，上場会社は，CGコードの各原則を実施する義務を負うものではないが，実施しない場合にその理由を説明することは，取引所の制定する上場規程によって各上場会社に課された義務であり（東証有価証券上場規程436条の3），その義務に違反すると，公表措置や上場契約違約金などの実効性確保措置による制裁の対象となりうる（同508条1項）．佐藤（2015，58-59頁）．

21) 基本原則についてのみ実施か説明かを求められる新興市場上場会社は，本原則を実施しなくても，実施しない理由の説明をする必要はない．ただし，すべての東証上場会社は，有価証券上場規程436条の2により，独立性の基準を満たす社外取締役または社外監査役（独立役員）を最低1人確保することを求められている．

日本版 CG コードはまた，経営者・取締役の人事・報酬について取締役会が適切に監督することを求めるとともに（原則4-2，補充原則4-2①，原則4-3，補充原則4-3①②），そうした取締役会による監督に際し，独立社外取締役が重要な役割を果たすことを求めている．具体的には，次のような原則が存在する．

・<u>独立社外取締役を主要な構成員とする諮問委員会を設置すること</u>など，経営陣幹部・取締役の指名・報酬の検討に当たり，独立社外取締役の適切な関与・助言を得ること（補充原則4-10①）．
・<u>独立社外者のみの会合を定期的に開催する</u>など，独立した客観的立場に基づく情報交換・認識共有を図ること（補充原則4-8①）．
・<u>筆頭独立社外取締役を決定する</u>など，独立社外取締役と経営陣との連絡・調整，監査役会との連携に係る体制整備を図ること（補充原則4-8②）．
・<u>社外取締役に会社の情報を適確に提供できるよう社内との調整・連絡にあたる者の選任</u>など，社外取締役に必要な情報を適確に提供するための工夫を行うこと（補充原則4-13③）．

これらの諸原則は，CG コードの嚆矢として各国で参照されることの多い，英国版 CG コード（FRC, 2016）を参考にしていると思われる．もっとも，英国版 CG コードでは，前記の諸原則のうち下線を引いた部分の対応は，必須とされている（それをしない上場会社は理由の説明を義務づけられる）[24]のに対し，日本版 CG コードでは，下線部の対応は例示であって，その対応をとらなくても，他の対応をとることにより，原則を実施したものとすることが可能となっている．

---

22) 東証は，独立性を「一般株主と利益相反が生じるおそれのない」ことと定義したうえで（東証有価証券上場規程436条の2 (1) 項），より具体的な基準を「実務上の留意事項」の中で定めている（東京証券取引所，2015c）．なお，会社法改正と CG コード制定に伴い，東証の独立性に関する開示制度も見直された．これについては，佐藤（2015, 62-63頁）を参照．
23) 東京証券取引所（2015c, I.3(2)）．
24) 例えば，英国版 CG コードでは，取締役会議長と独立取締役のみの会合（FRC, 2016, A.4.2），筆頭独立社外取締役の選定（同，A.4.1）を求め，また，会社の秘書役（company secretary）が，取締役会と委員会，および経営陣と非業務執行取締役間の情報伝達について責任を持つべき旨を定めている（同，B Supporting Principles）．

例えば，英国版 CG コードでは，取締役の候補者について取締役会に勧告する指名委員会（nomination committee）を設けること，およびその委員会の委員の過半数は独立取締役とし，かつ，取締役会議長または独立取締役が委員長になることを求めている（FRC, 2016, B.2.1）．また，独立取締役 3 人（小規模上場会社では 2 人）以上からなる報酬委員会を設け，同委員会が，業務執行取締役および取締役会議長の報酬を定める権限を（取締役会から委任されて）有すべきこととしている（FRC, 2016, D.2.1; D.2.2）．

　これに対し，日本版 CG コードは，経営陣幹部・取締役の指名・報酬の検討にあたり，独立取締役を主要な構成員とする諮問委員会を設置することを例示するが（補充原則4-10①），それは必須ではなく，他の方法（例えば，取締役会の前に個別に意見を聞くなど）によって「独立社外取締役の適切な関与・助言」を得ることとすれば，補充原則4-10①を実施したものとすることができる．実際にも，第 5 節で紹介する通り，諮問委員会を置いていないものの補充原則4-10①を実施している上場会社は，相当数に上る．

　このような，（コード作成者から見て）望ましい企業統治のための措置を例示しつつ他の選択肢も許容する，というアプローチは，各会社がその実情に応じた柔軟な対応をとることを認める狙いがあるものと考えられる．また，実際問題としては，わずか 1 年という短期間で利害関係者の了解を得て CG コード制定にこぎつけるためには，たとえコンプライ・オア・エクスプレイン・ルールとしてであっても，現在の実務とあまりかけ離れた企業統治を原則とすることはできない，という事情もあったと推察される[25]．

4　コンプライ・オア・エクスプレイン・ルールの機能についての考察

4.1　問題の所在

　第 3 節で説明したように，2015年に実現した取締役会に関する制度改正は，

---

25) CG コード原案策定のための有識者会議には企業経営者も参加しており，経営者（ないしその団体）が強く反対するような原則をコードに入れることは，難しかったと考えられる．

①独立社外取締役を重要な構成員とする取締役会が経営陣を監督するというモニタリング・モデルに基づく企業統治改革への志向を鮮明にしたこと，および，②そのための主な手段としては，強行法規ではなく，コンプライ・オア・エクスプレイン・ルールを通じて各会社に企業統治の改革を促すものとしたこと，の2点に特徴があるといえる．

　それでは，このように，各会社の企業統治の選択に対し，コンプライ・オア・エクスプレイン・ルールという形で外的な介入を行うことには，どのような意義があるのであろうか．

　他国に先駆けてコンプライ・オア・エクスプレイン・ルールを採用した英国では，このルールには，望ましい企業統治の構造を各会社が採用する推進力（force）を与えると同時に，各会社がその実情に応じて，理由を説明したうえで原則を実施しない自由を認めるという柔軟性（flexibility）をも有しているという利点が強調されている（Davies and Worthington, 2012, p.431）．日本でも，その点を理由に，今回の制度改正が強行法規ではなく，コンプライ・オア・エクスプレイン・ルールの形で行われたことを積極的に評価する見解がある（宮島，2015）．

　もっとも，各会社による企業統治の選択に「柔軟性」を持たせることが本当に望ましいとすれば，そのための最善の方法は，何も規制しないことであるように思われる．コンプライ・オア・エクスプレイン・ルールは，原則を実施しない会社に対してその理由の説明を義務づけるという形で，一定の規制を行っていることは否定できず，他の種類の規制と同様，規制の費用を上回る便益を見込めるかどうかという観点からの検討が必要である（佐々木，2015）．

　この点，各会社は，市場競争の圧力により，自社にとって最適な企業統治の構造を採用するインセンティブをすでに十分有しているとすれば，国その他の規制団体が，特定の企業統治を採用するような「推進力」（「圧力」ともいえる）を各会社に与えることは，会社の選択を歪めるだけであり，無益有害という結論になる（Fischel, 1982; 三輪・Ramseyer, 2015）．各会社による企業統治の選択が，必ずしも最適に行われていないことがいえて初めて，規制団体による介入（「推進力」の付与）により，事態が改善する可能性を認めることができる．それでは，各会社の選択が最適とならない原因は何であろうか．また，コンプライ・オア・エクスプレイン・ルールという形の介入は，いかにして，

事態を改善する（最適な状態へと近づける）ことができるのであろうか．

4.2　会社・株主と経営者との間の利益相反

　企業統治の構造について，各会社の選択が必ずしも最適とはならない理由として，会社法学において伝統的に指摘されてきたのは次の点である（Bebchuk, 1989）．すなわち，所有と経営が分離し，株主が（集合行為問題により）企業経営にあまり関心を持たない上場会社では，企業統治の構造の選択には，経営者が強い影響力を持つと考えられる．ところが，経営者に対する効果的な監督は，会社・株主の利益となる一方，経営者個人には負の効用を及ぼすと考えられるから，企業統治の選択を各会社の完全な自治に任せた場合には，採用される企業統治の構造は，経営者を監督する機能が過小になるという意味で非効率となる可能性がある，ということである．

　このように，企業統治の構造選択について会社・株主と経営者との間に利益相反があるという問題は，従来の会社法学においては，強行法規，すなわち，特定の企業統治構造の採用を法が各会社に強制することを正当化する論拠とされてきた（Bebchuk, 1989）．他方，こうした問題が，CG コードが採用するコンプライ・オア・エクスプレイン・ルールという規制方法をいかにして正当化するのかは，必ずしも明確ではない．従来の議論では，CG コードが各会社に原則を実施する「推進力」を与える理由は，公に承認された企業統治の原則を会社が（説得的な理由を説明することなく）実施しない場合，その会社は株価の下落というペナルティを科される，という点に求められているようである（MacNeil and Li, 2006, p.487; Aguilera and Cuervo-Cazurra, 2009, p.383）．けれども，もしもある会社において，経営者を効果的に監督する企業統治の採用が望ましいにもかかわらず，経営者の影響力のために自主的にはそれが採用されないのだとすれば，CG コードを通じて株価下落のペナルティを科したところで，（仮定により，経営者は，株価すなわち株主の利益よりも自分の効用を優先させるのであるから）会社はその企業統治の採用をしないのではないか．逆に，経営者をして株主の利益のために自分を効果的に監督する企業統治の構造を採用させることがすでに可能となっている会社であれば，CG コードによって特定の企業統治構造の採用を促す必要もないであろう（かえってそのような会社では，CG コードが推奨する企業統治の原則を採用しないことによって

生じる株価の下落を恐れて，不必要に過剰な企業統治を採用してしまうかもしれない)．

　以上のような疑問に対して考えられる回答は，会社が説得的な理由を説明せずに CG コードの原則を実施しない場合，会社だけでなく経営者個人も評判の低下という形で損失（効用の低下）を被るため，それによって経営者は，原則を実施する動機を与えられる，というものである．もっとも，CG コードの不実施が，経営者個人にどれほどの損失をもたらすのかは明らかでない．いずれにせよ，コンプライ・オア・エクスプレイン・ルールの存在意義――このルールが，さもなければ望ましい企業統治を採用しない会社に対してその採用を促すという機能をいかにして有しうるのか――という点は，厳密に検討する必要があると思われる．単に，企業統治の構造選択について会社・株主の利害と経営者の利害が完全には一致しないというだけでは，十分ではないと考える．

4.3　コーディネーションの手段としてのコンプライ・オア・エクスプレイン・ルール

　コンプライ・オア・エクスプレイン・ルールの存在意義について，ここでは，前節（4.2）で述べたものとは異なるものを呈示してみたい．以下に述べることは，わが国で必ず妥当すると主張する趣旨ではなく，あくまで，検証に値する 1 つの仮説として呈示するものである．

　企業統治についての各会社の選択が必ずしも最適に行われない理由として，企業統治は，多くの会社が同種のものを採用すればするほど価値が高まるという性質（いわゆるネットワーク外部性．(Klausner, 1995)）を持つ可能性が指摘されることがある（Kahan and Klausner, 1996; Bebchuk and Roe, 1999）．ある種の財・サービスにネットワーク外部性がある場合（ソフトウェアなどは典型的である），人々がどの財・サービスを選択するかは，どれだけ多くの人が同じものを選択すると予想されるかに依存する．何らかの理由により，多くの人が選択すると予想されない財・サービスは，たとえ（多くの人が選択すれば）高い価値をもたらすものであっても採用されず，それよりも劣った財・サービスが広く選択されてしまう可能性がある．

　企業統治について，ある会社が属する国ないし社会で一般的に選択されているものと同じものを選択することが有利である（違うものを選択すると不利に

なる）ということは，ある程度はいえるように思われる．例えば，モニタリング・モデルが有効に機能するためには，独立社外取締役となって経営者を適切に評価し，その行動を監視・監督する能力を備えた人材が十分に供給される必要があるだろう．他社の経営者（またはその経験者）は，そうした人材の供給源としては最も有望であると考えられる．実際，米国の取締役の多くが，他社の経営者（CEO）を兼任している[26]．ところが，（日本のように）経営者が他社の独立社外取締役になるという慣行が存在しない国において，ある会社が他社の経営者を独立社外取締役に迎え入れようとしても，簡単ではないであろう．個々の会社にとっては，自社の経営者が他社の独立社外取締役になることは，自社のために割く時間・労力が少なくなるから，それ自体が自社の利益となるものではない．そうすると会社としては，自社だけでなく他の会社もその経営者が独立社外取締役になることを認めており，それにより，自社の経営者を他社の独立社外取締役にする代わりに自社も十分な数の独立社外取締役を他社から受け入れられると期待できるような環境が存在しなければ，自社の経営者が他社の独立社外取締役になることを認めようとはしないであろう．

あるいは，会社は他社の（現職ではなく）元経営者を独立社外取締役にしようとすることも考えられる．けれども，経営者が，ある会社の社長から会長となり，そして顧問，相談役となって，当該会社における影響力を保持し続けるという（伝統的な日本企業に多い）キャリア・パスに代えて，経営者を退任した後は他社の独立社外取締役になるというキャリア・パスを指向するようになるためには，十分多くの会社が，独立社外取締役を重要な構成員とするモニタリング・モデル型の企業統治を採用する必要があるだろう．そうでないと，経営者を退任しても，有望な再就職先がないためである．

このように考えると，モニタリング・モデルが有効に機能するためには，十分に多くの会社がそのモデルを採用する——いわば，一斉に行動を変える——必要があるように思われる．

このように，人々が行動を一斉に変えることが有益である場合に，法制度が，そうした一斉行動（コーディネーション）の媒介として機能しうるということ

---

[26] やや古いデータであるが，S&P 400社を対象に1986年から1989年の期間中に行われた調査によれば，取締役の63%が，他社のCEOを兼任しているという結果が得られたという（Lin, 1996, p.915, n.93）.

が，法と経済学の研究者により主張されている（Klausner, 1995; McAdams, 2015）．法がコーディネーションの媒介となるためには，多くの人が法に従って行動するだろうという信念を多数の人が抱けば足りるのであり，必ずしも，法の違反に対して罰則を科すなどの強制力が存在する必要はない．CGコードが，コンプライ・オア・エクスプレイン・ルールの形で特定の企業統治の採用を強く促すことも，コーディネーションの媒介としての機能を果たしうるかもしれない．その一方，会社によっては，他の会社と異なる属性を持つために，ネットワーク外部性を考慮してもなお，他の会社と同じ企業統治を選択することが利益にならない会社もあるかもしれない．コンプライ・オア・エクスプレイン・ルールは，特定の企業統治の構造をすべての会社に強制するものではないから，そのような会社は，理由を説明して，原則とは異なる企業統治を選択することが許されることになる．この点で，コンプライ・オア・エクスプレイン・ルールは，多くの会社にとって望ましいにもかかわらず，各社の自発的な選択だけでは必ずしも進展しない企業統治の改革を「推進」しつつ，他社と異なる企業統治を選択することが望ましい会社については，その選択を認める「柔軟性」を持つということができる．

4.4　制度改革の効果は実証的に確かめられるべきこと

前節（4.3）の議論は，コンプライ・オア・エクスプレイン・ルールが望ましい結果を実現する可能性を指摘したにとどまる．実際に，CGコードがそのように望ましい結果を実現するには，①モニタリング・モデルという企業統治の構造は，相当数の日本の上場会社にとってその採用が有益であること，②それにもかかわらず，上場会社の中には，（前記のネットワーク外部性その他の要因により）自発的にそのモデルを採用しない会社が存在すること，③規制担当者が，コンプライ・オア・エクスプレイン・ルールの形でその採用を促すと，多くの会社が（他社も採用するであろうという期待の下に）それに従うこと，という，3つの条件が満たされる必要がある．これらの条件が満たされるかどうかは，もとより自明ではない[27]．もしも，日本の上場会社が，従来からモニタリング・モデルを採用していない理由は，（ネットワーク外部性のゆえではなく）単にそのモデルが日本の会社に適さないためであるとすれば，CGコードは，上場会社に対して不適切な企業統治構造の採用を強いるか，または，

(採用しない理由の説明のために）不必要な開示費用を負担させるだけに終わるおそれもある．CG コード，より一般的には，モニタリング・モデルを志向する企業統治の制度改革が，望ましい結果を本当に実現するのかという問題は，実証的に確かめられなければならない問題である．

CG コード実施から日の浅い日本では，いまだ前記の問題を実証的に検証することはできない[28]．次節（4.5）では，参考のために，わが国に先行してCG コードを採用した国（特に欧州諸国）において，その効果を検証した研究を紹介する．

4.5 CG コードに関する実証研究

キャドベリー報告書（Cadbury, 1992）以来，コンプライ・オア・エクスプレイン・ルールを通じて企業統治改革を進めてきた英国においては，①キャドベリー報告書を契機として独立社外取締役の選任が顕著に増加し，かつ，②同報告書の勧告に従って独立社外取締役を 3 人以上選任した会社が，その後の 3 事業年度に，他社と比べ業績（ROA）を有意に改善したことが報告されている（Dahya and McConnell, 2007）．また，Dahya et al.（2002）は，独立社外取締役を増員した英国企業では，業績の悪化と CEO の交替確率との感応度が高まることを報告している．こうした研究は，コンプライ・オア・エクスプレイン・ルールがモニタリング・モデルの採用を促し，かつ，採用企業の業績を改善することを示唆するものといえる．カナダにおいても，CG コードの有用性を示唆する研究が存在する（Luo and Salterio（2014））．もっともこれに対し，オランダでは，CG コードの改善効果に否定的な研究が存在する（de Jong et al., 2005）．イタリアでは，CG コードはエンフォース機能に乏しいため，CG

---

27) 例えば，本文①についていえば，モニタリング・モデルの要となる独立社外取締役は，経営陣の影響から独立であるという長所はあるものの，情報やインセンティブが不足するという短所も抱えていることは，しばしば指摘されているところである（Fischel, 1982; 佐々木，2015）．経営陣を会社・株主の利益のために働かせることができない株主が，いかにして，独立社外取締役が会社・株主の利益のために働くインセンティブを与えることができるのかという疑問（胥，1997, 5-6頁）に対しても，いまだ十分な回答はされていないように思われる．国際的に見ても，独立社外取締役に関する実証研究が蓄積してきたのはごく最近（多くは2000年代）であり，それ以前の独立社外取締役の有用性に関する言説は，「証拠（evidence）よりはむしろ信念（faith）に基づいていた」との指摘もある（Dahya and McConnell, 2007, pp.535-536）．

コードを実施していると回答した企業が，必ずしも企業統治を強化しているわけではないことが指摘されている（Bianchi et al., 2011）．

最近の包括的な研究として，欧州14カ国の主要上場会社を対象としたRenders et al. (2010) は，①上場会社の採用する企業統治構造の「良さ」[29]と，その会社の業績（トービンの q や ROA で測定）との間に有意な正の相関がある，②ある国で制定されている CG コードの「良さ」[30]と，当該国に属する上場会社の採用する企業統治構造の「良さ」との間にも有意な正の相関がある，③上場会社の業績を被説明変数，その会社の採用する企業統治構造の「良さ」を（内生的な）説明変数とし，その会社の属する国の CG コードの「良さ」を操作変数の１つとして，操作変数法により推定を行った場合も，有意な正の相関が観察される，との結果を得た．この結果は，「良い」CG コードは，その国の会社に対して「良い」企業統治構造の採用を促し，その結果として，企業業績ないし企業価値を高めるという好ましい関係の存在を示唆するものである．もっとも，CG コードの操作変数としての適切性の問題など，本論文の方法論の妥当性については，議論の余地がありそうである[31]．

このように，外国には，CG コードが会社の業績向上に結び付くことを示唆する研究は存在する．もっとも，それとは異なる（消極的な）研究もあり，また，研究方法に議論の余地がある場合もあって，CG コードが望ましい結果を実現するのかどうかについては，確定的な実証結果はいまだ出ていないといえよう．いずれにせよ，他国とわが国では市場環境も異なり，また，CG コードの内容自体も異なるので，他国の実証結果が直ちにわが国に妥当するものではないことはいうまでもない．CG コードがわが国の会社の企業統治および業績にもたらす影響については，今後，実証研究が蓄積されることが強く望まれる．

---

28) 齋藤（2011, 208頁，表4-6）は，社外取締役を導入した日本企業が，その後３事業年度にかけ，産業調整済み ROA で測った業績を（10％水準であるが）有意に改善したことを報告している．ただ，これは，自発的に社外取締役を採用した企業に関するものである．企業が CG コードによって社外取締役の採用を促された場合にも，同様に業績改善効果が認められるのかどうかについては，今後の検証が必要である．
29) 各上場会社の企業統治構造の「良さ」は，企業統治に関する格付け業務を行っている Deminor Rating 社の提供するレーティングに基づく．
30) 各国の CG コードの「良さ」の格付けは，当該 CG コードが，OECD のコーポレート・ガバナンス原則（OECD, 2004）にどれだけ忠実であるかを基準に，本論文の筆者自身が行っている．

5　CGコード施行後の企業統治の状況

5.1　はじめに

　最後に，2015年6月の施行以来，日本版CGコードが上場会社によりどのように実施されてきたかについて報告する．もちろん，日本版CGコードが上場会社のパフォーマンスにどのような影響を与えたかを見るには，まだ時期が早すぎる．そこで，ここでは，(独立)社外取締役の選任状況など，外形的に観察される企業統治の構造が，CGコード実施の前後でどのように変化したのかを見ていく．なお，以下の記述は，東証の調査(東京証券取引所，2016)，および，日経平均株価算出銘柄に採用されている225社(日経225採用会社)を対象に筆者が独自に行った調査(2016年3月末時点の各社のCG報告書の記載による)に基づいている．

5.2　独立社外取締役の選任状況

　東証上場会社による(独立)社外取締役の選任数は，CGコード実施の前後で顕著に増加した．東証第1部上場会社中，独立社外取締役を選任している会社の比率は，2012年38.8%，2014年61.4%であったのに対し，2016年7月時点では97.1%に増加している(東京証券取引所，2016b，3頁)．また，東証第1部上場会社中，CGコードの原則4-8を実施して独立社外取締役を2人以上選任している会社の比率も，2012年16.7%，2014年21.5%，2016年79.7%と，かなり急速に増加している(同，3頁)．特に，企業規模が大きく外国人投資家の持株比率も一般に高い，日経225採用会社では，独立社外取締役を2人以上選

---

31)　一般に，企業統治と業績の関係は，内生性の問題(企業統治が業績に影響するという経路のほかに，業績が会社の企業統治構造の選択に影響を与えるという経路も存在する)のゆえに，単純な回帰分析によって推定することは問題含みである．操作変数法は，内生性克服のための有効な方法である．しかし，各国のCGコードは，その国の上場会社の企業統治構造に影響を与えるだけでなく，その反対に，その国の会社の企業統治の現状がCGコードの内容に影響を与える可能性がある(企業統治の実務からあまりにかけ離れたCGコードを制定することは難しいため)．もしそうだとすれば，各国のCGコードも内生的な変数であり，これを操作変数に使用することは問題があることになる．

任している会社の割合は，84.9％に上る（2016年3月末現在．表11-2参照）．

CGコードの目的が，上場会社の行動をコーディネートして，よりモニタリング・モデルを志向する企業統治構造への改革を促す点にあるとすれば，その目的は，一定の進展を見ているということができる．もっとも，そのように仕向けたことが，日本企業ないし日本経済にとって本当に望ましいものであるのかどうかは，そうした企業統治改革が企業パフォーマンスに良い影響を与えたかどうかの検証なしには，判定できない．これは，今後の研究課題である．

選任事例が顕著に増加したとはいえ，ほとんどの上場会社において，（独立）社外取締役が依然として取締役会の少数派であることには変わりがない．2016年7月時点の東証第1部上場会社における，1社当たりの独立社外取締役の平均人数は2.22人（取締役の平均人数は9.29人）である．また，取締役の3分の1以上または2分の1以上が独立社外取締役である会社の割合は，それぞれ，22.7％または4.6％にすぎない（東京証券取引所，2016b，5頁）．日経225採用会社の中でも，独立社外取締役が3分の1以上いる会社の割合は27.6％にとどまる（2016年3月末現在．表11-2）．そのうち，独立社外取締役が取締役の過半数を占める会社は，わずか10社（4.4％）[32]である（表11-2）．

このような，「独立社外取締役は複数いるが少数派」という取締役会構成が，わが国独自の企業統治構造として将来も継続するのか，それとも，独立社外取締役が過半数を占める，欧米流のモニタリング・モデルの企業統治構造にさらに転換していくのかは，そうした転換をした場合のパフォーマンスがどうなるかも合わせて，今後注目すべき点である．

5.3 CGコードの実施状況

次に，CGコード全体の実施状況について見てみる[33]．2015年12月の時点で，

---

32) 次の日経225採用会社である．アステラス製薬，エーザイ，日立製作所，東芝，ソニー，りそなホールディングス，新生銀行，野村ホールディングス，イオン，ブリヂストン．

33) CGコード実施状況を開示している会社が，ある原則について実施しない理由を説明していない場合，その原則は実施しているとみなす．一般に，CGコードは，ある原則を実施しない場合にその理由の説明を求めているだけで，実施している原則についてそれを実施していることおよび実施の状況の開示は求めておらず，実際にも，そのような開示はしていない会社がほとんどである．

第11章　企業統治改革の現状と展望　391

表11-2　独立社外取締役の選任状況（日経225採用会社）

会社数	独立社外取締役の平均人数	独立社外取締役の人数ごとの社数（日経225採用会社に占める割合）						取締役の1/3以上	取締役の過半数（1/2超）
		0人	1人	2人	3人	4人	5人以上		
225社	2.60人	4社(1.8%)	30社(13.3%)	99社(44.0%)	48社(21.3%)	23社(10.2%)	21社(9.3%)	62社(27.6%)	10社(4.4%)

（注）　各社の「コーポレートガバナンスに関する報告書」（2016年3月末現在）の記載をもとに筆者が集計．

　東証第1部・第2部上場会社（前述のように，CGコードの全原則について実施か実施しない理由の説明が求められている）のうち，CGコードの諸原則（73個）の90％以上（66個以上）を実施している会社の比率は78.0％に達する．うち，全原則を実施している会社の比率は11.6％である（東京証券取引所, 2016a, 3頁）．日経225採用会社に限ると，実施率はさらに高くなる．2016年3月末時点でCGコードの各原則の実施状況を開示している207社中，原則の90％以上を実施している会社は192社（92.8％）に上り，全原則を実施している会社も32.9％に達する（表11-3）．

　しかも，何らかの原則を実施していない場合でも，実施に向けて検討する，あるいは実施するかどうか検討中である旨を開示している場合が多く，ある原則が自社に適さない等の理由で将来的にも実施する予定がない旨を開示している会社は，少数派である（東京証券取引所, 2016a, 6頁）．そのため，実施率は，今後，さらに高まることが予想される．

　ただし，このような高い実施率の背景に，日本版CGコードの諸原則の中には，どのようにして当該原則を実施するかについて各社の広い裁量を認めているため，会社にとって実施が容易なものがままあるという点には，留意が必要である．

　一例を挙げてこの点を説明しよう．CGコード補充原則4-10①は，「経営陣幹部・取締役の指名・報酬」については，「独立社外取締役を主要な構成員とする任意の諮問委員会を設置することなどにより」，「独立社外取締役の適切な関与・助言を得る」ことを求めている．日経225採用会社で，2016年3月末時点でCGコードの実施状況を開示している207社のうち，183社（88.4％）は，同原則を実施している[34]．他方，前記207社のうち，指名と報酬のいずれについても委員会[35]を設置していない会社は，74社（35.7％）に上る．そして，この74社の中でも，補充原則4-10①を実施している会社は，53社（71.6％）に

表11-3 CGコードの実施状況（日経225採用会社）

実施しない原則の数	社数（社）	比率（％）	比率（累積）（％）
0（全原則を実施）	68	32.9	32.9
1	37	17.9	50.7
2	41	19.8	70.5
3	16	7.7	78.3
4	7	3.4	81.6
5	7	3.4	85.0
6	10	4.8	89.9
7	6	2.9	92.8
8以上（実施率90％未満）	15	7.2	100.0
合計	207	100.0	

（注）各社の「コーポレートガバナンスに関する報告書」（2016年3月末現在）の記載をもとに筆者が集計．2016年3月末までにCGコード実施状況を開示していない会社，および，実施状況を開示しているものの，どの原則を実施していないのかが明らかでない会社（実施していない原則と，実施しているがさらに内容を充実する予定の原則とを一緒に開示していることによる．1社あった）は，サンプルから除外した．実施しない原則の数が最大の会社における実施しない原則の数は23．

上る．

　これは，補充原則4-10①は，指名・報酬委員会の設置を例示しつつも，英国版CGコードとは違ってこれを必要的なものとはせず（3.3節②参照），各社が何らか別の方法で，「独立社外取締役の適切な関与・助言」を得ていれば，補充原則4-10①を実施したものとすることができるためである．しかも，どこまでの「関与・助言」を得ればこの原則を実施したといえるかは，CGコードには特に示されていないから，例えば，取締役会における指名や報酬の議案の審議に先立って，独立社外取締役に当該議案について説明し，それについて意見を求めているだけでも，補充原則4-10①を実施したといいうることになる．

---

34) CGコードは，各会社が実施しない原則について実施しない理由の開示を求めるだけであり，実施している原則についてその実施状況の開示を求めているわけではない（実施状況を自主的に開示する上場会社も存在するが，ごく少数である）．ここでは，ある原則を実施していない理由を開示していない上場会社は，すべてその原則を実施しているとみなして，集計を行っている．

35)「委員会」は，指名委員会等設置会社の場合は，法定の委員会（指名委員会または報酬委員会）であり，それ以外の会社（監査等委員会設置会社または監査役会設置会社）の場合は，任意の諮問委員会である．なお，報酬については，取締役会の授権により，各取締役の報酬を「決定」（取締役会への諮問ではなく）する権限を有する委員会を置いている例があるが（トヨタ自動車など），これも「委員会」に含めている．

CGコードの原則の多くが，このように，実施の方法について各社の相当広い裁量を認めているため，（モニタリング・モデルの見地から見て）「良い」企業統治の構造・実務を採用しているとはいえない会社においても，関係するCGコードの原則は実施しているものとされている可能性がある．例えば，わが国では，株主総会で取締役全員の報酬総額を決め，その総額の範囲内で，取締役各人の報酬額の決定は，取締役会に一任することが一般的である（田中，2009, 162頁）．ところが，会社によっては，一任を受けた取締役会が，取締役各人の報酬額の決定を，特定の取締役（普通は，代表取締役社長）にさらに一任（再一任）する場合がある（同, 166頁）．このような再一任が行われると，（代表取締役以外の）取締役は，本来監督すべき存在である代表取締役に，自分自身の報酬を決められることになる．それでは，取締役会の監督機能が果たせないとして，会社法学説の中には，再一任を違法とするものもあるほどである[36]．日経225採用会社のうち，このような，モニタリング・モデルの見地からすれば問題のある再一任を行っていることが（CG報告書の記載により）確認できる会社は，23社ある．そして，この23社の中で見ても，補充原則4-10①の実施率は，78.3%（18社）に上るのである．

このように，日本版CGコードの中には，実施の方法について各社の裁量を広く認めるものがあるために，CGコードの実施率が高いからといって，それは必ずしも，モニタリング・モデルの観点から見て「良い」企業統治を採用しているということにはならない．したがって，CGコードが，日本の企業統治のあり方や業績に与えた影響について検証するためには，単に会社ごとのCGコードの実施率を見るのでは足りず，各社の企業統治の内容に立ち入った調査をする必要があると思われる．

　　本章は，科学研究費（基盤C）課題番号16K03393「取締役会改革についての実証
　　的研究」の研究成果の一部でもある．

---

36) もっとも，最高裁の判例は，こうした再一任を適法としている（最判昭和31・10・5集民23号409頁）．再一任の可否についての会社法の学説につき，田中（2009, 166-167頁）参照．

【参考文献】

Aguilera, R. V. and A. Cuervo-Cazurra (2009) "Codes of Good Governance," *Corporate Governance: An International Review*, Vol. 17, Issue 3, pp. 376-387.
Bebchuk, L. A. (1989) "Limiting Contractual Freedom in Corporate Law: The Desirable Constraints on Charter Amendments," *Harvard Law Review*, Vol. 102, pp. 1820-1860.
Bebchuk, L. A. and M. Roe (1999) "A Theory of Path Dependence in Corporate Ownership and Governance," *Stanford Law Review*, Vol. 52, pp. 127-170.
Bhagat, S. and B. Black (2002) "The Non-correlation between Board Independence and Long-term Firm Performance," *Journal of Corporation Law*, Vol. 27, pp. 231-273.
Bianchi, M., A. Ciavarella, V. Novembre, R. Signoretti and Consob (2011) "Comply or Explain: Investor Protection Through the Italian Corporate Governance Code," *Journal of Applied Corporate Finance*, Vol. 23, Issue 1, pp. 107-121.
Cadbury, A. (1992) "Report of the Committee on the Financial Aspects of Corporate Governance," http://www.ecgi.org/codes/documents/cadbury.pdf
Dahya, J. and J. J. McConnell (2007) "Board Composition, Corporate Performance, and the Cadbury Committee Recommendation," *Journal of Financial and Quantitative Analysis*, Vol. 42, pp. 535-564.
Dahya, J., J. J. McConnell and N. G. Travlos (2002) "The Cadbury Committee, Corporate Performance, and Top Management Turnover," *Journal of Finance*, Vol. 57, pp. 461-483.
Davies, P. L. and S. Worthington (2012) *Gower and Davies' Principles of Modern Company Law*, 9th ed., Sweet & Maxwell.
de Jong, A., D. V. DeJong, G. Mertens and C. E. Wasley (2005) "The role of Self-regulation in Corporate Governance: Evidence and Implications from The Netherlands," *Journal of Corporate Finance*, Vol. 11, pp. 473-503.
Eisenberg, M. A. (1976) *The Structure of the Corporation: A Legal Analysis*, Beard Books.
Fischel, D. R. (1982) "The Corporate Governance Movement," *Vanderbilt Law Review*, Vol. 35, pp. 1259-1292.
FRC [Financial Reporting Council] (2016) "The UK Corporate Governance Code (April 2016)," https://www.frc.org.uk/Our-Work/Publications/Corporate-Governance/UK-Corporate-Governance-Code-April-2016.pdf
Gordon, J. N. (2007) "The Rise of Independent Directors in the United States, 1950-2005: Of Shareholder Value and Stock Market Prices," *Stanford Law Review*, Vol. 59, pp. 1465-1568.
Grant Thornton (2011) "Corporate Governance Review 2011," http://preview.grantthornton.ie/db/Attachments/Grant-Thornton-Corporate-Governance-Review-2011.pdf
Hermalin, B. E. and M. S. Weisbach (2003) "Boards of Directors As an Endogenously Determined Institution: A Survey of the Economic Literature," *Federal Reserve Bank of New York Economic Policy Review*, Vol. 9, pp. 7-26.

Kahan, M. and M. Klausner (1996) "Path Dependence in Corporate Contracting: Increasing Returns, Herd Behavior and Cognitive Biases," *Washington University Law Quarterly*, Vol. 74, pp. 347-366.

Klausner, M. (1995) "Corporations, Corporate Law, and Networks of Contracts." *Virginia Law Review*, Vol. 81, pp. 757-852.

Lin, L. (1996) "The Effectiveness of Outside Directors As a Corporate Governance Mechanism: Theories and Evidence," *Northwestern University Law Review*, Vol. 90, pp. 898-976.

Luo, Y. and S. E. Salterio (2014) "Governance Quality in a 'Comply or Explain' Governance Disclosure Regime," *Corporate Governance: An International Review*, Vol. 22, pp. 460-481.

MacNeil, I. and X. Li (2006) "'Comply or Explain': Market Discipline and Non-compliance with the Combined Code," *Corporate Governance: An International Review*, Vol. 14, Issue 5, pp. 486-496.

McAdams, R. H. (2015) *The Expressive Powers of Law: Theories and Limits*, Harvard University Press.

OECD (2004) "OECD Principles of Corporate Governance," https://www.oecd.org/corporate/ca/corporategovernanceprinciples/31557724.pdf

Renders, A., A. Gaeremynck and P. Sercu (2010) "Corporate-governance Ratings and Company Performance: A Cross-European Study," *Corporate Governance: An International Review*, Vol. 18, pp. 87-106.

伊藤靖史・大杉謙一・田中亘・松井秀征 (2015)『会社法』第3版，有斐閣．

コーポレートガバナンス・コードの策定に関する有識者会議 (2015)「コーポレートガバナンス・コード原案～会社の持続的な成長と中長期的な企業価値の向上のために～」3月5日，http://www.fsa.go.jp/news/26/sonota/20150305-1/04.pdf

齋藤卓爾 (2011)「日本企業による社外取締役の導入の決定要因とその効果」宮島英昭編著『日本の企業統治――その再設計と競争力の回復に向けて』東洋経済新報社，181-213頁．

坂本三郎 (2015)『一問一答・平成26年改正会社法』第2版，商事法務．

佐々木彈 (2015)「ガバナンスの自律と他律――中教審報告・学校教育法改正と会社法改正を事例に」田中亘・中林真幸編『企業統治の法と経済――比較制度分析の視点で見るガバナンス』有斐閣．

佐藤寿彦 (2015)「コーポレートガバナンス・コードの策定に伴う上場制度の整備の概要」『旬刊商事法務』第2065号，57-67頁．

胥鵬 (1997)「ストック・オプション制度の経済分析」『旬刊商事法務』第1467号，2-7頁．

田中亘 (2009)「会社法369条注釈」落合誠一編『会社法コンメンタール (8)』商事法務，145-209頁．

田中亘 (2013)「日本のコーポレート・ガバナンスの課題――『大きな取締役会』の後に来るもの」『月刊監査役』第612号，4-15頁．

田中亘 (2015)「取締役会の監督機能の強化――コンプライ・オア・エクスプレイン・ルー

ルを中心に」神田秀樹編『論点詳解 平成26年改正会社法』商事法務，17-42頁．
田中亘（2016）『会社法』東京大学出版会．
東京証券取引所（2015a）「コーポレートガバナンス・コード〜会社の持続的な成長と中長期的な企業価値の向上のために〜」6月1日，http://www.jpx.co.jp/equities/listing/cg/tvdivq0000008jdy-att/code.pdf
東京証券取引所（2015b）『東証上場会社コーポレート・ガバナンス白書2015』東京証券取引所上場部．
東京証券取引所（2015c）「独立役員の確保に係る実務上の留意事項（2015年6月改訂版）」http://www.jpx.co.jp/equities/listing/ind-executive/tvdivq0000008o74-att/20150513-2.pdf
東京証券取引所（2016a）「コーポレートガバナンス・コードへの対応状況（2015年12月末時点）」1月20日，http://www.jpx.co.jp/news/1020/nlsgeu000001ei88-att/20160120-1.pdf
東京証券取引所（2016b）「東証上場会社における独立社外取締役の選任状況〈確報〉」7月27日，http://www.jpx.co.jp/news/1020/nlsgeu000001sndx-att/20160727-1.pdf
藤田友敬（2014）「『社外取締役・取締役会に期待される役割――日本取締役協会の提言』を読んで」『旬刊商事法務』第2038号，4-17頁．
法制審議会（2012）「会社法制の見直しに関する要綱及び附帯決議」9月7日，http://www.moj.go.jp/content/000102013.pdf
松井秀征（2010）「要望の伏在――コーポレート・ガバナンス」中東正文・松井秀征編著『会社法の選択――新しい社会の会社法を求めて』商事法務，368-523頁．
宮島英昭（2015）「企業統治の転換点で考える」『月刊監査役』第642号，3頁．
宮島英昭・新田敬祐（2007）「日本型取締役会の多元的進化――その決定要因とパフォーマンス効果」神田秀樹・財務省財務総合政策研究所編『企業統治の多様化と展望』金融財政事情研究会，27-77頁．
三輪芳朗・J. Mark Ramseyer（2015）「改正会社法，コーポレートガバナンス・コードと『社外取締役』」『大阪学院大学経済論集』第28巻第2号，15-140頁．
八木利朗・静正樹・藤田友敬・佐久間総一郎・岩原紳作（2013）「《第76回監査役全国会議パネルディスカッション》会社法制の見直しとこれからの監査役監査」『月刊監査役』第615号，4-49頁．
油布志行（2015a）「コーポレートガバナンス・コードについて」『旬刊商事法務』第2068号，4-12頁．
油布志行（2015b）「解説会Ⅰ コーポレートガバナンス・コードについて」『月刊監査役』第640号，4-28頁．
油布志行・渡邉浩司・髙田洋輔・浜田宰（2015）「『コーポレートガバナンス・コード原案』の解説〔Ⅳ・完〕」『旬刊商事法務』第2065号，46-56頁．

第12章 日本企業の低パフォーマンスの要因

国際比較による検証

蟻川靖浩／井上光太郎／齋藤卓爾／長尾耀平

1 はじめに：問題意識と分析の視点

　長期にわたる日本企業の収益性の低さが，問題となっている（平成27年度年次経済財政報告（内閣府, 2015; 経済産業省, 2014））[1]．本章では，本書が注目してきたコーポレート・ガバナンスが，日本企業の財務パフォーマンスにどの程度の影響を与えているかを国際比較の視点で検証した結果を紹介し，日本企業の低収益性とコーポレート・ガバナンスの関連性を探る．昨今，日本におけるコーポレート・ガバナンス改革が行われている背景には，米国企業などと比較した日本企業の低株価，海外機関投資家の日本企業の経営に対する厳しい評価があり，本書の最後に国際比較の視点でコーポレート・ガバナンスの影響を論じることは意義があろう．

　最近では，日本企業の低収益性に対する機関投資家の圧力も強まっている．米国の大手議決権行使助言会社であるISSは，2015年度の議決権行使の助言方針として過去5年間の平均ROEが5％を下回る企業について，経営トップの取締役選任案に反対するよう株主に助言する方針を示した[2]．日本生命保険など国内機関投資家も同じくROE 5％を取締役選任の賛成・反対の基準値と

---

[1] これまでも，日本企業の生産性の低さに注目した研究は数多く存在する（Fukao *et al.* (2007) など）．

していると報道されている[3]．このように投資家が収益性に着目しているのは，企業の株式価値が理論的には収益力，成長性，その企業のリスクを反映した資本コストの3つの変数から構成され，収益力上昇が株価上昇の要因になるためである．こうした日本企業の低収益性の背景には，日本企業が低収益事業に早めに見切りをつけ，強みのある分野に集中できていないことがあるとの指摘は多い[4]．もしこの指摘が正しければ，問題の所在は，コーポレート・ガバナンスの弱さとリストラクチャリング実施に伴う障害にあるといえる．すなわち，日本の特徴的なコーポレート・ガバナンス形態や雇用制度に原因の一端があることになる．

近年，コーポレート・ガバナンスに関する法制度や雇用制度などが，企業業績や金融市場の発展とどう関係しているのかをめぐる国際比較研究が進展している（La Porta *et al.* (1998; 2002; 2008); Botero *et al.* (2004) など）．しかし，日本企業に対する国際的な注目度の低下もあり，こうしたコーポレート・ガバナンスをめぐる国際比較研究で日本に焦点を合わせたものは見当たらない．国際比較研究の結果は，世界各国の平均の傾向を教えてくれるが，その結果の示唆がそのまま日本企業の直面する課題への解決策となっているとは限らない．そこで，本章では，日本企業の収益性と株価水準に対し，コーポレート・ガバナンスや雇用に関する法制度が何らかの影響を持つのかを国際比較研究から直接明らかにすることを試みる．本章は，Arikawa *et al.* (2016)，ならびにIkeda *et al.* (2016) の2本のWorking Paperの結果を引用して検討を進めるが，そこに新たな分析も追加して日本企業を取り巻く問題点を明らかにしていく．

次節で示す企業パフォーマンスの厳密な国際比較によれば，日本企業は，リスクテイクの水準，収益性（税引き・減価償却前），株価水準のいずれもが相対的に顕著に低いという状況にある．この問題に対処するには，不採算事業からの撤退を進め，新産業分野や新興市場などの成長分野でリスクをとっていく必要があろう．2016年時点において，日本政府は大胆な金融緩和政策の継続，

---

2) 「取締役選任議案にROE基準　ISSが導入検討へ」『日本経済新聞』朝刊，2013年12月10日，「ROE 5年平均5％未満なら『トップ選任に反対を』議決権行使助言のISS」『日本経済新聞』朝刊，2014年11月8日．

3) 「日生，ROE 5％求める　議決権行使基準 対話通じ改善促す」『日本経済新聞』朝刊，2015年4月15日．

4) 「目覚める資本　ROE，米の背中遠く」『日本経済新聞』朝刊，2014年8月16日．

財政政策とともに，民間投資を喚起する成長戦略を挙げ，産業競争力の強化策を進めている．その柱の1つにコーポレート・ガバナンスのさらなる強化による中長期的投資の促進がある[5]．コーポレート・ガバナンスの強化の具体策としては，2014年にスチュワードシップ・コード，2015年にコーポレートガバナンス・コードの導入が行われ，上場企業については2人以上の社外取締役の導入が推奨されている．

　本章のもう1つの柱が，従業員の解雇の金銭解決制度など雇用制度改革である．雇用制度は，従業員の企業に対する交渉力を決定する要素であり，コーポレート・ガバナンスの制度と密接に関係する．特に，不採算事業の整理やM&Aによる事業ポートフォリオの再構築を通した価値創造には，余剰人員の整理や再配置は避けて通れない．これに対応するため，解雇の金銭解決制度に関して，2015年10月に厚生労働省に検討会が設置されている．こうした状況に注目して，Arikawa et al. (2016) は，コーポレート・ガバナンスと雇用制度に焦点を当て，これらの変数と企業の収益性や株価水準の関係を検証し，それぞれの変数が企業の収益性や株価水準の改善に貢献することを示している．多くの日本企業は，取締役会のほとんどが従業員出身者で占められる内部者によるガバナンスを行っており，また雇用に関しても終身雇用制の性格が強く，経営者市場も労働市場も流動性は低い．こうした独特な性格を持つ日本型の企業統治構造と雇用制度により，日本企業の相対的な低収益性を部分的にも説明可能なのかを検討していく．

　本章の検証結果を先取りして紹介すると，コーポレート・ガバナンスと雇用制度の両方が企業収益に有意な影響を持っており，これらが日本企業の低パフォーマンスを部分的に説明する要因であるとの見方と整合的な結果を得た．一方，これらの2つの要因だけでは，日本企業の低収益性を十分には説明できなかった．そこで日本固有の要因で，かつ日本企業の投資行動に潜在的に大きな影響を持つ要因のうち，これまで分析対象とされることのなかった新たな視点として，経営者個人のものごとや将来に対する態度（Attitude）の影響を考慮に加えた分析を行った．ここでいう態度は，個人の物事の認識や行動する際の基本的な取り組み姿勢を意味し，日米の研究では，経営者の態度は企業の意思

5）「『企業統治　指針を』首相，成長戦略に位置付け」『日本経済新聞』朝刊，2014年6月4日．

決定に影響を与えるとされている（Graham et al., 2013; Ikeda et al., 2016）．もちろん，こうした態度が意思決定に直接影響を及ぼすとは限らず，同時に社会的な圧力など周囲の環境が重要な影響を持つとされている．その意味で，コーポレート・ガバナンスと組み合わせて，経営者の態度の影響を見ることは合理性があろう．実際に，分析の結果，日本企業の低収益性・低株価要因のうち，コーポレート・ガバナンス要因や雇用制度要因で説明できなかった部分を，少なくとも一部は，日本の経営幹部の相対的に見て悲観的な態度で説明できる可能性が示された．

この分析や結果は，決して唐突なものではない．Keynes（1936）は，人々の積極的行動の大部分は数学的期待よりも楽観主義（optimism）に基づくとしている（Chapter 12, Ⅶ）．

以下，本章は次のように構成される．第2節では日本企業の現状を示し，その潜在的な要因としての企業統治構造と労働者保護について先行研究を踏まえて解説する．第3節では，分析の視点と注目する説明変数である株式所有構造・取締役会・雇用制度の詳細を解説する．第4節ではサンプルとデータを示し，第5節で日本企業の低パフォーマンス要因の分析モデルとその主要な結果を示す．第6節では，第5節の分析を補う要因として経営者の基本的態度を考慮した場合の分析結果を示す．第7節では，本章のまとめと政策への示唆を示す．

2　日本企業の現状と潜在的な要因：企業統治構造と労働者保護

2.1　日本企業の現状

最初に確認すべきことは，日本企業が他国の比較対象企業と比較してどの程度，収益性や株価水準が低いのかである．本章の以下の分析は，Arikawa et al.（2016）のサンプルに基づき分析を進める．サンプルは，2012年度決算において売上高30億米ドル（1ドル＝100円換算で3000億円相当）以上の上場企業で株価と財務情報の取得可能な企業である[6]．また，国別の比較を可能にするため，1つの国で10社以上の企業がサンプルに入らない国の企業は除外してい

る．その結果，27カ国1548社がサンプルとなった．日本企業は298社，米国企業は470社含まれており，各国の主要な上場企業をカバーしているといえる．これらの企業について2006年から2012年の7年間のパネルデータ（1万830 firm-year）を作成し，期間中の平均収益を算出した．表12-1に前記基準で選択されたサンプル企業の国別の企業数の分布と収益性（ROA），売上利益率，株価水準（トービンのq），ROE，ならびにリスクテイク状況（産業調整済のROAの標準偏差）の平均値を示している．なお，ROAと売上利益率については，分子の利益にはEBITDA（税引き・利払い・減価償却前利益）を使用している[7]．

最初に，全サンプルに対する国別の構成比率を見ると，米国が最大で約30％，次に日本で約19％，第3位が英国で約6％である．つまり，企業規模の上位企業でサンプルをとると，その約半数が米国企業と日本企業で占められる．一方で，その他の国もサンプルの約半数を占めており，国際比較の視点で日本企業のパフォーマンスを評価するためのサンプルとして，一部の国への偏りなどのバイアスの問題は少ないと考えられる．

ROA（EBITDA/Assets），売上利益率（EBITDA/Sales），ROE（当期利益／株主資本）のいずれの収益指標でも日本は27カ国の最下位に位置している．さらに，相対的な株価水準を示すトービンのq（時価総額＋有利子負債／総資産簿価）も最下位グループに属している．これらは，日本企業の収益性ならびに株価がともに低水準であるという指摘を裏付ける．日本以外では，韓国，イタリア，フランスなどが収益性，株価がともに低水準の国のグループに属している．同指標の高いグループを見ると，インドや南アフリカなど新興国が多いが，米国も高い位置にあり，必ずしも先進国が低いということはない．日本は，資本コストの重要な要素である安全利子率も世界で最も低いことを考慮すると，日本企業の低株価は，資本コストに起因するのではなく，収益力が低いためといえるだろう．

日本企業の低収益性は，日本企業がリスクを積極的にとって成長投資を行っていないためとの指摘もあるが，本当だろうか．表12-1の右端の列は，John

---

6) サンプルからは規制産業である電力・ガスおよび金融など公益企業を除いている．
7) 収益性についてはEBITDAによる比較であり，分析結果について各国の税率の直接の影響は受けない．

表12-1 各国企業の平均的収益性と株価水準（ROAの降順）

国名	社	ROA (%)	売上利益率 (%)	トービンのq	ROE (%)	リスクテイク
ロシア	154	0.18	0.33	1.65	18.06	0.066
南アフリカ	119	0.18	0.11	3.18	23.98	0.041
タイ	112	0.17	0.11	2.40	20.49	0.044
インド	266	0.17	0.20	2.82	22.37	0.061
マレーシア	77	0.15	0.17	1.86	14.90	0.026
トルコ	84	0.14	0.11	2.09	19.28	0.017
米国	3,284	0.14	0.15	2.46	15.93	0.029
ブラジル	140	0.14	0.16	1.62	12.75	0.050
メキシコ	147	0.14	0.15	1.93	13.91	0.031
カナダ	336	0.14	0.15	1.79	14.11	0.031
スイス	245	0.13	0.12	2.39	14.70	0.026
オーストラリア	210	0.12	0.11	1.93	13.61	0.030
ベルギー	77	0.12	0.10	1.53	14.17	0.026
台湾	217	0.12	0.13	1.63	13.05	0.026
スウェーデン	182	0.12	0.14	2.16	17.67	0.022
英国	630	0.12	0.12	2.21	18.00	0.024
オランダ	168	0.12	0.13	1.83	16.87	0.029
シンガポール	98	0.12	0.13	1.54	19.66	0.027
ドイツ	420	0.11	0.11	1.50	14.05	0.025
韓国	336	0.11	0.11	1.10	11.48	0.039
香港	273	0.11	0.19	1.43	15.40	0.037
フランス	462	0.11	0.11	1.37	11.93	0.018
フィンランド	126	0.10	0.10	1.26	10.15	0.030
イタリア	168	0.10	0.13	1.06	10.93	0.022
スペイン	126	0.10	0.16	1.65	21.22	0.023
中国	287	0.10	0.16	1.94	16.43	0.052
日本	2,086	0.09	0.09	1.14	7.01	0.019
全体	10,830	0.12	0.12	1.77	13.58	0.026

（出所） Arikawa *et al.* (2016) をもとに筆者作成.

et al. (2008) を参考にした企業のリスクテイク行動の指標（以下，「リスクテイク」という）である[8]．John *et al.* (2008) では，リスクテイクが企業の成長性に必要であると報告している．このリスクテイク指標は，個別企業のROAの産業中央値からの差分について，2006年度から2012年度の7年間の標準偏差を計算したものである．このリスクテイクを見ても，日本企業は最低水準にある．このリスクテイクとROAの関係をプロットすると図12-1のようになる．高収益企業はリスクテイク水準も高い傾向があり，両者の相関関係は0.42であ

---

8) John *et al.* (2008) でのリスクテイクは，リスクを高める資産代替による債権者から株主への富の移転を指すものではない．

図12-1 リスクテイクとROA

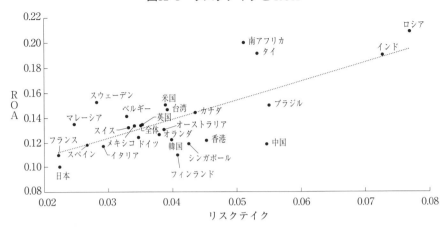

（出所） Arikawa et al. (2016) をもとに筆者作成.

る．そして，日本企業は右上がりの回帰線の下方に位置する．日本企業のリスクテイクは相対的に見て最も低い水準だが，そのリスクテイクに見合う収益性も上げていないことを示す．回帰線が右上がりであることは，高収益を上げるためには相応のリスクテイクが必要であることを示す．これは John et al. (2008) の解釈と整合的であり，日本企業はリスクテイク水準が低いために収益性が低いとの解釈になる．これは，日本のトービンの q （企業の市場価値と簿価との比率だが，企業の成長機会を反映する指標と位置づけられる）が国際的に見て最低水準であることとも整合的である．

2.2 日本企業の低収益性の潜在的要因と先行研究

ここからは，前記で示した日本企業の低収益性や低株価の要因を検討していくが，そこでの視点は，最近の企業ファイナンス研究が注目するいくつかの重要なテーマに関連している．まず，少数株主保護に関する研究である．これまで，少数株主保護の程度と金融市場の発展度合いの関係については，多数の研究が行われている．例えば，La Porta et al. (1997) は，少数株主保護の程度を指数化（Anti-director Rights Index; 以下，ADRI＝株主保護指数）し，この指数が高い国の企業ほど株主価値は高く上場企業数も多いことを明らかにしている．ADRI は，取締役会への反対投票の容易さ，株主総会期間中の株式売買の

自由度，取締役選任における少数株主の影響力，少数株主による集団訴訟権，株式発行時の希薄化防止手段，臨時株主総会の提案権などから，少数株主の取締役会に対する交渉力を計測している．

コーポレート・ガバナンス，とりわけ株主からの規律付けの強度が企業行動に影響を与えるかどうかについても，様々な研究がある．例えば Bertrand and Mullainathan (2003) は，敵対的買収を行うことを難しくするような法制度が整備された州の企業においては，敵対的買収の脅威が低下するため，従業員の賃金が上昇，古い設備の取り壊しや新規設備の導入が行われにくくなることを明らかにしている．また，生産性や収益性についても，株式市場からのガバナンスが弱まるような法制度の導入後には低下することを示している．

近年，株主保護に加えて労働者保護に関する法制度の違いが財務面を含む企業行動や企業業績に影響を与えるかどうかに関する研究も盛んに行われるようになっている．Botero *et al.* (2004) は85ヵ国のデータを用いて，従業員保護の規制が厳しくなるほど，従業員給与に正の影響を持つが，若年層の失業率は上昇することを示している．これは，従業員の雇用の法的保護が，既存の従業員には有利に働くが，雇用そのものを縮小させる可能性を持つことを意味する．Caballero *et al.* (2013) は，60ヵ国のデータを用いて労働者保護規制の強さと，各国企業の雇用の調整速度および生産性の関係について分析している．そして，経済ショック発生後の雇用の調整速度は，規制の弱い国の方が相対的に速いことを明らかにしている．具体的には，労働者保護規制についてサンプル上の20％分位のレベルから80％分位のレベルまで規制が強化された場合，経済ショックに対応した雇用調整速度が3分の1程度低下することを示している．さらに，こうした調整速度の低下は結果として，サンプル企業の生産性を0.85％ほど低下させることも報告している．雇用調整速度が遅いことは，好景気でも雇用拡大に企業が慎重であることを意味する．

他方，Simintzi *et al.* (2015) は，1985年から2007年までの期間における21ヵ国の企業レベルのデータを用いて，従業員保護規制の変化が企業の財務戦略に与える影響について分析している．そして，従業員保護規制の強化が行われた後には，企業は平均して約10％程度負債比率を引き下げることを示している．このように負債比率が低下する原因としては，雇用者保護の程度が高まることが企業にとってリストラクチャリングの費用を上昇させることにつながり，結

果としてデフォルトコストを引き上げるためである，と説明している．また，従業員保護規制は，企業の投資行動にも影響を及ぼす．John et al. (2015) は，法制度上の労働者保護の程度が，企業買収に際しての株式市場のアナウンスメント効果とどう関係しているのかについて検証している．労働者と株主の間で利害対立がある場合，労働者の権利が高いことは，株主にとって望ましいような M&A における取引相手の選択や M&A 成立後の従業員数を減らすようなリストラクチャリングを困難にする可能性が高い．したがって，労働者の権利が相対的に高い状況に直面する企業ほど，M&A のアナウンスメントに際する株価のリターンは低くなる，と考えられる．実際，米国の州ごとの労働者保護の程度の違いを利用して，保護の程度が強い州に位置する企業が買収のアナウンスメントを行った場合，保護の程度が低い州の企業の買収アナウンスメントと比べて，株価のリターンが平均して0.5％ほど低くなることを示している．とりわけ，労働集約的な産業に属する企業ほど株価のリターンのマイナス幅は大きいことも併せて明らかにしている．このことは，雇用制度のために雇用調整が困難になっている状況下では，NPV（Net Present Value）が正の投資プロジェクトが選択されない可能性が高いことを意味する．その点で，雇用制度は現在の収益性のみでなく，将来の成長にも負の影響を及ぼす可能性がある．

　以上のように，これまでの実証研究の結果では，株主保護の水準と，雇用制度における従業員保護は，それぞれ企業の収益性やリスクテイク行動に逆方向の影響を持つことが示されている．その中で日本は，終身雇用をベースに内部出身者が取締役会を支配し，この取締役会を株式市場よりはメインバンクやグループ企業が中心となりモニタリングするという独特なコーポレート・ガバナンスと雇用形態を発展させてきた．かつてはそうした側面が日本企業の国際的な成功を支えた側面もある．しかし，21世紀においてはそれらが逆に現在の日本企業の低収益性や低株価の要因になっている可能性が高く，この点を国際比較において検証した結果を以下の節で紹介していく．

3 注目する説明変数：株式所有構造・取締役会・雇用制度

　本章では，日本企業の低収益性，低株価を説明する要因としてコーポレート・ガバナンスと，企業の機動的な人的資源配置を可能にする雇用制度の柔軟度に注目している．以下，分析に使用する変数を紹介していく．コーポレート・ガバナンスの変数としては，特に少数株主の法的保護の水準，機関投資家比率，社外取締役比率に注目する．さらに La Porta et al. (2002) は，少数株主の法的保護を強めることは，その国の企業の市場価値にプラスに働くことを報告しており，本章でも各国の法的な少数株主保護を説明変数として使用する[9]．具体的には，La Porta et al. (1998) が提示した ADRI の修正版である Revised ADRI (La Porta et al., 2008) を使用している．これは，当初の ADRI (La Porta et al., 1998) に対する批判に対応し，同じ研究グループが修正を行ったものである．ADRI は，各国の法制度に基づく少数株主と取締役会のパワーバランスを示しており，数値が高いほど少数株主保護が手厚く，株主の影響力が強いことを意味する．また，企業は株式以外に，借入や社債でも資金調達を行っている．債権者も貸出先の企業の経営をモニタリングするが，その効果はどの程度の交渉力を債権者が持つかに依存する．この債権者の交渉力を指数化したものとして Djankov et al. (2007) による Creditor Rights Index（以下，「債権者保護指数」という）があり，これを分析に用いる．

　機関投資家については，企業の経営をモニタリングするとともに，株主価値最大化のための適切な経営を促す効果が期待されている（Aggarwal et al. (2011) など）．ただし，企業経営に積極的に関与しようとするアクティビスト・ファンドなど一部の機関投資家は別として，すべての機関投資家が個別企業経営のモニタリングの役割を果たすかどうかは疑問である．パッシブ・ファンドなどは，分散投資の対象の一部でしかない個別企業の経営の改善には関心を持たないだろう．そうした状態に対して，制度面から機関投資家のガバナンス上の機能を強化しようという試みの1つが，日本が2014年に導入したスチュ

---

[9] La Porta et al. (2002) は，27カ国，539社のサンプルでこの結果を報告しているが，本章の分析に使用しているサンプルの企業数はこれを大きく上回る．

ワードシップ・コードである．スチュワードシップ・コードは，機関投資家に対し，企業との積極的な対話と議決権行使などによるモニタリング機能の適切な行使を要求している．本章の分析対象期間は，日本におけるスチュワードシップ・コード導入以前の時期のものだが，機関投資家のガバナンス上の効果を検証するうえでも，機関投資家比率の効果の確認は重要である．

　社外取締役は，経営陣をモニタリングして必要なケースには経営者交代を迫るなど規律付けの機能を果たしながら（齋藤ほか，2016），他方で内部情報に基づいて必要な投資の実行を経営陣に促すことが期待されている．2015年に日本で導入されたコーポレートガバナンス・コードは，経営者に適切なリスクテイクを促し，株主との意思疎通を円滑にするメカニズムとして，社外取締役を少なくとも2人導入することを上場企業に推奨している．したがって，社外取締役が多いことが収益や株価にプラスの影響を持つのかどうかを検証することは，現状の政策の妥当性を確認するうえでも重要であろう．

　また，経営者のエージェンシー問題は，株式会社における所有と経営の分離に起因する問題であることから，所有と経営の一致傾向を示す経営者の株式所有比率も重要な変数となりうる．今回の分析サンプルは大企業に焦点が当たっているため，経営者の株式所有比率は平均して5％と高くはないが，経営者の株式所有比率も収益力に正の効果を持つのかを検証する．

　本章のもう1つの焦点となる雇用制度についてはまず，Botero *et al.* (2004) に基づいて Employment Laws Index（以下，「従業員保護指数」という）を用いる[10]．この従業員保護指数は，従業員が企業による解雇からどの程度保護されているかを示す指数である．本章では特に，日本における雇用調整の難しさが企業収益を低下させる可能性に注目するため，この指数を採用している．この指数は，数値が高いほど保護の水準が高いことを示す[11]．

---

10) この従業員保護を指数化した従業員保護指数は，労働組合の活動が各国の法制度によりどの程度保証されているかを示す Collective Relations Laws Index とも高い正の相関を持つ．これら2つの指数は従業員の交渉力を強め，解雇を困難にする方向で一致している．

11) ただし，労働法制を点数化することが非常に難しいことには注意が必要である．各国の法制度に基づく解雇困難度の指数は OECD も発表しているが，日本の労働法は過去10年間で大きく変化していないにもかかわらず，解雇困難度の数値はその間に大きく変動している．

一方，雇用調整が機動的にできるかどうかは，単に労働法などの法制度のみではなく，過去の裁判の判例や，解雇に対する社会的許容度や慣行など様々な要因に影響を受けている可能性が高い．そこで，法制度面から見た雇用に関する指数を補うものとして，経営者へのサーベイ（アンケート調査）から雇用調整の柔軟性を計測した指数を使用する．World Economic Forum の Executive Opinion Survey は，世界144カ国の経営幹部へのサーベイであり，経営者の実務における実感を指数化している．これは同フォーラムが発表している世界競争力指数の評価指標の一部であり，本章で使用している2014年版のサーベイ（調査は2013年時点）は，世界で1万3000社以上の経営幹部の回答からデータを作成している．日本については経済同友会の協力で179社がサーベイに回答している．本章で使用する Hiring and Firing Practices（以下，「雇用調整の柔軟性」という）は，新たな人材を雇用したり，余剰人員を解雇したりすることが，どの程度機動的にできるかを指数化したものである．経営者の実務感覚を指数化したこの変数が，実際の経営意思決定に影響を及ぼす可能性が高い．本指数は，指数値が高いほど機動的な雇用調整が可能であると経営者が感じていることを示す．

4　分析サンプルと注目する制度・企業経営に関する指標の状況

本章では，前節で示した視点に基づき，日本企業の低い収益性や株価水準の要因の検証を進めていく．分析で用いたサンプルは先に述べた通り，2012年度決算において売上高30億米ドル（1ドル＝100円換算で3000億円相当）以上の上場企業で，株価と財務情報の取得可能な企業である．ただし，規制産業である電力・ガスおよび金融など公益企業は除いている．国ごとのサンプル企業の属性に関する基本統計を表12-2 に示している．この表は ROA の中央値が高い国から順に基本統計を並べており，日本が最も低い位置にきている．

まず，売上高（自然対数値）を見ると，全サンプルや米国の平均と日本企業の平均値の差は小さく，借入比率については，全サンプルおよび米国の平均よりやや低い．日本企業はメインバンクに依存した借入主体の調達をしているといわれてきたが，ここでサンプルとして取り上げている比較的規模の大きな企

表12-2 国別のサンプル企業の基本統計

国名	社	ROA(%)	売上高(自然対数値)	借入比率(%)	企業年齢(年)	機関投資家持分比率(%)	役員持分比率(%)	社外取締役比率(%)
		中央値	平均	平均	平均	平均	平均	平均
ロシア	154	18.2	15.94	16.3	34.0	18.1	4.3	20.3
南アフリカ	119	18.1	15.65	12.4	52.4	40.6	2.5	55.8
タイ	112	16.6	15.36	17.8	29.8	32.8	8.6	41.0
インド	266	16.5	15.42	17.9	46.2	27.2	0.8	54.5
マレーシア	77	14.7	14.99	16.9	57.0	49.2	1.2	68.9
トルコ	84	14.2	15.51	16.4	56.0	12.7	6.9	1.7
米国	3,284	14.1	15.91	23.6	65.8	56.9	4.2	70.4
ブラジル	140	13.8	16.10	23.6	60.5	31.6	2.2	18.5
メキシコ	147	13.6	15.49	15.5	65.2	15.5	14.8	28.1
カナダ	336	13.6	15.82	22.0	58.6	45.5	5.2	71.8
スイス	245	12.9	15.63	15.2	97.4	37.3	4.9	37.2
オーストラリア	210	12.5	15.51	23.1	72.2	32.3	2.9	70.2
ベルギー	77	12.5	15.93	18.0	151.5	25.7	1.9	36.4
台湾	217	12.4	15.58	12.5	34.4	29.6	3.7	19.9
スウェーデン	182	12.3	15.68	16.4	99.0	47.1	2.6	35.9
英国	630	12.3	15.88	19.6	89.0	58.0	5.0	51.1
オランダ	168	11.8	16.05	20.7	90.0	45.2	2.8	31.7
シンガポール	98	11.6	15.82	13.9	41.2	41.2	4.6	59.4
ドイツ	420	11.3	16.11	19.8	98.5	30.5	5.8	50.0
韓国	336	10.5	16.02	13.8	47.2	39.0	5.9	46.9
香港	273	10.5	15.22	18.0	47.5	33.2	7.4	37.3
フランス	462	10.5	16.04	17.5	96.9	32.8	8.6	53.8
フィンランド	126	10.2	15.74	15.5	116.1	35.2	6.0	40.2
イタリア	168	10.1	15.75	22.2	69.0	21.5	1.4	41.7
スペイン	126	10.0	15.84	29.9	62.0	34.2	5.1	36.1
中国	287	9.9	15.32	12.8	32.6	22.5	8.8	35.7
日本	2,086	9.1	15.93	14.3	84.9	32.3	3.4	14.2
全体	10,830	11.9	15.83	18.9	71.8	41.0	4.6	47.3

(注) ドイツの社外取締役比率については,監査役会の比率としている.
(出所) Arikawa et al. (2016) をもとに筆者作成.

業については,日本企業は米国企業よりも借入への依存度は低い.これは,少し意外な結果であるが,日本企業が経済成熟化の中で投資を抑制しているためかもしれない.企業年齢については,日本企業の平均は設立後約85年であり,これは全サンプルの平均の約72年および米国企業の平均の約66年より長い.日本企業については,相対的に成熟した企業の割合が高いといえる.これらの変数は,企業の収益性や株価水準,リスクテイクの水準にそれぞれ影響する可能性があるため,企業パフォーマンスの要因を回帰分析により検証する際には,その変数の影響をコントロールする.

本章で注目しているコーポレート・ガバナンス関連の変数を見ると，機関投資家の株式保有比率については，日本は相対的に低い．日本企業の平均は約32％であり，全サンプルの平均は約41％，米国や英国の平均値は約57～58％となっている．一方でドイツやフランスは日本企業の平均値に近い数値となっているが，これはこの変数に株主構成の分散度を示す性格もあるためだろう．次に役員の株式保有比率を見ると，日本は約3％と，全体平均の約5％よりも低い値である．なお米国は約4％と日本同様に平均よりも低い一方，英国は約5％，ドイツが約6％，フランスは約9％と相対的に高い．

取締役会の構成に関しては，日本の社外取締役比率の平均は約14％で，全サンプルの平均値の約47％，米国の約70％などと比較して大幅に低い値である．なお，これは2015年の日本のコーポレートガバナンス・コードの導入前の統計である．2015年の導入時の要求は社外取締役2人であり，2015年には東証第1部上場企業で社外取締役を2人以上導入した企業は約48％（前年比約27％増）に上っている．その結果2015年の社外取締役比率は22％であり，本章の分析対象時期から上昇しているが，全サンプル平均より大幅に低いことに変わりはない[12]．

ここまでは，企業レベルの変数の状況を紹介した．次に，国際比較を行うため，国ごとの法制度に関する変数，中でも，コーポレート・ガバナンスに関連する法制度，雇用制度に注目する．

表12-3は，各国のマクロ経済，コーポレート・ガバナンス，および雇用制度に関する変数の国別の平均や指数値を示している．まず少数株主保護の程度を示すADRIについて検討する．先に述べた通りADRIは，各国の法制度に基づく少数株主と取締役会のパワーバランスを示し，数値が高いほど少数株主保護が手厚く，株主の影響力が強いことを意味する．日本は4.5と，各国の平均値の3.7，または米国の平均の3と比較して高い．これは，日本の法制度が，少数株主の権利を強力に保護していることを示す．ただし，日本の会社法では強い株主権が認められている一方，これを抑制するために企業間で株式持ち合いが定着しているという見方もあり，ADRIが高いことがそのまま日本企業の経営に対して株主の規律付けが働いているとはいえないかもしれない．

[12) 東京証券取引所（2015）「東証上場会社における社外取締役の選任状況〈確報〉」．

表12-3 各国の制度の状況

国名	ROA(%)中央値	1人当たりGDP(USD)期間平均	GDP成長率(%)期間平均	ADRI	債権者保護指数	従業員保護指数	雇用調整の柔軟性
ロシア	18.2	6,394	3.76	4	2	0.83	4.31
南アフリカ	18.1	5,684	3.21	5	3	0.32	2.37
タイ	16.6	3,061	3.69	4	2	0.41	4.31
インド	16.5	962	7.58	5	2	0.44	3.43
マレーシア	14.7	6,226	4.78	5	3	0.19	4.28
トルコ	14.2	7,861	3.92	3	2	0.40	3.95
米国	14.1	44,560	1.12	3	1	0.22	5.23
ブラジル	13.8	5,382	3.74	5	1	0.57	2.92
メキシコ	13.6	8,195	2.57	3	0	0.59	3.31
カナダ	13.6	36,742	1.53	4	1	0.26	4.62
スイス	12.9	58,062	2.02	3	1	0.45	5.64
オーストラリア	12.5	36,025	2.89	4	3	0.35	3.73
ベルギー	12.5	37,899	1.17	3	2	0.51	2.80
台湾	12.4	35,011	3.82	3	2	0.45	4.38
スウェーデン	12.3	44,983	1.53	3.5	1	0.74	2.82
英国	12.3	40,233	0.74	5	4	0.28	4.26
オランダ	11.8	43,842	1.14	2.5	3	0.73	2.98
シンガポール	11.6	33,429	6.14	5	3	0.31	5.82
ドイツ	11.3	37,338	1.49	3.5	3	0.70	2.59
韓国	10.5	21,479	3.81	4.5	3	0.45	3.68
香港	10.5	30,693	3.75	5	4	0.17	5.60
フランス	10.5	35,555	0.91	3.5	0	0.74	2.61
フィンランド	10.2	40,545	0.83	3.5	1	0.74	3.67
イタリア	10.1	31,402	−0.43	2	2	0.65	2.60
スペイン	10.0	26,595	0.40	5	2	0.74	2.76
中国	9.9	2,642	10.44	1	2	0.43	4.15
日本	9.1	36,401	0.47	4.5	2	0.16	3.12
全体	11.9	34,968	1.86	3.71	1.79	0.34	4.08

(出所) Arikawa et al. (2016) をもとに筆者作成.

　前述したように債権者保護指数は，Djankov et al. (2007) に基づき，債権者の交渉力を指数化したもので，同数値が高いほど債権者保護の水準が高い．日本は2で，各国平均の約1.8と大きくは変わらない．

　雇用制度関係の指数としては，前述のBotero et al. (2004) が開発した従業員保護指数を用いる．この指数は，数値が高いほど保護の水準が高いことを示すが，日本は0.16と各国平均の0.34，または米国の0.22よりも低い．したがって，相対的に見て，日本の法制度の下での従業員解雇のハードルが高いとはいえないことになるが，この部分に関しては日本の雇用制度に関する一般的な議論とはかけ離れている印象も受ける．

そこで経営者が実際に雇用調整を行う際に，どの程度機動的に実施可能かを示す指数として，World Economic Forum の雇用調整の柔軟性について検討する．この指数が高いほどその国の経営者は雇用調整が容易であると回答していることを意味し，従業員保護指数と逆のスケールになっていることに注意が必要である．日本は3.12で，各国平均の4.08や，米国の5.23より低い．つまり日本の経営者は雇用調整を行う際に強い困難を感じているということが示唆される．例えば，日本では労働契約法において，解雇は客観的に合理的理由を欠き，社会通念上相当であると認められない場合には，その権利を濫用したものとして無効にするとされており，金銭解雇はできない．法的には，合理的理由があり社会通念上相当であれば，金銭を支払わず整理解雇も可能となるのだが，実際はこの合理的理由や社会通念上相当という基準は裁判所で厳しく判断されるため，実務上，整理解雇は極めて困難という経営陣の認識になるのだろう．

ここまで紹介した各変数は，相互に影響を及ぼしている可能性，またはここで取り上げていない何らかの別の変数の影響を受けている可能性がある．一方で，他のすべての変数を決定するような真の要因となる変数が存在するという仮定も現実的ではない．例えば，La Porta *et al.* (1997; 1998; 2013) は，法とファイナンスに関する一連の実証研究の結果として，法の起源（Origin of Law）が英米法体系（Common Law）か，大陸法体系（Civil Law）かが，コーポレート・ガバナンスに関する様々な制度や企業・株主間関係に影響を与える重要な要因であることを主張している．本章の分析でも，彼らが法の起源の直接の影響を受けているとして構築した ADRI を変数として使用する．しかし，日本は両方の法体系の影響を受けながら，そのファイナンス市場やコーポレート・ガバナンスは独自性のある形態に発展してきた経緯があり，法の起源という視点でうまく整理できない国となっている．そこで，ここでは相関性の高い変数を同時に回帰分析に用いないように注意しながら，各変数の日本企業のパフォーマンスへの影響を順番に確認していくこととする．本章で，収益性の説明変数として採用する変数間の相関係数表は表12-4 の通りである．相関係数の数値は分析初年度の2006年度の数値を使用している．表のうち，相関係数が0.5以上で特に高いものについては網かけをしている．

パネル A に示した企業レベルの変数間の相関係数を見ると，0.5を超える相関を示す変数として，社外取締役比率と ADRI，ADRI と債権者保護指数，従

表12-4 変数間の相関係数

パネル A：企業レベルの変数

	機関投資家持分比率	役員持分比率	社外取締役比率	Ln(同一産業企業数(国))	ADRI	債権者保護指数	従業員保護指数	雇用調整の柔軟性
機関投資家持分比率	1.00							
役員持分比率	0.05	1.00						
社外取締役比率	0.24	0.07	1.00					
Ln(同一産業企業数(国))	0.18	−0.01	0.16	1.00				
ADRI	−0.25	−0.03	−0.54	−0.21	1.00			
債権者保護指数	−0.18	−0.05	−0.28	−0.20	0.66	1.00		
従業員保護指数	−0.08	0.08	0.11	−0.40	−0.11	−0.01	1.00	
雇用調整の柔軟性	0.32	0.01	0.43	0.45	−0.43	−0.27	−0.67	1.00

パネル B：国レベルの変数

	ADRI	債権者保護指数	従業員保護指数	雇用調整の柔軟性
ADRI	1.00			
債権者保護指数	0.35	1.00		
従業員保護指数	−0.33	−0.35	1.00	
雇用調整の柔軟性	0.29	0.26	−0.74	1.00

(出所) Arikawa *et al.* (2016) をもとに筆者作成.

業員保護指数と雇用調整の柔軟性がある．このうち，後者の2つの変数の組み合わせは，それぞれ密接に関係する指数のため，高い相関係数が観測できることは自然である．一方，少数株主保護の水準を示す社外取締役比率とADRIの間の高い負の相関係数は，社外取締役の重要な役割の1つに少数株主保護があることを考えると意外だが，この結果はサンプルにおける構成比率の高い日本と米国の影響が強いためと考えられる．すなわち，日本の会社法（または商法）は株主保護が相対的に強いと評価されてADRIは高い国となっている一方，先に述べた通り，日本の社外取締役比率は相対的に低いために，このような負の相関が観察されたと考えられる．分析では社外取締役比率とADRIのそれぞれを独立した分析モデルに用いて，日本の低収益性に対する説明力を検証する．

なお，基本統計に関する解説でBotero *et al.* (2004) の従業員保護指数について日本に関しての指数は「一般的な議論とはかけ離れている」と記したが，この指数とWorld Economic Forumのサーベイに基づく雇用調整の柔軟性との間の相関係数が国レベルおよび企業レベルで高いことは，サンプル全体としては経営者の感覚が法制度と強く相関することを意味する．これは，サーベイ

に基づく雇用調整の柔軟性が各国の法制度を踏まえた，現実に即した変数であることを示している．

5 日本企業の低パフォーマンス要因の分析

5.1 分析モデルと日本企業の固有効果

　企業の収益性へのコーポレート・ガバナンスや雇用制度の影響を分析するにあたり，第1節と第4節で紹介したパネルデータを使用して，以下の回帰モデルで分析している[13]．以下の各変数の添え字の i と y はそれぞれ企業と年を示す．

$$収益性_{i,y} = 定数項_{i,y} + \beta_g ガバナンス等要因変数_{i,y} + \beta_n 日本ダミー変数_{i,y} + \beta_c コントロール変数_{i,y} + 誤差項_{i,y}$$

　分析において焦点が当たるのは，コーポレート・ガバナンス，雇用関連変数の係数 β_g と，日本ダミー変数の係数 β_n である．β_g は全サンプルにおけるコーポレート・ガバナンスと雇用関連変数の効果を示し，β_n は日本企業に特有の効果（日本企業の固定効果）を捉える．この日本企業の固定効果は，表12-1の状況から，コーポレート・ガバナンス等の要因を考慮しなければ有意な負を示すはずである．もし，コーポレート・ガバナンスや雇用制度の要因で日本の低収益性を説明可能ならば，その要因に関連する変数を回帰モデルに加えると，その変数の係数 β_g が有意になるとともに，日本企業の固定効果 β_n はその絶対値を縮小して0に近づくことが予測できる．

　企業の収益性や株価水準の要因を調査するにあたり，具体的に分析対象として用いるのは，収益性指標として ROA（EBITDA/Assets），株価水準と成長機会の高さを測る指標としてトービンの q（時価総額＋有利子負債／総資産簿価），および企業のリスクテイク（分析期間の産業調整済の ROA の標準偏差）を用いる．最初に企業の収益性や株価水準に影響を与える企業固有の性格（企業規模など）をコントロール変数として説明変数に加えたうえで，日本企業の収益性や株価水準がまだ低いのかを検証する．コントロール変数としては，企

---

[13] 統計的検証では，国と企業でクラスターした頑健標準誤差で有意性を判別している．

業固有の性格として産業ダミー，マクロ経済動向をコントロールするための年ダミー，企業規模を示す変数として売上高（自然対数値を使用），資本構成に関する変数として有利子負債比率，企業のライフサイクルを示す変数として企業年齢を採用した．また，各企業の所在国の事業環境のコントロール変数として，国民1人当たり GDP と GDP 成長率（過去3年）も用いた．なお，GDP 成長率は名目ベースのため，各国のインフレ率もコントロールされる．表12-5 は，前記の変数をコントロールしたうえでの，各パフォーマンス変数に対する日本企業ダミーの効果をまとめたものである．

収益性，株価水準，リスクテイクを被説明変数にしたすべてのモデルにおいて，日本ダミーが負の有意な係数を持つ．企業固有の性格と産業ならびに所在国のマクロ環境を考慮後でも，他国に比較して日本企業の ROA は4.1%，トービンの q は1.15だけ低い．これは大きな差である．

5.2 企業統治構造と雇用制度の影響

それでは，この日本ダミー変数の有意な負の効果は，コーポレート・ガバナンスの違いにより説明されるものだろうか．ベースとなる表12-5 のモデルに，コーポレート・ガバナンスや雇用制度に関連する変数を順番に説明変数に追加し，日本ダミーの負の係数がどのように変化するのかを検証していく．

株主構成の変数については，機関投資家の株式保有比率と役員の株式保有比率を採用し，取締役構成の変数として社外取締役比率を採用した[14]．機関投資家の株式保有比率が高い企業では，株主利益に反する経営行動に対しては議決権行使（Voice の行使）や持ち分の売却（Wall Street Rule）などを通して経営者に対する規律付け効果が期待できる一方，株主利益増大への過度な要求は経営者を短期的視野にさせて長期的な成長性を失わせる懸念もある．

次に，社外取締役比率が高い企業では，取締役会内部で経営陣のモニタリングが行われることから，経営者のエージェンシー問題が抑制され，効率的な経営が行われることが期待できる．なお，2015年に導入された日本のコーポレートガバナンス・コードでは，社外取締役が企業の適切なリスクテイク行動に対

---

14) 機関投資家の株式保有比率と社外取締役比率の間には一般に正の相関があるため，ここでは別々に分析を行っている．ただし，本章のサンプルでは2つの変数の相関係数は0.24であり，非常に高いとはいえない．

表12-5 収益性と株価水準の相対評価に対する日本企業ダミーの効果

従属変数＝	ROA	トービンのq	リスクテイク
	(1)	(2)	(3)
日本ダミー	−0.041***	−1.150***	−0.010***
	(0.006)	(0.206)	(0.002)
Ln（売上高）	−0.001	−0.180***	−0.003***
	(0.001)	(0.062)	(0.001)
有利子負債比率	−0.049***	0.810**	−0.013***
	(0.012)	(0.392)	(0.004)
Ln（企業年齢）	−0.001	−0.049	−0.004***
	(0.002)	(0.040)	(0.001)
1人当たりGDP	0.000	0.000	0.000
	(0.000)	(0.000)	(0.000)
GDP成長率	0.000	0.040	0.001*
	(0.001)	(0.030)	(0.001)
切片	Yes	Yes	Yes
年ダミー	Yes	Yes	Yes
産業ダミー	Yes	Yes	Yes
サンプル数	10,448	10,020	1,161
R-squared	0.168	0.164	0.292

（注）1．モデル（1）と（2）の括弧内は企業と国レベルでクラスターしたrobust standard error.
　　　2．モデル（3）の括弧内は国レベルでクラスターしたrobust standard error.
（出所）Arikawa *et al.* (2016)をもとに筆者作成.

する保証機能を持ち，リスクテイクが促進されることが社外取締役導入の目的の1つに挙げられている．一方，米国などでは一般にエージェンシー問題は過剰投資として表れることが指摘されており，社外取締役がリスクテイクを抑制する可能性もある．

　その主な結果は表12-6に示している．まず，社外取締役比率を考慮した分析結果は表12-6のモデル（2）に示している．社外取締役比率は，ROAとトービンのqに対して有意な正の効果を持つ．これは，社外取締役比率が高いほど，収益性，株価水準とも高い傾向を示す．社外取締役比率がその1標準偏差分である29％増加すると，ROAは0.6％，トービンのqは0.27増加する．これは日本のケースに当てはめると，社外取締役比率をサンプル平均の14％から43％に増加したときを意味する．さらに，社外取締役比率を変数に加えることで日本ダミーの係数は，表12-5に比較してROAについては−4.1％から−3.4％に，トービンのqについては−1.15から−0.86に減少している（表12-6，パネルAとパネルBのモデル（1）と（2）に結果をまとめている）．この効果は，前記の全サンプルにおける社外取締役比率の持つ効果とほぼ整合的

表12-6 日本ダミーへの影響に注目した分析結果のまとめ

パネルA：ROA

従属変数＝	ROA (EBITDA/Assets)				
	(1)	(2)	(3)	(4)	(5)
日本ダミー	−0.041***	−0.034***	−0.033***	−0.029***	0.035**
	(0.006)	(0.005)	(0.005)	(0.006)	(0.018)
社外取締役比率		0.022***		0.015*	
		(0.008)		(0.009)	
雇用調整の柔軟性			0.008***	0.008**	0.007***
			(0.003)	(0.003)	(0.003)
経営者の楽観度					0.010***
					(0.003)
切片	Yes	Yes	Yes	Yes	Yes
コントロール変数	Yes	Yes	Yes	Yes	Yes
産業ダミー	Yes	Yes	Yes	Yes	Yes
サンプル数	10,448	9,269	10,448	9,269	8,660
R-squared	0.168	0.1854	0.1753	0.1907	0.177

パネルB：トービンのq

従属変数＝	トービンのq				
	(1)	(2)	(3)	(4)	(5)
日本ダミー	−1.150***	−0.858***	−0.837***	−0.679***	0.296
	(0.206)	(0.117)	(0.124)	(0.127)	(0.591)
社外取締役比率		0.933***		0.703**	
		(0.315)		(0.301)	
雇用調整の柔軟性			0.317***	0.266***	0.343***
			(0.073)	(0.071)	(0.067)
経営者の楽観度					0.164*
					(0.090)
切片	Yes	Yes	Yes	Yes	Yes
コントロール変数	Yes	Yes	Yes	Yes	Yes
産業ダミー	Yes	Yes	Yes	Yes	Yes
サンプル数	10,020	8,966	10,020	8,966	8,300
R-squared	0.164	0.1853	0.1828	0.1948	0.2066

パネルC：リスクテイク

従属変数＝	リスクテイク				
	(1)	(2)	(3)	(4)	(5)
日本ダミー	−0.010***	−0.013***	−0.009***	−0.013***	−0.004
	(0.002)	(0.003)	(0.001)	(0.003)	(0.006)
社外取締役比率		−0.006		−0.008*	
		(0.005)		(0.005)	
雇用調整の柔軟性			0.003***	0.003***	0.003***
			(0.001)	(0.001)	(0.001)
経営者の楽観度					0.001
					(0.001)
切片	Yes	Yes	Yes	Yes	Yes
コントロール変数	Yes	Yes	Yes	Yes	Yes
産業ダミー	Yes	Yes	Yes	Yes	Yes
サンプル数	1,161	1,068	1,161	1,068	995
R-squared	0.292	0.2881	0.299	0.2961	0.2976

（注）括弧内は国レベルでクラスターした robust standard error.
（出所）Arikawa *et al.* (2016) をもとに筆者作成.

であり，社外取締役比率の違いが，日本と他国のパフォーマンスの差を部分的に説明するといえる．表12-2では，日本の社外取締役比率が国際的に見て大幅に低い水準であることが示されたが，この比率を他国平均レベルまで高め，取締役会による規律付けを強めることは低収益性や低株価に一定の効果を持つ可能性が示された．

また，表掲していないが，機関投資家比率については，トービンの q に対してのみ正で有意な効果を持った[15]．これは，機関投資家による世界の大企業の規律付け効果と整合的な結果だが，株価水準が高く，成長が期待できる企業の株式を機関投資家が好んで投資対象にしている可能性もある．なおこのモデルにおいても，日本ダミーの係数は大きな変動はなく，引き続き有意な負となっている．日本の機関投資家比率は約32%で，全サンプル平均の41%より低いが，これが日本企業の低収益性の要因になっているとはいえないという結果である．また，役員持分比率は収益性，株価水準のいずれに対しても有意な効果は持たなかった．つまり，株主構成が，少なくとも収益性に対して有意な影響を持つとはいえないという結果が示された．この結果は，本章と同じくクロスカントリー分析の結果として機関投資家が企業価値や業績に正の効果を持つと報告している Ferreira and Matos（2008）の結論に反する．機関投資家比率が有意な効果を持たなかった理由は，分析サンプルが各国の大企業に集中しており，どの企業も機関投資家から一定の規律付けを受けているため，または Ferreira and Matos（2008）では正の効果が確認できなかった国内機関投資家なども機関投資家比率に含まれているためと解釈できる．

ここまでは，コーポレート・ガバナンスの中でも，企業ごとの変数を採用した分析結果を示した．次に，国レベルの法制度の影響を検証するために，ADRIと債権者の交渉力を指数化した債権者保護指数を変数に採用し，その収益性や株価水準への効果を検証した．分析の結果は表掲していないが，ADRIは収益性，株価水準のいずれに対しても有意な効果は持たず，日本ダミーの係数にも大きな変化はなかった[16]．このことから，La Porta たちの一連の研究では重要視されている法制度における少数株主保護が日本企業の低収益性や低株価の要因とはいえそうもない．また，債権者保護指数も，収益性や株価水準

---

15) 機関投資家比率に関する分析結果は，Arikawa *et al.*（2016）を参照．
16) ADRI に関する分析結果は，Arikawa *et al.*（2016）を参照．

に有意な効果を持たず，日本ダミーの係数も変化はなかった．日本は少数株主保護の水準はむしろサンプルとした国の中でも高いが，それだけでは十分に株主による規律付けが機能するとはいえず，社外取締役が取締役会や経営者を直接モニタリングし，規律付けすることが意味を持つと解釈できよう．こうした結果は，社外取締役比率を高めることが企業経営の効率化やパフォーマンス改善に資すると報告している齋藤（2011）や齋藤ほか（2016）などとも整合的な結果であり，この変数が日本企業の低パフォーマンスと関連すると見ることは妥当性があろう．このようにコーポレート・ガバナンスに関しては，社外取締役比率が日本企業の低収益性や低株価への説明力が高いことを踏まえ，以下の分析では社外取締役比率を特に重要な変数として採用することとする．

次に雇用制度の影響を検証する．先に述べた通りここでは，Botero *et al.* (2004) の従業員保護指数と World Economic Forum の雇用調整の柔軟性指数を採用する．ただし，これらの2つの変数は表12-4に示したように高い相関性を示すので，別々に回帰モデルにおいて効果を検証する．回帰分析の結果，従業員が解雇などから相対的に見て強力に保護される国の企業ほど収益性や株価水準が有意に低い傾向を持つこと，また経営者が「雇用調整が機動的に実施可能だ」と認識している国（「雇用調整の柔軟性」の高い国）の企業ほど収益性や株価水準が高い傾向を持つことが確認された．ただし，従業員保護指数は日本ダミーに対しては変化をもたらさなかった．つまり，従業員保護指数は日本企業の低収益性を説明する要因とはいえない．これは，先に述べたように従業員保護指数において日本は従業員保護の水準が低めに算出されているためであろう．この点は経営者の実務感覚に基づく雇用調整の柔軟性と大きく異なる．

一方で，雇用調整の柔軟性は，日本ダミーの係数のマイナス幅を縮小する効果を持つ（表12-6のモデル (3)）．すなわち，日本企業の低収益性や低株価に対し，日本企業の雇用調整の困難さが部分的な説明力を持つ．仮に雇用調整の柔軟性がサンプルの標準偏差である1.08だけ上昇すると（日本のケースでは概ねサンプル平均水準まで上昇），ここでの分析結果に従えば，ROAは0.9%，トービンのqは0.34上昇する．それと同時に，日本固有のマイナス効果がパフォーマンスを説明する割合も，ROAについては -4.1% から -3.3% へ，トービンのqについては -1.15 から -0.84 にマイナス幅を縮小している（表12-6，パネルAおよびパネルBのモデル (1) と (3) に結果をまとめている）．2016

年4月現在,解雇の金銭解決制度が政府で検討されているが,そうした制度が導入され,余剰人員の解雇が機動的に実施できる状態になれば,企業の収益性の改善につながる可能性があることが示された.なお,前述したように,従業員保護指数を構築したBotero et al. (2004) は,法的な従業員保護の規制が厳しくなるほど従業員の従業員給与に正の影響を持つが,若年層の失業率は上昇することを示している.日本でも,必要な雇用調整をより実行しやすい制度へ移行することで,企業業績への正の効果とともに,成長機会のある業種における雇用を拡大する効果が期待できる可能性があるかもしれない.この問題については,企業収益への影響のみならず,各世代の雇用への長期的な影響を踏まえて検討を進める必要がある.

ここまでの分析から,社外取締役比率の低さと雇用調整の困難さが日本企業の低収益性や低株価の要因となっているとの見方と整合的な結果が得られた.さらに社外取締役比率と雇用調整の柔軟性をともに説明変数とした回帰モデルにおいて,ROAとトービンのqの2つの被説明変数に対して,いずれの説明変数も正で有意な効果を示し(表12-6,パネルAおよびパネルBのモデル(4)),またそれぞれの回帰モデルにおける日本ダミーの負の係数は,それぞれの変数を単独で加えたモデル(2)または(3)に比較して縮小しており,それぞれの要因が日本企業の低パフォーマンスを部分的に説明していることを示唆する.

被説明変数をROAにした表12-6のパネルAで,社外取締役比率と雇用調整の柔軟性をともに説明変数に加えたモデル(4)では,基本としたモデル(1)に比較して日本ダミーの係数は-0.041から-0.029に低下している.この結果は全サンプルと日本企業の収益性の差の4分の1程度は,この2つの変数で説明されていることを示す.被説明変数をトービンのqとしたパネルBでは,日本ダミーの係数は-1.150から-0.679に低下しており,日本企業の株式市場での低評価の約40%が,2つの変数で説明できる.

これをコーポレート・ガバナンスや雇用制度が日本企業の収益性や株価水準に大きな影響を持つと解釈するか,注目の割には小さな影響しか持たないと解釈するかは判断の問題であろう.少なくとも筆者たちは,無視できない影響であると解釈している.

一方,リスクテイクに関しては,表12-6,パネルCのモデル(4)で,雇用

調整の柔軟性は正の効果，社外取締役比率は負の効果を示しており，雇用調整の柔軟性が増すことは企業のリスクテイクの余地を増大するが，社外取締役による規律付けはリスクテイクを抑制するという結果を示す．このため，モデル（4）でも日本ダミーの係数はモデル（1）に比較して縮小していない．

ここまでの分析結果は，社外取締役比率と雇用調整の柔軟性という2つの要因を合わせても，日本企業の相対的な低収益性や低株価の要因のうち，一部しか説明できていないことを示している．筆者たちはこのほかにもSpamann（2010）の作成したADRIや各国の各産業の企業数を代理変数とした競争の状況，法人税，教育の質など様々な指標を用いて，日本企業の低収益性の要因を明らかにしようと試みたが，前記2つの変数以外で各パフォーマンス変数および日本ダミーに整合性のある有意な影響を持つ要因は確認できなかった．

この部分は，さらにコーポレート・ガバナンスや雇用制度に関する追加的な変数によって説明できる可能性があり，これは今後の研究課題である．筆者たちはここで1つの候補として，日本企業の低収益性の要因として経営者の楽観度に注目する．これは，従来はあまり考慮されてこなかった視点だが，最近の国内の議論，および企業行動研究における発見の2つを踏まえている．国内の議論については，日本企業の経営者が慎重な態度をとり，企業が内部留保を貯め込み，成長に向けた投資に消極的であるとの指摘である[17]．この指摘が妥当なら，経営者の態度はコーポレート・ガバナンスに直接関連し，また経営に影響をもたらす日本固有の要因といえる．一方，企業行動研究における発見については，Graham et al.（2013）が米国の経営者の態度が企業の資本構成の選択，M&Aの意思決定に影響を持つとの分析結果を示している．Ikeda et al.（2016）は，日本企業の経営者は国際比較で見ると顕著に悲観的でリスク回避性向が高いこと，日本企業の中でも楽観的でリスク回避性向の低い経営者ほど投資に積極的であるとの結果を報告している．そこで次節では，コーポレート・ガバナンス，雇用制度に加えて経営者の態度の影響も考慮した分析を行う．

---

[17] 内閣府「『日本再興戦略』改訂2014」など．

6　経営者の基本的態度の考慮

　一般に，日本企業の経営者は慎重であるというイメージがある．これは，多くの経営者が従業員としての昇進レースの到達点として経営トップに立っていること，一方で社長時代を大過なく乗り切れば，会長や顧問として残れるシステムに原因があるのかもしれない．例えば，世界のCFOの楽観度を四半期ごとにサーベイしているCFO・グローバル・ビジネス・アウトルック・サーベイ・ジャパンの2016年3月のレポート[18]は，他国の企業経営者の回答と比較すると，日本企業の経営者が将来1年間の自国の経済に対して特に悲観的という傾向はないが，自社の将来業績に対しては一貫して悲観的という特徴を持つことが示されている．

　Griffin *et al.*(2013)は，35カ国の国・企業レベルのデータを用い，国レベルの文化的背景の違いとして経営学者のG. Hofstedeなどが考案した企業文化指標を用い，リスクテイク行動への影響を分析した．リスクテイク行動の代理変数としては，ROAの標準偏差，研究開発費，長期の負債比率を用いて分析し，協調性や曖昧性回避度が高い国に属する企業ほどリスクテイク行動を避ける傾向があることを報告している．Graham *et al.*(2013)は，最終的な意思決定者である経営幹部自身の個人的スタンスが企業行動に影響を及ぼすかどうかを検証するため，世界中のCEOやCFOなどの経営幹部を対象に，個人の楽観度（LOT-R）やリスク回避度に関する大規模なサーベイを実施し，経営幹部のスタンスと企業行動，特に資本構成や投資行動との関係を分析した．ここで個人の楽観度を計測したアンケートの質問は，企業とは関係ない一般的な人生への態度を聞くものであり，各企業の業績等と直接関係する可能性は可能な限り排除されている．

　米国の経営幹部のみをサンプルとした分析において，経営幹部が楽観的であるときほど，企業の負債比率や短期借入金比率が高いこと，リスク回避的な経営幹部ほどM&Aを行うと報告している．Ikeda *et al.*(2016)は，Graham *et al.*(2013)を参考に同様のサーベイを実施し，日本企業の投資水準やリスクテ

---

[18]　http://www.me.titech.ac.jp/~inouelab/cfo/upload/CFOSurveyJapan_Japanese_Mar2016.pdf

イクに対して経営者の楽観度やリスク回避性向が影響を持つことを示している．さらに，日本企業のサーベイデータと Graham et al. (2013) のデータを結合して分析し，国際的に見ると各国の平均的な経営者の楽観度やリスク回避度が国別の企業の投資行動に影響を持つことを示した．楽観度指数は，全世界約2700社の平均が16.9だったのに対し，日本企業195社の平均は11.3であり，分析対象国の中で最も低かった．そのうえで，経営者の楽観度が平均的に高い国の企業は，投資水準を増加させ，リスクテイクを増大させていることを確認した．経営者の楽観度という変数の影響に関しては，政策的な示唆は難しいものの，例えば報酬体系のあり方や経営者選出方法への示唆を持つ可能性はある．そこで本章でも，経営者の楽観度の企業の収益性や株価水準への影響を分析に追加した．なお，経営者の楽観度は，経営者に対するサーベイに基づく指数である雇用調整の柔軟性と相関することも考えられるので確認したが，相関係数は−0.03と低かった．一方で，社外取締役比率と楽観度の間の相関係数は71%と非常に高く，この2つを同時に回帰モデルに説明変数として入れることはできなかった．ここでは楽観度の影響を見るために，社外取締役比率を説明変数から除いている[19]．

　これまでの分析で企業収益や株価水準に有意な効果を持つことが示された社外取締役比率，企業の所在国における雇用調整の柔軟性（国別平均値）に，企業の所在国の経営者の楽観度（国別平均値）を加えて分析を行った．この結果は，表12-6のモデル (5) に示している．これまでと同様に，雇用調整の柔軟性は有意で正の効果を示している．さらに，経営者の楽観度も，ROAとトービンの q に対しては有意に正であり，これまでのモデルで常に統計上有意に負であった日本ダミーは，有意ではなくなることも同時に観察された[20]．リスクテイクについては，経営者の楽観度の係数は正だが有意ではなかった．しかし，ここでも日本ダミーは有意ではなくなる．

---

19) この2変数の間の相関係数が高い理由の合理的解釈は難しく，偶然の結果かもしれない．ただし，サンプルで大きな構成比率を持つ米国と日本に関して，米国は経営者の楽観度と社外取締役比率が高い一方で，日本は経営者の楽観度と社外取締役比率が低いことが影響している可能性が考えられる．

20) パネルAのROAに対し，日本ダミーは統計上有意だが，係数の符号は負から正に転じている．

以上のように，社外取締役比率と雇用調整の柔軟性だけでは日本企業の低収益性や，低株価は説明しきれないが，経営者の楽観度を考慮に追加すると，日本企業は相対的に低収益，低株価とはいえなくなる．つまり，日本企業の低収益性や低株価に関して，低い社外取締役比率や硬直的な雇用制度では説明できない部分について，日本企業の経営者の相対的に悲観的な態度が一定の影響を持っている可能性がある．個人が楽観的な態度を強く押し出し，積極的な投資行動を行うことに対して，慎重さが足りないとされ日本の企業社会が寛容でないことが関係しているとも考えられる．内部者の集団的意思決定を特徴とする日本的経営は，近年までは日本企業の国際的成功の重要な要因だと指摘されてきたが，成熟化した市場においては逆にそれが独自の障害となっている可能性がある．ただし，この点については，今後の研究課題であり，ここでは問題点の提起に議論をとどめる．

7 まとめと政策への示唆

本章の分析結果は，社外取締役比率，雇用調整の柔軟性，経営者の楽観度の影響が日本企業の低パフォーマンスの重要な要因であることを示している．もちろん，前記3つの要因だけで日本企業の低収益性や低株価を説明できると主張しているわけではない．しかし，少なくともこれらの要因によって日本企業の低収益性や低株価を部分的に説明できるとはいえるだろう．

第1に，社外取締役比率が低いために，取締役会の機能が十分に発揮できていない可能性は否定できない．特に経営者選任や経営者報酬の決定において，取締役会が経営者のモニタリングと規律付け，またインセンティブ供与の機能を果たすためには，社外取締役の積極的な関与が重要だろう．彼らの客観的な視点の経営への導入により，内部者だけでは手が付けられない不採算事業の整理が進む側面もあるだろう．また，そうした機能の期待できる社外取締役の取締役会における比率をもう一段高めることで，海外を含む機関投資家の投資を惹きつけ，株価を引き上げる効果が期待できる．

また，雇用調整を柔軟に実施可能にすることは，企業の人的資源管理の最適化を可能にするだろう．これは，企業の収益性にプラスに働くのみではなく，成長機会を持った企業の雇用拡大を容易にする効果が期待できる．さらに，必

要な雇用調整が機動的に実施可能になれば，M&A 後の人的資源管理の最適化が容易になり，M&A を通した価値の創出も容易になるだろう．実際，John *et al.* (2015) は，労働法における雇用保護の水準が，M&A 行動と価値創出効果に影響を持つことを示している．必要となっている雇用調整が機動的に実施可能になれば，多くの業種で過当競争状態にあるといわれる日本において，産業再編がもう一段進むことが考えられる．

本章の分析では，企業統治構造と雇用制度のみでは，日本企業の低収益性や低株価は説明しきれなかったが，経営者の態度を考慮すると日本企業はもはや相対的に低収益，低株価とはいえないとの結果は，経営者の態度の重要性を示唆する．あまりに慎重で，悲観的な経営者は，リスク過敏になり，収益性を改善する投資が過小となっている可能性がある．ただしこの変数は，各国の経営者の態度の平均値を使用しているため，急に楽観的な人間を経営者に置いても企業のパフォーマンスがそれで改善するとは期待しない方がよいだろう．むしろ，日本の経営者の基本的態度を決定しているコーポレート・ガバナンス上の仕組みを変化させる施策が必要であろう．経営者の態度をそのように変化させるコーポレート・ガバナンスの設計は，今後のコーポレート・ガバナンス研究における課題といえる．経営者をリスクテイクに向かわせる取締役会の活性化，経営者報酬体系の改善，企業内の昇進基準など，地道な施策の実行が必要となる．

日本は，2014年にスチュワードシップ・コードの導入，2015年にコーポレートガバナンス・コードの導入と，コーポレート・ガバナンス改革に関しては前記で示した方向への改革が進みつつある．一方，雇用制度改革はこれからの課題である．経営者の態度を変化させる仕組みの設計については，さらに長期的な課題になろう．しかし，今後も，コーポレート・ガバナンスやその他の制度の改革の方向性を確認しながら，着実に他国との差をつめていく努力が重要となろう．

【参考文献】

Aggarwal, R., I. Erel, M. Ferreira and P. Matos (2011) "Does Governance Travel around the World? Evidence from Institutional Investors," *Journal of Financial Economics*, Vol. 100,

pp. 154-182.
Arikawa, Y., K. Inoue and T. Saito (2016) "Corporate Governance, Employment Laws, and Corporate Performance in Japan: An International Perspective," Tokyo Institute of Technology, Department of Industrial Engineering and Economics Working Paper 2016-9, http://educ.titech.ac.jp/iee/news/2016_12/052995.html
Bertrand, M. and S. Mullainathan (2003) "Enjoining the Quiet Life? Corporate Governance and Managerial Preferences," *Journal of Political Economy*, Vol. 111, pp. 1043-1075.
Botero, J. C., S. Djankov, R. La Porta, F. Lopez-de-Silanes and A. Shleifer (2004) "The Regulation of Labor," *Quarterly Journal of Economics*, Vol. 119, pp. 1339-1382.
Caballero, R. J., K. N. Cowan, E. M. R. A. Engel and A. Micco (2013) "Effective Labor Regulation and Microeconomic Flexibility," *Journal of Development Economics*, Vol. 101, pp. 92-104.
Djankov, S., C. McLiesh and A. Shleifer (2007) "Private Credit in 129 Countries," *Journal of Financial Economics*, Vol. 84, pp. 299-329.
Ferreira, M. A. and P. Matos (2008) "The Colors of Investors' Money: The Role of Institutional Investors around the World," *Journal of Financial Economics*, Vol. 88, pp. 499-533.
Fukao, K., T. Miyagawa and M. Takizawa (2007) "Productivity Growth and Resource Reallocation in Japan," CEI Working Paper Series, No. 2007-9.
Graham, J. R., C. R. Harvey and M. Puri (2013) "Managerial Attitudes and Corporate Actions," *Journal of Financial Economics*, Vol. 109, pp. 103-121.
Griffin, D., K. Li, H. Yue and L. Zhao (2013) "How Does Culture Influence Corporate Risk-taking," *Journal of Corporate Finance*, Vol. 23, pp. 1-22.
Ikeda, N., K. Inoue and K. Sugitani (2016) "Managerial Attitudes and Corporate Investment Behaviors," 日本ファイナンス学会2016年大会報告論文, http://nfa-net.jp/timetable_nfa_no24_2.html
John, K., A. Knyazeva and D. Knyazeva (2015) "Employee Rights and Acquisitions," *Journal of Financial Economics*, Vol. 118, pp. 49-69.
John, K., L. Litov and B. Yeung (2008) "Corporate Governance and Risk Taking," *Journal of Finance*, Vol. 63, pp. 1679-1728.
Keynes, J. M. (1936) "The General Theory of Employment, Interest, and Money," CreateSpace Independent Publishing Platform.
La Porta, R., F. Lopez-de-Silanes and A. Shleifer (2002) "Investor Protection and Corporate Valuation," *Journal of Finance*, Vol. 57, pp. 1147-1170.
La Porta, R., F. Lopez-de-Silanes and A. Shleifer (2008) "The Economic Consequences of Legal Origins," *Journal of Economic Literature*, Vol. 46, pp. 285-332.
La Porta, R., F. Lopez-de-Silanes and A. Shleifer (2013) "Law and Finance after a Decade of Research," in G. Constantinides, M. Harris and R. Stulz eds., *Handbook of the Economics of Finance*, Vol. 2, Part A, pp. 425-491.

La Porta, R., F. Lopez-de-Silanes, A. Shleifer and R. Vishny (1997) "Legal Determinants of External Finance," *Journal of Finance*, Vol. 52, pp. 1131-1150.

La Porta, R., F. Lopez-de-Silanes, A. Shleifer and R. W. Vishny (1998) "Law and Finance," *Journal of Political Economy*, Vol. 106, pp. 1113-1155.

Simintzi, E., V. Vig and P. Volpin (2015) "Labor Protection and Leverage," *Review of Financial Studies*, Vol. 28, pp. 561-591.

Spamann, H. (2010) "The 'Antidirector Rights Index' Revisited," *Review of Financial Studies*, Vol. 23, pp. 467-486.

経済産業省（2014）「伊藤レポート『持続的成長への競争力とインセンティブ～企業と投資家の望ましい関係構築～』」経済産業省，http://www.meti.go.jp/press/2014/08/20140806002/20140806002.html

齋藤卓爾（2011）「日本企業による社外取締役の導入の決定要因とその効果」宮島英昭編著『日本の企業統治──その再設計と競争力の回復に向けて』東洋経済新報社，181-213頁．

齋藤卓爾・宮島英昭・小川亮（2016）「企業統治制度の変容と経営者の交代」RIETI Discussion Paper Series，16-J-039．

内閣府（2015）「平成27年度年次経済財政報告」．

索　引

【A～Z】

ADR（裁判外紛争解決手続）　50,51,226
ADRI（Anti-director Rights Index）　403,406
BIS 規制　5,39,104
CalPERS（カリフォルニア州職員退職年金基金）　106
CAR（累積超過収益率）　199,242
DIP ファイナンス　232,236
　　プレ――　230
ESOP（従業員持株プラン）　134,161
GPIF（年金積立金管理運用独立行政法人）　6,36
ISS（Institutional Shareholder Services）　7,39,103,107,397
JATP　→　事業再生実務家協会
LBO（レバレッジド・バイアウト）　14,178,199,202
M&A（合併・買収）　1,12,19,29,179,262,311,405
MBO（マネジメント・バイアウト）　12,19,49,178,191
　　純粋――　214,220
　　非公開化型――　49,191
more-money effect　285
MSCI（Morgan Stanley Capital International）　16,34,47,102,105,109,112,123,327
passive investment strategy　165
R&D 投資（研究開発投資）　29,39,293,341,346
ROA（総資産利益率）　25,32,40,53,55,84,93,100,123,148,212,268,272,314,319,331,346,387,401,408,414
ROE（自己資本利益率）　1,9,32,38,53,314,319,331,397,401
　　――重視　2,38
SOX（Sarbanes-Oxley）法　10,198,307
　　日本版――　196,204,336
TOB（株式公開買付け）　7,19,37,107,192,196,220

【ア行】

アウト・オブ・ザ・マネー（out-of-the-money）　172
アウトサイダー（外部投資家）　15,16,17,34,103,326
　　――株主　24,25,26
アクティビスト　7,17,19,36,49,126,165,175,406
アクティビズム　6,9,19,27,108,126
アベノミクス　8,9,105,196
アングロ・サクソン　103,107,112
アンダーバリュー　→　過小評価
安定株主　4,16,54,135,139,143,146,160,343,356,365
暗黙の契約　201
委員会　44,372,391,392
　　――設置会社　21,42,341,372,376
一時停止　228,232,234
委任状争奪戦　34,126
イベントスタディ　259
インサイダー（内部投資家）　15,16,17,36,100,103
　　――株主　25
インセンティブ　13,34,45,77,86,92,134,136,160,175,199,382,424

430　索　　引

経営者——　54, 337, 342, 351, 364
　チーム——　140, 159
インタレスト・カバレッジレシオ（ICR）　12, 78, 90, 94
ウインドウ・ドレッシング（window dressing）　3, 44, 116, 329, 341
ウォール・ストリート・ルール（Wall Street Rule）　165, 175, 415
エージェンシー問題　13, 24, 42, 52, 99, 114, 116, 199, 204, 282, 287, 341, 407, 415
エンゲージメント　1, 9, 35, 325
エントレンチメント　→　塹壕効果
エンロン　22, 28, 336, 344
王子製紙　7, 19, 108
大阪製鐵　19
オリンパス　8, 53, 84, 336, 341, 348, 364

【カ行】

買入消却　51, 227, 234, 238, 249, 251
海外（機関）投資家　2, 16, 24, 34, 47, 97, 125, 133, 154, 160, 306, 323, 331, 397
　——保有　28, 35, 106, 323
会計操作　221
会計不正　53, 335, 364
外国人株主　54, 338, 343, 364
解雇の金銭解決制度　399, 420
会社更生　226, 229, 242, 244
　——法　93, 194, 227, 229, 239
会社法改正　6, 44, 54, 336, 372, 374, 376
過剰設備の圧縮　30
過小評価　50, 178, 198, 204, 210, 221
カストディアン　69, 326
株価維持機関（Price Keeping Organization）　105
株式
　——相互持ち合い（株式持ち合い）　1, 12, 53, 79, 97, 105, 112, 113, 125, 135, 254, 306, 331, 410
　——の売却　→　退出（exit）
　——リターン　32, 53, 120, 128, 314, 331
株主

　——価値　128, 166, 180, 192, 201, 332, 403
　——提案　9, 34, 126, 155, 177, 238
借入余力　52, 282, 285, 294, 300
仮受理　228, 251
監査等委員会設置会社　41, 44, 372, 376, 378
監査役　42, 44, 236, 337, 361, 364, 373, 376
機関投資家　2, 17, 32, 138, 154, 306, 323, 343, 365, 397, 406, 418, 424
企業
　——統治（ガバナンス）改革　1, 54, 113, 335, 338, 364, 369, 389, 397, 425
　——不祥事　52, 335, 336, 364
　——文化　362, 365, 422
　議決権行使　6, 18, 34, 37, 106, 127, 325, 397
　——助言会社　7, 39, 103, 107, 397
期限の利益　234
キャドベリー報告書　371, 387
旧三井信託銀行　18
強行法規　10, 36, 55, 370, 373, 382, 383
業績予想　221, 237
業績連動報酬　27, 45
銀行
　——危機　4, 14, 46, 64, 67, 93, 97, 104, 125, 309, 313
　——系証券子会社　74
　——等株式保有制限法　5, 104
　——等保有株式取得機構　5, 104
金庫株　5, 41
近視眼（myopia）　3, 8, 38, 48, 99, 103, 165, 180
金融再生プログラム　5, 6, 64, 67
金融商品取引法　204, 336
グループ労連　261
経営権市場　9, 18, 108, 305, 307
経営者
　——インセンティブ　54, 337, 342, 343, 346, 351, 364
　——交代　32, 44, 53, 127, 305, 331

索引　431

──の態度（楽観度）　56, 399, 419, 421, 422, 423, 424
継続企業の前提に関する注記　226, 238
ケイ・レビュー　8
現預金保有　1, 28, 31
コインシュランス（coinsurance）効果　52, 284
好業績ワークシステム　134
厚生年金基金連合会（現，企業年金連合会）　6, 107
　──のガイドライン　6
公認会計士　54, 229, 340, 364
国際分散投資　18, 35, 102, 105
コスモスイニシア　50, 227, 231
コーディネーション　384
コーポレート・ガバナンス
　──（企業統治）元年　1, 336
　──に関する報告書　379, 389
　──評価システム（Cges）　27
コーポレートガバナンス・コード（CGコード）　1, 9, 12, 33, 41, 42, 44, 54, 336, 369, 378, 389, 399, 407, 410, 415, 425
　──の実施状況　390
　英国版──　371, 378
　日本版──　378
雇用
　──削減　31, 51, 253
　──制度　20, 34, 255, 398, 400, 406, 424
　──調整　31, 55
　──調整の柔軟性　408, 412, 413, 417, 419
コール・オプション（call option）　177
コール・ワラント（call-warrant）　172
コンプライ・オア・エクスプレイン・ルール　10, 36, 42, 55, 336, 370, 381

【サ行】

債権者会議　228, 232, 235, 236
債権者保護指数　406, 411, 412, 418
財務
　──危機　5, 12, 47, 63, 78, 83, 89

　──柔軟性　52, 282, 300
　──の保守化　52, 282, 300
債務免除　228, 233, 238, 239
産業活力再生特別措置法　195
産業競争力強化法　228
産業再生機構　5, 67, 225
塹壕効果　40, 41, 140, 155, 157, 160, 173
サンスター　193, 221
時価会計　5, 38, 77
事業
　──再組織化　1, 19, 31, 33, 42, 49, 66, 81, 84, 89, 93, 140, 151, 192, 194, 313, 321, 398, 404
　──ポートフォリオ　42, 286, 291, 399
事業再生計画案　228, 229, 230, 232, 233, 237
事業再生実務家協会　227, 232, 234, 251
自社株買い　5, 32, 40, 179
失業率　404, 420
執行役員制度　21, 338, 356, 361, 364
「実質無借金」企業　65, 282, 290
私的債務　225
私的整理　49, 93, 225, 231, 251
指名委員会等設置会社　372, 376
社外取締役　→　独立（社外）取締役
　──の資格要件　374
社債
　──買入消却　234, 238
　──のデフォルト　50, 227, 235
　──返済猶予　235
社債権者集会　234, 235, 236, 238, 244, 251
　──決議　235, 236, 238, 251
収益性　→　パフォーマンス
従業員保護指数　407, 411, 412, 413, 419, 420
従業員持株会　40, 48, 133, 160
　──奨励金　48, 135, 143, 149, 160
就業定着率　256, 276
集中型ファンド　36
受託者責任　8, 102, 107, 109
　──動機　109

432　索　　引

需要ショック　99, 102, 121, 128
種類株　40, 48, 165, 180
　　——による資本再構成（dual-class recapitalization）　178
　　AA型——　40, 172, 173, 175, 181
上場
　　——子会社　36, 315
　　——廃止　11, 203, 210, 242
少数株主保護　198, 403, 406, 410, 413, 418
状態依存型ガバナンス　63
情報の非対称性（非対称情報）　3, 38, 99, 102, 108, 112, 125, 176
新規上場（IPO）　12, 178
申告漏れ　53, 345, 348, 352, 356, 365
人的資本　44, 140
信頼の破壊　201, 220
スクイーズ・アウト　192, 221
スクリーニング能力　98, 101, 121, 125
スチュワードシップ・コード　1, 8, 33, 37, 133, 399, 407, 425
スティール・パートナーズ　19, 108, 126
ステークホルダー　9, 42, 44, 192, 335
ストック・オプション　2, 6, 22, 45, 53, 128, 157, 338, 342, 364
生産性　40, 48, 133, 134, 148, 149, 160, 206, 338, 397, 404
成熟企業　30, 39, 48, 100, 119, 159
成長企業　39, 48, 100, 119, 145, 159
成長戦略　1, 8, 29, 399
石油ショック　14, 277
専業企業　31, 52, 281, 300
ソルベンシーマージン比率　104
ゾンビ貸出　89, 93

【タ行】

第三者割当増資　41, 91, 226, 236, 238, 251
退出（exit）　27, 33, 35, 36, 120, 127, 137, 154, 305, 332, 365
　　——の脅威　27, 127, 308
多角化
　　——企業　31, 52, 281, 300
　　——行動　31, 51, 52
　　——（コングロマリット）ディスカウント　30, 281, 287, 300
超過価値　287, 291, 292
超過負債比率　291
超過流動性比率　291
長期雇用　51, 133, 253, 255, 275
懲罰的交代　307, 310, 331
帝国建設（empire building）　171, 199
敵対的買収　6, 9, 19, 33, 107, 126, 201, 305, 404
　　——の脅威　128, 404
手続実施者の選任　229
手元流動性　205, 282, 300
東京エレクトロン　18
東京鋼鐵　19
投資（設備投資）　99, 116
　　過剰——　117, 119, 416
　　過小——　52, 117, 283, 285, 290
投資家フォーラム　35
投資顧問　7, 26, 35, 107
東芝　14, 53, 84, 194, 262, 336, 340, 364, 390
独立（社外）取締役　3, 21, 28, 41, 42, 126, 306, 328, 330, 340, 341, 364, 371, 373, 379, 417
　　——の選任状況　389
トービンの q　25, 26, 55, 65, 78, 84, 87, 123, 148, 153, 401, 414, 423
富の移転　192, 201, 211, 213, 217
トヨタ　13, 22, 40, 172, 180, 339, 392
取締役会　3, 41, 53, 98, 113, 236, 328, 331, 338, 365, 369, 373, 399, 405, 406, 424
　　——構成　21, 27, 41, 98, 113, 305, 338, 390, 415
取締役選任議案　127, 374, 397

【ナ行】

内部資本市場　283
2期連続赤字　90, 268, 270
ニッポン放送　7, 107

索　引

日本エスコン　50,234
日本型企業システム　100,125
日本的雇用慣行　253,275
ネットワーク外部性　55,370,384

【ハ行】

灰色の機関（gray institutions）　26,98,101
買収　20,34,50,91,135,155,171,180,191,227,231,311,348,404
　——プレミアム　50,192,197,200,202,210,217
　——防衛策　7,18,20,27,43,114
配当　31,32,38,39,48,100,109,117,119,127,167,172,179,184,198
　——性向　32,39
　——政策　32,42,127,180
発言（voice）　27,36,113,120,126,137,365
パフォーマンス　2,24,33,37,48,55,65,88,100,120,152,165,178,192,212,314,332,389,397,414,424
バブル経済　14,66
非限定買い付け　168,182
非正規労働者　257
1株1投票権　49,167,170,177,180
ファミリー企業　16,315,318
ファンド　7,18,36,50,105,166,200,205,212,220,231,254,308
　アクティビスト——　17,19,36,406
　バイアウト・——　49,191,194,200,212,220
　ヘッジ——　39,308,323
負債
　——依存度　14,80,205,220,332
　——による規律付け　199,205,220
　——比率　14,51,52,64,86,93,109,117,148,245,283,404,422
　有利子——　65,86,117,231,234,282,288,414
プライベート・エクイティ（PE）　10,20,36,212
フリーズ・アウト（freeze-out mergers）　170
不良債権
　——処理　5,64,67,77,104
　——問題　5,63,93
フリーライダー問題　24,35,176,180
ブルドックソース　7,108
ブロックホルダー（株主）　17,24,34,102,143,306,325,342
分権化　13,45
粉飾決算　2,3,53,335,338,348,351,364
平均勤続年数　148,235,255
返済期限の延長　239
報酬　27,28,45,178,236,370,377,423,424,425
　——委員会　44,372,381,392
　——制度　3,22,28,45,53
法的整理　12,50,90,225,227,239,251
法の起源　412
北越製紙　7,19,108
保険会社　15,25,26,35,37,69,103,120
ポッカ　19,191
ポートフォリオ投資家　3,34,102,105
ホームバイアス　29,47,109

【マ行】

マネジメントボード　21,41,328
民事再生法　5,49,67,93,225,227,229,239,242
無条件限定買い付け　168
メインバンク　5,12,32,37,46,50,63,80,92,100,146,225,251,306,308,320,332
　——制（システム）　4,12,46,53,100,125,306,308,332
　——の株式保有　37,65,76
メイン寄せ　67,74,225
メガバンク　37,46,63
持ち合い解消　12,38,47,53,65,79,104,133,146,306,331
持株会社　13,51,68,113,254,258

モニタリング　2,6,24,35,42,47,49,54,
　　63,80,92,100,125,136,160,173,180,
　　200,337,364,406,415,424
　──能力　3,98,101,125
　──ボード　6,41,328
　──・モデル　9,54,369,370

【ヤ～ワ行】

役員派遣　46,64,78,80,226,321,410
横河電機　18
ライブドア　7,107
楽観主義　400
楽観度　422
利益相反　192,202,204,383
利害関係者　→　ステークホルダー
リスク　29,30,31,197,203,282,283,398,
　　401,425
　──回避性向　421,423
　──回避的　4,55,140,422
　──回避度　422
　──テイク　2,9,29,45,52,55,112,116,
　　284,365,398,401,407,409,414,422,425
リストラクチャリング　→　事業再組織化
リーマン・ショック　7,10,14,18,68,76,
　　142,196,206,211,220,226,231,350
レックス・ホールディングス　193,196,
　　206,221
レバレッジ　14,31,48,52,282,285,288,
　　293,300
ロイアリティ株式（loyalty-shares）　40,
　　48,166,172,180
ロイアリティ・ボーナス（loyalty bonus）
　　172,173
労働者保護　400,404
ワラント　172,174

執筆者紹介(執筆順)

宮島英昭(みやじま　ひであき)編者,序章,第1章,第2章,第3章,第9章
　早稲田大学商学学術院教授,早稲田大学高等研究所所長,経済産業研究所ファカルティフェロー.1978年立教大学経済学部卒業.1985年東京大学大学院経済学研究科単位取得修了.早稲田大学博士(商学).東京大学社会科学研究所助手,ハーバード大学客員研究員等を経て現職.主な著作に『産業政策と企業統治の経済史』,『日本のM&A』(編著),『日本の企業統治』(編著),*Corporate Governance in Japan*(共編著),"The Ownership of Japanese Corporations in the 20th Century"(共著)等.

蟻川靖浩(ありかわ　やすひろ)第1章,第12章
　早稲田大学商学学術院准教授.1992年早稲田大学政治経済学部卒業.2000年早稲田大学大学院経済学研究科博士課程単位取得退学.山形大学人文学部助教授等を経て現職.主な著作に"The Adoption of Poison Pills and Managerial Entrenchment: Evidence from Japan"(共著),"Venture Capital Affiliation with Underwriters and the Underpricing of Initial Public Offerings in Japan"(共著)等.

小川　亮(おがわ　りょう)第1章,第2章,第9章
　早稲田大学商学学術院助手.2010年早稲田大学商学部卒業.早稲田大学大学院商学研究科博士後期課程在籍.主な著作に「日本企業の取締役会構成の変化をいかに理解するか:取締役会構成の決定要因と社外取締役の導入効果」(共著),「日本型コーポレート・ガバナンスはどこへ向かうのか:『日本企業のコーポレート・ガバナンスに関するアンケート』調査から読み解く」(共著)等.

保田隆明(ほうだ　たかあき)第2章
　神戸大学大学院経営学研究科准教授.1998年早稲田大学商学部卒業.2013年早稲田大学大学院商学研究科博士後期課程単位取得修了.早稲田大学博士(商学).小樽商科大学大学院商学研究科准教授,昭和女子大学グローバルビジネス学部准教授を経て現職.主な著作に「わが国の第三者割当増資に関する実証分析」,「自社株買いにおける流動性仮説の実証分析」(共著)等.

執 筆 者 紹 介

大湾秀雄（おおわん　ひでお）第3章
　東京大学社会科学研究所教授，東京証券取引所客員研究員，経済産業研究所ファカルティフェロー．東京大学理学部卒業．野村総合研究所でエコノミストを務める．コロンビア大学経済学修士課程単位取得退学．スタンフォード大学経営大学院博士課程修了（Ph. D. in Business）．ワシントン大学オーリン経営大学院助教授，青山学院大学大学院国際マネジメント研究科教授，一橋大学イノベーション研究センター非常勤研究員等を経て現職．

加藤隆夫（かとう　たかお）第3章
　コルゲート大学 W. S. Schupf 冠教授，東京証券取引所客員研究員，IZA，東京経済研究センター各研究フェロー，CJEP（コロンビア・ビジネススクール），CCP（コペンハーゲンビジネススクール），ETLA（ヘルシンキ）各研究員，ラトガース大学ファカルティフェロー＆メンター．クイーンズ大学大学院博士課程修了（Ph. D. in Economics）．

小佐野　広（おさの　ひろし）第4章
　京都大学経済研究所教授．1978年京都大学経済学部卒業．大阪大学博士（経済学）．滋賀大学助教授，大阪大学助教授等を経て現職．主な著作に『コーポレート・ガバナンスの経済学』，『コーポレート・ガバナンスと人的資本』等．

齋藤隆志（さいとう　たかし）第5章
　明治学院大学経済学部准教授．2006年京都大学大学院経済学研究科博士後期課程単位取得退学．京都大学博士（経済学）．京都大学経済研究所研究員，早稲田大学高等研究所助教，九州国際大学経済学部准教授を経て現職．主な著作に「企業リストラクチャリングのツールとしての MBO：事業譲渡との比較分析」（共著）等．

河西卓弥（かわにし　たくや）第5章
　熊本県立大学総合管理学部准教授．2008年カリフォルニア大学サンタバーバラ校経済学博士課程修了（Ph. D. in Economics）．早稲田大学法学学術院研究助手を経て現職．主な著作に「R&D 投資と資金調達・所有構造」（共著）等．

川本真哉（かわもと　しんや）第5章
　福井県立大学経済学部准教授．2007年京都大学大学院経済学研究科博士後期課程単位取得退学．京都大学博士（経済学）．早稲田大学高等研究所助教，新潟産業大学経済学部専任講師を経て現職．主な著作に "Business Integration and Corporate Performance under the Pure Holding Company System in Japan"（共著）等．

執筆者紹介

猿山純夫(さるやま　すみお)第6章
　日本経済研究センター首席研究員．1983年東京大学教養学部国際関係論分科卒業．同年日本経済新聞社入社．2005年より日本経済研究センター主任研究員，2014年より現職．法政大学経済学研究科・博士後期課程在籍．主な著作に『人口回復』（共著）等．

胥　鵬(しょ　ほう)第6章
　法政大学経済学部教授．1987年筑波大学社会工学類卒業．東京大学博士（経済学）．法政大学専任助手，助教授，比較経済研究所教授等を経て現職．主な著作に『社債市場の育成と発展』（編著），"Trading Activities of Short-sellers around Index Deletions: Evidence from the Nikkei 225"(with Takahashi, Hidetomo)等．

久保克行(くぼ　かつゆき)第7章
　早稲田大学商学学術院教授．1992年慶應義塾大学経済学部卒業．2000年ロンドン・スクール・オブ・エコノミクス（Ph. D. in Industrial Relations）．一橋大学経済研究所専任講師を経て現職．主な著作に『コーポレート・ガバナンス』，『日本企業の人事改革』（共著）等．

牛島辰男(うしじま　たつお)第8章
　慶應義塾大学商学部教授．1989年慶應義塾大学経済学部卒業．2003年カリフォルニア大学ロサンゼルス校（Ph. D. in Management）．三菱総合研究所研究員，青山学院大学大学院国際マネジメント研究科教授を経て現職．主な著作に『経営戦略をつかむ』（共著），"Diversification, Organization, and Value of the Firm", "The Roles of Closure and Selloff in Corporate Restructuring"（共著），"Understanding Partial Mergers in Japan"等．

齋藤卓爾(さいとう　たくじ)第9章，第12章
　慶應義塾大学大学院経営管理研究科准教授．2000年一橋大学経済学部卒業．一橋大学博士（経済学）．日本学術振興会特別研究員（PD），京都産業大学経済学部准教授を経て現職．主な著作に"Family Firms and Firm Performance: Evidence from Japan", "The Relationship between Financial Incentives for Company Presidents and Firm Performance in Japan"（共著）等．

青木英孝(あおき　ひでたか)第10章
　中央大学総合政策学部准教授．1996年早稲田大学商学部卒業．早稲田大学博士（商学）．早稲田大学商学部助手，千葉商科大学商経学部教授，同大学院商学研究科教授を経て現職．主な著作に「企業のガバナンス構造が経営戦略の変更に与える影響：多角化戦略の分析」，「多角化・グローバル化・グループ化の進展と事業組織のガバナンス」（共著）等．

執筆者紹介

田中　亘（たなか　わたる）第11章
　東京大学社会科学研究所教授．1996年東京大学法学部卒業．東京大学博士（法学）．東京大学大学院法学政治学研究科助手，成蹊大学法学部専任講師等を経て現職．主な著作に『企業買収と防衛策』，『企業統治の法と経済』（共編著），『数字でわかる会社法』（編著），『会社法（第3版）』（共著，有斐閣），『会社法』（東京大学出版会）等．

井上光太郎（いのうえ　こうたろう）第12章
　東京工業大学工学院経営工学系教授．1989年東京大学卒業．1997年マサチューセッツ工科大学大学院修了（MBA）．2003年筑波大学大学院博士課程修了．筑波大学博士（経営学）．KPMGのM&Aアドバイザリー部門ディレクター，名古屋市立大学経済学研究科助教授，慶應義塾大学大学院経営管理研究科准教授を経て現職．主な著作に『M&Aと株価』（共著）等．

長尾耀平（ながお　ようへい）第12章
　2015年東京工業大学大学院社会理工学研究科経営工学専攻修士課程修了（工学修士）．東京工業大学井上光太郎研究室メンバーとして本章研究プロジェクトにスタート時より参加．

企業統治と成長戦略
2017年3月9日発行

編著者━━宮島英昭
発行者━━山縣裕一郎
発行所━━東洋経済新報社
　　　　〒103-8345　東京都中央区日本橋本石町 1-2-1
　　　　電話＝東洋経済コールセンター　03(5605)7021
　　　　　　　http://toyokeizai.net/

装　　丁……………橋爪朋世
編集スタッフ………堀　　雅子／菅野康代
本文デザイン ……米谷　　豪
印刷・製本………丸井工文社
編集担当…………佐藤朋保
Printed in Japan　　ISBN 978-4-492-53389-5

　本書のコピー、スキャン、デジタル化等の無断複製は、著作権法上での例外である私的利用を除き禁じられています。本書を代行業者等の第三者に依頼してコピー、スキャンやデジタル化することは、たとえ個人や家庭内での利用であっても一切認められておりません。

　落丁・乱丁本はお取替えいたします。